Crimes Ambientais
Comentários à Lei 9.605/98

Conselho Editorial
André Luís Callegari
Carlos Alberto Alvaro de Oliveira
Carlos Alberto Molinaro
Daniel Francisco Mitidiero
Darci Guimarães Ribeiro
Elaine Harzheim Macedo
Eugênio Facchini Neto
Draiton Gonzaga de Souza
Giovani Agostini Saavedra
Ingo Wolfgang Sarlet
Jose Luis Bolzan de Morais
José Maria Rosa Tesheiner
Leandro Paulsen
Lenio Luiz Streck
Paulo Antônio Caliendo Velloso da Silveira

C929   Crimes ambientais: comentários à lei 9.605/98 / Alexandre Raslan ... [et al.] ; Ana Maria Moreira Marchesan, Annelise Monteiro Steigleder (organizadoras). – Porto Alegre : Livraria do Advogado Editora, 2013.
323 p. ; 25 cm.
Inclui bibliografia.
ISBN 978-85-7348-869-2

1. Crime contra o meio ambiente. 2. Direito penal. 3. Direito ambiental. 4. Responsabilidade penal - Pessoas (Direito). 5. Responsabilidade penal das pessoas jurídicas. 6. Culpa (Direito). 7. Desconsideração da personalidade jurídica. 8. Pena (Direito). 9. Processo penal. I. Raslan, Alexandre. II. Marchesan, Ana Maria Moreira. III. Steigleder, Annelise Monteiro.

CDU 349.6:343
CDD 345.0242

Índice para catálogo sistemático:
1. Crime ambiental: Direito penal   349.6:343

(Bibliotecária responsável: Sabrina Leal Araujo – CRB 10/1507)

Ana Maria Moreira Marchesan
Annelise Monteiro Steigleder
(organizadoras)

Crimes Ambientais
Comentários à Lei 9.605/98

Alexandre Raslan

Alexandre Sikinowski Saltz

Ana Maria Moreira Marchesan

Ana Paula Fernandes Nogueira da Cruz

Annelise Monteiro Steigleder

Carlos Eduardo Ferreira Pinto

Clarissa Pereira Gunça dos Santos

Daniel Martini

Domingos Sávio de Arruda

Fernando Reverendo Akaoui

Juliana Santilli

Luciano Badini

Luciano Loubet

Luciano Rocha Santana

Luis Fernando Cabral Barreto Junior

Luís Roberto Gomes

Marcos Paulo de Souza Miranda

Mauro Fonseca Andrade

Nelson Bugalho

Sandra Cureau

Sílvia Cappelli

Vania Tuglio

Walter Claudius Rothenburg

livraria
DO ADVOGADO
editora

Porto Alegre, 2013

©
Alexandre Raslan, Alexandre Sikinowski Saltz, Ana Maria Moreira Marchesan,
Ana Paula Fernandes Nogueira da Cruz, Annelise Monteiro Steigleder,
Carlos Eduardo Ferreira Pinto, Clarissa Pereira Gunça dos Santos, Daniel Martini,
Domingos Sávio de Arruda, Fernando Reverendo Akaoui, Juliana Santilli, Luciano Badini,
Luciano Loubet, Luciano Rocha Santana, Luis Fernando Cabral Barreto Junior,
Luís Roberto Gomes, Marcos Paulo de Souza Miranda, Mauro Fonseca Andrade,
Nelson Bugalho, Sandra Cureau, Sílvia Cappelli, Vania Tuglio e
Walter Claudius Rothenburg.
2013

Capa, projeto gráfico e diagramação
Livraria do Advogado Editora

Revisão
Rosane Marques Borba

Fotos da capa
Stock.xchng

Direitos desta edição reservados por
Livraria do Advogado Editora Ltda.
Rua Riachuelo, 1300
90010-273 Porto Alegre RS
Fone/fax: 0800-51-7522
editora@livrariadoadvogado.com.br
www.doadvogado.com.br

Impresso no Brasil / Printed in Brazil

Apresentação

Esta obra que ora apresentamos aos estudiosos do Direito e à cidadania brasileira encerra um sonho acalentado pela ABRAMPA (Associação Brasileira dos Membros do Ministério Público de Meio Ambiente) e materializado pelos autores, todos promotores, procuradores de justiça ou procuradores da república.

A criminalidade ambiental não é recente, mas sua previsão concentrada quase integralmente em um único texto legal o é.

A Lei de Crimes e Infrações Administrativas ambientais conseguiu fazer com que o Ministério Público e a magistratura passassem a se preocupar com esse assunto e com a necessidade de revisão de alguns dogmas da ciência penal. A densificação dessa lei é fruto do trabalho do Ministério Público em todos os estados da Federação.

Passados mais de 15 anos de sua vigência, a Lei 9.605/98 já não é mais uma "debutante" e mostrou que merece ficar, pois tem representado importante ferramenta no combate aos agravos ambientais.

É nesse escopo – o de fortalecer a vigência desta lei – que lançamos este livro feito a várias mãos.

Sávio Bittencourt Soares Filho
Presidente da ABRAMPA

Sumário

Introdução – *Ana Maria Moreira Marchesan e Sílvia Cappelli* 13
1. Teoria geral do Direito Penal Ambiental 13
2. Fundamentos constitucionais da tutela penal do meio ambiente 18
3. Importância da tutela penal do ambiente 19
4. A tríplice responsabilização 23
5. Panorama geral do Direito Penal Ambiental 24
Conclusão 24
Bibliografia 25

A responsabilidade penal da pessoa física, a culpabilidade e as excludentes em matéria penal ambiental (artigo 2º)
Ana Paula Fernandes Nogueira da Cruz 27
1. Considerações iniciais 27
2. Culpabilidade 28
3. Responsabilidade penal da pessoa física 30
4. Coautoria e participação 35
5. Teoria da imputação objetiva 38
6. Excludentes da antijuridicidade e da culpabilidade nos crimes ambientais 39
    6.1. Excludentes da antijuridicidade 41
    6.2. Excludentes da culpabilidade 41
7. Características gerais dos tipos 45
8. Peculiaridades da tipicidade ambiental: normas penais em branco e crimes de perigo .. 47
Conclusão 50
Referências bibliográficas 50

A responsabilidade penal da pessoa jurídica (artigo 3º)
Walter Claudius Rothenburg 55
1. A responsabilidade penal da pessoa jurídica 55
2. As teorias da ficção, da realidade e da responsabilidade pelo fato de outrem 58
3. As penas aplicáveis à pessoa jurídica 61
4. A responsabilidade das pessoas físicas envolvidas 63
5. Análise da tipologia das pessoas jurídicas aptas ao delito ambiental 65
6. Possibilidade de responsabilidade penal ambiental por delitos ambientais não previstos na Lei n. 9.605/98 67
7. Responsabilidade da pessoa jurídica por crimes culposos 68
8. As especificidades do processo penal em relação à pessoa jurídica: o interrogatório; a citação; a prescrição 68
9. A extinção da empresa durante o processo e os efeitos na punibilidade 69
Referências bibliográficas 70

Desconsideração da pessoa jurídica (artigo 4º)
Annelise Monteiro Steigleder..73
1. Introdução..73
2. A responsabilidade civil ambiental...75
3. Desconsideração da personalidade jurídica..................................80
4. Considerações finais...84
Bibliografia..84

A dosimetria da pena. Integração com a Parte Geral do Código Penal. As penas aplicáveis às pessoas físicas. (artigos 6º a 13)
Daniel Martini...87

Circunstâncias atenuantes e agravantes (artigos 14 e 15)
Alexandre Raslan..95

Suspensão condicional da pena, pena de multa e perícia ambiental (artigos 16 a 19)
Ana Maria Moreira Marchesan..105
1. A pena de multa na legislação ambiental...................................107
2. Cálculo da pena de multa..108
3. Crimes ambientais que exigem perícia......................................110
4. Perícias complexas...110
5. Perícia ambiental e montante do prejuízo causado pelo crime....110
6. Prova emprestada do inquérito ou do processo civil..................111

Fixação do valor mínimo para reparação dos danos ambientais (artigo 20)
Alexandre Sikinowski Saltz..113

As penas aplicáveis às pessoas jurídicas (artigos 21 a 24)
Annelise Monteiro Steigleder..119

Da destinação dos bens apreendidos (artigo 25)
Mauro Fonseca Andrade..127

Da ação e do processo penal (artigos 26 a 28)
Fernando Reverendo Akaoui..131
1. Introdução..131
2. Ação penal pública incondicionada...133
3. Transação penal..134
4. Suspensão condicional do processo..136
5. Conclusão...137

Dos crimes contra a fauna (artigos 29 a 31)
Vania Tuglio..139
1. Introdução..140
2. Particularidades processuais..141
3. Dos crimes em espécie...143
4. Posicionamento jurisprudencial..147
5. O anteprojeto do novo Código Penal..148

O crime de maus-tratos aos animais: uma abordagem sobre a interpretação e a prova de materialidade e autoria (artigo 32)
Luciano Rocha Santana e Clarissa Pereira Gunça dos Santos......151
1. Introdução..151
2. O que significa o crime de maus-tratos no ordenamento jurídico brasileiro?.....152
3. Interpretação crítica do crime de maus-tratos aos animais a partir da análise conceitual da crueldade..156

4. Como provar o crime de maus-tratos aos animais?...159
5. Considerações finais..163
Referências...163

Crimes contra a fauna aquática (artigos 33 a 37)
Luís Roberto Gomes...165
1. Comentários..166
2. Injustos penais de pesca: aspectos gerais...169
3. Pescar em período no qual a pesca seja proibida ou em lugares interditados pelo órgão competente...174
4. Pescar espécies que devem ser preservadas ou espécimes com tamanhos inferiores aos permitidos..175
5. Pescar quantidades superiores às permitidas, ou mediante a utilização de aparelhos, petrechos, técnicas e métodos não permitidos....................176
6. Transportar, comercializar, beneficiar ou industrializar espécimes provenientes da coleta, apanha e pesca proibidas..178
7. Pescar mediante a utilização de explosivos ou substâncias que, em contato com a água, produzam efeito semelhante....................................180
8. Pescar mediante a utilização de substâncias tóxicas, ou outro meio proibido pela autoridade competente..182

Crimes contra a flora (artigos 38 a 44)
Domingos Sávio de Arruda..187

Delitos contra o patrimônio florestal (artigos 45 a 53)
Nelson Bugalho..209
Delito de exploração irregular de madeira de lei...209
   1. Bem jurídico e sujeitos do delito...209
   2. Conduta e objeto material..210
   3. Consumação e tentativa..211
   4. Elemento subjetivo do tipo...211
Delito de recebimento, aquisição e comercialização irregular de produtos florestais......212
   1. Bem jurídico e sujeitos do delito...212
   2. Conduta e objeto material..212
   3. Consumação e tentativa..214
   4. Elemento subjetivo do tipo...214
Delito de atentado contra a regeneração natural da flora..................................214
   1. Bem jurídico e sujeitos do delito...215
   2. Conduta e objeto material..215
   3. Consumação e tentativa..216
   4. Elemento subjetivo do tipo...216
Delito de atentado contra plantas de ornamentação..216
   1. Bem jurídico e sujeitos do delito...217
   2. Conduta e objeto material..218
   3. Consumação e tentativa..218
   4. Elemento subjetivo do tipo...219
   5. Modalidade culposa..219
Delito de atentado contra vegetação objeto de especial preservação................219
   1. Bem jurídico e sujeitos do delito...219
   2. Conduta e objeto material..219
   3. Consumação e tentativa..224
   4. Elemento subjetivo do tipo...224

Delito de atentado contra florestas situadas em terras públicas ou devolutas..................224
    1. Bem jurídico e sujeitos do delito..................224
    2. Conduta e objeto material..................225
    3. Consumação e tentativa..................225
    4. Elemento subjetivo do tipo..................225
    5. Excludente da ilicitude..................226
    6. Causa de aumento de pena..................226
Delito de comércio e emprego irregular de motosserra..................226
    1. Bem jurídico e sujeitos do delito..................226
    2. Conduta e objeto material..................227
    3. Consumação e tentativa..................227
    4. Elemento subjetivo do tipo..................228
Delito do artigo 52..................228
    1. Bem Jurídico e sujeitos do crime..................228
    2. Conduta e objeto material..................229
    3. Consumação e tentativa..................231
    4. Elemento subjetivo do tipo..................231
    5. Outros aspectos..................232
Causas de aumento de pena nos delitos contra a flora..................232

Poluição e outros crimes ambientais (artigo 54)
Ana Maria Moreira Marchesan..................239
    1. Poluição na sua forma simples..................240
    2. Poluição culposa..................242
    3. Poluição na sua forma qualificada..................243

Atividades potencialmente degradadoras sem as devidas autorizações (artigo 55)
Carlos Eduardo Ferreira Pinto..................249
    1. Objeto jurídico da tutela penal..................249
    2. Elementos objetivos do tipo..................250
    3. Elemento subjetivo do tipo..................250
    4. Elemento normativo do tipo..................250
    5. Art. 55, parágrafo único, da Lei 9.605/98..................251
    6. Competência..................252
    7. Pessoa jurídica..................252

Substâncias tóxicas nocivas ao meio ambiente (artigos 56 a 58)
Luciano Badini..................253

Controle de atividades impactantes ao ambiente (artigo 60)
Alexandre Sikinowski Saltz..................259

Crime de difusão de doença ou praga (artigo 61)
Juliana Santilli..................271

Crimes contra o ordenamento urbano e o patrimônio cultural (artigos 62 e 63)
Sandra Cureau..................275

Ordenação do uso e ocupação do solo urbano ou rural (artigos 64 e 65)
Marcos Paulo de Souza Miranda..................289
    1. Artigo 64..................289
        1.1. Sujeitos..................289
        1.2. Objeto jurídico..................290
        1.3. Objeto material..................290

1.4. Elemento subjetivo..291
1.5. Elemento objetivo...291
1.6. Tentativa e consumação..293
1.7. Prova pericial...293
1.8. Norma penal em branco..293
1.9. Pena...293
1.10. Ação penal e procedimento..294
2. Artigo 65..294
   2.1. Sujeitos...294
   2.2. Objeto jurídico...295
   2.3. Objeto material..295
   2.4. Elemento subjetivo..296
   2.5. Elemento objetivo...296
   2.6. Tentativa e consumação..297
   2.7. Prova pericial...297
   2.8. Parágrafo primeiro..298
   2.9. Parágrafo segundo..298
   2.10. Pena...299
   2.11. Ação penal e procedimento..299

Crimes contra a administração ambiental (artigo 66 e 67)
Luciano Loubet..301

Descumprir obrigação de interesse ambiental (artigo 68)
Luis Fernando Cabral Barreto Junior..309

Dificultar ação fiscalizadora (artigo 69)
Alexandre Sikinowski Saltz..313

Crime de falsidade em procedimento administrativo (artigo 69-A)
Ana Maria Moreira Marchesan..317

Introdução

ANA MARIA MOREIRA MARCHESAN[1]

SÍLVIA CAPPELLI[2]

1. Teoria geral do Direito Penal Ambiental

A evolução tecnológica empurrou a sociedade brasileira representada por suas instâncias político-jurídicas a buscarem, também na esfera criminal, respostas para a grave crise ambiental, sociedade que se constrói sobre o paradigma[3] da Sociedade de Risco, conforme a hipótese formulada por Ulrich Beck,[4] que afirma: *o conceito de sociedade de risco designa um estágio da modernidade em que começam a tomar corpo as ameaças produzidas até então no caminho da sociedade industrial*.[5] A sociedade contemporânea tem como uma expectativa legítima a da efetividade da lei que, como alerta Prigogine, exprime agora possibilidades e não mais certezas.[6]

---

[1] Promotora de Justiça no Estado do Rio Grande do Sul, com atuação na Promotoria Especializada do Meio Ambiente de POA desde 17/09/99. Mestre em Direito Ambiental e Biodireito pela Universidade Federal de Santa Catarina. Professora dos cursos de pós-graduação em Direito Ambiental da PUC, UFRGS, FMP, IDC e UNISINOS. Coautora da obra *Direito Ambiental*, Série Concursos. Porto Alegre: Ed. Verbo Jurídico, 2004. Autora da obra *A tutela do patrimônio cultural sob o enfoque do direito ambiental*. Porto Alegre: Livraria do Advogado, 2006. Integra a Diretoria de publicações da ABRAMPA (Associação Brasileira dos Promotores de Meio Ambiente).

[2] Procuradora de Justiça/RS, Professora de Direito Ambiental. Coordenadora da Rede Latino-Americana do Ministério Público Ambiental. Membro da comissão de Direito Ambiental da UICN. Diretora do Instituto "O Direito por um Planeta Verde" e da APRODAB. Coautora da obra *Direito Ambiental*, série Concursos, editada pela Verbo Jurídico.

[3] Para LORENZETTI, são denominados paradigmas os modelos decisórios que têm um *status* anterior à regra e condicionam as decisões. Embora utilizado com diferentes acepções no caso proposto pelo autor refere-se unicamente ao modelo de pré-compreensão que guia as ações humanas em um determinado tempo e lugar. O paradigma ambiental reconhece como sujeito a natureza, que é um bem coletivo, definido como escasso ou em situação de perigo, capaz de limitar os direitos individuais. LORENZETTI, Ricardo Luis. *Teoria Geral do Direito Ambiental*. Trad. Fábio Morosini e Fernanda Barbosa. São Paulo: Revista dos Tribunais, 2010, p. 19.

[4] BECK, Ulrich. *La sociedad del riesgo. Hacia una nueva modernidad*. Barcelona: Ediciones Paidós Ibérica, 1998; La sociedad del riesgo global. Madrid: Siglo XXI de España, 2002.

[5] BECK, Ulrich *A Reinvenção da Política*. In: GIDDENS, A., BECK, U. & LASH, S.: Modernização Reflexiva: política, tradição e estética na ordem social moderna. São Paulo: UNESP, 1997.

[6] PRIGOGINE, Ilya. *O fim das certezas: tempo, caos e as leis da natureza*. São Paulo: Unesp, 1996, p. 13.

Essas possibilidades estribam-se no que Beck, A. Giddens e Scott Lash[7] chamaram de *modernidade reflexiva* ou *modernidade tardia*, ou seja, o momento que o mundo moderno se torna consciente de si próprio, dos riscos de nosso estilo de vida e de suas mazelas. Tal reflexividade se entranharia como um dado estrutural, componente da sociedade industrial capitalista, obrigando os homens a viver com a constante preocupação a respeito dos riscos do sistema econômico produtivo, que se espalham e equalizam toda a humanidade.

A responsabilidade penal aparece, então, como uma importante opção. Poderíamos ter feito outras: agravar os modelos de responsabilidade civil, incrementar a responsabilidade administrativa aderindo a um modelo exclusivamente de direito administrativo sancionador, mas não o fizemos.

Provavelmente, a opção por tutelar o bem ambiental também na esfera penal tenha suas raízes no modo capitalista de produção ao qual aderiu a Constituição de 1988 ao estruturar a ordem econômica, amparada na propriedade privada dos meios de produção e na livre iniciativa[8] (art. 170).

Isso porque, a responsabilidade penal, diversamente da responsabilidade civil ou administrativa, "não transige com o império da contabilidade capitalista, pois carreia ao condenado e à sua empresa um estigma social que não pode ser diluído nos balancetes".[9]

A par disso, há uma tendência em nível mundial de corrosão da máxima do *societas delinquere non potest*. Exemplo disso é a aceitação capitaneada pelo modelo norte-americano da responsabilidade penal empresarial verificada na legislação espanhola, italiana, portuguesa, chilena, dentre outras.

Na maior parte dos ordenamentos jurídicos, funda-se essa responsabilidade em modelos de heterorresponsabilidade. Melhor dizendo: a pessoa jurídica responde por fato praticado por outrem, necessariamente uma pessoa física. Milaré considera certo que "a empresa, *sponte sua*, não pode cometer delitos. Isso só é possível por meio de uma pessoa natural", invocando a máxima *nullum crimen sine actio humana*.[10]

No Brasil, a jurisprudência preponderante, quase unânime, vem aderindo à dupla imputação como condição para o recebimento da denúncia e, mais do que isso, até mesmo para a condenação.[11] Entrementes, em pioneira decisão da lavra do Des. Federal Paulo Afonso Brum Vaz, o Tribunal Regional Federal da 4ª Região rompeu com esse modelo e admitiu a responsabilidade isolada da pessoa jurídica com base no modelo construtivista da

---

[7] Op. cit.

[8] SILVA, José Afonso da. *Curso de direito constitucional positivo*. 19. ed. rev. atual. e ampl. São Paulo: Malheiros, 2001, p. 764.

[9] FELICIANO, Guilherme Guimarães. *Teoria da imputação objetiva no direito penal ambiental brasileiro*. São Paulo: LTr, 2005, p. 26.

[10] MILARÉ, Édis. *Direito do ambiente*. A gestão ambiental em foco. 6. ed. São Paulo: Revista dos Tribunais, 2009, p. 987.

[11] BRASIL. Superior Tribunal de Justiça. Recurso em Mandado de Segurança n. 20601/SP, Quinta Turma, Rel. Min. Félix Fischer, DJ 14/08/2006, p. 304.

responsabilidade, o qual possui raízes na teoria dos sistemas e se ampara na ideia de que a empresa, quando dotada de um mínimo de complexidade e autonomia, constitui-se em um organismo autopoiético e, como tal, imputável penalmente.[12]

As bases teóricas desse modelo construtivista de responsabilidade penal estão estruturadas na obra de Díez.[13]

O autor trabalha com a ideia do cidadão corporativo fiel ao direito ligado àquela empresa que participa de assuntos públicos, conceito esse que ganha corpo quando se tem em conta duas questões: a) o paulatino afiançamento das organizações empresariais como membros ativos da sociedade moderna e que implica um determinado *status* e consequentemente os direitos e obrigações dos que são destinatários devem refletir esse *status;* b) certos avanços recentes experimentados pela doutrina penal dão importância à legitimidade das sanções penais – ou seja: aquelas com maior potencial expressivo – sendo assim, o sujeito que recebe a sanção, participou da produção da vigência desta norma. "Portanto, se o Direito Penal empresarial pretende ser funcionalmente equivalente ao Direito Penal individual, adaptando-se à realidade social da sociedade moderna, não pode deixar de atender a esta importante questão".[14]

É notório que as corporações participam cada vez mais ativamente na definição de normas sociais e jurídicas. Esse aumento na capacidade comunicativa das empresas vem acompanhado de um crescimento no seu feixe de responsabilidades, dentre elas a imputabilidade penal.

Díez lembra que a empresa não intervém politicamente através do voto, mas através da liberdade de expressar conceitos no discurso público sobre as normas sociais, contribuindo para a produção e respectiva conformação.[15] A tal observação, acrescentamos que, no sistema político brasileiro, as empresas também se manifestam silenciosamente através das doações de campanhas.

Verificadas as insuficiências das esferas cível e administrativa – a primeira porque sempre limitada ao patrimônio das pessoas (físicas ou morais envolvidas) e, a segunda, devido ao histórico déficit estrutural da Administração Pública brasileira – sobressai a atuação do Estado detentor do *jus*

---

[12] "DIREITO PENAL. Crime ambiental. Art. 3º da lei nº 9.605/98. Responsabilidade penal da pessoa jurídica. Natureza subjetiva. Possibilidade e autonomia da persecução criminal. Conceito construtivista da culpabilidade. Sistemas autopoiéticos. Autorreferenciabilidade e auto-organização dos entes morais. Extinção da punibilidade do administrador pessoa física. Prosseguimento da ação penal unicamente em desfavor da empresa corré" (BRASIL. TRF 4. APELAÇÃO CRIMINAL 0010064-78.2005.404.7200 Rel. Des. Fed. Paulo Afonso Brum Vaz).

[13] DÍEZ, Carlos Gómez-Jara. *A responsabilidade penal da pessoa jurídica e o dano ambiental.* A aplicação do modelo construtivista de autorresponsabilidade à Lei 9.605/98. Porto Alegre: Livraria do Advogado, 2013.

[14] Ob. cit., p. 27.

[15] Ob. cit., p. 39.

puniendi e a eficácia dissuasória da sanção penal não assimilável na contabilidade rotineira das empresas.[16]

Essa atuação do direito penal ambiental aparece na Lei nº 9.605/98 vinculada a uma perspectiva unitária, sistêmica do bem jurídico tutelado, envolvendo os aspectos naturais, culturais e artificiais.

Mesmo quando se foca na administração ambiental como objeto imediato do delito, objetiva a tutela mediata do meio ambiente.

O Capítulo V dessa Lei, que trata dos crimes em espécie, abarca os crimes contra a fauna (seção I), crimes contra a flora (seção II), poluição e outros crimes ambientais (seção III), crimes contra o ordenamento urbano e o patrimônio cultural (seção IV) e, finalmente, os crimes contra a administração ambiental (seção V).

Diante do tratamento constitucional conferido ao bem jurídico meio ambiente, Milaré afirma a existência de um Patrimônio Ambiental Nacional tripartido em natural, cultural e artificial. Para ele, "há bens culturais que são protegidos pelas cláusulas ambientais, não por sua pertença ao meio estritamente natural dos bens tangíveis, mas – de outra forma – por representarem criações do espírito humano e, assim, figurarem como produto específico da nossa espécie".[17] Essa perspectiva vem reforçada na Lei dos Crimes e Infrações Administrativas Ambientais.

Em texto específico sobre a proteção penal do meio ambiente, esclarece ser adepto de um conceito abrangente do meio ambiente natural (constituído por solo, água, ar atmosférico, flora, fauna, enfim, a biosfera); meio ambiente cultural (integrado pelo patrimônio histórico, artístico, turístico, paisagístico, arqueológico, espeleológico etc.) e meio ambiente artificial (formado pelo espaço urbano construído).[18]

Portanto, o primeiro aspecto a se reter quando se estuda a Lei em comento diz respeito às características e, sobretudo, à complexidade do meio ambiente.

Esse compromisso de tutelar não só os aspectos naturais do meio ambiente provavelmente também encontre eco no histórico de degradação gerado em nosso período societal de pós-modernidade,[19] em que a especulação

---

[16] Importante destacar que, conquanto a Constituição Federal e a Lei dos Crimes e Infrações Administrativas Ambientais, não façam qualquer restrição à responsabilidade penal das pessoas jurídicas de direito público, parece-nos de todo inadequada tal responsabilização. A propósito, vide SÉGUIN, Élida; GAZOLA, Patrícia. Da irresponsabilidade penal ambiental das pessoas jurídicas de direito público interno. *Revista de direitos difusos*. Vol. 56, p. 61-79.

[17] MILARÉ, Édis. *Direito do Ambiente*. A gestão ambiental em foco. 6. ed. São Paulo: Revista dos Tribunais, 2009, p. 212.

[18] MILARÉ, Édis. A nova tutela penal do ambiente. In: CONGRESSO INTERNACIONAL DE DIREITO AMBIENTAL, 3., 1999, São Paulo. *Anais...* São Paulo: IMESP, 1999, v. 1, p. 139-183.

[19] Para Bauman, vivemos um período de pós-modernidade, "em que os principais atores já não são estados-nações democraticamente controlados, mas conglomerados financeiros não-eleitos, desobrigados e radicalmente desencaixados, a questão da maior lucratividade e competitividade invalida e torna ilegítimas todas as outras questões, antes que se tenha tempo e vontade de indagá-la" (BAUMAN, Zigmunt. *O mal-estar da pós-modernidade*. Rio de Janeiro: Jorge Zahar, 1998, p. 61).

tem feito terra arrasada do patrimônio cultural imobiliário; a mídia predatória enfeia a paisagem urbana e a falta de um arranjo urbanístico mais justo, aliado ao êxodo rural, acaba por lesar o meio ambiente artificial.

Por outro lado, o direito ambiental no Brasil, na concepção sistêmica em que é conhecido atualmente, descende da década de 80, já que antes disso predominavam as visões utilitaristas e sectárias sobre o uso econômico, exploração ou conservação dos recursos naturais. Antes da Lei 9.605/98, a legislação penal ambiental brasileira era dispersa, confusa e de péssima técnica jurídica.

Dispersa porque prevista em vários diplomas legais, os chamados equivocadamente de códigos: de Águas, Florestal, de Mineração, de Caça.

Confusa porque valorava distintamente bens ambientais ao prever como crimes os atentados contra a fauna e como contravenções aqueles cometidos contra a flora.

Com péssima técnica jurídica por utilizar critérios para definição de um delito, ou para a fixação da pena, não alinhados com a teoria do crime como, por exemplo, tipificar penalmente a reiteração de uma infração administrativa e não guardar nenhuma relação quantitativa entre as penas previstas para ações em detrimento de bens ambientais diversos.

Por tais motivos, não era de se estranhar a quase inexistência de condenações penais anteriores à edição da Lei, bem assim que o principal fundamento para as absolvições fosse a excludente do exercício regular de direito, ou ainda a (im)ponderação entre os valores do desenvolvimento econômico, geração de tributos e rendas em detrimento da preservação ambiental.

O segundo aspecto que devemos ressaltar no estudo da Lei 9.605/98 envolve a inserção da tutela penal na disciplina mais abrangente do direito ambiental. Portanto, os princípios aplicáveis à proteção ambiental também irradiam efeitos no Direito Penal Ambiental, o qual deles se alimenta.

Essa dogmática ambiental, em contato com os tradicionais institutos do Direito Penal, acaba arredando, alterando ou atenuando a aplicação de alguns.

Ao definir uma série de crimes de perigo, na sua maioria de perigo abstrato, o Direito Penal Ambiental demonstra compromisso, militância em favor da prevenção (ex. art. 56 da Lei 9.605/98). Meras condutas que ponham em perigo o bem jurídico tutelado configuram tipos penais ambientais.

O princípio do poluidor-pagador igualmente norteia a tutela penal do meio ambiente. Além de exigir a reparação do dano ao ambiente comprovada via laudo pericial para extinção da punibilidade nas hipóteses de suspensão condicional do processo (art. 28, inc. I), a Lei de Crimes Ambientais impõe a prévia composição do dano ambiental como pré-requisito à transação penal (art. 27) e considera atenuante penal a espontânea reparação do dano ou limitação significativa da degradação ambiental causada (art. 14, II).

2. Fundamentos constitucionais da tutela penal do meio ambiente

O meio ambiente sadio e ecologicamente equilibrado é um dos poucos bens jurídicos cuja tutela penal está prevista expressamente no texto constitucional. Disso deriva uma verdadeira ecologização, nas palavras de Benjamin, do Estado Democrático de Direito, que passa a ser também Ambiental.[20]

Observe-se que o meio ambiente é tutelado de forma transcendental, ou seja, para além do marco temporal das gerações presentes de molde a abarcar sujeitos ainda não nascidos, os quais desconhecemos quantos serão, onde e como viverão.

Tamanha é a relevância do bem ambiental, cuja preservação em condições de equilíbrio e que propiciem qualidade de vida está concatenada com o nosso mais precioso bem – a vida – que o Constituinte de 1988, no art. 225, § 3º, sujeitou os infratores, pessoas físicas ou jurídicas, a sanções penais e administrativas, independentemente da obrigação de reparar os danos causados.

A cláusula contida nesse § 3º do art. 225 da CF consagra o regime da tríplice responsabilização do poluidor, deixando patente o amplo feixe de imputações a que se sujeita o causador do agravo – e até mesmo do risco em algumas situações – ambiental.

Partindo-se das premissas de que o meio ambiente qualificado pelas notas da higidez e do equilíbrio ecológico é direito fundamental e de que, na linha defendida por Bonavides, "os direitos fundamentais, em rigor, não se interpretam, concretizam-se",[21] todas as previsões inseridas no art. 225 da CF hão de ser devidamente consideradas e interpretadas de molde a fazer valer o critério do *in dubio pro natura*.[22]

Portanto, cabe ao legislador infraconstitucional detalhar através de lei em sentido estrito as condutas e sanções penais para pessoas físicas e jurídicas associadas ao meio ambiente na sua mais ampla acepção, criando um verdadeiro círculo de proteção.

De tal tarefa talvez não tenha se desincumbido de forma brilhante, mas suficientemente indicativa de que o bem jurídico meio ambiente está na ordem de dia, com primazia na escala de valores e na lógica constitucional.

Não se está aqui a defender, é bom que se diga, que a tutela penal do meio ambiente seja suficiente e possa subsistir desgarrada, dissociada das demais (administrativa e civil). Entretanto, dela não se pode, ao menos no

---

[20] BENJAMIM, Antônio Herman. Constitucionalização do ambiente e ecologização da Constituição Brasileira. In *Direito Constitucional Ambiental Brasileiro*. CANOTILHO, José Joaquim Gomes; LEITE, José Rubens Morato (orgs.). São Paulo: Saraiva, 2007, p. 98.

[21] BONAVIDES, Paulo. *Curso de direito constitucional*. São Paulo: Malheiros, 8. ed., 1998, p. 545.

[22] Recentemente, o STJ incorporou o princípio hermenêutico do "in dubio pro natura" em decisão proferida no RECURSO ESPECIAL n 2009/0115262-9, Rel. Min. Herman Benjamin, DJ 27/09/2011.

atual momento histórico-social do Brasil, prescindir. Ademais, considerando o atual contexto histórico de considerável retrocesso na legislação ambiental, como é exemplo a alteração do Código Florestal, a responsabilidade penal torna-se cada vez mais relevante na tutela do meio ambiente.

3. Importância da tutela penal do ambiente

Se na tutela dos bens individuais, como o direito à vida e patrimônio, por exemplo, o Direito Penal é visto como a *ultima ratio*, com mais razão deve sê-lo na proteção de bens e valores que dizem respeito a toda a coletividade, já que estreitamente conectados à complexa equação biológica que garante a vida humana no planeta. Agredir ou pôr em risco essa base de sustentação planetária é socialmente conduta de máxima gravidade.

Alguns doutrinadores sustentam a desnecessidade de criminalização de condutas deletérias ao bem jurídico meio ambiente.

Com a devida vênia, não se comunga desse ponto de vista, porquanto o conteúdo ético associado a uma reprovação penal é diferenciado em relação ao sancionamento na esfera administrativa ou na esfera civil.

Feliciano reconhece, sob determinadas circunstâncias, "a inaptidão dos mecanismos de tutela ambiental elaborados à luz do Direito Civil, do Direito Processual e do Direito Administrativo", o que compeliu o legislador a "criminalizar condutas humanas nocivas ao meio ambiente ecologicamente equilibrado e ao patrimônio cultural".[23]

Como ensina Roxin,[24] "a função do Direito Penal consiste em garantir a seus cidadãos uma existência pacífica, livre e socialmente segura, sempre e quando estas metas não possam ser alcançadas com outras medidas político-sociais que afetem em menor medida a liberdade dos cidadãos".

No caso da proteção ambiental no Brasil, é visível que as esferas administrativa e civil são insuficientes para a tutela de determinado bem jurídico. Portanto, plenamente justificável a criminalização das condutas.

Aliás, sensível à importância da proteção do meio ambiente pelo Direito Penal, doutrina e jurisprudência, cada vez mais, demonstram certa resistência no acolhimento dos princípios da mínima intervenção e da insignificância aos crimes ambientais.

Assim sustentam Vladimir e Gilberto Passos de Freitas[25] para os quais a aplicação do princípio da insignificância, embora não vedada, será excepcional para os crimes ambientais, devendo ser amplamente justificada pelo magistrado. No dizer dos autores: "o reconhecimento do princípio da insig-

---

[23] FELICIANO, ob. cit., p. 26.

[24] ROXIN, Claus. *A proteção de bens jurídicos como função do Direito penal*. Tradução: André Luís Callegari, Nereu Giacomolli. 2. ed. Porto Alegre: Livraria do Advogado, 2009, p. 16-17.

[25] PASSOS DE FREITAS, Vladimir e Gilberto. *Crimes contra a natureza*. 6. ed. São Paulo: Revista dos Tribunais, 2000, p. 43.

nificância deverá ser reservado para hipóteses excepcionais, principalmente pelo fato de que as penas previstas na Lei 9.605/98 são, na sua maioria, leves e admitem transação ou suspensão do processo (Lei 9.099/95, arts. 76 e 89)".

Em outras palavras, nos casos de menor relevância, a própria lei dá a solução, ou seja, a composição entre o Ministério Público e o infrator, sendo esta a opção mais acertada. A propósito do tema, cumpre ressaltar que há uma tendência em rejeitar a alegação do princípio da insignificância.

Constantino[26] comunga desse entendimento. Ao explicar que, a partir dos escritos de Claus Roxin há, na Alemanha, uma tendência a se acrescentar ao conceito analítico de crime, a responsabilidade. Ensina ele: "a responsabilidade está ligada aos motivos de política criminal, que legitimam ou não a persecução de um determinado crime em Juízo; vale dizer: para que alguém seja processado criminalmente, não basta que haja praticado uma conduta típica, antijurídica e culpável, mas é ainda necessário que sua atuação venha imbuída de responsabilidade: é preciso que haja fundadas razões de política criminal para que o Ministério Público provoque, através da ação penal pública, a movimentação de todo o mecanismo do Poder Judiciário, a fim de processar e punir o agente de um comportamento, que além de típico, antijurídico e culpável, deve mostrar-se também responsável (merecedor de apenação no específico caso concreto, segundo postulados da Política Criminal)".

O mesmo autor, comentando crime contra a fauna, onde há alguns arestos acolhendo o princípio da insignificância, questiona se o referido princípio poderia ser utilizado no caso de abate de um só animal, já que, na hipótese, se poderia argumentar não ferido o equilíbrio ecológico tutelado pela Lei Ambiental, afirma: "cremos, todavia, que o aludido princípio da insignificância deva ser utilizado, com muita reserva, em matéria de crimes ambientais; isto porque, conforme se extrai do pensamento exposto pelo biólogo americano Edward O. Wilson, em ecologia não se pode pensar só em termos de presente, mas deve-se olhar, com maior ênfase, para o futuro: a eliminação desnecessária de um só espécime da fauna silvestre, nos dias atuais, refletirá de forma catastrófica em tempos vindouros, podendo ocasionar um desastre ecológico nas próximas décadas".[27]

Nesse sentido, decidiu o Tribunal Regional Federal da 4ª Região,[28] não reconhecendo os princípios da mínima intervenção e da insignificância em face de pesca predatória realizada em período de defeso e com petrechos proibidos e crime contra a fauna marinha ao afirmar que o bem jurídico agredido, nas infrações penais ambientais, é o ecossistema (constitucional-

---

[26] CONSTANTINO, Carlos Ernani. *Delitos ecológicos*. 3. ed. São Paulo: Lemos e Cruz, 2005, p. 273

[27] Idem, p. 138-139.

[28] BRASIL. Tribunal Regional Federal 4ª Região, Apelação Criminal 200572000047598/ SC, j. 12/09/2007 Documento: TRF400154709, D.E. 19/09/2007 e Tribunal Regional Federal 4ª Região, Apelação Criminal 200270080000150/ PR, j. 11/07/2007 Documento: TRF400151720, D.E. 18/07/2007, ambos da Oitava Turma, tendo como Relator Paulo Afonso Brum Vaz.

mente tutelado: art. 225 da CF/88), cuja relevância não pode ser mensurada, o que resulta na impossibilidade de aplicação da tese do crime de bagatela e, por consequência, dos princípios da intervenção mínima e da subsidiariedade do Direito Penal. Em outro aresto, também se levou em consideração que o bem jurídico protegido é a higidez ambiental, insuscetível, ao menos diretamente, de avaliação econômica.

O Tribunal Regional Federal da 1ª Região, por sua vez, afastou o princípio da insignificância em dois julgamentos de crimes contra o meio ambiente, tendo em consideração a indisponibilidade do bem, a afetação ao interesse público, o sinergismo da degradação ambiental e a difícil reparação do dano.

Vejamos as ementas:

PENAL. PROCESSO PENAL. CRIME AMBIENTAL. ART. 40, DA LEI 9.605/98. PRINCÍPIO DA INSIGNIFICÂNCIA. INAPLICABILIDADE. RECURSO CRIMINAL PROVIDO. 1. Não se apresenta juridicamente possível a aplicação do princípio da insignificância nas hipóteses de crimes ambientais, tendo em vista que o escopo da Lei 9.605/98 é impedir a atitude lesiva ao meio ambiente, evitando, ainda, que a impunibilidade leve à proliferação de condutas a ele danosas. 2. Recurso criminal provido).[29]

PENAL E PROCESSUAL PENAL. CRIME CONTRA O MEIO AMBIENTE. PRINCÍPIO DA INSIGNIFICÂNCIA. INAPLICABILIDADE EM CRIMES AMBIENTAIS. I – Inaplicável, *in casu*, o princípio da insignificância ante a possibilidade de irreversibilidade do dano. Precedente desta Corte. II – Recurso provido".[30]

Também a Quarta Câmara do Tribunal de Justiça do Rio Grande do Sul desacolheu o princípio da insignificância no caso de caça de animais silvestres:

APELAÇÃO-CRIME. PORTE DE ARMA E CAÇA DE ANIMAIS SILVESTRES. CRIME AMBIENTAL. CAÇA DE ANIMAIS SILVESTRES. PRINCÍPIO DA INSIGNIFICÂNCIA. INAPLICABILIDADE. Em sede de crimes contra a fauna, em regra, não se pode falar em irrelevância jurídico-penal da conduta do agente em face de terem sido apenas cinco as aves abatidas, tendo em vista que o impacto ambiental causado não está relacionado unicamente ao número de animais mortos. PORTE DE ARMA DE FOGO. ARMA DESMONTADA E DESMUNICIADA. Tendo sido a arma de fogo utilizada para caça de animais, não se pode afastar a tipicidade do crime descrito no artigo 10, *caput*, da Lei nº 9439/97, haja vista que comprovado que o agente portava o instrumento para pronto uso sem autorização para tanto.[31]

APELAÇÕES CRIMINAIS. CRIMES CONTRA O MEIO AMBIENTE. PESCA EM PERÍODO PROIBIDO E CAÇA DE ANIMAL SILVESTRE. MATERIALIDADE. DESNECESSIDADE DE REALIZAÇÃO DE LAUDO PERICIAL COMPROVANDO O DANO AMBIENTAL OCASIONA-

---

[29] BRASIL. Tribunal Regional Federal da 1ª Região. Recurso Criminal 2003.34.00.007650-0, da 4ª Turma do Tribunal Regional Federal da 1ª Região. Recorrente: Justiça Pública. Recorrido: Evelton Lopes Ferreira. Relator: Des. Federal Ítalo Fioravanti Sabo Mendes. Brasília, DF, 10 de agosto de 2004.

[30] BRASIL. Tribunal Regional Federal da 1ª Região. Recurso Criminal 2003.34.00.003962-1, da Terceira Turma do Tribunal Regional Federal da 1ª Região. Recorrente: Justiça Pública. Recorrido: Sebastiana Maria da Silva. Relator: Juiz Cândido Ribeiro. Brasília, DF, 1º de setembro de 2004.

[31] RIO GRANDE DO SUL. Tribunal de Justiça do Rio Grande do Sul. Apelação-Crime 70006900336, da 4ª Câmara Criminal. Relator Des. Roque Miguel Fank. Julgado em 18.agos.2004. Disponível em: <http://www1.tjrs.jus.br> Acesso em 18.nov.2012.

DO. AUTORIA COMPROVADA PELA CONFISSÃO OPERADA NA ESFERA JUDICIAL. Teses excludentes de ilicitude fundamentadas no erro de proibição, no estado de necessidade e na aplicação do princípio da insignificância que merecem ser afastadas. Manutenção da sentença condenatória e da dosimetria da pena operada pelo juízo singular. Aplicação do verbete nº 231 da Súmula do STJ. Pena de multa fixada no mínimo legal e em observância ao preceituado nos tipos penais infringidos pelos apelantes. Alegação de *bis in idem* decorrente do acordo de doação firmado na esfera administrativa (Termo de Ajustamento de Conduta) e pela determinação de prestação pecuniária à entidade beneficente, extraída da sentença criminal, que não merece acolhimento (...). No que refere à aplicação do princípio da insignificância melhor sorte não socorre aos apelantes, pois a agressão ambiental ocasionada com a caça predatória e a pesca em período da piracema atinge toda a coletividade, bem como as gerações futuras, não havendo como calcular o dano ocasionado.[32]

Do mesmo órgão fracionário do Tribunal gaúcho há ainda duas decisões envolvendo corte de vegetação nas quais foi rechaçada a aplicação do princípio.[33]

Além do não acolhimento, via de regra, do princípio da insignificância, outras particularidades são marcantes no direito penal ambiental em uma verdadeira reconfiguração do delito, necessária para fazer frente ao modelo de sociedade de risco em que a humanidade está inserida. Dessa forma, o direito penal ambiental necessariamente se utiliza de crimes de perigo abstrato e das normas penais em branco.

Nos crimes de perigo abstrato há uma antecipação da punibilidade, uma proteção precoce ao bem tutelado, já que o legislador prevê uma conduta punível diante do risco abstrato. Há incriminação antes da ocorrência do dano, como é o caso, por exemplo, do delito previsto no art. 60 da Lei 9.605/98. O injusto penal deriva, assim, da potencialidade lesiva da conduta.

O tipo penal aberto, por sua vez, depende de complementação por outra fonte, já que pela própria natureza extremamente complexa e dispersa das modalidades de dano ou risco ambientais, a norma penal deverá ser completada por resoluções do CONAMA, normas da ABNT etc. Isso ocorre pela natureza mutante da própria tecnologia capaz de permitir a utilização de mecanismos mitigadores de impactos a partir de sua evolução, alterando padrões de emissão permitidos pela legislação, bem como pela possibilidade da descoberta de novos contaminantes pela própria evolução tecnológica e científica. Nesse sentido, pode-se afirmar que a lei em sentido formal é incapaz de acomodar toda essa realidade cambiante. "É impossível à norma jurídica descer a minúcias, que podem e devem ser cambiantes".[34]

---

[32] RIO GRANDE DO SUL. Tribunal de Justiça do Rio Grande do Sul. Apelação-Crime 70041830233, da 4ª Câmara Criminal. Relator Des. Francesco Conti. Julgado em 06.out.2011. Disponível em: <http://www1.tjrs.jus.br> Acesso em 18.nov.2012.

[33] RIO GRANDE DO SUL. Tribunal de Justiça do Rio Grande do Sul. Apelação-Crime 70043193580, da 4ª Câmara Criminal. Relator Des. Marcelo Bandeira Pereira. J. em 29.jun.2011. Disponível em: <http://www1.tjrs.jus.br> Acesso em 18.nov.2012; BRASIL. Tribunal de Justiça do Rio Grande do Sul. Apelação Crime 70021516521, da 4ª Câmara Criminal. Relator Des. Aristides Pedroso de Albuquerque Neto. J. em 24.jan.2008.

[34] CARMELLO JR., Carlos Alberto; FREITAS, Gilberto Passos. A cidade sustentável e o direito penal ambiental. *In Revista de Direito Ambiental* n. 68, ano 17, out.-dez., 2012, p. 30-31.

Os crimes contra o meio ambiente se traduzem em perfeito exemplo de um direito penal reconfigurado especificamente para salvaguardar bens jurídicos de titularidade indeterminada.[35]

4. A tríplice responsabilização

A CF/88 não se contentou com a mera reparação do dano, embora essa também seja uma das tônicas da Lei de Crimes Ambientais. O art. 225, § 1º, na esteira do que já apregoava o art. 14, § 1º, da Lei n. 6.938/81, enfatiza a possibilidade de o poluidor ser simultaneamente responsabilizado nas esferas civil, administrativa e penal, o que desde já exclui a conclusão de que o poluidor que posteriormente veio a reparar o dano está isento das sanções de índole penal.

Na medida em que o regime da tríplice responsabilização encontra moradia no texto constitucional, eventuais normas de hierarquia inferior que venham a isentar de pena aquele que repara o dano ambiental após o oferecimento da denúncia padecem de inconstitucionalidade. É o caso da previsão contida na recente Lei 12.651/12, cujo art. 60 está assim vazado:

> A assinatura de termo de compromisso para regularização de imóvel ou posse rural perante o órgão ambiental competente, mencionado no art. 59, suspenderá a punibilidade dos crimes previstos nos arts. 38, 39 e 48 da Lei nº 9.605, de 12 de fevereiro de 1998, enquanto o termo estiver sendo cumprido.
>
> § 1º A prescrição ficará interrompida durante o período de suspensão da pretensão punitiva.
>
> § 2º Extingue-se a punibilidade com a efetiva regularização prevista nesta Lei.

De igual forma, aquele que pagou a multa administrativa não se livra da repercussão penal, conquanto possa ser beneficiado na dosimetria da pena.

Embora as esferas de responsabilidade sejam independentes e cumulativas é conveniente ao degradador firmar termo de compromisso de ajustamento de conduta já que nos crimes passíveis de transação penal a composição civil é seu requisito (art. 27). Por outro lado, o TAC é meio adequado para instrumentalizar o modo pelo qual se dará a recuperação do dano, necessária à declaração da extinção da punibilidade, nos termos do art. 28 da Lei 9.605/98.[36]

Deve-se ressaltar que ao celebrar o TAC não há confissão de culpabilidade apenas reconhecimento do nexo causal, mantendo-se a independência das esferas de responsabilidade.

---

[35] CARMELLO JR.; FREITAS, op. cit., p. 30-31.

[36] Sobre os reflexos da composição do dano na responsabilização penal LECEY, Eladio. Direito Ambiental Penal Reparador. In: *Revista de Direito Ambiental* n. 45, jan.-mar. São Paulo: Revista dos Tribunais, 2007.

5. Panorama geral do Direito Penal Ambiental

A legislação ambiental, embora fosse essa a pretensão do Legislador quando elaborou a LCA, no tocante aos aspectos criminais, ainda não se acha compilada, reunida em um só diploma legal, daí por que o enquadramento criminal de uma conduta lesiva ao meio ambiente envolve a análise de várias leis federais. Ademais, muitos tipos penais ambientais são normas penais em branco, o que pressupõe um certo trânsito em normas de diversas hierarquias e instâncias de Poder.

Atualmente, conta-se com tipos penais relativos a condutas lesivas ao meio ambiente:

- na Lei 9.605/98;
- na Lei 6.453/77, arts. 23, 26 e 27 (Lei sobre atividades nucleares);
- na Lei 6.766/79 (Loteamentos) e alguns tipos remanescentes do próprio Código Penal (exemplo: crime de incêndio – art. 250);
- na Lei 7.643/87 (Lei de Proteção aos Cetáceos);
- no DL 3.688/41 (Lei de Contravenções Penais);
- na Lei 11.105/05 (Lei de Biossegurança – arts. 24 a 29);
- na Lei 11.284/06 (gestão das florestas públicas) acrescentou dois tipos penais (50-A e 69-A à LCA);
- na Lei 11.428/06 (Mata Atlântica)- acrescentou art. 38-A à LCA;
- na Lei dos Agrotóxicos (Lei 7.802/89 foi alterada pela Lei 9.974/00);
- na Lei da Política Nacional dos Resíduos Sólidos (Lei 12.305/10) – altera os arts. 56 e 68 da LCA.

Conclusão

A sistematização da legislação penal ambiental através da Lei 9.605/98 pode ainda ser considerada jovem se comparada com a legislação ambiental administrativa, civil e processual civil.

Assim, não é de se estranhar que, ao contrário da experiência da quase totalidade das Instituições do Ministério Público, tanto na América Latina e Caribe, como também na Europa, o Ministério Público especializado na matéria ambiental em nosso país tenha se notabilizado, estranhamente, por uma atuação não tradicional, qual seja, a da tutela coletiva do meio ambiente a partir de uma ação civil, e não penal.

Coincidência histórica ou não, as Promotorias de Justiça e Procuradorias da República especializadas em meio ambiente surgiram como decorrência das conquistas constitucionais do Ministério Público e da radical mudança de sua atuação no cível, que de mero espectador no processo civil passou a ser protagonista de uma ação coletiva envolvendo, no caso de meio ambiente, interesses difusos de grande repercussão social. Foi talvez a maior quebra de paradigma até então ocorrida na Instituição. Entretanto, enquanto o cenário processual civil e as funções institucionais do Ministério Público eram radicalmente modificados na década de 1980, pouco ou nada ocorria no processo penal até o final da década de noventa.

Hoje, todavia, o cenário é distinto, e as esferas civil e penal são plenamente utilizadas pelo Ministério Público. Há situações, inclusive, em que, por particularidades do caso concreto, apenas se viabiliza a persecução penal.

Para finalizar e acompanhando Zizek,[37] constata-se que nossa sociedade politicamente correta criou soluções de pequeno alcance introduzidas pelo próprio capitalismo, e o direito ambiental não foge desta tendência, tendo sido impregnado de novos conceitos como economia verde, pagamento por serviços ambientais, as *ecobags* e outras vendas de indulgências que só servem para manipular e aliviar a culpa social (uma das características da sociedade de risco) e trazer mais lucro ao sistema econômico em vez de questioná-lo. Percebe-se cada vez mais que o conceito de sustentabilidade é um mito, e a proteção ambiental não deve ser vista como algo a ser resolvido através de medidas econômicas, mas sim, como um problema político.

Também por essas razões o direito ambiental penal mostra-se de fundamental importância para a proteção do meio ambiente.

Bibliografia

BECK, Ulrich. *La sociedad del riesgo*. Hacia una nueva modernidad. Barcelona: Ediciones Paidós Ibérica, 1998; La sociedad del riesgo global. Madrid: Siglo XXI de España, 2002.

―――― A Reinvenção da Política. In: GIDDENS, A.; BECK, U.; LASH, S. *Modernização Reflexiva*: política, tradição e estética na ordem social moderna. São Paulo: UNESP, 1997.

CARMELLO JR., Carlos Alberto; FREITAS, Gilberto Passos. A cidade sustentável e o direito penal ambiental. In: *Revista de Direito Ambiental* n. 68, ano 17, out.-dez., 2012, p. 30-31.

CONSTANTINO, Carlos Ernani. *Delitos ecológicos*. 3. ed. São Paulo: Lemos e Cruz, 2005.

DÍEZ, Carlos Gómez-Jara. *A responsabilidade penal da pessoa jurídica e o dano ambiental*. A aplicação do modelo construtivista de autorresponsabilidade à Lei 9.605/98. Porto Alegre: Livraria do Advogado, 2013.

FELICIANO, Guilherme Guimarães. *Teoria da imputação objetiva no direito penal ambiental brasileiro*. São Paulo: LTr, 2005.

LECEY, Eladio. Direito Ambiental Penal Reparador. In: *Revista de Direito Ambiental* n. 45, jan.-mar. São Paulo: Revista dos Tribunais, 2007.

LORENZETTI, Ricardo Luis. *Teoria Geral do Direito Ambiental*. Trad. Fábio Morosini e Fernando Barbosa. São Paulo: Revista dos Tribunais, 2010.

MILARÉ, Édis. *Direito do ambiente*. A gestão ambiental em foco. 6. ed. São Paulo: Revista dos Tribunais, 2009.

PRIGOGINE, Ilya. *O fim das certezas*: tempo, caos e as leis da natureza. São Paulo: Unesp, 1996

SÉGUIN, Élida; GAZOLA, Patrícia. Da irresponsabilidade penal ambiental das pessoas jurídicas de direito público interno. *Revista de direitos difusos*. Vol. 56, p. 61-79.

SILVA, José Afonso da. *Curso de direito constitucional positivo*. 19. ed. rev. atual. e ampl. São Paulo: Malheiros, 2001.

ZIZEK, Slavoj. A ecologia é o ópio do povo. Disponível em <http://slavoj-zizek.blogspot.com.br/2010/01/ecologia-e-o-opio-do-povo-entrevista.html>, acesso em 15 de novembro de 2012.

---

[37] ZIZEK, Slavoj. *A ecologia é o ópio do povo*. Disponível em In http://slavoj-zizek.blogspot.com.br/2010/01/ecologia-e-o-opio-do-povo-entrevista.html, acesso em 15 de novembro de 2012.

A responsabilidade penal da pessoa física, a culpabilidade e as excludentes em matéria penal ambiental
(artigo 2º)

ANA PAULA FERNANDES NOGUEIRA DA CRUZ[1]

CAPÍTULO I – DISPOSIÇÕES GERAIS

Art. 1º (vetado)

Art. 2º Quem, de qualquer forma, concorre para a prática dos crimes previstos nesta Lei, incide nas penas a estes cominadas, na medida da sua culpabilidade, bem como o diretor, o administrador, o membro de conselho e de órgão técnico, o auditor, o gerente, o preposto ou mandatário de pessoa jurídica, que, sabendo da conduta criminosa de outrem, deixar de impedir a sua prática, quando podia agir para evitá-la.

1. Considerações iniciais

A tutela jurídica do meio ambiente passou por uma evolução que espelha a própria concepção do meio ambiente na sociedade moderna.

Até meados do século XX, a preocupação com o meio ambiente como um bem jurídico dotado de valor autônomo praticamente não existia. As convenções internacionais, como as que regulamentavam a pesca, visavam, primordialmente, ao atendimento de interesses comerciais e econômicos e conferiam proteção a bens ambientais por via reflexa.[2]

A evolução da tutela jurídica do meio ambiente se dá a partir do enfoque do meio ambiente como um bem digno de ser protegido por si só, cuja preservação em condições mínimas é essencial não apenas para permitir as atividades econômicas mas para garantir a própria existência da vida na Terra.

---

[1] 13ª Promotora de Justiça de Santos (defesa do meio ambiente) – Ministério Público do Estado de São Paulo -Mestre e Doutora em Direito Ambiental – PUC/SP – Autora dos livros A tutela ambiental do ar atmosférico e A culpabilidade nos crimes ambientais.

[2] Para maiores detalhes sugerimos a leitura do nosso Direito Internacional do Meio Ambiente: algumas considerações, p. 7-19.

O Direito brasileiro espelha bem essa evolução. Ao lançarmos um olhar sobre nossas normas, verificamos que até a década de 1960 a legislação ambiental era fragmentária e esparsa e promovia a proteção de bens ambientais sob a ótica econômica.

Entre 1960 e 1980 são editadas as primeiras normas de caráter geral com enfoque mais na proteção ambiental do que nos aspectos econômicos dos bens ambientais. São exemplos o Código Florestal de 1965 e a Lei de Proteção à Fauna de 1967.

Em 1981, é editada a Lei de Política Nacional do Meio Ambiente, considerada o marco fundamental da autonomia do Direito Ambiental brasileiro. Pela primeira vez, o meio ambiente é definido como um bem jurídico autônomo e digno de proteção *per se*, e não apenas como reflexo da utilidade econômica de seus componentes ou em relação a determinados aspectos específicos.

À tutela material segue-se a criação de um sistema processual de proteção ambiental com a edição da Lei de Ação Civil Pública em 1985, dotando a sociedade de um instrumento eficaz de tutela jurisdicional do meio ambiente.

A edição da Constituição Federal em 1988 alça o meio ambiente a um novo patamar, não apenas reafirmando a sua condição de bem relevante, mas definindo seus contornos como bem jurídico autônomo e com uma natureza jurídica específica – a de *bem difuso* (porquanto titularizado por *todos*) essencial à sadia qualidade de vida (cf. art. 225, *caput*, da CF/88).

A tutela penal ambiental, como um aspecto relevante da proteção jurídica do meio ambiente, segue a mesma evolução dogmática, partindo de uma legislação fragmentária e focada em aspectos específicos e frequentemente com enorme preocupação econômica, passando pela proteção mais ecocêntrica de bens ambientais específicos (como a fauna, o controle da poluição etc.) e chegando finalmente à edição da Lei 9.605, de 12 de fevereiro de 1998 que não apenas contemplou a proteção jurídica de diversos bens de caráter ambiental com a definição de tipos penais específicos, mas criou um verdadeiro subsistema de proteção jurídico-penal para o meio ambiente, com princípios e pressupostos específicos para essa proteção.

Nosso objetivo neste breve apanhado é tecer alguns comentários a respeito desse sistema de proteção penal do meio ambiente, com enfoque no problema da responsabilização penal das pessoas físicas que praticam condutas lesivas aos bens ambientais protegidos pela norma em apreço.

Passaremos então a tratar do tema.

2. Culpabilidade

A Lei 9.605/98 significou uma verdadeira revolução no sistema de proteção penal do meio ambiente e no própria tutela ambiental como um todo.

A norma em comento não se limitou a descrever tipos penais para a tutela de bens ambientais. Ela criou um sistema de proteção jurídica com princípios e pressupostos próprios, consubstanciado nas normas de caráter geral descritas nos artigos 2º a 28, verdadeira Parte Geral da Lei de Crimes Ambientais.

Embora a norma apresente diversas falhas e mereça ser eventualmente modificada para permitir um aperfeiçoamento do sistema de proteção penal do meio ambiente, ela representa, sem dúvida alguma, uma contribuição significativa e um instrumento poderoso na tutela do meio ambiente.

Uma das mais interessantes inovações trazidas pela Lei 9.605/98 refere-se ao sistema de responsabilização penal quanto à prática de condutas antiambientais.

Neste passo, é importante tecermos breves considerações acerca da diferenciação entre os conceitos dogmáticos de *responsabilidade* e *culpabilidade*.

Primeiramente, cumpre notar que enquanto a responsabilidade é inerente a todo o sistema jurídico de atribuição de consequências àqueles que praticam condutas que lesionem ou ameacem bens, direitos e interesses juridicamente relevantes, a culpabilidade é inerente ao Direito Penal. É, por assim dizer, sua nota distintiva em relação às demais formas de responsabilização por atos contrários ao Direito.[3]

A antijuridicidade ou ilicitude refere-se ao ordenamento jurídico como um todo. Ou seja, uma conduta contrária ao Direito leva à responsabilização do agente nas diferentes esferas do sistema jurídico.

Para a conduta antijurídica tornar-se *crime*, sujeita, portanto, às sanções penais, necessita também ser *culpável*, ou seja, injustificável sob a ótica do Direito Penal.

Assim, enquanto nos demais ramos do Direito para a responsabilização do agente basta que a conduta seja antijurídica, ao Direito Penal vai importar se essa conduta encontra justificativa sob a ótica penal, em outras palavras, se tal conduta é *culpável*.

Entendemos que o Direito Penal Ambiental deve conformar-se à consagrada dogmática penal sob pena de se construírem normas autoritárias e em dissonância com os princípios constitucionais que norteiam o Estado Democrático de Direito inaugurado pela Carta de 1988.

Mas não podemos perder de vista que o Direito Penal Ambiental faz parte do sistema jurídico de proteção ao meio ambiente e, dessa forma, também deve atender aos princípios jurídicos da proteção ambiental, delineados pela Constituição Federal e por leis de caráter geral, como a Lei de Política Nacional do Meio Ambiente (Lei 6.938, de 31 de agosto de 1981).[4]

---

[3] Para maiores detalhes recomenda-se a leitura da nosso *A culpabilidade nos crimes ambientais*.

[4] É interessante aqui mencionar a opinião de Michel Prieur sobre o Direito Ambiental. O doutrinador francês registra que o Direito Ambiental é complexo e que abrange, de forma mais ou menos acentuada, a maioria dos ramos do Direito. "À medida que o meio ambiente é a expressão das interações e das relações dos seres vivos (dentre os quais o homem), entre eles e com o meio, não é surpreendente que o direito do

Deste modo, todos os institutos do Direito Penal Ambiental serão reflexo desta dupla natureza, e assim também a culpabilidade.

Esta questão leva à conclusão de que a dogmática penal está a reclamar novas concepções e fundamentos para seus institutos de modo a atender a tutela dos "novos" bens jurídicos, como o meio ambiente.

Esta proteção penal do meio ambiente há que considerar um "modelo de riscos", refletindo-se na utilização de formas de tutela penal como crimes de perigo e normas penais em branco, mas sem partir para um modelo autoritário que Morato Leite e Ayala chamam de "discurso vingador do meio ambiente", em que se utiliza o argumento da *irreparabilidade do dano ambiental e da intocabilidade do ambiente* para justificar uma intervenção judiciária que se apresenta na forma de medidas repressivas de acentuada severidade, excessivamente restritivas e desproporcionais aos objetivos pretendidos pela norma ambiental.[5]

Essa ideia de prevenção aos danos ambientais por meio da tutela penal do meio ambiente sem perder de vista as garantias do Estado Democrático de Direito consubstancia-se, de forma inequívoca, quando trazemos a concepção de culpabilidade para afastar por completo qualquer forma de responsabilidade penal objetiva, seja no tocante às pessoas físicas, seja no que se refere às pessoas jurídicas.

3. Responsabilidade penal da pessoa física

Ao tratar da tutela penal ambiental, a doutrina não tem maiores dificuldades em aceitar a culpabilidade das pessoas físicas.

A construção da responsabilidade penal das pessoas físicas no tocante aos crimes ambientais deverá se orientar pelos princípios de Direito Penal, previstos na Constituição Federal e no Código Penal. Até porque somente assim se atenderá ao princípio democrático.

Entretanto, conforme acima observamos, em face das características peculiares do bem ambiental, há necessidade de se atender também aos princípios do Direito Ambiental, como os da prevenção, da precaução, do poluidor-pagador etc.[6]

---

meio ambiente seja um direito de caráter horizontal, abrangendo os diferentes ramos clássicos do direito (privado, público e internacional) e seja um direito de interações que tende a penetrar em todos os setores do direito para aí introduzir a ideia ambiental conforme ao tratado de Maastricht de 7 de fevereiro de 1992, segundo a qual a proteção do maio ambiente deve ser integrada com as demais políticas (art. 130-R-2)". (*Droit de l'environnment*, p. 6-7, tradução nossa).

[5] Conforme advertem os doutrinadores: "Assim, localizando o bem ambiental em posição de hierarquia e precedência absoluta em face dos outros bens e valores envolvidos no conflito, investe-se de poderes que parecem fundamentar muito mais o comportamento de um autêntico justiceiro, que se utiliza do direito penal do ambiente, para a atuação do discurso jurídico que teria um poder mítico de vingar o ambiente degradado, que é tocado com o Estado pela possibilidade da imposição de severas medidas repressivas". (*Direito ambiental na sociedade de risco*, p. 188).

[6] Lecey destaca como princípios norteadores do Direito Penal Ambiental os seguintes: *prevenção geral, caráter educativo, prevenção especial* e *reparação do dano ao ambiente* (O Direito Penal na Efetividade da Tutela do Meio Ambiente, p. 2396).

Desta forma, ainda que se possa (e deva) partir da construção dogmática penal tradicional, mesmo em relação às pessoas físicas, as peculiaridades decorrentes do bem jurídico penal de que se trata (o meio ambiente ecologicamente equilibrado) levam a um novo olhar sobre a questão da sua proteção penal.[7]

Como bem observa Gilberto Passos de Freitas:

> Embora o sistema sancionatório da referida lei, com relação às pessoas físicas preveja as tradicionais penas (privativa de liberdade, restritivas de direitos e multa), observa-se que, com relação as duas primeiras, o legislador deu ênfase a princípios de direito ambiental, como do poluidor-pagador e da educação ambiental.[8]

Ora, a prevenção (de delitos) integra a concepção da culpabilidade. No tocante aos crimes ambientais, essa prevenção ganha uma roupagem específica. Ela vai significar não só as ideias de prevenção geral e prevenção especial, caras ao Direito Penal em geral e à concepção da culpabilidade em especial, mas principalmente uma função de *educação ambiental* que, de resto, também é um dos princípios reitores do Direito Ambiental, compreendido no princípio da prevenção.

A ideia de *educação ambiental* através da tutela penal ambiental vem sendo trabalhada por diversos doutrinadores. Gilberto Passos de Freitas destaca a importância das penas alternativas na proteção penal do meio ambiente, estabelecidas na Lei 9.605/98, as quais atendem a esta função especialmente em relação a um tipo de delito no qual as características criminológicas do autor da infração são diferenciadas.[9]

Lecey, por sua vez, categoricamente afirma que o Direito Ambiental Penal deve ser educativo, impondo-se maior conotação pedagógica do que no Direito Penal tradicional, adotando-se, para tanto, medidas que tenham efeito educativo-ambiental.[10]

Nesta linha de raciocínio, Sandra Valle e Eliane Piereck observam que o uso de penas alternativas para um condenado por crime ambiental parece ser o mais indicado e traz uma maior eficácia na proteção.[11]

É nossa convicção que a culpabilidade do infrator ambiental merece uma reavaliação a partir das finalidades e princípios do Direito Ambiental. Nesta linha de pensamento, entendemos que o art. 6º da Lei 9.605/98,[12] que

---

[7] Ao que observamos da análise da Lei 9.605/98, o legislador tentou atender a esta ideia, traçando um sistema de responsabilidade penal ambiental que busca muito mais a prevenção e a reparação dos danos do que a punição propriamente dita. Chamamos a atenção, exemplificativamente, para os arts. 14 e 15, 17, 20, 27 e 28.

[8] *Poluição sonora*: aspectos legais, p. 91.

[9] *Lições de direito ambiental*, p. 91.

[10] *O Direito Penal na Efetividade da Tutela do Meio Ambiente*, p. 2396.

[11] *A pena alternativa no crime ambiental*, p. 147.

[12] Art. 6º Para imposição e gradação da penalidade, a autoridade competente observará: I – a gravidade do fato, tendo em vista os motivos da infração e suas conseqüências para a saúde pública e para o meio ambiente; II – os antecedentes do infrator quanto ao cumprimento da legislação de interesse ambiental; III – a situação econômica do infrator, no caso de multa.

trata da aplicação da pena, revela justamente a intenção do legislador em dar um novo rumo à culpabilidade desse criminoso e, em consequência à sanção penal nos delitos ambientais.

É claro que, quando defendemos a ideia de uma prevenção especial e geral diferenciada em relação à criminalidade ambiental, não estamos com isto assumindo que o Direito Penal Ambiental deva revestir-se de padrões antidemocráticos e contrários ao garantismo penal.

Queremos afirmar que, no tocante à sanção penal aplicável aos crimes ambientais e ao delineamento da culpabilidade do criminoso ambiental, a prevenção que as integra deverá dirigir-se não só ao reforço na confiança geral na norma e a evitar a reincidência, mas principalmente ao esforço de se construir uma cultura ambiental, norteada pela *ética ambiental*.[13]

Assim, é nosso entendimento que estes efeitos podem e devem ser obtidos com a correta aplicação dos postulados delineados pela legislação penal ambiental, mormente no que se refere à clara opção que a Lei 9.605/98 fez em relação à não aplicação de penas privativas de liberdade e a sua evidente preferência pelas penas restritivas de direitos.

Observe-se que o inciso II do art. 6º da Lei Penal ambiental, a despeito da aplicação subsidiária do art. 59 do Código Penal, determina que se leve em consideração, para a fixação da pena, não somente os antecedentes penais do infrator ambiental, mas toda a sua vida pregressa em relação ao cumprimento da legislação ambiental.

Costa Júnior, a respeito do mencionado inciso, ensina que:

Tecnicamente, após a Constituição Federal de 1988, só podem ser considerados antecedentes as condenações transitadas em julgado que não possam ser computadas para fins de reincidência.

Contudo a lei ambiental parece ter adotado conceito amplo de antecedentes, para abranger, inclusive, os fatos passados que não tenham relevância penal, como os ilícitos administrativos.[14]

Assim, a culpabilidade do infrator ambiental relaciona-se com a prevenção não só de ilícitos penais ambientais, mas com a prevenção de ameaças ao meio ambiente como um todo. Tal interpretação coaduna-se com a ideia de que o Direito Penal Ambiental deve informar-se também pelos princípios gerais do Direito Ambiental e, por tal razão, a culpabilidade do criminoso ambiental está ligada não só à ideia da prevenção de delitos, mas à proteção preventiva do meio ambiente e ainda aos princípios do poluidor-pagador e da educação ambiental.

Assim, majorando-se a pena do infrator ambiental com base em antecedentes quanto ao descumprimento de toda e qualquer norma ambiental, e não apenas em relação às de caráter penal, aponta-se para uma prevenção

---

[13] Aqui tomamos emprestada a expressão tão oportunamente cunhada por Nalini in *Ética Ambiental*, *passim*.

[14] Costa Júnior, P. J. da; Milaré E. op. cit., p. 44. Cf. também Costa Neto, N. D de C. E.; Bello Filho, N. de B.; Costa, F. D. de e C., op. cit., p. 82.

muito mais abrangente do que a prevenção criminal ordinariamente ligada à determinação da culpabilidade.

Destarte, como se pode observar, os critérios para a determinação da culpabilidade do criminoso ambiental devem se pautar pela observância dos princípios basilares do Direito Ambiental (precaução, prevenção e, dentro desta, a educação ambiental e ainda o do poluidor-pagador, sempre na sua vertente preventiva), para que esta culpabilidade, que se ligará à sanção penal como seu limite, sirva aos propósitos preventivos do Direito Penal Ambiental, nos termos acima expostos.

Neste passo, é importante analisarmos as características do criminoso ambiental e da própria prática do delito contra o meio ambiente.

Com efeito, o crime ambiental raramente é praticado com *dolo direto*. Dificilmente teremos uma situação em que o criminoso ambiental dirigiu sua conduta diretamente para o resultado ambientalmente danoso ou perigoso. O crime ambiental normalmente é cometido mediante culpa ou, no máximo, dolo eventual.

Benjamin registra com agudeza que a criminalidade ambiental tem conformação subjetiva extremamente peculiar. Em primeiro lugar, não existe um "tipo clássico" de criminoso ambiental. Em geral, este age em nome e benefício de uma empresa ou instituição, sendo a sua conduta, em verdade, corporativa. Em segundo lugar, com frequência a atividade do delinquente não se volta para o crime como um fim em si mesmo.

Ao contrário, a conduta delitiva ocorre como resultado de um atuar em tese até positivo e benéfico para a comunidade, ou seja, a produção de bens e a prestação de serviços. Vale dizer, o crime contra o meio ambiente nasce como um excesso desta atividade lícita e produtiva.[15]

Ou seja, podemos dizer que, via de regra, o crime ambiental é um "subproduto" indesejável do processo produtivo. Em consequência, o criminoso ambiental nestes casos não será "ressocializado". Ao contrário, ele está inserido de forma bastante satisfatória na sociedade onde atua, gozando inclusive de prestígio econômico, social e político. Trata-se do empresário, do dirigente ou assemelhado de pessoa jurídica, que comete o crime ambiental dentro de uma situação relacionada ao processo produtivo de sua empresa.

Por outro lado, em muitos casos, dá-se justamente o contrário: o criminoso ambiental é uma pessoa inculta, que comete o crime ambiental por conta de um desconhecimento da norma de proibição ou até mesmo por razões socioculturais, que o levam a, por exemplo, praticar caça ilegal, crimes contra a flora etc. Em relação a estes, em algumas situações, é o caso de se aplicar a exclusão da culpabilidade ante a sua falta de motivação em relação à norma, oriunda do seu desconhecimento, sequer potencial, da ilicitude da sua conduta, relacionado a um déficit de socialização. Em outras, aplicar-se-iam causas de redução da culpabilidade e em outras ainda, essas peculiaridades

---

[15] *Crimes contra o meio ambiente*: uma visão geral, p. 396.

se refletiriam na aplicação da pena, nos termos dos arts. 14 da Lei 9.605/98 e 59 do Código Penal.

Por fim, há ainda aquela situação em que o delito ambiental é praticado por um empregado de uma empresa e comete a conduta criminosa por conta e em benefício desta. Nesta situação (excetuando-se, evidentemente, a figura do administrador da empresa e assemelhados), muitas vezes a pessoa pratica a conduta criminosa em situação de falta de exigibilidade de outra conduta ou de exigibilidade reduzida (ameaça da perda do emprego), e sua atividade há que ser analisada de acordo com as regras gerais de exclusão e redução da culpabilidade, aliada a uma avaliação das peculiaridades de que se reveste o delito ambiental.

A culpabilidade dessas pessoas será aferida diversamente, e a aplicação da pena deverá atentar para o art. 14 da Lei 9.605/98 e subsidiariamente para o art. 59 do Código Penal.

Ney Bello observa com acuidade essa diferença:

> O pequeno agressor do meio ambiente tem a sua conduta criminosa resolvida mais facilmente por uma política de educação ambiental conseqüente, por uma fiscalização administrativa que reconheça a importância da preservação de bens jurídicos ambientais e por uma política socioeconômica que retire o homem do ambiente da necessidade de cometimento de crimes ecológicos.[16]

Nesta ordem de ideias, o perfil socioeconômico do criminoso ambiental haverá que ser levado em consideração não apenas para se excluir ou reduzir a culpabilidade em casos extremos, mas principalmente para atender à função preventivo-educativa do Direito Penal Ambiental no momento da imposição da sanção penal de modo que esta, ao ser aplicada, funcione para promover o que Nalini denomina de *cultura ambiental*, isto é, de uma preocupação ética para com a preservação do meio ambiente.

Conforme adverte o doutrinador:

> O saber ecológico não é para os eruditos, os especialistas, os *iniciados*. É para *todas as pessoas*. Simplesmente porque "*é perigoso e temerário que o cidadão médio continue a ignorar o aquecimento global, por exemplo, ou a diminuição da camada de ozônio, a poluição do ar, o lixo tóxico e radioativo, a chuva ácida, a erosão da camada superior do solo, o desflorestamento tropical, o crescimento exponencial da população*". Conhecer, conhecer mais, conhecer melhor, é a única prevenção.[17]

Em resumo: a aferição da culpabilidade do infrator penal ambiental e a sua integração com a sanção criminal devem visar principalmente ao reforço da sua motivação para o cumprimento futuro das normas de proteção ao meio ambiente (como um todo e não apenas as normas penais ambientais). Devem chamar a sua atenção para a importância do bem jurídico em apreço e necessitam estarem integradas à ideia de prevenção geral positiva em relação à proteção ambiental.

---

[16] Op. cit., p. 40.

[17] Op. cit., p. XL, grifo do autor.

Se no caso concreto esta prevenção não existir, se a pena aplicada não puder levar a uma motivação futura para o cumprimento das normas ambientais, se, em síntese, não existir a culpabilidade do infrator por falta de um ou mais de seus requisitos, não haverá sanção penal a ser aplicada.

O simples argumento em prol da *educação ambiental* não pode servir para a aplicação de *penas sem culpa*.

4. Coautoria e participação

Quando tratamos da responsabilidade penal por delitos contra o ambiente, é pacífico o reconhecimento das limitações do modelo de responsabilidade individual da pessoa física principalmente quando se trata de delitos cometidos no seio de organizações complexas.

Em geral, os mais graves crimes contra o meio ambiente são cometidos por meio de empresas, seja por elas próprias, seja utilizando-as como instrumento. Isto se dá porque o potencial poluidor de uma empresa é seguramente maior do que o de uma pessoa física isolada.

Dados os objetivos deste trabalho, qual seja, comentar a responsabilidade penal das pessoas físicas estabelecida no art. 2º da norma em apreço, deixaremos de tecer maiores considerações a respeito do artigo seguinte, limitando-nos a mencioná-lo quando necessário para a compreensão do dispositivo de que nos ocupamos.

Seguindo esse raciocínio, temos a firme convicção de que há situações em que somente a responsabilização penal da própria empresa atingirá as finalidades preventivas do Direito Penal e atenderá ao princípio da culpabilidade, quer no seu aspecto de prevenção geral e especial positiva, quer no seu aspecto de contrariedade à resposta objetiva.

Nada obstante, sempre tendo em conta a necessidade de se imputar a conduta criminosa àquele que tem verdadeiramente a responsabilidade, seja a pessoa física, seja a pessoa jurídica, e considerando ainda a eventual ocorrência de uma multiplicidade de sujeitos ativos (coautoria e participação), temos que a melhor solução para os delitos cometidos no âmbito de uma pessoa jurídica é o sistema de *dupla imputação*, sistema seguido pelo legislador na formulação dos arts. 2º e 3º da Lei 9.605/98.

Conforme acima ressaltado, os crimes ambientais podem ser praticados por pessoas físicas, por pessoas jurídicas ou ainda por pessoas físicas dentro de um contexto empresarial.

Quando tratamos da pessoa física que pratica delitos contra o meio ambiente fora de um contexto corporativo, o sistema de imputação pouco difere daquele usado pelo Direito Penal comum, devendo apenas atentar-se para os princípios do Direito Ambiental, mormente no que se refere aos objetivos da sanção penal, levando-se em consideração os aspectos de prevenção de danos e de educação ambiental.

Quando estamos diante de um crime ambiental praticado dentro de uma organização empresarial, a atenção deve ser um pouco maior ao se promover a responsabilização das pessoas físicas corresponsáveis.

Aqui cabem breves críticas quer à redação dos dispositivos em comento, quer à interpretação que acabou por se tornar vencedora nos tribunais.

Inicialmente, entendeu-se que a responsabilidade penal da pessoa jurídica poderia ser aplicada ainda que não fossem identificadas as pessoas físicas que haviam concorrido para a conduta antiambiental dentro do contexto da empresa.

Com isso, evitar-se-ia a irresponsabilidade de uma e outras em casos em que fosse impossível identificar-se a conduta de indivíduos pessoas físicas porque a vontade desses indivíduos deste ficou absolutamente diluída pela vontade da empresa. Isso ocorre em casos em que não se consegue identificar propriamente uma "decisão" na conduta antiambiental, sendo a prática do delito contra o meio ambiente uma falha do processo produtivo, um defeito da própria organização, sem que se possa imputar individualmente a pessoas, ainda que dirigentes, administradores e assemelhados, essa prática.

Não foi essa, contudo, a interpretação que prevaleceu nas cortes do País. A má redação dos dispositivos em comento, uma falta de ousadia por parte dos julgadores e ainda equívocos no entendimento da *mens legis* levou a sedimentar o entendimento de que os delitos ambientais cometidos por empresas, constituem crimes de *concurso necessário*.

Essa interpretação, hoje pacífica nas cortes nacionais, decorre da redação do artigo 3º da norma em comento. Com efeito, o *caput* refere à necessidade de uma "decisão", e o parágrafo único determina que "a responsabilidade das pessoas jurídicas não exclui a das pessoas físicas, autoras, coautoras ou partícipes do mesmo fato".

Prevaleceu o entendimento do *concurso necessário* entre pessoas jurídicas e as pessoas descritas no art. 2º da lei. Tal entendimento vem se revelando bastante limitador para a punição de crimes ambientais praticados no âmbito das estruturas corporativas uma vez que, como acima referido, tais delitos, na maioria dos casos, são praticados no contexto do processo empresarial como um "subproduto" do empreendimento, ocorrendo o que a doutrina chama de "defeito da organização".[18]

A falta de imputação destes indivíduos nas peças acusatórias vem levando à rejeição de denúncias e ao trancamento de ações penais pelos Tribunais.[19]

---

[18] Zuñiga Rodriguez é da opinião que o sistema de responsabilidade individual é insuficiente para solucionar as situações em que se praticam lesões graves a bens jurídicos no seio de organizações complexas. Os perigos e lesões a bens jurídicos ocorridos dentro de uma empresa são, na maioria das vezes, resultado de defeitos de uma série de condutas atribuíveis à organização da própria empresa (políticas de empresa), que não podem ser individualizadas em uma concreta decisão de uma concreta pessoa, mas sim resultantes de uma deficiência de longos anos de falta de cuidado em relação ao risco consciente. (*Bases para un modelo de imputación de responsabilidad penal a las personas jurídicas*, p. 221 e 241).

[19] Por todos veja-se a seguinte recente decisão do Superior Tribunal de Justiça: EMBARGOS DE DECLARAÇÃO NO RECURSO ESPECIAL. PROCESSUAL PENAL. CRIME AMBIENTAL. RESPONSABILIZA-

Lamentamos a consolidação do entendimento exposto mas, conforme acima comentado, atribuímos tal situação a uma má redação da norma (que, de fato, parece levar para o modelo do concurso necessário) e ao conservadorismo dos Tribunais.

Conforme bem observa a doutrinadora espanhola Zuñiga Rodriguez, os perigos e lesões a bens jurídicos ocorridos dentro de uma empresa são, na maioria das vezes, resultado de defeitos de uma série de condutas atribuíveis à organização da própria empresa (políticas de empresa), que não podem ser individualizadas em uma concreta decisão de uma concreta pessoa, mas sim, resultantes de uma deficiência de longos anos de falta de cuidado em relação ao risco consciente.[20]

O que ocorre é que, se por um lado a norma aponta para a responsabilização do ente coletivo, que poderia coibir esse modelo organizacional defeituoso e negligente com a proteção ambiental, por outro a mesma norma, criando a necessidade de concurso de agentes com pessoas físicas responsáveis pela "decisão" que levou à prática antiambiental (decisão esta nem sempre identificável, como ressaltado), levou a uma volta ao modelo da responsabilidade individual, na figura do dirigente.

Aqui tanto o legislador quanto os julgadores perderam grande oportunidade de construir modelo que realmente pudesse romper com as amarras tradicionais. Deixamos, conforme apontado por Zuñiga Rodriguez, de atacar a "atitude criminal do grupo".

Conforme observa a doutrinadora, o modelo de responsabilidade individual, seja o da responsabilidade do representante ou do titular da empresa, não é idôneo para enfrentar o núcleo da criminalidade da empresa, isto é, para prevenir os comportamentos, as políticas, a organização de empresas que geram perigo para os bens jurídicos.[21]

Desta forma, sempre que delito ambiental for praticado por pessoa jurídica, haverá a sua responsabilização como autora e a responsabilização da(s) pessoa(s) física(s) como coautora ou partícipe, nos termos do art. 3º e seu parágrafo único, combinado com o art. 2º da Lei 9.605/98 e ainda com o art. 29 e seus parágrafos do Código Penal.

Aqui importa observar que, se a pessoa física será coautora ou partícipe, *na medida da sua culpabilidade* (art. 29 do Código Penal), a pessoa jurídica

---

ÇÃO DE PESSOA JURÍDICA. IMPUTAÇÃO SIMULTÂNEA DA PESSOA NATURAL. NECESSIDADE. PRECEDENTES. ARTIGOS 619 E 620 DO CPP. DECISÃO EMBARGADA QUE NÃO SE MOSTRA AMBÍGUA, OBSCURA, CONTRADITÓRIA OU OMISSA. EMBARGOS REJEITADOS. 1. A jurisprudência deste Sodalício é no sentido de ser possível a responsabilidade penal da pessoa jurídica em crimes ambientais desde que haja a imputação simultânea do ente moral e da pessoa natural que atua em seu nome ou em seu benefício. 2. Os embargos de declaração constituem recurso de estritos limites processuais de natureza integrativa, cujo cabimento requer estejam presentes os pressupostos legais insertos na legislação processual, mais especificamente nos artigos 619 e 620 do Código de Processo Penal. Assim, somente, são cabíveis nos casos de eventuais ambiguidade, obscuridade, contradição ou omissão, vícios inexistentes no julgado. 3. Embargos de declaração rejeitados. Edcl no Resp 865864/PR. Rel. Min. Adilson Vieira Macabu. 5ª T. j 20/10/2011v. u., DJe 01/02/2012.

[20] Op. cit., p. 221 e 241.

[21] Ibid., p. 189-190.

jamais poderá ser partícipe de delito praticado por pessoa física. Ou é coautora (quando a conduta foi praticada "no seu interesse ou benefício") ou mero instrumento (quando a pessoa física pratica o crime ambiental em benefício próprio, e não da empresa, beneficiando-se da sua estrutura).

Neste sentido é a opinião de Santiago da Silva. O doutrinador observa que o artigo 3º não deixou margem a que houvesse a identificação da pessoa jurídica no papel de partícipe, devido ao fato de que, pela teoria da responsabilidade penal *própria indireta*, ela irá assumir o mesmo papel adotado pela pessoa física (ou seja, de coautor) que age, e esta, pelo motivo da inserção da elementar "decisão", só poderá atuar na qualidade de autora.[22]

A pessoa física será coautora quando diretamente participou da decisão que levou à prática antiambiental.

Ela será partícipe quando for o caso de se aplicar os §§ 1º e 2º do artigo 29 do Código Penal. É o caso, por exemplo, de haver desacordo entre os dirigentes quando da tomada da decisão que leva à responsabilização da pessoa jurídica.[23]

Entendemos ainda ser cabível a cooperação dolosamente distinta.

É ainda nossa opinião que o art. 2º da norma em comento criou hipótese de omissão penalmente relevante, nos termos do art. 13, § 2º, do Código Penal. Assim, o dirigente ou assemelhado ocupa a função de *garante* do bom gerenciamento de riscos por parte da empresa que administra, sendo, portanto, como corresponsável pela não adoção de medidas e condutas de modo a não atender aos riscos inerentes à atividade e que venham a redundar em delitos contra o meio ambiente.

Finalmente, entendemos ser possível ocorrer a responsabilização apenas da pessoa física. Conforme acima observado, pode ocorrer a hipótese de a pessoa física (de qualquer categoria) utilizar a estrutura da organização para cometer delitos em seu próprio e particular benefício e interesse, sem ter por trás uma "política de empresa" ou uma situação de "defeito de organização".

5. Teoria da imputação objetiva

É importante ainda observar que, quanto à responsabilização do dirigente ou assemelhado, no contexto da prática delitiva empresarial, há que se aplicar a teoria da imputação objetiva.

Com efeito, como acima observamos, a Lei Penal Ambiental erigiu o dirigente e assemelhando à posição de garante passível de responsabilização inclusive por omissão imprópria.

---

[22] *Responsabilidade penal das pessoas jurídicas*: uma análise dos critérios de imputação, p. 2441.

[23] Veja-se, neste sentido, a opinião de Shecaira, op. cit., p. 131 e Lecey, 1998, p. 40.

Conforme observa Santiago da Silva, esta hipótese vai ocorrer em relação aos crimes omissivos praticados pela pessoa jurídica. Assim, haverá mister em se identificar a figura do garantidor em uma das pessoas físicas determinadas pelo art. 3º. Havendo a decisão de omitir o comportamento devido ao impedimento do resultado lesivo, caberá falar em crime comissivo por omissão praticado pela pessoa jurídica.[24]

Todavia, haverá que se observar no caso concreto uma situação de domínio do fato por parte dos dirigentes imputados, que se revela na elementar "decisão" (art. 3º da Lei 9.605/98).

Nada obstante, como já referimos no item anterior, é nossa convicção que, em alguns casos, é possível que a pessoa física, ainda que membro da direção da empresa, se coloque na situação não de coautor, mas na de partícipe da infração penal ambiental.

A Lei 9.605/98 adotou o sistema da dupla imputação pelo qual a empresa será responsabilizada criminalmente pelas infrações penais que praticar, mas a pessoa individual, membro da pessoa jurídica, poderá vir a ser responsabilizada, caso se consiga detectar e individualizar a sua culpabilidade paralelamente à da organização.[25]

Este requisito evitará não só a responsabilização daquele que na prática não concorreu para o delito como também possibilitará a responsabilização do agente individual nos termos do art. 29, §§ 1º e 2º, ou até mesmo a incidência das agravantes previstas no art. 62, I e III, todos do Código Penal.

Este raciocínio coaduna-se com o princípio da culpabilidade, impedindo a responsabilização objetiva fundamentada exclusivamente no cargo desempenhado pelo sujeito e apontando para uma imputação limitada pela culpabilidade e pela prevenção geral e especial positivas.

6. Excludentes da antijuridicidade e da culpabilidade nos crimes ambientais

Para serem considerados relevantes para a esfera jurídico-penal, os fatos necessitam encaixar-se em três condições: serem típicos, ou seja, estarem descritos, com todos os seus elementos, em um *tipo penal*, serem antijurídicos, ou seja, serem contrários à ordem jurídica e serem culpáveis, isto é, a conduta ser reprovável porque, nas circunstâncias concretas, o autor podia e devia agir de modo conforme a norma.

---

[24] Op. cit., p. 2443.
[25] Shecaira é da mesma opinião: "A responsabilidade das pessoas jurídicas não exclui a das pessoas físicas, autoras, co-autoras ou partícipes do mesmo fato, o que demonstra a adoção do sistema de dupla imputação. Através deste mecanismo, a punição de um agente (individual ou coletivo) não permite deixar de lado a persecução daquele que concorreu para a realização do crime, seja ele co-autor ou partícipe. Consagrou-se, pois, a teoria da co-autoria necessária entre agente individual e coletividade". (Op. cit., p. 140).

Trataremos da tipicidade nos crimes ambientais no item 7, ocupando-nos por ora da antijuridicidade e da culpabilidade.

Ambos os elementos são valorados no caso concreto de forma negativa. Ou seja, a princípio, se um fato encontra descrição típica em norma penal, há forte indício de que ele seja também antijurídico e culpável.

A existência de causas de justificação do fato perante o Direito levarão a hipóteses de inexistência de antijuridicidade e à ocorrência de situações que justificam a conduta do autor, tornando-a não reprovável no caso concreto, levam à exclusão da culpabilidade.

Em ambas as situações, o fato, embora típico, não será criminoso.

A análise do fato, todavia, haverá que levar em primeiro lugar a antijuridicidade e só depois a culpabilidade.

Isto nada tem que ver com a equivocada concepção de que "o crime é fato típico e antijurídico, sendo a culpabilidade mero pressuposto da pena". Todos os elementos do crime, isto é, tipicidade, antijuridicidade e culpabilidade, são pressupostos da pena (é o que a Constituição Federal quer dizer quando preceitua *que não há crime sem prévia cominação legal* – art. 5º, inc. XXXIX).

O que ocorre é que enquanto a antijuridicidade pertine a todo o ordenamento jurídico, é relevante para o Direito como um todo, a culpabilidade transforma esse fato ilícito em *crime*, tornando-o relevante para a esfera penal, fazendo incidir uma *pena*.

Ou seja, a culpabilidade pega um fato injusto, que o Direito em geral deseja evitar e em relação ao qual a ordem jurídica já faz uma reprovação (mediante vários meios que não a sanção penal – de *ultima ratio*), e o transforma em *ilícito penal*, justificando assim a imposição de uma pena.

Portanto, é evidente que a análise da antijuridicidade há que preceder a da culpabilidade.

Desta forma, quando uma conduta se torna legitimada pela presença de uma causa de exclusão da antijuridicidade, ela se torna lícita perante o Direito, não cabendo sanções de qualquer natureza.[26]

Por outro lado, quando ausente a culpabilidade do agente, tratamos de encontrar uma justificativa para a prática do ilícito penal, deixando de responsabilizá-lo criminalmente, mas subsistindo a reprovação jurídica das demais esferas.

Isto decorre do princípio da subsidiariedade penal, corolário imediato do princípio democrático. Ou seja, em um Estado Democrático, o Direito Penal somente está legitimado a intervir para a assegurar a proteção dos bens jurídicos da prática de condutas injustificadas perante a esfera penal.

---

[26] Lembramos aqui as lições de Zaffaroni e Pierangeli quando alertam que a conduta justificada torna-se justificada para toda a ordem jurídica (daí até porque não cabe a reparação civil em caso de conduta lícita, cf. o art. 65 do CPP) e quando uma conduta é não culpável somente fica excluída a reprovação jurídico-penal da conduta. *Manual de Direito Penal Brasileiro*: Parte Geral, p. 602.

6.1. Excludentes da antijuridicidade

As excludentes da antijuridicidade encontram-se previstas no art. 23 do Código Penal – estado de necessidade, legítima defesa, estrito cumprimento do dever legal, exercício regular de um direito.

Ao tratarmos da responsabilidade penal das pessoas físicas quanto à prática de delitos contra o meio ambiente, não encontraremos maiores dificuldades para a aplicação dos postulados da teoria do crime.

Assim é que serão aplicáveis os dispositivos previstos nos arts. 24 (estado de necessidade) e 25 (legítima defesa), sem maiores problemas.

Vale aqui um breve apontamento sobre o art. 37, I, da Lei 9.605/98. Quis o legislador deixar evidente a situação de estado de necessidade quanto à caça ilegal. A nosso ver, trata-se de redundância, uma vez que o art. 24 do Código Penal (aplicável subsidiariamente, nos termos do art. 79 da norma penal ambiental) é perfeitamente claro quando dispõe que o estado de necessidade se dá quando o fato é praticado para salvar de perigo atual (no caso, perigo à vida ou à saúde) o agente ou terceiro. Todavia, trata-se de redundância que não prejudica a aplicação da lei, podendo-se considerar referido artigo, para todos os fins e efeitos, um caso de estado de necessidade.

Quanto aos incisos II e IV, tratam-se de casos especiais de exercício regular de direito ou, no caso do inciso IV, pode também ser estrito cumprimento do dever legal em se tratando, por exemplo, de agentes vinculados ao combate de zoonoses.

Vale lembrar que, como qualquer excludente de antijuridicidade, estas devem ser interpretadas de forma restritiva, somente incidindo nos estritos limites da licitude da conduta no caso.

Quanto a legítima defesa, ainda que em tese aplicável aos crimes ambientais, é de difícil configuração prática. Aliás, em boa hora foi vetado o inciso III do referido art. 37 da Lei 9.605/98 que disciplinava equivocado caso de "legítima defesa".[27]

A legítima defesa se exerce contra ação ou omissão *humana* e ao agente é autorizado pelo Direito repelir o ataque mesmo que isso implique o sacrifício do bem jurídico do agressor.

Por tal razão, é bastante difícil aplicar-se a norma em crimes ambientais.

6.2. Excludentes da culpabilidade

A culpabilidade se constrói sobre um tripé: imputabilidade (ou capacidade geral de culpabilidade), consciência (potencial) da ilicitude e exigibilidade de conduta conforme o Direito – os elementos da culpabilidade.

---

[27] Assim prescrevia o inciso vetado: III – em legítima defesa diante do ataque de animais ferozes. Ora, como bem explicitado nas razões do veto, trata-se de caso de estado de necessidade, uma vez que a legítima defesa pressupõe agressão humana.

No tocante à inimputabilidade das pessoas físicas que praticam infrações penais contra ambiente, maiores considerações são dispensáveis.

A inimputabilidade é um critério biopsíquico, previsto nos art. 26 c. c. o art. 27, ambos do Código Penal.

Assim, em decorrência, quer da falta de maturidade, absolutamente presumida até os 18 anos completos, quer em decorrência de defeitos psíquicos de qualquer origem (inclusive distúrbios transitórios), não se poderá falar de culpabilidade porque, em decorrência desses fatores, a pessoa não tem capacidade para motivar-se pelos mandatos normativos, seja qual for o delito.

Por não possuir capacidade de motivação normal, o inimputável será inculpável.

No que se refere à consciência da antijuridicidade em relação a condutas antiambientais, algumas observações merecem ser apontadas.

Conforme observam Muñoz Conde e García Arán, em geral, quem realiza dolosamente um tipo penal, atua com consciência da ilicitude de sua conduta, principalmente quando o bem jurídico protegido no tipo é um dos fundamentais para a convivência e em cuja proteção tem sua razão de ser o Direito Penal.[28]

Quanto ao fato culposo, Juarez Tavares registra que neles a consciência da antijuridicidade reduz à consciência das exigências objetivas de cuidado, como verdadeiro *dever jurídico*. Esta consciência será atual, no caso da culpa consciente e será potencial em se tratando de culpa inconsciente.[29]

Ora, os fatos típicos antiambientais em geral são praticados mediante culpa ou, no máximo, culpa consciente.

Tal especificidade leva à necessidade de se avaliar a consciência da ilicitude com maior cuidado no caso de injustos contra o meio ambiente.

A análise da consciência da antijuridicidade prende-se fundamentalmente à questão do *erro*. Quer em relação ao *erro de proibição*, quer em relação às *discriminantes putativas*, basicamente haverá falta de culpabilidade (ou diminuição dela, se for o caso) quando o agente pressupõe equivocadamente estar agindo em conformidade com a norma, por desconhecer a sua proibição, ou por se supor em situação em que a norma lhe autoriza a conduta.

Nestes casos não há *consciência potencial da ilicitude* porque em face da ocorrência de uma situação de erro, normativamente definida, não era possível ao autor do injusto conhecer que atuava contrariamente à norma.[30]

Esta falta de motivação decorre da avaliação errada que o autor faz acerca da licitude do seu comportamento e nesta motivação devem ser levadas em conta as circunstâncias exatas e concretas sob as quais ele atuou.

---

[28] *Derecho Penal*: Parte General, p. 439.

[29] *Direito penal da negligência*: uma contribuição à teoria do crime culposo, 2003, p. 404.

[30] Cf. BITENCOURT, C. R., *Manual de Direito Penal*: Parte Geral. Vol. I., p. 297-298 e BARROS, F. A. M. de, *Direito penal*: Parte geral. Volume 1, p. 346-348.

Quanto à exigibilidade de conduta conforme a norma pode-se afirmar que esse elemento é, na verdade, a síntese das exculpantes de culpabilidade.[31]

Com efeito, há situações concretas em que uma pessoa, mesmo que não se enquadre em situação de inimputabilidade (seja, portanto, "normal"), não pode ser motivada pela norma penal, ou porque circunstâncias lhe tornam impossível a compreensão da ilicitude de sua conduta, ou porque, diante de certas hipóteses, não se lhe poderia exigir que se comportasse conforme o direito.

Ou seja, o fundamento concreto da exigibilidade de comportamento conforme ao Direito é a *normalidade das circunstâncias do fato*.

Tal análise é de suma importância quando estudamos a aplicação da teoria das exculpantes em relação ao injusto penal ambiental.

Em nossa legislação, constam como circunstâncias modificativas da "normalidade das circunstâncias", capaz de levar à exculpação por falta de exigibilidade de comportamento conforme a norma, a *obediência hierárquica* e a *coação moral irresistível*, ambas disciplinadas no art. 22 do Código Penal.

É importante ressaltar que o comportamento conforme a norma nestas situações não é *impossível* (ou seja, o agente *podia* sim agir de outro modo que não praticando o injusto). O que ocorre é que, em face destas hipóteses, não lhe era *exigível* que assim se comportasse porque o Direito não exige comportamentos heróicos, mas condutas exigíveis do *homem médio*, considerando-se como tal, aquele com um grau de socialização razoável em relação ao ordenamento jurídico, no qual, em circunstâncias normais, possa por ele motivar-se.

A questão da exclusão da culpabilidade nos delitos ambientais é bastante tormentosa.

Evidentemente aqui temos que novamente analisar diferentemente os infratores ambientais conforme eles pratiquem o injusto individualmente ou no contexto de uma pessoa jurídica.

Quando a prática do injusto penal ambiental se dá fora do ambiente corporativo, aplicam-se as regras da culpabilidade sem maiores problemas.

Há que se atentar, contudo, para algumas peculiaridades da criminalidade ambiental conforme acima apontado.

Com efeito, no tocante ao cumprimento das normas ambientais, mormente aquelas concernentes à proteção da flora e da fauna, são bastantes corriqueira situações de prática do injusto em decorrência do déficit de socialização do agente.

Não é raro ocorrer o desconhecimento da norma de proibição pelo agente, seja na modalidade de erro de proibição, seja no tocante ao errô-

---

[31] Zaffaroni e Pierangeli registram que: Todas as causas de ausência de culpabilidade são hipóteses em que não se pode exigir do autor uma conduta conforme ao direito, seja porque não lhe era exigível a compreensão da antijuridicidade, seja porque, embora tivesse esta compreensão, não se podia dele exigir a adequação de sua conduta a ela. Op. cit., p. 651.

neo dimensionamento das situações excludentes da antijuridicidade. Seria o caso, por exemplo, de o agente crer se encontrar justificado pelo inciso IV do art. 37 da Lei de Crimes Ambientais, mas o animal em questão não estar catalogado como nocivo pelas autoridades competentes.

Ora, a complexidade das normas ambientais e as peculiaridades dos tipos penais ambientais que constituem muitas vezes normas penais em branco e/ou com diversos elementos normativos em seu tipo, em nada ajudam o indivíduo, mormente aquele a quem falta instrução, a motivar-se para o seu cumprimento.

Nesta situação haverá que se aplicar as regras de exclusão da culpabilidade por desconhecimento da antijuridicidade de sua conduta.

Observe-se que o art. 14, I, da Lei 9.605/98 prevê como circunstância de redução de culpabilidade (atenuam a pena) a baixa instrução ou escolaridade do agente.

Ora, se o déficit for tal e as circunstâncias concretas do caso levarem à uma absoluta falta de motivação em relação a norma, não é caso de atenuar a reprimenda, mas sim de afastá-la por ausência de culpabilidade diante do desconhecimento potencial da ilicitude do fato.

No contexto empresarial, o raciocínio há que ser diverso. Aqui as considerações a serem feitas são as mesmas para a incidência da justificativa de desconhecimento potencial da ilicitude com relação às pessoas jurídicas.[32]

O agente pessoa física pratica o fato no contexto da pessoa jurídica e apropria-se, neste contexto, das vantagens de ser seu membro.

Desta forma, a incidência desta escusante é, na prática, bastante rara, vez que o sistema empresarial conta com meios e modos de armar-se contra o desconhecimento da ilicitude dos comportamentos.

Nada obstante, é possível detectar, conforme oportunamente apontado por Tiedemann, hipóteses em que se daria esta falta de consciência da ilicitude diante da prática da conduta baseada em erro. Seria o caso de, por exemplo, a empresa receber de uma fonte normalmente confiável (como o órgão público competente) informação incorreta a respeito da prática da conduta.[33]

Não se trata, evidentemente, do puro e simples desconhecimento de norma legal ou infralegal.[34] Tampouco quando a infração ambiental ocorreu por conta da organização defeituosa da empresa. O antigo ensinamento romano de que a ninguém é dado beneficiar-se da própria torpeza nos parece inteiramente apropriado no caso.

---

[32] Para maior aprofundamento na questão, recomendamos a leitura do nosso *A culpabilidade nos crimes ambientais*.

[33] *Lecciones de derecho penal económico*: comunitario, español, alemán, p. 93.

[34] Como observa Costa Júnior: Em matéria de responsabilidade penal de pessoa jurídica, o conhecimento das normas, internas e externas, é presumido. Isso em decorrência da própria estrutura e organização da pessoa jurídica, que a obriga a contar com informações técnicas e jurídicas. (Op. cit., p. 23.)

Referimo-nos aqui ao *erro escusável* e, é importante observar que a escusabilidade do erro quer em relação à pessoa jurídica, quer em relação à pessoa física inserida no contexto empresarial, há que ser analisada de forma muito mais rigorosa do que em relação ao indivíduo em situação comum.

O afastamento da culpabilidade por falta de exigibilidade de conduta conforme a norma é bastante comum quando o delito é praticado por pessoas físicas dentro de um contexto empresarial, mormente quando se tratam de elementos subalternos da organização.

Essas pessoas, muitas vezes, são as executoras imediatas do ato antiambiental. Todavia, em muitas situações, a conduta é praticada em situação de falta de exigibilidade de outra conduta ou de exigibilidade reduzida, como, por exemplo, a ameaça da perda do emprego, podendo, neste caso, se falar em estado de necessidade putativo ou coação moral irresistível.

Esses indivíduos também são mais suscetíveis às falhas da organização, que leva, muitas vezes, a prática de atos em estrito cumprimento a ordens de seus superiores, cuja ilegalidade não é manifesta e que depois se revela um injusto penal ambiental.

A exigibilidade de conduta conforme a norma quando tratamos das pessoas físicas elencadas no art. 2º da lei em comento há que seguir as mesmas regras para a incidência da exculpante quanto às pessoas jurídicas.

Ora, a culpabilidade é fundada na reprovabilidade da conduta no caso concreto em que era exigível o cumprimento da norma pelo autor do fato.

Nesta ordem de ideias, é possível se vislumbrar a aplicação do *estado de necessidade exculpante*[35] quando, conforme apontado por Tiedemann, ocorrerem *circunstâncias extraordinárias de curto prazo*. Nestas hipóteses, pode-se justificar um prejuízo para o ambiente.[36]

Novamente recomendamos cuidado na utilização do instituto. A aplicação dos princípios da igualdade e da subsidiariedade do Direito Penal não pode servir de guarida à impunidade dos comportamentos empresariais delituosos sob escusas, nem sempre válidas, de *preservação de empregos, crise econômica* etc. As circunstâncias hão que ser de fato extraordinárias para que se possa fazer incidir a exculpante analisada.

7. Características gerais dos tipos

Na lição de Heleno Fragoso, tipo é "o *modelo legal* do comportamento proibido, compreendendo o conjunto das características objetivas e subjeti-

---

[35] Conforme a precisa lição de Heleno Fragoso: O estado de necessidade exculpante exclui a ilicitude quando em situação de conflito ou colisão, ocorre o sacrifício de bem de menor valor (cf. nº 167, *supra*). A inexigibilidade de outra conduta, no entanto, desculpa a ação quando se trata do sacrifício de bem de igual ou maior valor e que ocorra em circunstâncias nas quais ao agente não era razoavelmente exigível comportamento diverso. (Op. cit., p. 219)

[36] Op. cit., p. 189-196.

vas do fato punível". Não é, como alerta o doutrinador, o fato delituoso em sua realidade fenomênica, mas, sim, a descrição *legal* de um fato que a lei proíbe ou ordena.[37]

A construção das normas criminais penalizadoras em tipos penais origina-se na subsidiariedade e na fragmentariedade do Direito Penal que somente vai incidir para a proteção de bens jurídicos com relevância penal em relação a condutas gravemente lesivas.[38]

O tipo, portanto, exerce uma função limitadora e individualizadora das condutas penalmente relevantes.[39]

O legislador, portanto, deve agir com cautela ao definir tipos penais para a tutela de bens jurídicos. A excessiva criminalização de condutas e a utilização de tipos abertos, normas penais em branco e elementos normativos do tipo pode levar não apenas ao descumprimento desses princípios basilares do Direito Penal, corolários do Estado Democrático de Direito, mas a colocação do Direito Penal em uma *função meramente simbólica*, negando, na prática, o poder dissuasório das normas penais como preventiva de condutas antissociais.

Aliás, é essa uma das críticas mais pertinentes no tocante à configuração atual da Lei 9.605/98.

Com efeito, o legislador, ao tentar abranger o maior espectro possível de bens ambientais merecedores da tutela penal, acabou por criminalizar condutas que poderiam perfeitamente ser passíveis de responsabilização administrativa ou civil, não merecendo, de forma alguma, a *ultima ratio* da tutela penal.

Trata-se de condutas que melhor caberiam na descrição de infrações administrativas e passíveis de responsabilização civil em caso de ocorrência de dano. Não apontam, a nosso ver, para ações tão desvaloradas pelo ordenamento jurídico nem tão gravosas para o bem ambiental a ponto de merecer a proteção do Direito Penal.

Discordamos, nesse ponto, dos ensinamentos de Gilberto e Vladimir Passos de Freitas quando observam que o princípio da intervenção mínima não há que ser aplicado ao Direito Penal Ambiental, dadas a relevância do bem e as consequências dos danos a ele causados.[40]

É nossa opinião que tal entendimento parte da falsa premissa de que a mera tipificação da conduta cria imediatamente um reforço positivo na coletividade orientando-a a não praticar a conduta e cumprindo a função preventiva do Direito Penal Ambiental.

Ao contrário, para que possamos preservar as funções e a efetividade do Direito Penal este deve ser mínimo, incidindo sobre condutas realmente

---

[37] Op. cit., p. 156.
[38] BITENCOURT, C. R.; MUÑOZ CONDE, F. *Teoria Geral do Delito*. p. 135.
[39] Idem, p. 136.
[40] *Crimes contra a natureza*, p. 35.

graves sob o ponto de vista do dano ou do risco que causam ao bem. Do contrário banalizamos a tutela penal e acabamos por levar ao efeito contrário.

Não é por outro motivo que à excessiva tipificação de condutas segue-se a necessidade de medidas despenalizadoras sob pena de se criar, como observa Hassemer, um "exército de pessoas com antecedentes criminais".[41]

Esse movimento banaliza, menoscaba a tutela penal e, por via de consequência, o próprio bem que se pretende proteger.

Por isso defendemos uma urgente reforma na legislação penal ambiental, reduzindo o número de tipos a condutas realmente gravosas para o meio ambiente, reduzindo a um mínimo o uso de tipos abertos e de normas penais em branco e aumentando sensivelmente a pena dos tipos indicativos de condutas realmente relevantes para o Direito Penal.

Desta forma, cremos, a proteção penal do meio ambiente cumprirá adequadamente sua função preventiva geral e especial, mormente no tocante ao reforço positivo em direção ao cumprimento das normas.

8. Peculiaridades da tipicidade ambiental: normas penais em branco e crimes de perigo

A tipicidade penal ambiental é um dos problemas mais tormentosos do Direito Penal Ambiental. Isso se deve ao fato de que o Direito Ambiental em si é um ramo do Direito eminentemente multidisciplinar, cujas normas em geral precisam buscar subsídios em normativas técnico-científicas, muito além do ordenamento jurídico.

Essa situação ocasiona a tipificação de grande parte dos delitos ambientais em normas penais em branco, tipos abertos e do uso de elementos normativos do tipo.

Além disso, a gravidade das consequências dos danos ambientais e o nem sempre conhecimento completo de todas as suas nuances quando da sua ocorrência, leva à necessidade do uso, como em nenhum outro ramo do Direito Penal, dos tipos de perigo.

Aqui fazemos eco às advertências de Milaré e Costa Júnior. O emprego da técnica das normas penais em branco, que admitimos necessário no tocante à tutela penal ambiental, deve ser feito de forma criteriosa e observando sempre o princípio da legalidade. O comportamento proibido, observam os autores, não deve ser enunciado de forma vaga.[42]

Da mesma forma o emprego de tipos abertos é extremamente perigoso para a garantia das liberdades fundamentais, quando levam a uma excessiva amplitude da proibição penal e à indeterminação da conduta.

---

[41] *Fundamentos del derecho penal*, passim

[42] Op. cit., p. 35-36.

A princípio isso pode parecer interessante e útil à tutela penal ambiental e mesmo necessário. Todavia, na prática, essa indeterminação e uso excessivo de fontes externas ao Direito penal e mesmo ao Direito, leva a uma enorme dificuldade para o agente em efetivamente conhecer a norma de proibição, ocasionando situações concretas de falta de motivação em relação ao cumprimento da norma e ausência de culpabilidade, o que, como é cediço, acaba por levar a não responsabilização da conduta e à relativa inutilidade da norma penal.

Para a compatibilização de alguma eventual indeterminação conceitual, mister se faz o uso de normas em branco que tenham como fonte preceitos já claros e definidos dentro das prescrições extrapenais. Exemplo disso é a exigência de licença, a ser concedida nos termos da legislação ambiental de regência, cuja ausência, ensejará a incidência de figuras típicas que têm como elementar justamente esta ausência.

Quanto à criminalização do perigo, se adequadamente utilizada, pode representar importante instrumento na proteção ambiental.

Como é pacífico, a finalidade da tutela do meio ambiente é eminentemente a prevenção de danos. Contudo, a responsabilidade civil, mesmo a ambiental, não prescinde da noção de *dano* para a sua incidência, levando, em muitas situações, a uma desproteção efetiva do meio ambiente.

Destarte, o uso dos tipos penais de perigo é extremamente importante na tutela preventiva do meio ambiente, evitando práticas que venham a atingi-lo e reforçando a confiança na norma de modo a indicar a relevância do bem para o ordenamento jurídico que não tolera sequer riscos graves ao meio ambiente.[43]

Observe-se ainda que a criminalização do perigo é importante para a efetivação do princípio do poluidor-pagador ou da responsabilidade ambiental (art. 225, § 3º, da CF/88).

Sob esta ótica podemos afirmar que o princípio do poluidor-pagador, em relação às normas penais ambientais, será observado não só a partir da criminalização de condutas onde se descrevem danos especialmente graves para o ambiente,[44] mas também estabelecendo sanções penais para condutas que acarretem perigo de dano grave, antecipando-se à sua ocorrência.[45]

Sendo assim, o princípio do poluidor pagador refletirá na elaboração de normas penais ambientais que visem diretamente à prevenção de danos, criminalizando condutas de perigo, mas também reforçará a ideia de reparação de danos, caso se verifique a consumação da lesão.

---

[43] Neste passo, é oportuna a lição de Silvia Zsögön: "É conveniente destacar que a finalidade do Direito Penal em geral, e do Ambiental em particular, não é a repressão em si, sem a prevenção de condutas de efeitos negativos para o ambiente. Essa prevenção será constitutiva do Direito penal ambiental ainda quando o seja através da ameaça da repressão, a ameaça de repressão previne". (*El derecho ambiental y sus principios rectores*, p. 322, tradução nossa).

[44] Vejam-se, por exemplo, os tipos previstos nos arts. 33 e 54 da Lei 9.605/98.

[45] São exemplos os crimes descritos nos arts. 52 e 56 da Lei 9.605/98.

Assim a norma penal estabelece um *custo* para o potencial poluidor, tornando sua conduta onerosa e definindo a sua atuação preventiva como dever jurídico-penal, com o que estabelece um reforço na tutela do bem jurídico.

A complexidade da matéria ambiental, cuja tutela reclama o recurso às normas penais em branco como forma de se atender integralmente ao já mencionado princípio da prevenção/precaução, aliada à necessária compatibilização do Direito Penal com os valores e princípios postos no texto constitucional, autoriza indubitavelmente a adoção do que Costa Júnior denomina de "crime-obstáculo".[46]

Ao analisarmos a Lei 9.605/98, observamos que o legislador criminalizou não só condutas de "perigo concreto", que demanda a prova da ocorrência do real perigo para o bem jurídico tutelado, mas também condutas de "perigo abstrato", em que, conforme observam Gilberto e Vladimir Passos de Freitas, o perigo constitui unicamente a *ratio legis*, isto é, o motivo que inspirou o legislador a criar a figura delitiva.[47]

Tais figuras descrevem infrações de mera conduta, onde a conduta tipificada é presumida absolutamente como potencialmente danosa para o meio ambiente e passível de responsabilização penal ainda que o risco não fique evidenciado ou o dano ocorra. Bom exemplo é o art. 55 da Lei Penal Ambiental.

Aqui cabe uma observação. Em que pese concordarmos com a necessidade de criminalização do perigo, inclusive abstrato, para a efetiva tutela ambiental, temos que cuidar para que essa criminalização não incida sobre condutas que podem perfeitamente ser objeto apenas do Direito Administrativo sancionador, sob pena de, como acima ressaltado, negarmos a subsidiariedade do Direito Penal e o relegarmos a uma função meramente simbólica ao invés de sua função preventiva de reforço positivo quanto ao cumprimento das normas tutelares de bens jurídicos.

É o que ocorre com o tipo previsto no art. 60 da Lei 9.605/98. A legislação ambiental não penal prevê uma série de consequências em relação a estabelecimentos potencialmente poluidores não licenciados. Essas consequências, que incluem mesmo a interdição do estabelecimento público são, em nossa opinião, mais do que eficazes para evitar o comportamento contrário à norma.

A criminalização neste caso, nos parece excessiva e acaba por ser ineficaz (visto que a incidência da punição penal tem muito mais restrições e requisitos do que a da pena administrativa, por óbvio).

---

[46] *Direito penal ecológico*, p. 79-80. Na visão do mestre o "crime-obstáculo" seria uma espécie de ilícito penal construído em derredor de uma conduta finalisticamente orientada à prática de outro crime mais grave (o crime de dano). Assim, antecipando o momento da tutela penal da lesão efetiva para a simples promessa de dano, o legislador constrói uma barreira que impede a ocorrência da ofensa material (naturalisticamente considerada) ao bem jurídico tutelado, porque pune a conduta daquele que se orienta para a lesão do meio ambiente, antes da sua ocorrência, incidindo sobre as práticas que representam ainda somente ameaças.

[47] *Crimes contra a natureza*, p. 143.

Conclusão

Ao final da análise do art. 2º da Lei 9.605/98, concluímos que, não obstante as peculiaridades do bem ambiental e a necessidade de se atentar para essas características no momento de se construir o sistema penal ambiental, não podemos perder de vista a dogmática que norteia a tutela criminal e os princípios que a embasam, corolários que são das liberdades democráticas e do Estado de Direito.

Desta forma, a responsabilidade penal do agente deve observar essa dupla natureza do Direito Penal Ambiental, com enfoque na ideia de prevenção aos danos ambientais por meio da tutela penal do meio ambiente sem perder de vista as garantias do Estado Democrático de Direito, afastando a responsabilidade penal objetiva sob qualquer aspecto.

Referências bibliográficas

ARAGÃO, Maria Alexandra de Sousa. *O princípio do poluidor-pagador*: pedra angular da política comunitária do ambiente. Coimbra: Coimbra Editora, 1997.

BARROS, Flávio Augusto Monteiro. *Direito penal*: Parte geral. Volume 1. 2ª ed. São Paulo: Saraiva, 2001.

BENJAMIN, Antônio Herman de Vasconcellos e. O direito penal do consumidor: capítulo do direito penal econômico. *Revista de Direito do Consumidor* – Órgão oficial do Instituto Brasileiro de Política e Direito do Consumidor, São Paulo, ano 1, nº 1, p. 103-129, 1992.

——. O princípio poluidor-pagador e a reparação do dano ambiental. In: ——. (Coord.). *Dano ambiental, prevenção, reparação e repressão*. São Paulo: Revista dos Tribunais, 1993. (Biblioteca de Direito Ambiental; vol. 2).

——. Crimes contra o meio ambiente: uma visão geral. In: CONGRESSO NACIONAL DO MINISTÉRIO PÚBLICO, 12, 1998, Fortaleza. *Ministério Público e Democracia: Livro de Teses*, tomo 2, p. 389-403.

——. Introdução ao direito ambiental brasileiro. *Revista de Direito Ambiental* – Publicação oficial do Instituto "O Direito por um Planeta Verde", São Paulo, ano 4, nº 14, p.48-82, abr./jun., 1999.

——. Objetivos do direito ambiental. In: CONGRESSO INTERNACIONAL DE DIREITO AMBIENTAL, 5, 2001, São Paulo. *Anais*. São Paulo: IMESP, 2001, p. 57-78.

BITENCOURT, Cezar Roberto. Responsabilidade penal da pessoa jurídica à luz da Constituição Federal. *Boletim IBCCrim* – Publicação oficial do Instituto Brasileiro de Ciências Criminais, São Paulo, ano 6, nº 65, p. 7, abr., 1998.

——. *Manual de Direito Penal*: Parte Geral. Vol. I. 6ª ed. São Paulo: Saraiva, 2000. 2 v.

BITENCOURT, Cezar Roberto; MUÑOZ CONDE, Francisco. *Teoria Geral do Delito*. São Paulo: Saraiva, 2000.

CAMARGO, Antonio Luís Chaves. *Culpabilidade e reprovação penal*. São Paulo: Sugestões Literárias, 1994.

CARVALHO, Márcia Dometila Lima de. *Fundamentação constitucional do Direito Penal*. Porto Alegre: Sergio Antonio Fabris Editor, 1992.

CERNICCHIARO, Luiz Vicente; COSTA JR., Paulo José da. *Direito Penal na Constituição*. 3ª ed. São Paulo: Revista dos Tribunais, 1995.

COSTA, José Francisco de Faria. *O perigo em direito penal*. Coimbra: Coimbra Editora, 1992.

COSTA NETO, Nicolao Dino de Castro e; BELLO FILHO, Ney de Barros; COSTA, Flávio Dino de Castro e. *Crimes e infrações administrativas ambientais*: comentários à Lei nº 9.605/98. 2ª ed. Prefácio de Antônio Herman V. Benjamim. Brasília: Brasília Jurídica, 2001.

COSTA JR., Paulo José da. *Direito penal ecológico*. Rio de Janeiro: Forense Universitária, 1996.

——; MILARÉ, Édis. *Direito penal ambiental*: Comentários à Lei 9.605/98. Campinas: Millenium, 2002.

CRUZ, Ana Paula Fernandes Nogueira da. Crimes de perigo e riscos ao ambiente. *Revista de Direito Ambiental*, São Paulo, v. 42.

——. Direito Internacional do Meio Ambiente: Algumas Considerações. *Revista de Direitos Difusos*, v. 38.

——. Os crimes de perigo e a tutela preventiva do meio ambiente. *Revista de Direito Ambiental*, São Paulo, v. 34.

——. *A culpabilidade nos crimes ambientais*. São Paulo: Revista dos Tribunais, 2008. v. 1.

CUNHA, Maria da Conceição Ferreira da. *Constituição e crime*: uma perspectiva da criminalização e da descriminalização. Porto: Universidade Católica Portuguesa, 1995.

DIAS, Jorge de Figueiredo. *Liberdade, Culpa, Direito Penal*. 3ª ed. Coimbra: Coimbra Editora, 1995. 317p., 23cm. ISBN 972-32-0670-6.

——. *O problema da consciência da ilicitude em direito penal*. 5ª ed. Coimbra: Coimbra Editora, 2000.

——. O direito penal entre a "sociedade industrial" e a "sociedade de risco". *Revista Brasileira de Ciências Criminais* – Publicação oficial do Instituto Brasileiro de Ciências Criminais, São Paulo, ano 9, nº 33, p. 39-65, jan./mar., 2001.

FERRAJOLI, Luigi. *Direito e Razão*: teoria do garantismo penal. Prefácio: Norberto Bobbio. Tradução: Ana Paula Zomer, Juarez Tavares, Fauzi Hassan Choukr e Luís Flávio Gomes. Colaboração: Alice Bianchini, Evandro Fernandes de Pontes, José Antonio Siqueira Pontes e Lauren Paoletti Stefanini. São Paulo: Revista dos Tribunais, 2002.

FRAGOSO, Heleno Cláudio. *Lições de direito penal*: A nova parte geral. 9ª ed. por Fernando Fragoso. Rio de Janeiro: Forense, 1985.

FREITAS, Gilberto Passos de. A Tutela Penal do Meio Ambiente. In: BENJAMIN, Antonio Herman V. e (Coord.). *Dano ambiental, prevenção, reparação e repressão*. São Paulo: Revista dos Tribunais, 1993. (Biblioteca de Direito Ambiental; vol. 2).

——. Do crime de poluição. In: FREITAS, Vladimir Passos de (Org.). *Direito ambiental em evolução*. Curitiba: Juruá, 1998.

——. *Poluição sonora*: aspectos legais. Santos: Ed. UNISANTA (Universidade Santa Cecília), 2002. (Coleção Temas de Meio Ambiente e Direito Ambiental).

——. *Ilícito penal ambiental e reparação do dano*. 2003. Tese (Doutorado em Direito) – Faculdade de Direito, Pontifícia Universidade Católica de São Paulo, São Paulo.

FREITAS, Gilberto Passos de; SOUZA, Luciano Pereira. *Lições de direito ambiental*. Santos: Ed. UNISANTA (Universidade Santa Cecília), 2002. (Coleção Temas de Meio Ambiente e Direito Ambiental).

——; FREITAS, Vladimir Passos de. *Crimes contra a natureza*. 5ª ed. São Paulo: Revista dos Tribunais, 1997.

——. *Crimes contra a natureza*. 7ª ed. São Paulo: Revista dos Tribunais, 2001.

FREITAS, Vladimir Passos de. O crime ambiental e a pessoa jurídica. *Revista Cidadania e Justiça* – Associação dos Magistrados Brasileiros, ano 3, nº 6, p. 205-212, 1º semestre, 1999.

——. *A Constituição Federal e a efetividade das normas ambientais*. São Paulo: Revista dos Tribunais, 2000.

GIMBERNAT ORDEIG, Enrique. *¿Tiene futuro la dogmática jurídico-penal?* Bogotá, Colombia: Editorial Temis, 1983.

HASSEMER, Winfried. *Fundamentos del derecho penal*. Traducción: Francisco Muñoz Conde y Luis Arroyo Zapatero. Prólogo de Francisco Muñoz Conde. Barcelona: Bosch, Casa Editorial, 1984.

——. Perspectivas de uma moderna política criminal. *Revista Brasileira de Ciências Criminais* – Publicação oficial do Instituto Brasileiro de Ciências Criminais, São Paulo, ano 2, nº 8, p. 41-51, out./dez., 1994.

——. A preservação do meio ambiente através do direito penal. Lusíada: *Revista de Ciência e Cultura*. Actas do I Congresso Internacional de Direito do Ambiente da Universidade Lusíada – Porto, Porto, número especial, p. 319-330, 1996.

——. *Persona, mundo y responsabilidad*: bases para una teoría de la imputación en derecho penal. Traducción: Francisco Muñoz Conde y Maria del Mar Díaz Pita. Valencia: Tirant lo blanch, 1999.

HASSEMER, Winfried; MUÑOZ CONDE, Francisco. *Introducción a la criminología y al derecho penal*. Valencia: Tirant lo blanch, 1989.

JAKOBS, Günther. *Derecho Penal* – Parte General: fundamentos y teoría de la imputación. Traducción: Joaquin Cuello Contreras; Jose Luis Serrano Gonzalez de Murillo. 2ª ed. Madrid: Marcial Pons Ediciones Jurídicas, 1997.

——. *A imputação objetiva no direito penal*. Tradução: André Luís Callegari. São Paulo: Revista dos Tribunais, 2000.

——. *Fundamentos do direito penal*. Tradução: André Luís Callegari; Colaboração: Lúcia Kalil. São Paulo: Revista dos Tribunais, 2003.

LECEY, Eládio. A proteção do meio ambiente e a responsabilidade penal da pessoa jurídica. In: FREITAS, Vladimir Passos de (Org.). *Direito ambiental em evolução*. Curitiba: Juruá, 1998.

——. Novos direitos e juizados especiais. A proteção do meio ambiente e os juizados especiais criminais. *Revista de Direito Ambiental* – Publicação oficial do Instituto "O Direito por um Planeta Verde", São Paulo, ano 4, nº 15, p. 9-17, jul./set., 1999.

——. Recursos naturais: utilização, degradação e proteção penal do ambiente. *Revista de Direito Ambiental* – Publicação oficial do Instituto "O Direito por um Planeta Verde", São Paulo, ano 6, nº 24, p. 31-63, out./dez., 2001.

——. O Direito Penal na Efetividade da Tutela do Meio Ambiente. *Revista de Direitos Difusos*, São Paulo, ano 4, vol. 18 (Direito Penal Ambiental), p. 2393-2411, mar./abr., 2003.

——. Responsabilidade penal da pessoa jurídica: efetividade e questões processuais. *Revista de Direito Ambiental*, São Paulo, ano 7, n° 26, p. 65-82, jul./set., 2004.

LEITE, José Rubens Morato; AYALA, Patrick de Araújo. *Direito ambiental na sociedade de risco*. Rio de Janeiro: Forense Universitária, 2002.

MACHADO, Paulo Affonso Leme. *Direito ambiental brasileiro*. 10ª ed. São Paulo: Malheiros, 2002.

MILARÉ, Édis. A nova tutela penal do ambiente. *Revista de Direito Ambiental* – Publicação oficial do Instituto "O Direito por um Planeta Verde", São Paulo, ano 4, n° 16, p. 90-134, out./dez.,1999.

——. *Direito do Ambiente*: doutrina, prática, jurisprudência, glossário. São Paulo: Revista dos Tribunais, 2000.

MUÑOZ CONDE, Francisco. A função motivadora da norma penal e "marginalização". *Justitia* – Órgão do Ministério Público de São Paulo, São Paulo, ano 44, vol. 116, p. 76-81, jan./mar., 1982.

——. *Teoria Geral do Delito*. Tradução e notas: Juarez Tavares e Luiz Regis Prado. Porto Alegre: Sergio Antonio Fabris Editor, 1988.

——. Delincuencia económica: estado de la cuestión y propuestas de reforma. Hacia un derecho penal económico europeo (Jornadas en honor Del Profesor Klaus Tiedemann). *Boletín Oficial del Estado*, p. 265-283, 1995.

——. La protección del medio ambiente en el nuevo código penal español. *Lusíada: Revista de Ciência e Cultura*. Actas do I Congresso Internacional de Direito do Ambiente da Universidade Lusíada – Porto, Porto, número especial, p. 291-298, 1996.

——. *Introducción al Derecho penal*. 2. ed. Buenos Aires: Julio César Faira – Editor, 2002. 298p., 23cm. (Colección: Maestros del Derecho Penal, n° 3).

MUÑOZ CONDE, Francisco; GARCÍA ARÁN, Mercedes. *Derecho Penal*: Parte General. 4ª edición revista y puesta al día. Valencia: Tirant lo blanch, 2000.

NALINI, José Renato. *Ética ambiental*. 2ª ed. Campinas: Milennium, 2003.

PÉREZ MANZANO, Mercedes. *Culpabilidad y prevención*: Las teorías de la prevención general positiva en la fundamentación de la imputación subjetiva y de la pena. Madrid: Ediciones de la Universidad Autónoma de Madrid, 1986.

PRADO, Luiz Regis. *Direito penal ambiental*: problemas fundamentais. São Paulo: Revista dos Tribunais, 1992.

——. *Bem jurídico-penal e constituição*. 2ª ed. São Paulo: Revista dos Tribunais, 1997.

——. Responsabilidade penal da pessoa jurídica? *Boletim IBCCrim* – Publicação oficial do Instituto Brasileiro de Ciências Criminais, São Paulo, ano 6, n° 65, p. 2-3, abr., 1998.

——. *Crimes contra o ambiente*: anotações à Lei n. 9.605, de 12.2.1998, doutrina, jurisprudência, legislação. 2ª edição revista, atualizada e ampliada. São Paulo: Revista dos Tribunais, 2001.

PRIEUR, Michel. *Droit de l'environnment*. 3e. édition. Paris: Dalloz, 1996.

ROXIN, Claus. A culpabilidade como critério limitativo da pena. *Revista de Direito Penal* – Órgão oficial do Instituto de Ciências Penais da Faculdade de Direito Cândido Mendes, São Paulo, n° 11/12, p. 7-20, jul./dez., 1973.

——. *Culpabilidad y prevención en derecho penal*. Traducción, introducción y notas de Francisco Muñoz Conde. Madrid: Instituto Editorial Reus, 1981.

——. *Autoría y dominio del hecho en derecho penal*. Traducción de Joaquín Cuello Contreras y José Luis Serrano González de Murillo. 7ª ed. Madrid: Marcial Pons Ediciones Jurídicas, 2000.

——. Sobre a fundamentação político-criminal do sistema jurídico-penal. *Revista Brasileira de Ciências Criminais* – Publicação oficial do Instituto Brasileiro de Ciências Criminais, São Paulo, ano 9, n° 35, p. 13-27, jul./set., 2001.

——. *Funcionalismo e imputação objetiva no direito penal*. Tradução e Introdução: Luís Greco. 3ª edição. Rio de Janeiro: Renovar, 2002.

SHECAIRA, Sérgio Salomão. *Responsabilidade penal da pessoa jurídica*. São Paulo: Revista dos Tribunais, 1998.

SILVA, Ivan Firmino Santiago da. Responsabilidade penal das pessoas jurídicas: uma análise dos critérios de imputação. *Revista de Direitos Difusos*, São Paulo, ano 4, vol. 18 (Direito Penal Ambiental), p. 2426-2499, mar./abr., 2003.

SILVA, José Afonso da. *Direito ambiental constitucional*. 4ª ed. São Paulo: Malheiros Editores, 2002.

——. Fundamentos constitucionais da proteção do meio ambiente. *Revista de Direito Ambiental* – Publicação oficial do Instituto "O Direito por um Planeta Verde", São Paulo, ano 7, n° 27, p. 51-57, jul./set., 2002.

TAVARES, Juarez. Culpabilidade: a incongruência dos métodos. *Revista Brasileira de Ciências Criminais* – Publicação oficial do Instituto Brasileiro de Ciências Criminais. São Paulo, ano 6, n° 24, p. 145-156, out./dez., 1998.

——. *Teoria do injusto penal*. 2ª ed. Belo Horizonte: Del Rey. 2002.

——. *Direito penal da negligência*: uma contribuição à teoria do crime culposo. 2ª ed. Rio de Janeiro: Lumen Juris, 2003.

TIEDEMANN, Klaus. *Lecciones de derecho penal económico*: comunitario, español, alemán. Barcelona: PPU, 1993. 276p., 23cm. (Colección: Manuales, v. 9).

——. Responsabilidad penal de personas jurídicas y empresas en derecho comparado. *Revista Brasileira de Ciências Criminais* – Publicação oficial do Instituto Brasileiro de Ciências Criminais. São Paulo, ano 3, n° 11, p. 21-35, jul./set., 1995.

VALLE, Sandra; PIERECK, Eliane. A pena alternativa no crime ambiental. In: VARELLA, Marcelo Dias; BORGES, Roxana Cardoso B. (org.). *O Novo em Direito Ambiental*. Belo Horizonte: Del Rey, 1998.

ZAFFARONI, Eugenio Raúl; PIERANGELI, José Henrique. *Manual de Direito Penal Brasileiro*: Parte Geral. 3ª edição rev. e atual. São Paulo: Ed. Revista dos Tribunais, 2001.

ZSÖGÖN, Silvia Jacquenod de. *El derecho ambiental y sus principios rectores*. 3ª ed. Madrid: Dykinson, 1991.

ZÚÑIGA RODRÍGUEZ, Laura del Carmen. *Bases para un modelo de imputación de responsabilidad penal a las personas jurídicas*. Prólogo de Klaus Tiedemann. Elcano (Navarra): Editorial Aranzadi, 2000.

A responsabilidade penal da pessoa jurídica
(artigo 3º)

WALTER CLAUDIUS ROTHENBURG[1]

CAPÍTULO I – DISPOSIÇÕES GERAIS

(...)

Art. 3º As pessoas jurídicas serão responsabilizadas administrativa, civil e penalmente conforme o disposto nesta Lei, nos casos em que a infração seja cometida por decisão de seu representante legal ou contratual, ou de seu órgão colegiado, no interesse ou benefício da sua entidade.

Parágrafo único. A responsabilidade das pessoas jurídicas não exclui a das pessoas físicas, autoras, coautoras ou partícipes do mesmo fato.

1. A responsabilidade penal da pessoa jurídica

A responsabilização criminal das pessoas jurídicas é uma tendência do Direito Penal contemporâneo, que reflete a preocupação com a realidade social de agressão a importantes valores sociais por parte desses sujeitos jurídicos. O ambiente ecologicamente equilibrado é, inegavelmente, um desses valores e sua agressão por pessoas jurídicas é uma triste evidência que o Direito Penal não saberia ignorar.

Sem embargo da discussão a propósito da possibilidade de reconhecimento da capacidade criminal das pessoas jurídicas no plano teórico, é cada vez mais frequente a consagração da responsabilidade penal das pessoas jurídicas no plano positivo do Direito vigente. A despeito de resistências tradicionais (Alemanha,[2] Itália, Espanha etc.), é cada vez maior o número de ordenamentos jurídicos que consagra a responsabilidade penal das pes-

---

[1] Procurador Regional da República, Mestre e Doutor em Direito pela UFPR, Pós-Graduado em Direito Constitucional pela Universidade de Paris II, Professor de Direito Constitucional e Diretor do Instituto Brasileiro de Estudos Constitucionais – IBEC.

[2] Günther Jakobs, 2008, p. 219-220; Lorenz Schulz, 2012.

soas jurídicas (Inglaterra, Estados Unidos, França, Holanda, Portugal etc., inclusive instâncias internacionais como a União Europeia e a Organização das Nações Unidas – ONU),[3] tal como ocorre no Brasil, com a peculiaridade – talvez única no mundo – de a previsão normativa situar-se já no altiplano da Constituição, tendo provocado entre nós uma ainda não bem assimilada *"mudança paradigmática"*.[4]

Com efeito, nossa Constituição, numa mostra de seu pendor analítico,[5] refere-se expressamente à responsabilidade criminal das pessoas jurídicas em dois dispositivos. Ao tratar dos princípios gerais da atividade econômica, a Constituição dispõe: "A lei, sem prejuízo da responsabilidade individual dos dirigentes da pessoa jurídica, estabelecerá a responsabilidade desta, sujeitando-a às punições compatíveis com sua natureza, nos atos praticados contra a ordem econômica e financeira e contra a economia popular". (art. 173, § 5º).[6] E ao tratar do meio ambiente, a Constituição dispõe: "As condutas e atividades consideradas lesivas ao meio ambiente sujeitarão os infratores, pessoas físicas ou jurídicas, a sanções penais e administrativas, independentemente da obrigação de reparar os danos causados". (art. 225, § 3º).

O alcance desses dispositivos constitucionais é objeto de controvérsia, no que reflete a polêmica acerca da própria tese da responsabilidade penal das pessoas jurídicas. Um dos modos mais contundentes de estabelecer o sentido das normas constitucionais está no desenvolvimento que o Direito infraconstitucional lhes dá. No campo do Direito Penal, por força do princípio da legalidade estrita, que exige previsão legal qualificada (lei em sentido formal, votada pelo Poder Legislativo: "reserva de parlamento") e específica (tipicidade), a necessidade de desenvolvimento infraconstitucional é particularmente sentida.

As normas constitucionais em questão são tradicionalmente classificadas como normas de eficácia limitada (reduzida) e aplicabilidade diferida, definidoras de princípio institutivo[7] (a "instituição" que preveem, mas não especificam, são justamente os crimes *"contra a ordem econômica e financeira e contra a economia popular"*, num caso, e os crimes de lesão ao meio ambiente, no outro). Tais normas demandam, portanto, integração normativa, que lhes esclarecerá o alcance, a partir de um conteúdo constitucional básico.

Nessa medida, pelo menos em relação ao art. 225, § 3º (pois o art. 173, § 5º, ainda não foi inteiramente regulamentado, apesar do quarto de século

---

[3] Fausto M. de Sanctis, 1999, p. 48-57; Sérgio S. Shecaira, 2002, p. 52-78; Guilherme S. Nucci, 2011, p. 180; LORENZ SCHULZ, 2012.

[4] Geisa de Assis Rodrigues, 2009, p. 2.364. Conhecidos criminalistas brasileiros aderem à tese da responsabilidade penal das pessoas jurídicas, como Damásio E. de Jesus (2009, p. 166-167): "hoje, em vez de criticar, devemos reconhecer que a legislação penal brasileira admite a responsabilidade criminal de pessoa jurídica e procurar melhorar a nova sistemática. Em suma, alterando a posição anterior, hoje reconhecemos invencível a tendência de incriminar-se a pessoa jurídica como mais uma forma de reprimir a criminalidade".

[5] Walter C. Rothenburg, 2010, p. 23-24.

[6] Alexandre Aragão, 2009, p. 1.992.

[7] José A. da Silva, 1982, p. 110-126.

da Constituição de 1988!), o alcance foi em parte esclarecido pelo art. 3º da Lei 9.605/1998, que "[d]ispõe sobre as sanções penais e administrativas derivadas de condutas e atividades lesivas ao meio ambiente, e dá outras providências": "As pessoas jurídicas serão responsabilizadas administrativa, civil e penalmente conforme o disposto nesta Lei, nos casos em que a infração seja cometida por decisão de seu representante legal ou contratual, ou de seu órgão colegiado, no interesse ou benefício da sua entidade. / Parágrafo único. A responsabilidade das pessoas jurídicas não exclui a das pessoas físicas, autoras, coautoras ou partícipes do mesmo fato".[8]

As exigências da tipicidade restam satisfeitas com essa norma geral, que autoriza a aplicação dos tipos penais previstos da Lei de Infrações Ambientais às pessoas jurídicas. Pode-se afirmar, assim, que o Direito brasileiro adota a responsabilidade penal das pessoas jurídicas por crimes cometidos contra o ambiente ecologicamente equilibrado, pois existe uma previsão na própria Constituição, que é devidamente regulamentada por lei específica.[9]

O significado da previsão constitucional genérica e dúbia para alguns é esclarecido com a legitimidade e a autoridade do Poder Legislativo, um dos mais imediatos intérpretes da Constituição.[10]

A tendência de responsabilização criminal das pessoas jurídicas é verificada em propostas legislativas como a de um novo Código Penal, conforme o anteprojeto do Senado Federal elaborado por uma comissão de juristas em 2012. A responsabilidade penal da pessoa jurídica aparece na parte geral, com expressa – mas não exclusiva – referência aos crimes contra o meio ambiente: "As pessoas jurídicas de direito privado serão responsabilizadas penalmente pelos atos praticados contra a administração pública, a ordem econômica, o sistema financeiro e o meio ambiente, nos casos em que a infração seja cometida por decisão de seu representante legal ou contratual, ou de seu órgão colegiado, no interesse ou benefício da sua entidade.

A responsabilidade das pessoas jurídicas não exclui a das pessoas físicas, autoras, coautoras ou partícipes do mesmo fato, nem é dependente da responsabilização destas". (art. 41, *caput* e § 1º). Portanto, está consagrada a possibilidade de imputação às pessoas jurídicas dos crimes contra o meio ambiente, que são previstos na parte especial do anteprojeto.

Observa-se que a redação desses dispositivos é muito semelhante à do art. 3º da Lei 9.605/1998, embora o anteprojeto de Código Penal estenda e aprimore o tratamento penal dado às pessoas jurídicas.

No plano internacional, o Brasil assumiu formalmente o compromisso jurídico relativo à responsabilidade das pessoas jurídicas estabelecido na Convenção das Nações Unidas contra o Crime Organizado Transnacional,

---

[8] Luiz Carlos dos Santos Gonçalves, na exposição de motivos do anteprojeto de Código Penal do Senado (2012), anota: "A Constituição Federal, no artigo 225, § 3º e, mais indiretamente, no art. 172, § 5º, abrigou a possibilidade de responsabilização penal das pessoas jurídicas. Isto foi, inauguralmente, tipificado na Lei 9.605/98, dos crimes contra o meio ambiente".

[9] Guilherme S. Nucci, 2011, p. 180.

[10] Peter Häberle, 1997, p. 20-25.

adotada em Nova Iorque, em 15 de novembro de 2000, e devidamente incorporada ao Direito interno.[11] O art. 10 da Convenção dispõe: "1. Cada Estado Parte adotará as medidas necessárias, em conformidade com o seu ordenamento jurídico, para responsabilizar pessoas jurídicas que participem em infrações graves envolvendo um grupo criminoso organizado e que cometam as infrações enunciadas nos Artigos 5 [participação em um grupo criminoso organizado], 6 [lavagem do produto do crime], 8 [corrupção] e 23 [obstrução à justiça] da presente Convenção."; todavia, o dispositivo em seguida relativiza as formas de responsabilização: "2. No respeito pelo ordenamento jurídico do Estado Parte, a responsabilidade das pessoas jurídicas poderá ser penal, civil ou administrativa".

A jurisprudência pátria começa a produzir decisões condenatórias de pessoas jurídicas, especialmente por crimes ambientais.[12] O Supremo Tribunal Federal já teve ocasião de afirmar a possibilidade de apenação da pessoa jurídica relativamente a crimes contra o meio ambiente, quer sob o ângulo da interdição da atividade desenvolvida, quer sob o da multa ou da perda de bens, mas não quanto ao cerceio da liberdade de locomoção, que enseja o envolvimento de pessoa natural.[13]

2. As teorias da ficção, da realidade e da responsabilidade pelo fato de outrem

Diversas teorias foram formuladas para explicar as pessoas jurídicas no âmbito do Direito. Embora provavelmente se tenham originado no Direito Privado (civil e comercial), elas são suficientemente genéricas e aplicam-se ao Direito Penal.

As teorias da ficção sustentam que as pessoas jurídicas são artifícios criados pelo Direito para certos fins, mas que não correspondem à realidade "dos fatos". As pessoas jurídicas não existiriam em concreto; seriam apenas representações fabricadas para viabilizar operações jurídicas realizadas por seres humanos e ficticiamente atribuídas aos entes coletivos.[14] Far-se-ia de conta que, tal como realidades efetivamente existentes (por exemplo, os seres humanos), as pessoas jurídicas projetar-se-iam no Direito com capacidade para praticar determinado atos (exercer determinadas atividades), ter patrimônio e sofrer certas consequências. Todavia, haveria limites "naturais" a essa projeção, justamente porque não correspondente à realidade.

---

[11] Aprovada pelo Decreto Legislativo 231, de 29 de maio de 2003, e promulgada pelo Decreto 5.015, de 12 de março de 2004.

[12] Rothenburg, 2012, p. 361.

[13] HC 92.921/BA, rel. Min. Ricardo Lewandowski, 19/08/2008: "Responsabilidade penal da pessoa jurídica, para ser aplicada, exige alargamento de alguns conceitos tradicionalmente empregados na seara criminal, a exemplo da culpabilidade...". Tratava-se de infração do art. 54, § 2º, V, da Lei 9.605/1998.

[14] Sérgio S. Shecaira, 2002, p. 101; FAUSTO M. DE SANCTIS, 1999, p. 7.

Tais teorias não admitem a responsabilidade penal das pessoas jurídicas. A ficção não se estenderia ao campo penal, pois não haveria a mínima correspondência à realidade orgânica e psicológica requerida para a imputação criminal, e que seria exclusiva dos seres humanos. Ademais, as teorias da ficção tinham o objetivo de justificar apenas a atuação civil e comercial das pessoas jurídicas, e ainda assim de modo limitado.[15]

Pode-se criticar as teorias da ficção em geral e a limitação de seu alcance criminal em especial. Não é muito lógico admitir que o Direito possa construir categorias (que visam a atender questões práticas) e ao mesmo tempo (des)qualificá-las como ficções (que não correspondem à realidade). E não é suficientemente criteriosa a objeção em estender a ficção ao domínio criminal, pois não se explica coerentemente por que a representação – que, afinal, nunca corresponde perfeitamente à realidade "orgânica", pois esta é biológica – funciona em certos campos do Direito, e não em outros, em que a atuação efetiva das pessoas jurídicas também é relevante.

As teorias da realidade[16] admitem a existência efetiva das pessoas jurídicas, que deve ser captada pelo Direito. Tal realidade pode guardar analogia com os seres humanos, sendo essa uma medida para o alcance da atuação das pessoas jurídicas. Nesse sentido, a atuação criminal das pessoas jurídicas também poderia restar excluída, pois a "realidade" destas não seria compatível com aquela responsabilidade e a analogia com os seres humanos não conseguiria ser estabelecida quanto a esse aspecto. Percebe-se que o processo de "naturalização" das pessoas jurídicas é incompleto e padece das mesmas inconsistências das teorias da ficção.

Porém, há outra vertente das teorias da realidade,[17] que não apenas aceita a existência factual das pessoas jurídicas, senão que admite a possibilidade de o Direito reconhecer (melhor: fabricar) essa realidade em maior ou menor medida. Assim, nada impediria que, dada a relevância da atuação das pessoas jurídicas, as consequências jurídicas dessa atuação se projetassem no Direito Penal. Essa versão das teorias da realidade é apta a sustentar a responsabilidade penal das pessoas jurídicas.

As teorias da responsabilidade pelo fato de outrem estabelecem uma clivagem entre a assunção das consequências jurídicas (responsabilidade) e a provocação direta do "fato", que poderiam ser atribuídas a sujeitos distintos. Haveria uma causa para o fato originário (comportamento), atribuível a um sujeito, e a causa da responsabilidade (vínculo), atribuída a outro sujeito. A responsabilidade advém da relação entre os sujeitos, pela qual o responsável assume as consequências jurídicas provocadas pelo sujeito do fato. Algo trivial em Direito: que os mandantes respondam pelos executores, os pais pelos filhos, os vendedores pelos fabricantes etc.

---

[15] Rothenburg, 2005, p. 140.

[16] As teorias da realidade também podem ser chamadas de orgânicas ou da vontade real (Shecaira, 2002, p. 102; Rothenburg, 2005, p. 141.).

[17] Fausto M. de Sanctis (1999, p. 8) arrola *"cinco razões"* que lastreiam as teorias da realidade: "biológica, fisiológica, sociológica, institucional e técnica".

Ocorre que a responsabilidade pelo fato de outrem não é adequada para a responsabilização criminal, fortemente fundada na responsabilização subjetiva, pelo cometimento próprio do "fato". O Direito Penal não costuma admitir transferências de responsabilidade e, quando muito, admite a responsabilidade pela escolha ou delegação inadequada, ou seja, pela falta de cuidado (que ainda assim será uma responsabilidade própria), mas não pelo fato de outrem. Veja-se o princípio da individualização da pena (Constituição, art. 5º, XLVI), que supõe a responsabilidade penal individual. A propósito, o anteprojeto de Código Penal do Senado (2012) estabelece que "*[n]ão há pena sem culpabilidade*" (art. 1º, parágrafo único).

No caso da responsabilidade penal das pessoas jurídicas, não se trata de atribuir a elas as consequências jurídico-penais por fatos que se consideram praticados por outros sujeitos (pessoas físicas que teriam alguma relação com as pessoas jurídicas). Trata-se, isto sim, de atribuir às pessoas jurídicas as consequências (responsabilidade) por fatos imputados às próprias pessoas jurídicas. Por conseguinte, antes de se cogitar de *responsabilidade penal das pessoas jurídicas* (em que estas assumem as consequências jurídico-penais pelo comportamento criminoso), é preciso cogitar da própria imputação do comportamento às pessoas jurídicas (*sujeição criminal ativa*).

A questão principal então está na possibilidade de imputar-se à pessoa jurídica um comportamento relevante para efeitos penais. Haverá conhecimento (capacidade de compreensão), vontade (determinação) e execução (prática) de condutas criminosas por pessoas jurídicas?[18] Uma vez que o Direito reconhece essa possibilidade às pessoas jurídicas no campo dos negócios em geral (relações civis, comerciais, trabalhistas, tributárias, previdenciárias etc.), ou seja, admite que as pessoas jurídicas estabeleçam tais relações em nome próprio e assumam as respectivas consequências, não vejo em que ponto haja alguma diferença essencial para com os efeitos criminais dos mesmos comportamentos. Se uma pessoa jurídica pode participar de uma licitação para a construção de uma hidrelétrica, por que não pode responder criminalmente pela degradação ambiental provocada?

Não parece razoável que o Direito ofereça uma ampla possibilidade de atuação das pessoas jurídicas, o que potencializa os perigos decorrentes dessa atuação (veja-se, a propósito, a capacidade de atuação econômica das empresas, em escala inimaginável para uma pessoa física), mas pretenda limitar a respectiva responsabilidade ao campo extracriminal, ou seja, excluir a responsabilidade penal das pessoas jurídicas. Direitos e deveres, bônus e ônus devem compor a equação jurídica.

Note-se que o Direito aceita a relevância jurídica do aspecto "moral" (psicológico) das pessoas jurídicas, ao admitir a proteção do nome e das patentes das empresas, por exemplo. Simetricamente, pessoas jurídicas podem apresentar-se como as violadoras desses bens jurídicos. A extensão da titula-

---

[18] Juarez Cirino dos Santos (2004, p. 15), ao apresentar o modelo final de ação (que adota), relaciona o conhecimento à finalidade da ação: "a ação humana é acontecimento dirigido pela vontade consciente do fim".

ridade das pessoas jurídicas é tão ampla que se reconhece a possibilidade de reivindicarem assistência judiciária gratuita, conforme decidiu o Supremo Tribunal Federal.[19]

Todavia, não seria um artificialismo exagerado – que, em última análise, violaria o próprio princípio da culpabilidade e da individualização – estender atributos humanos como a deliberação e a conduta às pessoas jurídicas? O Direito Penal não teria peculiaridades que o tornariam inaplicável aos entes coletivos?[20]

Não podemos prescindir da culpabilidade; não podemos admitir desbragadamente uma responsabilidade penal objetiva. O que importa é reconhecer a imputação (subjetiva) às pessoas jurídicas segundo suas próprias características. É evidente que as pessoas jurídicas são compostas por seres humanos (pessoas físicas), que fazem parte de seu substrato e, de todo modo, são o meio de expressão das pessoas jurídicas. As pessoas físicas são o canal de comunicação da pessoa jurídica com o mundo. Pessoas jurídicas, nesse sentido, são sempre e necessariamente instrumentos de vontades humanas. Ocorre que o Direito faz com que tais vontades sejam atribuídas ao ente coletivo. Podemos ensaiar explicações para isso. A mais convincente parece-me aquela que considera a formação de uma vontade distinta, no contexto da empresa, influenciada pelo ambiente (coletivo) desta e orientada por sua finalidade institucional. Em tal contexto, as expressões individuais (geneticamente humanas) podem descaracterizar-se, pois motivações e reações que os indivíduos talvez não tivessem em outros contextos (familiar, por exemplo), eles as têm enquanto integrantes da pessoa jurídica.

Ora, se o comportamento dá-se por causa da pessoa jurídica, por que a responsabilidade não pode e deve seguir essa orientação? Deve-se então punir a pessoa jurídica, o que significa o atingimento (mais ou menos direito) das pessoas físicas que a integram, pois elas são ("presentam") a própria pessoa jurídica.

3. As penas aplicáveis à pessoa jurídica

A discussão a respeito das modalidades de sanção aptas a responsabilizar penalmente as pessoas jurídicas é fundamental, porém acessória. Uma vez admitida a capacidade criminal ativa das pessoas jurídicas, é preciso encontrar penas adequadas, mas então já se terá por admitida aquela possi-

---

[19] RCL 1.905/SP, rel. Min. Marco Aurélio, 15/08/2002.

[20] Günther Jakobs (2008, p. 220-221) afirma que "a constatação de uma conduta não se resolve a partir de um ponto de vista naturalista; trata-se, pelo contrário, da determinação valorativa do sujeito da imputação, ou seja, de qual sistema composto de mente e corpo é julgado por seus efeitos externos. Mas, não é possível justificar que, na determinação do sujeito, o sistema a ser constituído deva sempre ser composto dos ingredientes de uma pessoa física (mente e corpo) e não possa sê-lo com aqueles de uma pessoa jurídica (estatutos e órgãos). (...) tanto para a conduta, como para a culpabilidade, as formas dogmáticas (e não apenas os nomes) são idênticas na pessoa física e na pessoa jurídica".

bilidade e sanções penais específicas serão muito mais uma questão de criatividade jurídica.

Nesse ponto, a principal objeção tem a ver com a pena de prisão (privação da liberdade). A realidade própria das pessoas jurídicas apresenta-se como limite da analogia com os seres humanos. Embora as pessoas jurídicas – sempre por intermédio das pessoas físicas que as integram, mas numa perspectiva institucional – sejam capazes de assimilar os efeitos possíveis de uma autêntica sanção penal (de cunho marcadamente retributivo e intimidatório, que envolve o "efeito de constrangimento"[21]), elas não têm liberdade física e, ao contrário dos indivíduos, nunca podem ser presas.

Basta, no entanto, que se considerem outras formas de pena. Afinal, a prisão não é a única e talvez nem a principal sanção penal. Estatisticamente, é provável que tenhamos um maior número de alternativas (multas e outras restrições de direitos). Historicamente, é provável que tenhamos um resultado de insucesso na aplicação da privação de liberdade. De toda sorte, outras modalidades podem apresentar natureza penal.

O anteprojeto de Código Penal do Senado (2012) prevê as seguintes modalidades: multa, penas restritivas de direitos, prestação de serviços à comunidade e perda de bens e valores, além da liquidação forçada quando a pessoa jurídica for "constituída ou utilizada, preponderantemente, com o fim de permitir, facilitar ou ocultar a prática de crime", sendo seu patrimônio "considerado instrumento do crime e como tal perdido em favor do Fundo Penitenciário" (art. 42).

Ao detalhar as penas restritivas de direitos relativas às pessoas jurídicas, o anteprojeto estabelece a suspensão parcial ou total de atividades; a interdição temporária de estabelecimento, obra ou atividade; a proibição de contratar com instituições financeiras oficiais e participar de licitação ou celebrar qualquer outro contrato com a Administração Pública Federal, Estadual, Municipal e do Distrito Federal, bem como entidades da administração indireta; a proibição de obter subsídios, subvenções ou doações do Poder Público, pelo prazo de um a cinco anos, bem como o cancelamento, no todo ou em parte, dos já concedidos, e a proibição a que seja concedido parcelamento de tributos, pelo prazo de um a cinco anos (art. 43).[22]

Ao detalhar a prestação de serviços à comunidade, o anteprojeto estabelece o custeio de programas sociais e de projetos ambientais, a execução de obras de recuperação de áreas degradadas, a manutenção de espaços públicos ou contribuições a entidades ambientais ou culturais públicas, bem como as relacionadas à defesa da ordem socioeconômica (art. 44).

Tecnicamente, não é preciso haver previsão de modalidades penais específicas em cada tipo criminal, pois basta fazer a adaptação à pena prevista (normalmente a prisão). É o que faz o anteprojeto, ao determinar que "[o]s

---

[21] Literalmente "efeito de vergonha" (Lorenz Schulz, 2012).

[22] A "publicidade da decisão judiciária" ou "publicidade da decisão condenatória" são previstas, por exemplo, na legislação holandesa e na portuguesa (SHECAIRA, 2002, p. 58 e 62).

crimes praticados pelas pessoas jurídicas são aqueles previstos nos tipos penais, aplicando-se a elas as penas neles previstas, inclusive para fins de transação penal, suspensão condicional do processo e cálculo da prescrição. A pena de prisão será substituída [por aquelas previstas], cumulativa ou alternativamente" (art. 42, *caput*).

Na Lei 9.605/1998, existem disposições semelhantes. "As penas aplicáveis isolada, cumulativa ou alternativamente às pessoas jurídicas", segundo o art. 21, são a multa, as restritivas de direitos e a prestação de serviços à comunidade, bem como a liquidação forçada da "pessoa jurídica constituída ou utilizada, preponderantemente, com o fim de permitir, facilitar ou ocultar a prática de crime definido nesta Lei", com seu patrimônio considerado "instrumento do crime e como tal perdido em favor do Fundo Penitenciário Nacional" (art. 24). O art. 22 detalha as penas restritivas de direitos das pessoas jurídicas: suspensão parcial ou total de atividades; interdição temporária de estabelecimento, obra ou atividade, e proibição de contratar com o Poder Público, bem como dele obter subsídios, subvenções ou doações. E o art. 23 detalha a prestação de serviços à comunidade pelas pessoas jurídicas: custeio de programas e de projetos ambientais, execução de obras de recuperação de áreas degradadas, manutenção de espaços públicos e contribuições a entidades ambientais ou culturais públicas.

4. A responsabilidade das pessoas físicas envolvidas

A responsabilização criminal das pessoas jurídicas não se vincula obrigatoriamente à responsabilização das pessoas físicas envolvidas e vice-versa. Embora essa vinculação possa ocorrer e suponha-se que seja comum a responsabilização dos seres humanos por condutas individuais, além da responsabilização da pessoa jurídica por sua própria atividade, cada responsabilidade é relativamente autônoma. Ademais, a vinculação nem sempre é conveniente, pois dificuldades de ordem prática podem fazer com que não se consiga demonstrar, por exemplo, a responsabilidade de indivíduos ligados à pessoa jurídica, conquanto a prova em relação a esta tenha sido obtida.

Punir-se a pessoa jurídica por infrações criminais que tenha cometido pode, portanto, representar o inverso da desconsideração da pessoa jurídica (em que se "levanta o véu" desta, para atribuir a responsabilidade aos indivíduos que estão "por trás"),[23] ou seja, justamente a *consideração* da pessoa jurídica (em que, independentemente da responsabilização dos indivíduos, se busca a responsabilização da própria pessoa jurídica).

Pode, então, haver responsabilidade apenas da pessoa jurídica, apenas dos indivíduos ou tanto da pessoa jurídica quanto das pessoas físicas. Exata-

---

[23] Rodrigo Sánchez Rios (2001, p. 208-209), contrário à tese da responsabilidade penal da pessoa jurídica, adverte para o risco de a pessoa jurídica "ser utilizada como um escudo de impunidade para legitimar a prática de ilícitos penais".

mente nesse sentido é a Lei de Infrações Ambientais, que preceitua: "A responsabilidade das pessoas jurídicas não exclui a das pessoas físicas, autoras, coautoras ou partícipes do mesmo fato" (art. 3º, parágrafo único). Em complementação, o texto do art. 21 fala em "penas aplicáveis isolada, cumulativa ou alternativamente às pessoas jurídicas".

Já o anteprojeto de Código Penal do Senado (2012) estabelece que: a) a "responsabilidade das pessoas jurídicas não exclui a das pessoas físicas, autoras, coautoras ou partícipes do mesmo fato, nem é dependente da responsabilização destas" (art. 41, § 1º); b) a "dissolução da pessoa jurídica ou a sua absolvição não exclui a responsabilidade da pessoa física" (art. 41, § 2º); c) "[q]uem, de qualquer forma, concorre para a prática dos crimes referidos neste artigo, incide nas penas a estes cominadas, na medida da sua culpabilidade, bem como o diretor, o administrador, o membro de conselho e de órgão técnico, o auditor, o gerente, o preposto ou mandatário de pessoa jurídica, que, sabendo da conduta criminosa de outrem, deixar de impedir a sua prática, quando podia agir para evitá-la" (art. 41, § 3º).

Pode ocorrer de a pessoa jurídica não ser o sujeito ativo da conduta criminosa, mas apenas o meio ou instrumento de crime praticado por pessoa física. A propósito, tanto a Lei 9.605/98, quanto o anteprojeto de Código Penal do Senado (2012), preveem a liquidação forçada da pessoa jurídica nessa hipótese, como vimos. Mas a Lei de Infrações Ambientais leva uma vantagem sobre o anteprojeto, por dispor expressamente que o cometimento do crime "no interesse de pessoa jurídica mantida, total ou parcialmente, por verbas públicas ou beneficiada por incentivos fiscais" constitui circunstância de agravamento da pena (art. 15, II, "p"). Talvez fosse interessante incluir no anteprojeto mais uma hipótese, genérica, de agravante, sempre que a utilização de pessoa jurídica provocasse dano presumivelmente maior do que se houvesse apenas a atuação individual.

As exceções à regra geral de que a responsabilidade criminal da pessoa jurídica e das pessoas físicas pode ser tanto concorrente quanto disjuntiva dizem respeito aos crimes próprios, quando o tipo reclama do sujeito ativo determinada característica que não se pode atribuir à pessoa jurídica, como a qualidade de servidor ("funcionário") público ou atributos físicos, por exemplo. Sendo assim, seria possível, por outro lado, a formulação de tipos penais específicos de pessoa jurídica, embora a Lei 9.605/1998 não contenha tal previsão.

Para engajar a responsabilidade da pessoa jurídica, não é necessário que os indivíduos estejam formalmente inseridos no contexto da empresa ou com ela mantenham relações formais amparadas em algum contrato, por exemplo. Basta que, com a aquiescência ou o desleixo de outros indivíduos responsáveis pela pessoa jurídica, aqueles ajam por conta dela, sob os auspícios dela, ainda que em discrepância do que previsto no estatuto (contrato social) e ainda que a ela não resulte qualquer benefício. Encontra-se essa disciplina no art. 2º da Lei de Infrações Ambientais, bem como no anteprojeto de Código Penal do Senado (2012): "Quem, de qualquer forma, concorre para a prática dos crimes referidos neste artigo, incide nas penas a estes cominadas, na medida da sua culpabilidade, bem como o diretor, o administrador, o membro de conselho e de órgão técnico, o auditor, o gerente, o preposto ou mandatário de pessoa jurídica, que, sabendo da conduta criminosa de outrem, deixar de impedir a sua prática, quando podia agir para evitá-la" (art. 41, § 3º).

5. Análise da tipologia das pessoas jurídicas aptas ao delito ambiental

Toda pessoa jurídica que agrida significativamente o ambiente ecologicamente equilibrado deveria ser responsável criminalmente. Certamente é o caso de qualquer modalidade de pessoa jurídica de direito privado, sejam associações, sociedades ou fundações (art. 44 do Código Civil), inclusive as organizações religiosas e os partidos políticos.[24] Perceba-se que não é necessário o intuito de lucro ou que a atividade desempenhada seja economicamente relevante,[25] ou seja, basta que a atividade desempenhada pela pessoa jurídica seja capaz de agredir gravemente o ambiente ecologicamente equilibrado.

Fausto Martin de Sanctis aponta a possibilidade de responsabilizarem-se criminalmente também as pessoas jurídicas de fato, aquelas que ainda estão em vias de formação ou que já estão em extinção, pois então "o grupamento corresponde a uma realidade fática, independentemente de estar formalizado juridicamente".[26]

Responsabilizar criminalmente as pessoas jurídicas apenas quando a atuação ocorre nos limites da finalidade institucional, quer dizer, conforme o objeto estabelecido no contrato social (estatuto), é uma restrição indevida. Claro que as pessoas jurídicas tendem a transgredir o Direito quando atuam em seus domínios específicos; assim, madeireiras fazem derrubar árvores irregularmente para extrair madeira ilicitamente, por exemplo. Mas não se deve desconsiderar a atuação ultra ou extraestatutária, seja quando violadas cláusulas relativas ao objeto social, seja quando violadas cláusulas relativas à representação da pessoa jurídica.[27] Uma indústria que promove lavagem de capitais no mercado financeiro, por exemplo, pode cometer crime fora de seu âmbito próprio de atuação, bem como pode atuar por meio de indivíduos que não são seus representantes formais.

Lamentavelmente, a Lei 9.605/1998 padece da indevida restrição referida ao limitar a responsabilidade em geral (administrativa, civil e penal) das pessoas jurídicas aos "casos em que a infração seja cometida por decisão

---

[24] Henrique G. Herkenhoff, 2005, p. 35.
[25] Fausto M. de Sanctis, 1999, p. 106.
[26] Idem, p. 118-121.
[27] Fausto M. de Sanctis, 1999, p. 121-123.

de seu representante legal ou contratual, ou de seu órgão colegiado, no interesse ou benefício da sua entidade" (art. 3º). Do mesmo modo, o anteprojeto de Código Penal do Senado (2012), que prevê a responsabilização da pessoa jurídica "nos casos em que a infração seja cometida por decisão de seu representante legal ou contratual, ou de seu órgão colegiado, no interesse ou benefício da sua entidade" (art. 42).

Polêmica é a admissão da responsabilidade penal das pessoas jurídicas de direito público, inclusive aquelas de Direito Internacional. Quando a atuação estatal ocorre por meio de pessoas jurídicas de direito privado do tipo "empresas públicas" ou "sociedades de economia mista" (estatais), especialmente nos casos de intervenção no domínio econômico, é menos complexa a responsabilização.[28] Quando, porém, a atuação é direta, seja por pessoas jurídicas de Direito Internacional, seja por pessoas jurídicas de direito público interno – os entes da federação (União, Estados, Distrito Federal, Municípios) ou outras entidades personalizadas (como autarquias) –, há grande resistência à possibilidade de responsabilização penal.

Vários são os argumentos de objeção à responsabilidade criminal das pessoas jurídicas de direito público, como o de que o Estado – que deve, necessariamente, perseguir o interesse público – não poderia agir mal (no sentido da reprovabilidade); o de que não haveria sentido em o Estado (em sentido amplo) punir-se a si mesmo, bem como o argumento prático de que seria ilógico atribuir uma sanção que, afinal, seria suportada por toda a sociedade; além disso, o Estado não poderia sofrer a pena de dissolução ou liquidação. Todas essas objeções são respondíveis: o Estado (e inclusive outros entes de Direito Internacional)[29] pode sim atuar indevidamente, afastando-se do interesse público, tanto que se admite tranquilamente a possibilidade de indenização por parte do Poder Público, apresentando-se o Estado no duplo papel de quem estabelece os marcos da licitude (Estado legislador) e de quem deve submeter-se a eles, sendo que o ônus da condenação sempre recai, em última análise, sobre toda a sociedade; ademais, a pena de dissolução ou liquidação não é a única e talvez seja aplicável a determinados entes públicos, como autarquias.

A forma federativa de Estado é particularmente propícia à responsabilização criminal de entes públicos, haja vista a coexistência de diversas esferas de competência constitucional. Figure-se uma obra de severo impacto ambiental indevidamente licenciada por algum dos entes federativos ou, no caso brasileiro, a eventual desconexão entre a proteção aos índios (cuja competência é federal: art. 20, XI, e art. 231 da Constituição), a instituição de unidades de conservação (cuja competência não é exclusiva da União: art. 23, VI e VII, e art. 225, § 1º, III, da Constituição) e a exploração de recursos

---

[28] Fausto M. de Sanctis (1999, p. 119), embora contrário à responsabilidade penal das pessoas jurídicas de direito público, admite tal responsabilidade em relação aos "entes da administração indireta" que realizam "atividades essencialmente privadas, embora se revistam de natureza pública".

[29] Rothenburg, 1999, p. 148.

minerais (cuja competência também é federal: art. 20. IX, e art. 21, XXV, da Constituição), com possíveis implicações criminais.

Todavia, ordenamentos jurídicos que consagram a responsabilidade penal da pessoa jurídica deixam expressamente de fora as pessoas jurídicas de direito público. É assim com o Código Penal francês (1994), que exclui "as coletividades públicas e os agrupamentos de coletividades públicas" (art. 121-2). A Lei de Infrações Ambientais, contudo, não excepciona e menciona as pessoas jurídicas genericamente. Já o anteprojeto de Código Penal do Senado (2012) retrocede nesse ponto, pois se limita às *"pessoas jurídicas de direito privado"* (art. 41).

6. Possibilidade de responsabilidade penal ambiental por delitos ambientais não previstos na Lei n. 9.605/98

É certo que os tipos criminais requerem expressa previsão legal e, portanto, só existe crime nas hipóteses taxativamente estabelecidas. No entanto, não há empecilho teórico para uma admissão geral da sujeição criminal ativa das pessoas jurídicas.

O fato de a Constituição brasileira mencionar a possibilidade de responsabilização penal das pessoas jurídicas apenas para situações específicas (ordem econômica e financeira e economia popular, no art. 173, § 5º, e meio ambiente, no art. 225, § 3º) não significa uma limitação insuperável, pois é razoável interpretar-se a referência como mera exemplificação, que exprime o princípio (e, assim, revela a admissão da tese) da sujeição criminal ativa da pessoa jurídica.

Portanto, desde já estaria admitida a responsabilidade penal das pessoas jurídicas em relação a qualquer crime (tipo penal), excetuados apenas aqueles exclusivamente voltados às pessoas físicas, ou seja, não é necessária a previsão de tipos penais específicos para as pessoas jurídicas.

Luiz Carlos dos Santos Gonçalves encontra no Código Eleitoral (Lei 4.737/1965), "surpreendentemente", uma hipótese de responsabilização das pessoas jurídicas, quando se determina que o juiz, em diversos crimes elencados, se verificar que o "diretório local do partido, por qualquer dos seus membros, concorreu para a prática de delito, ou dela se beneficiou conscientemente", imponha ao diretório responsável "pena de suspensão de sua atividade eleitoral pelo prazo de 6 a 12 meses, agravada até o dobro nas reincidências" (art. 336).[30]

Nesse linha de raciocínio, além dos crimes previstos na Lei 9.605/1998, mesmo em matéria ambiental é possível a responsabilização das pessoas jurídicas por crimes que sejam previstos em outras leis ambientais. A propósito, Paulo Affonso Leme Machado entende que a Lei 11.105/2005, sobre

---

[30] 2007, p. 289-290.

organismos geneticamente modificados (OGM), suscita a aplicação da Lei 9.605/1998 quanto à responsabilidade penal das pessoas jurídicas.[31]

O anteprojeto de Código Penal do Senado (2012) fica a meio caminho entre a restrição e o princípio geral: não chega a consagrar genericamente a responsabilidade penal das pessoas jurídicas, embora a preveja na parte geral; mas não a limita à matéria ambiental, estendendo-a a vários outros domínios importantes: "a administração pública, a ordem econômica, o sistema financeiro e o meio ambiente" (art. 41). Seria melhor a adoção da responsabilidade penal das pessoas jurídicas em termos gerais, porém também aqui se pode sustentar que isso não deixou de ser feito e que as referências expressas têm apenas sabor de exemplo.

7. Responsabilidade da pessoa jurídica por crimes culposos

A admissão da sujeição criminal ativa da pessoa jurídica em relação aos crimes culposos parece não suscitar especificidades. Tanto as objeções à responsabilidade penal das pessoas jurídicas, quanto os argumentos favoráveis, estendem-se às modalidades criminais que podem ser práticas por culpa. Tanto é que o "interesse" que move a pessoa jurídica a atuar ilicitamente "pode se manifestar no dolo eventual e no comportamento culposo da omissão".[32]

Os deveres de atenção cuja violação enseja a responsabilidade criminal por culpa podem ser atribuídos à pessoa jurídica.

8. As especificidades do processo penal em relação à pessoa jurídica: o interrogatório; a citação; a prescrição

Outros institutos relacionados ao processo e à execução penal devem ser admitidos e adaptados à pessoa jurídica, sempre que viáveis. É o caso da prescrição, que não difere, fundamentalmente, em relação à responsabilidade penal das pessoas jurídicas. Tal é a previsão do anteprojeto de Código Penal do Senado (2012), ao determinar a aplicação às pessoas jurídicas das penas previstas, "inclusive para fins de transação penal, suspensão condicional do processo e cálculo da prescrição" (art. 42).

A citação e, em geral, a ciência dos atos processuais, bem como o interrogatório, fazem-se na pessoa do representante legal da pessoa jurídica. Enquanto aquelas devem, em princípio, "levar em conta a representação da pessoa jurídica no momento da instauração do processo e não à época da realização do crime", este deve, na medida do possível, buscar os represen-

---

[31] 2012, p. 1.183-1.184.
[32] Paulo A. Leme Machado, 2012, p. 830.

tantes à época do cometimento da infração penal, para que prestem esclarecimentos e se defendam. "Para os atos posteriores à citação, pode a pessoa jurídica nomear um representante (mandatário) com poderes específicos para estar em juízo, conforme dispõe o art. 706-43 do CPP francês".[33]

Caso a conduta criminosa tenha-se dado por intermédio de indivíduos outros que os representantes legais da pessoa jurídica, serão aqueles os interrogados. E, na impossibilidade de encontrarem-se os representantes legais ou outros indivíduos que atuaram por conta da pessoa jurídica, o juiz poderá nomear alguém especificamente para a representação processual.

Não se perca de perspectiva a possibilidade de estar sendo processado também o indivíduo que representa ou representou a pessoa jurídica. Nesse caso, ele não pode funcionar como representante da pessoa jurídica no processo penal, pois não haverá isenção e tenderá a haver conflito de interesses.

O Supremo Tribunal Federal já decidiu pelo não cabimento de *habeas corpus* para o trancamento de ação penal que envolve pessoa jurídica, por considerar que o remédio serve sempre, em última análise, para a tutela da liberdade física (de ir, vir e ficar), que seria exclusiva dos seres humanos.[34]

Note-se que a transação penal e a suspensão do processo,[35] em que o suposto responsável aceita encargos para evitar o processo judicial, estão previstas expressamente pela Lei 9.605/1998 para os crimes ambientais de menor potencial ofensivo e condicionam-se – uma acertada inovação da Lei de Infrações Ambientais – à "prévia composição do dano ambiental" (art. 27).

A reincidência pode suscitar dificuldades práticas nos casos de constituição de novas pessoas jurídicas, o que não impugna a possibilidade de agravamento da pena, seja quando é a mesma pessoa jurídica que volta a delinquir, seja quando se demonstra a fraude na constituição de novo ente apenas para mascarar a continuidade da atividade. De modo semelhante, às pessoas jurídicas pode aplicar-se a anistia, a graça ou o indulto, bem como a reabilitação (salvo, evidentemente, em caso de dissolução ou liquidação forçada).[36] Diga-se o mesmo sobre a suspensão condicional da pena *(sursis)*.

9. A extinção da empresa durante o processo e os efeitos na punibilidade

O processo de extinção da pessoa jurídica não inibe nem sua capacidade de cometer infrações penais, nem sua sujeição às penas respectivas. O que pode acontecer é alguma inviabilidade prática. Apenas se a pessoa jurídica

---

[33] Rothenburg, 1999, p. 153-154.

[34] HC 92.921/BA, rel. Min. Ricardo Lewandowski, 19/08/2008.

[35] Art. 28 da Lei 9.605/1998, com remição ao art. 89 da Lei 9.099/1995.

[36] Fausto M. de Sanctis, 1999, p. 157.

não mais existir de fato, terá desaparecido o sujeito, o que conduz à extinção da punibilidade, como no caso de morte de pessoa física (Código Penal, art. 107, I).

A representação processual da pessoa jurídica não depende da manutenção desta e pode recair até mesmo em um representante designado pelo juiz, como vimos.

É certo que "a pessoa jurídica pode cometer crimes mesmo após a dissolução, ainda durante a fase de liquidação"[37] e, durante esse período, está sujeita ao processo e à execução. Com efeito, durante a extinção, pode subsistir a pessoa jurídica, ou algum de seus elementos (como o patrimônio), o que daria lastro a certas modalidades sancionatórias, em particular a pena de multa.[38]

Nem mesmo a alteração da estrutura da pessoa jurídica (com a incorporação a outra ou a constituição de outra) inibe necessariamente a persecução penal. Pode-se flagrar a mesma realidade associativa (societária) sob forma diversa – por exemplo, uma pessoa jurídica que se transmuda de responsabilidade limitada para sociedade anônima[39] ou que simplesmente modifica (disfarça) sua identificação – e, afastando-se então a fraude, manter o processo e a execução penal.

A dissolução da pessoa jurídica obviamente não exclui a responsabilidade penal das pessoas físicas envolvidas, conforme, aliás, dispõe o anteprojeto de Código Penal do Senado (2012) no art. 41, § 2º.

Referências bibliográficas

ARAGÃO, Alexandre. Princípios gerais da atividade econômica. In: BONAVIDES, Paulo; MIRANDA, Jorge; AGRA, Walber de Moura (Coord.). *Comentários à Constituição Federal de 1988*. Rio de Janeiro: Forense, 2009, p. 1.971-1.992.

GONÇALVES, Luiz Carlos dos Santos. *Exposição de motivos do anteprojeto de Código Penal do Senado*. <http://www.prr3.mpf.gov.br/component/option,com_remository/Itemid,68/func,startdown/id,3536/>, acesso em 24/09/2012.

GONÇALVES, Luiz Carlos dos Santos. *Mandamentos expressos de criminalização e a proteção de direitos fundamentais na Constituição brasileira de 1988*. Belo Horizonte: Fórum, 2007.

HÄBERLE, Peter. Hermenêutica constitucional. *A sociedade aberta dos intérpretes da constituição: contribuição para a interpretação pluralista e "procedimental" da constituição*. Porto Alegre: Sergio Antonio Fabris, 1997.

HERKENHOFF, Henrique Geaquinto. *Direito civil em sua expressão mais simples*. Belo Horizonte: Del Rey, 2005.

JAKOBS, Günther. Tratado de direito penal: teoria do injusto penal e culpabilidade. Belo Horizonte: Del Rey, 2008.

JESUS, Damásio E. de. *Direito penal: parte geral*. v. 1. 30. ed. São Paulo: Saraiva, 2009.

MACHADO, Paulo Affonso Leme. *Direito ambiental brasileiro*. 20. ed. São Paulo: Malheiros, 2012.

NUCCI, Guilherme de Souza. *Manual de direito penal*: parte geral: parte especial. 7. ed. São Paulo: Revista dos Tribunais, 2011.

---

[37] Rothenburg, 1999, p. 154.

[38] Fausto M. de Sanctis, 1999, p. 120-121.

[39] Rothenburg, 1999, p. 154.

RODRIGUES, Geisa de Assis. Artigo 225. In: BONAVIDES, Paulo; MIRANDA, Jorge; AGRA, Walber de Moura (Coord.). *Comentários à Constituição Federal de 1988*. Rio de Janeiro: Forense, 2009, p. 2.343-2.367.

ROTHENBURG, Walter Claudius. Responsabilidade penal da pessoa jurídica. In: DIMOULIS, Dimitri. (Coord.) *Dicionário brasileiro de direito constitucional*. 2. ed. São Paulo: Saraiva, 2012, p. 359-361.

——. *Direito constitucional*. São Paulo: Verbatim, 2010.

——. *A pessoa jurídica criminosa*. 2. tir. Curitiba: Juruá, 2005.

——. Considerações de ordem prática a respeito da responsabilidade criminal da pessoa jurídica. In: GOMES, Luiz Flávio (Coord.). *A Responsabilidade penal da pessoa jurídica e medidas provisórias e direito penal*. São Paulo: Revista dos Tribunais, 1999, p. 143-159.

SÁNCHEZ RIOS, Rodrigo. Indagações sobre a possibilidade da imputação penal à pessoa jurídica no âmbito dos delitos econômicos. *In*: BONATO, Gilson (Org.). *Direito penal e processual penal: uma visão garantista*. Rio de Janeiro: Lumen Juris, 2001, p. 193-209.

SANCTIS, Fausto Martin de. *Responsabilidade penal da pessoa jurídica*. São Paulo: Saraiva, 1999.

SANTOS, Juarez Cirino dos. *A moderna teoria do fato punível*. 3. ed. Curitiba: Fórum, 2004.

SCHULZ, Lorenz. *Responsabilidade penal das pessoas jurídicas – um filho ilegítimo do direito penal?* Palestra proferida na Fundação Escola do Ministério Público do Estado do Paraná – FEMPAR. Curitiba, 21 de junho de 2012.

SHECAIRA, Sérgio Salomão. *Responsabilidade penal da pessoa jurídica*. 2. ed. São Paulo: Método, 2002.

SILVA, José Afonso da. *Aplicabilidade das normas constitucionais*. 2. ed. São Paulo: Revista dos Tribunais, 1982.

Desconsideração da pessoa jurídica
(artigo 4º)

ANNELISE MONTEIRO STEIGLEDER[1]

CAPÍTULO I – DISPOSIÇÕES GERAIS

(...)

Art. 4º Poderá ser desconsiderada a pessoa jurídica sempre que sua personalidade for obstáculo ao ressarcimento de prejuízos causados à qualidade do meio ambiente.

Art. 5º (vetado)

1. Introdução

No ordenamento jurídico brasileiro, vige o princípio da autonomia patrimonial entre a pessoa jurídica e seus sócios/administradores, porquanto a pessoa jurídica é concebida como uma realidade jurídica, dotada de vontade autônoma em relação às pessoas físicas que a administram.

Conforme ensina Fábio Ulhôa Coelho, "em razão do princípio da autonomia da pessoa jurídica, é ela mesma parte dos negócios jurídicos"; "é ela, e não seus integrantes, a parte legítima para demandar e ser demandada em juízo, em razão dos direitos e obrigações que titulariza". E, "finalmente, no seu desdobramento mais relevante, o princípio da autonomia importa, em regra, a impossibilidade de se cobrarem dos seus integrantes as dívidas e obrigações da pessoa jurídica".[2]

Em razão do princípio da autonomia, a pessoa jurídica: i) é sujeito de direito, na medida em que a) tem um nome com o qual atua no mundo dos negócios; b) possui um domicílio, c) faz parte dos negócios jurídicos e d) tem capacidade para demandar e ser demandada em juízo; ii) possui um

---

[1] Promotora de Justiça na Promotoria de Defesa do Meio Ambiente. Mestre em Direito pela Universidade Federal do Paraná.

[2] COELHO, Fábio Ulhôa. *Curso de direito civil*, v. 1, 2003a, São Paulo: Saraiva, vol. 1, p. 233-4.

patrimônio próprio, o que impossibilita, via de regra, que o patrimônio dos sócios responda por dívidas da sociedade e vice-versa".[3]

O Código Civil brasileiro de 2002 não preceitua expressamente sobre o princípio da autonomia patrimonial, o qual decorre da interpretação de diversas normas que reforçam o aludido princípio em nosso ordenamento, dentre as quais se destacam os artigos 46 e 1052 do Código Civil. Neste último dispositivo, consta que, "na sociedade limitada, a responsabilidade de cada sócio é restrita ao valor de suas quotas, mas todos respondem solidariamente pela integralização do capital social".

Todavia, em determinadas situações, a legislação permite que o princípio da autonomia patrimonial seja excepcionado.

A regra geral para a desconsideração da personalidade jurídica reside no art. 50 do Código Civil de 2002, segundo o qual "em caso de abuso da personalidade jurídica, caracterizado pelo desvio de finalidade, ou pela confusão patrimonial, pode o juiz decidir, a requerimento da parte, ou do Ministério Público, quando lhe couber intervir no processo, que os efeitos de certas e determinadas relações de obrigações sejam estendidos aos bens particulares dos administradores ou sócios da pessoa jurídica".

Ainda, a desconsideração da pessoa jurídica pode ser determinada em casos de insuficiência patrimonial da empresa para fazer frente aos custos de reparação de danos ao consumidor ou ao meio ambiente, consoante preveem o art. 28, §5º, do Código de Defesa do Consumidor, e o art. 4º da Lei 9.605/98.

O presente trabalho aprofundará as hipóteses de incidência deste último dispositivo. Deve-se esclarecer que, embora o art. 4º localize-se em uma lei dedicada à responsabilização por crimes ambientais e por infrações administrativas, em realidade, a norma visa favorecer a reparação dos danos ao meio ambiente. Neste sentido, esclarecem Vladimir Passos de Freitas e Gilberto Passos de Freitas que, "a rigor, tal dispositivo deveria estar na Lei de Ação Civil Pública. Mas esta lei deu destaque à reparação do dano e certamente por isso fez-se a inclusão. A desconsideração da personalidade jurídica significa, simplesmente, que se ela for insolvente os sócios responderão pelos danos ambientais causados".[4]

Assim, por estar inserido no cenário da responsabilização civil, é imprescindível que se possa compreender o funcionamento desta esfera de responsabilidade, a fim de que se possa distinguir quando será o caso de promover a desconsideração da personalidade jurídica e quando será o caso de responsabilização direta do poluidor, com amparo no art. 3º, IV, da Lei 6.938/81.

---

[3] RODRÍGUEZ, RODRÍGUEZ. *Tratado de sociedades mercantiles*. 4ª ed. Mexico: Editorial Porrúa, 1971, tomo I, p. 116-7, citado por CLÁPIS, Flávia Geraigire. *Desconsideração da personalidade jurídica*. Dissertação de Mestrado. PUCSP, 2006, p. 31.

[4] PASSOS DE FREITAS, Vladimir; PASSOS DE FREITAS, Gilberto. *Crimes contra a natureza*. 9ª ed. São Paulo: Editora dos Tribunais, p. 77.

2. A responsabilidade civil ambiental

A Constituição Federal de 1988, em seu art. 225, § 3º, prevê que "as condutas e atividades consideradas lesivas ao meio ambiente sujeitarão os infratores, pessoas físicas ou jurídicas, a sanções penais e administrativas, independentemente da obrigação de reparar os danos causados".

O texto constitucional recepciona o art. 14, §1º, da Lei 6.938/81 – Lei da Política Nacional do Meio Ambiente –, que institui o regime objetivo de responsabilidade civil por danos ao ambiente bem como aos terceiros afetados pelo dano.

Desta forma, para imputação da obrigação de reparar o dano ambiental, bastará demonstrar a existência do dano material e/ou extrapatrimonial e o nexo de causalidade entre a ação ou a omissão que estão na origem do dano. Observe-se que a evidenciação de culpa ou dolo do agente poluidor é totalmente desnecessária, porquanto o risco é o fator de imputação da responsabilidade civil.

Ainda, conforme o art. 3º, IV, da Lei 6.938/81, considera-se poluidor a pessoa física ou jurídica, de direito público ou privado, responsável direta ou indiretamente, pelo dano ambiental. Ou seja, aquele que tiver causado o dano, seja por ação ou por omissão, será o responsável pela reparação do dano.

A respeito, o Superior Tribunal de Justiça vem ampliando a concepção de causalidade, ao decidir que "para o fim de apuração do nexo de causalidade no dano ambiental, equiparam-se quem faz, quem não faz quando deveria fazer, quem deixa fazer, quem não se importa que façam, quem financia para que façam, e quem se beneficia quando outros fazem".[5]

Consequentemente, se houver relação de causalidade entre a ação ou a omissão da pessoa jurídica e das pessoas físicas e o dano ambiental, todos serão responsabilizados com amparo no art. 3º, IV, da Lei 6.938/81, não havendo qualquer necessidade de postulação da desconsideração da personalidade jurídica, porquanto a responsabilidade será solidária entre todos aqueles que concorreram, ainda que indiretamente, para o dano. Ou seja, os sócios/administradores poderão responder pela obrigação de reparar o dano ambiental na qualidade de responsáveis em nome próprio, porque poluidores, ainda que de suas atividades tenha havido uma contribuição indireta à degradação ambiental.

Sobre o tema, elucida Flávia Maria de Morais Geraigire Clápis que a desconsideração da personalidade jurídica não pode ser aplicada quando se puder imputar a responsabilidade diretamente ao sócio ou ao representante legal da empresa. Se esta "não representar qualquer óbice para a responsabilização de seus sócios e/ou administradores, não há razão para optar pela desconsideração da personalidade jurídica, já que não estará comprovada

---

[5] STJ, Recurso Especial 650.728/SC, 2ª Turma, julgado em 23 de outubro de 2007.

a má utilização da pessoa jurídica, mas sim um caso de imputação direta àqueles que cometeram o ato abusivo".[6]

Prossegue a autora afirmando que "o instituto da responsabilidade não implica a quebra do princípio da autonomia da pessoa jurídica como acontece na desconsideração, ao contrário, reforça-o na medida em que o fundamento da responsabilidade direta repousa na exata distinção entre sociedade e membros que a compõem, firmada nos estatutos ou contratos sociais. Para responsabilização dos dirigentes de uma sociedade, basta comprovar que agiram de forma contrária aos seus deveres e encargos, causando prejuízos a terceiros ou à própria sociedade. Esta responsabilização não prescinde da sociedade, permanecendo intacta a personalidade jurídica, sem necessidade de relativizá-la, como acontece com a teoria da desconsideração".[7]

Ainda, Fábio Ulhôa Coelho aponta para a importância de não se confundir a desconsideração da personalidade jurídica com outras formas legais de responsabilização dos sócios, em que estes respondem em virtude da prática do ilícito, e não em virtude de terem manipulado a pessoa jurídica.[8]

Desta forma, haverá responsabilização direta e solidária entre a empresa e seus sócios-administradores, sob o fundamento do art. 942 do Código Civil, porquanto o dano ambiental é considerado um fato único e indivisível, para o qual contribuíram diversas causas.

A jurisprudência do Superior Tribunal de Justiça é pacífica[9] no que se refere à imputação solidária da responsabilidade civil ambiental, merecendo citação o Recurso Especial 647.493-SC, em que figura como Relator o Ministro João Noronha, julgado em 15 de maio de 2007, porquanto deixa claro que a premissa para que haja a solidariedade é que se trate *do mesmo dano ambiental*.[10]

No referido acórdão, há o posicionamento no sentido de que, mesmo havendo a imputação solidária da responsabilidade às pessoas físicas e jurídicas, por força do disposto no art. 1024 do Código Civil,[11] quando da execução,

---

[6] CLÁPIS, Flávia Geraigire. *Desconsideração da personalidade jurídica*. Dissertação de Mestrado. PUCSP, 2006, p. 9.

[7] Idem, p. 59.

[8] COELHO, Fábio Ulhôa. *O empresário e os direitos do consumidor*. São Paulo: Saraiva, p. 221.

[9] PROCESSO CIVIL. AÇÃO CIVIL PÚBLICA. LEGITIMIDADE PASSIVA. SOLIDARIEDADE. A solidariedade entre empresas que se situam em área poluída, na ação que visa preservar o meio ambiente, deriva da própria natureza da ação. Para correção do meio ambiente, as empresas são responsáveis solidárias e, no plano interno, entre si, responsabiliza-se cada qual pela participação na conduta danosa. Recurso especial não conhecido". (STJ, 2ª Turma, RESP n. 18567-SP, Rel. Min. Eliana Calmon, j. em 16.06.2000). No mesmo sentido: STJ, RESP. 37354/SP, 2ª Turma, Rel. Min. Antônio de Pádua Ribeiro, j. em 18.09.95 e RESP 604.725-PR, 2ª Turma, Rel. Min. Castro Meira, DJ 22.08.2005.

[10] "Havendo mais de um causador de um mesmo dano ambiental, todos respondem solidariamente pela reparação, na forma do art. 942 do Código Civil. De outro lado, se diversos forem os causadores da degradação ocorrida em diferentes locais, ainda que contíguos, não há como atribuir-se a responsabilidade solidária adotando-se apenas o critério geográfico, por falta de nexo causal entre o dano ocorrido em um determinado lugar por atividade poluidora realizada em outro local (...)".

[11] Art. 1024 do CC/02 – Os bens particulares dos sócios não podem ser executados por dívidas da sociedade, senão depois de executados os bens sociais.

haveria de se aplicar o benefício de ordem em favor do sócio/administrador da pessoa jurídica, de forma que a execução contra esse ocorra apenas se o devedor principal – a empresa – não quitar sua obrigação. Trata-se aqui de uma hipótese em que a imputação é solidária, mas a execução é subsidiária.

Com apoio na doutrina de De Plácido e Silva,[12] o Ministro João Noronha prossegue afirmando que: "mesmo que autorize a lei processual, como é de regra emanada do princípio da própria solidariedade entre os sócios, a execução dos bens particulares dos sócios pelas dívidas contraídas pela sociedade, quando de natureza solidária, não se permitirá, ou não será essa execução promovida sem que primeiramente sejam executados os bens da sociedade. A obrigação dos sócios, derivada da solidariedade, é de natureza acessória, como a do fiador. E, assim, somente subsidiariamente pode ser exigida".

Compartilhando do mesmo entendimento, Fredie Didier Jr., Leonardo José Carneiro da Cunha, Paula Sarno Braga e Rafael Oliveira apontam para a importância de distinguir entre as diversas funções que as regras sobre responsabilidade patrimonial podem exercer. "Uma regra sobre responsabilidade patrimonial, ao determinar qual é o sujeito que deve responder pelo cumprimento da obrigação, é uma regra de direito material (...). É o direito material que determina quem é o responsável pela obrigação. Por seu turno, as regras que estabelecem limitações à responsabilidade patrimonial, impedindo que determinados bens sirvam à garantia da obrigação, são, porém, regras processuais, pois servem de controle ao exercício da função jurisdicional executiva. Uma regra é processual quando serve para definir o modo pelo qual o poder pode ser exercido".[13]

Neste contexto, os autores apontam para o art. 596 do CPC, o qual estabelece um benefício de ordem para o sócio (*beneficium excussionis personalis*) que vê seus bens submetidos à execução, nos seguintes termos: "os bens particulares dos sócios não respondem pelas dívidas da sociedade senão nos casos previstos em lei; o sócio, demandado pelo pagamento da dívida, tem direito a exigir que sejam primeiro excutidos os bens da sociedade". Também assim, o art. 1024, Código Civil: "os bens particulares dos sócios não podem ser executados por dívidas da sociedade, senão depois de executados os bens sociais".

Desta forma, sustentam os autores que a responsabilidade da sociedade é sempre principal, e a dos sócios é subsidiária. Só na ausência de bens da sociedade, é possível partir-se para o patrimônio particular de seu sócio.

Neste caso, prosseguem os autores afirmando que os atos executivos só poderão ser redirecionados para o patrimônio dos sócios mediante contraditório prévio, o que pressupõe sua citação em nome próprio.[14] Aduzem,

---

[12] DE PLÁCIDO E SILVA. *Comentários ao Código de Processo Civil*, 3. ed. 4º. Volume, p. 1712, citado no REsp. 647.493, 2ª. Turma, STJ.

[13] DIDIER JR., Fredie e outros. *Curso de direito processual civil. Execução*. 2. ed. v. 5. Salvador: Editora Podium, p. 255.

[14] Idem, p. 274.

ainda, que o benefício de ordem, mencionado no art. 596 do CPC, "aplica-se aos casos em que o sócio, juntamente com a pessoa jurídica, é também responsável pela obrigação, limitada ou ilimitadamente (art. 592, II, CPC). Nesses casos, uma vez executado o sócio, que é responsável, poderá ele requerer primeiro sejam executados os bens da sociedade para que, só então, em caso de insucesso de satisfação do crédito, sejam os seus bens próprios sujeitos à execução".[15]

Com a devida vênia, não nos parece que este entendimento esteja correto, pois, quando se trata de responsabilidade por dano ambiental, nos termos do art. 3º, IV, da Lei 6.938/81, não há distinção entre o devedor principal e o devedor secundário. Ou seja, não se pode afirmar que a pessoa jurídica seja a devedora principal exatamente porque a imputação é feita igualmente em relação à pessoa física, que é citada em nome próprio e participa da relação processual desde o início. Esta, inclusive, é uma das consequências da adoção da teoria do risco integral, porquanto não se distingue entre causa primária e causa secundária para fins de definição do liame causal.[16]

A jurisprudência, ainda que com algumas divergências,[17] também conta com diversos precedentes favoráveis ao risco integral. Assim, o Tribunal Regional Federal da 4ª Região já decidiu que "a indústria agropecuária, na medida em que assume o risco de causar dano ao meio ambiente, com o simples desenvolvimento de sua atividade empresarial, assume a responsabilidade por eventuais defeitos no seu sistema de tratamento de efluentes, independentemente da sua vontade ou culpa".[18] Da mesma forma, o Tribunal de

---

[15] DIDIER JR., op. cit., p. 276. Os autores esclarecem ser impertinente discutir benefício de ordem na desconsideração da personalidade jurídica e apontam que tal benefício é matéria de defesa que não pode ser conhecida de ofício pelo juiz, devendo ser alegada pelo sócio na primeira oportunidade que falar nos autos, sob pena de preclusão e renúncia tácita da prerrogativa.

[16] A teoria do risco integral, que tem sido apontada por doutrinadores, como Antônio Herman Benjamin (Responsabilidade civil pelo dano ambiental. *Revista de Direito Ambiental*, São Paulo, v. 9, ano 3, jan/mar. 1998, p. 41.) e Sérgio Cavalieri Filho (*Programa de responsabilidade civil*. São Paulo: Malheiros, 1997, p. 142), como a aplicável para os danos ambientais. Compactuando do mesmo entendimento, Caitlin Sampaio Mulholland explica que, nesta hipótese, ocorre "uma verdadeira presunção legal absoluta de causalidade, na medida em que haverá a obrigação de indenizar, por conta do altíssimo grau de periculosidade da atividade desenvolvida, sem que seja possível o afastamento deste dever pela prova contrária da existente de outros fatores fortuitos concorrentes"(*A responsabilidade civil por presunção de causalidade*. Rio de Janeiro: GZ Editora, 2009, p. 200).

[17] Existem precedentes jurisprudenciais que exigem a demonstração da causa adequada do dano. Assim, por exemplo, o Tribunal de Justiça do Rio de Janeiro entendeu que o agravamento das condições ambientais da Baía de Sepetiba não poderia conduzir à responsabilização do poluidor, porquanto a área já estava degradada:"O ponto nodal reside em se detectar qual foi a causa determinante para o alegado desaparecimento do pescado e de mariscos na região da Baía de Sepetiba. É do conhecimento público o problema da poluição da Baía de Sepetiba, que vem de longa data, devido ao vazamento de esgotos e de dejetos industriais de diversas empresas. O problema não decorre de um fato simples, isolado, ao contrário, origina-se de uma sucessão de situações que concorrem para aquele fim, não podendo a ré responder pelos prejuízos se foi apenas o agente da última condição e se esta não contribuiu eficientemente para o dano ambiental" (Apelação Cível 6392/2002, 2ª Câmara Cível, j. 14.08.2002, Des. Gustavo Leite, DORJ 14.11.2002, publicado na *Revista de Direito Ambiental*, São Paulo: RT, n.29, p. 354, janeiro-março de 2003).

[18] TRF 4ª Região, Apelação Cível n. 366723-SC, 4ª Turma, Rel. Juiz João Pedro Gebran Neto, j. em 06.02.2002, DJU de 13.03.2002, p. 1003.

Justiça do Rio Grande do Sul[19] e o Tribunal de Justiça de Minas Gerais[20] têm acolhido a teoria do risco integral na responsabilidade civil ambiental.

Na verdade, a circunstância de a empresa e seu sócio serem corréus em ação civil pública por danos ambientais não difere da hipótese de responsabilização de duas pessoas físicas por este mesmo dano ambiental. Assim, se a opção for a de responsabilizar desde logo a empresa e seu sócio, não há que se falar em desconsideração da personalidade jurídica e tampouco no benefício de ordem.

Comentando especificamente o art. 596 do CPC, Eugenio Pedro Gomes de Oliveira Júnior aponta para a importância de distinguir se o sócio responde pelo simples fato de integrar a sociedade ou desempenhar certa função na mesma, ou se sua responsabilidade advém de algum ato anormal praticado por este sócio na gestão da sociedade. Neste último caso, a responsabilidade do sócio será primária e não haverá o benefício de ordem, cabível apenas para os casos em que o sócio é um devedor secundário.[21]

Porém, se a ré em ação civil pública para reparação de danos ambientais for apenas a pessoa jurídica, a responsabilidade do sócio será pautada pelo princípio da autonomia patrimonial nos seguintes termos:

1. Na sociedade limitada, o sócio responde pelas obrigações sociais até o total do capital social subscrito e não integralizado por ele e pelos demais sócios, de modo que, ainda que tenha integralizado totalmente o capital social a que se comprometeu, responde de forma solidária pela integralização remanescente que diga respeito aos demais sócios (art. 1052, CC/02).

2. Na sociedade anônima, os acionistas respondem apenas pelo que subscrevem e pela parcela não integralizada, significando que jamais poderão ser responsabilizados pela participação societária devida por outro acionista. Assim, pago o preço das ações, o acionista está desonerado de

---

[19] APELAÇÃO CÍVEL. RESPONSABILIDADE CIVIL. DANOS À SAÚDE DECORRENTE DE EXPOSIÇÃO A AGROTÓXICOS. DANO AMBIENTAL. RESPONSABILIDADE OBJETIVA. *QUANTUM* INDENIZATÓRIO. CRITÉRIOS. CORREÇÃO MONETÁRIA E JUROS DE MORA. TERMO INICIAL. Como pontua a doutrina, é aplicável à responsabilidade objetiva pelo dano ambiental a teoria do risco integral, isto é, o agente deve reparar o dano causado independentemente de existir um fato culposo; não perquire a teoria as circunstâncias do fato causador do dano, bastando que este ocorra e que esteja vinculado a determinado fato para assegurar à vítima a sua reparação. Valor da condenação explicitado para desvincular do salário mínimo nacional, conforme entendimento firmado pelo Supremo Tribunal Federal. Sentença confirmada. Apelos desprovidos. Unânime (TJRS, 9ª Câmara Cível, AC 70017206541, Rel. Des. Tasso Caubi Soares Delabary, j.. em 07.02.2007). No mesmo sentido: TJRS, 9ª Câmara Cível, AC 70023524846, Rel. Des. Marilene Bonzanini Bernardi, j. em 04 de dezembro de 2008.

[20] AÇÃO CIVIL PÚBLICA. EXTRAÇÃO DE AREIA E CASCALHO. DEGRADAÇÃO AMBIENTAL. ÁREA DE PRESERVAÇÃO PERMANENTE. FATO DE TERCEIRO. RESPONSABILIDADE OBJETIVA. TEORIA DO RISCO INTEGRAL. REPARAÇÃO IN NATURA. ART. 225, § 3º, DA CR/88. I – Assentada constitucionalmente a reparação do dano ambiental in natura, indo além da mera ressarcibilidade (indenização), a buscar a reconstituição ou recuperação do meio ambiente agredido, independentemente da aferição de culpa. Responsabilidade objetiva. II – Sem perder de vista que adotada a teoria do risco integral, impõe-se a responsabilização ambiental ainda que por fato de terceiro. (TJMG, 8ª Câmara Cível, AC 1.0245.01.002620-2/001 (1), Rel. Des. Fernando Botelho, j. em 04 de dezembro de 2008).

[21] OLIVEIRA JÚNIOR, Eugenio Pedro Gomes de. Comentários aos arts. 591 a 597 do CPC – da responsabilidade patrimonial. In http://tex.pro.br/listagem-de-artigos/200-artigos-nov-2007/5594-comentarios-aos-arts.591, acesso em 08 de novembro de 2012.

qualquer compromisso perante a sociedade ou a seus credores, mesmo em caso de falência da empresa (art. 1088, CC/02).

Apenas na hipótese de o capital não estar integralizado é que vigora a regra da responsabilidade subsidiária dos sócios, que responderão com o seu patrimônio pessoal em caso de dívidas da empresa (art. 592 do CPC).

No entanto, se forem corréus na ação civil pública a empresa e as pessoas físicas que também contribuíram para o dano ambiental e que são sócios-administradores da pessoa jurídica, a responsabilidade do sócio será construída com base no art. 3º, IV, da Lei 6.938/81, sob o argumento da existência de nexo causal direto ou indireto entre suas ações/omissões e o dano, para o qual também concorreu a empresa. Não se aplicarão aqui o art. 1024 do CC/02 e o art. 596 do CPC, porquanto a dívida não será apenas da sociedade, mas também do próprio sócio/administrador.

Exemplifica-se: se o sócio-administrador de uma empresa determina o lançamento de efluentes industriais no rio, sem prévio tratamento, no contexto da atividade empresarial, com isso causando a mortandade de peixes, haverá responsabilidade civil objetiva e solidária deste sócio e da própria pessoa jurídica pela reparação deste dano.

3. Desconsideração da personalidade jurídica

O instituto da desconsideração da personalidade jurídica, na forma como previsto no art. 4º da Lei 9.605/98, por sua vez, aplica-se às hipóteses em que a imputação da responsabilidade civil é dirigida apenas contra a pessoa jurídica, justamente porque não se logrou apurar nexo causal entre as ações ou omissões do sócio/admistrador, ou, simplesmente, quando da formação do juízo de imputação, não se decidiu pela responsabilização do sócio. Ou seja, o processo terá sido dirigido apenas contra a pessoa jurídica e, em determinado momento, observa-se que esta não dispõe de recursos financeiros suficientes para fazer frente aos custos de reparação do dano ambiental, constituindo a personalidade jurídica, portanto, um obstáculo à reparação por força do princípio da autonomia patrimonial entre os bens dos sócios e da empresa decorrente dos arts. 1052 e 1088 do Código Civil de 2002.[22]

Conforme ensina Fábio Ulhoa Coelho, a desconsideração da personalidade jurídica consiste em uma mitigação do princípio da autonomia patrimonial e, na origem deste instituto, foi concebido para coibir a fraude e o abuso na utilização da empresa.[23]

---

[22] Art. 1052 do CC/02 – Na sociedade limitada, a responsabilidade de cada sócio é restrita ao valor de suas quotas, mas todos respondem solidariamente pela integralização do capital social. Art. 1088 do CC/02 – Na sociedade anônima ou companhia, o capital divide-se em ações, obrigando-se cada sócio ou acionista somente pelo preço de emissão das ações que subscrever ou adquirir.

[23] COELHO, Fábio Ulhoa. *Curso de Direito Comercial,* volume 2: direito da empresa, 16. ed. São Paulo: Saraiva, 2012, p. 442.

A respeito, pondera Fredie Didier Jr. que o instituto da desconsideração da personalidade jurídica deve ser estudado partindo-se da premissa de que a pessoa jurídica é "técnica criada para o exercício da atividade econômica e, portanto, para o exercício do direito de propriedade. A chamada função social da pessoa jurídica (função social da empresa) é corolário da função social da propriedade". Assim, "é indispensável a análise funcional do direito de propriedade, para que se possa compreender corretamente a desconsideração, que, em teoria geral do direito, é sanção aplicada a ato ilícito (no caso, a utilização abusiva da personalidade jurídica".[24]

Atualmente, há duas teorias relativas à desconsideração da personalidade jurídica: a primeira, adotada pelo art. 50 do Código Civil de 2002,[25] vem sendo denominada de "teoria maior" e permite a desconsideração da personalidade jurídica somente quando configurada a fraude, o abuso ou a utilização ilícita da autonomia patrimonial da empresa em benefício de seus integrantes ou administradores.

Ensina Alexandre Couto Silva que o ato cometido com abuso é o ato ilícito que excede os limites impostos pelo seu fim econômico e social, pela boa-fé e bons costumes. O desvio de finalidade, por sua vez, se concretiza quando a função da pessoa jurídica é desviada da finalidade para a qual foi constituída, observando-se a intenção dos sócios em fraudar terceiros com o uso abusivo da personalidade jurídica. Para o autor, o desvio de função é o critério básico para operar a desconsideração da personalidade jurídica.[26] Por fim, a confusão patrimonial define-se quando há uma espécie de fusão entre o patrimônio do sócio e da sociedade, ou seja, quando não é mais possível destingir se determinado bem é do sócio ou da pessoa jurídica.

Por seu turno, a teoria menor, acolhida no art. 28, § 5º, do CDC, e no art. 4º da Lei 9.605/98, possibilita a desconsideração da personalidade jurídica diante da mera comprovação da insolvência da empresa, prescindindo da prova de abuso, fraude ou ato ilícito no uso da personalidade jurídica.

Esta teoria foi adotada pelo Superior Tribunal de Justiça nos autos do Recurso Especial 279.273-SP, em 04.12.2004, que versou sobre a desconsideração da personalidade jurídica para reparação de danos materiais e extrapatrimoniais a consumidores ocasionados em virtude de uma explosão no Shopping de Osasco. Neste precedente, prevaleceu o voto da Ministra Nancy Andrighi, para quem "o risco empresarial normal às atividades econômicas não pode ser suportado pelo terceiro que contratou com a pessoa jurídica, mas pelos sócios e/ou administradores desta, ainda que estes demonstrem conduta administrativa proba, isto é, mesmo que não exista qualquer prova

---

[24] DIDIER JR., ob. cit., p. 280.

[25] Art. 50. "Em caso de abuso da personalidade jurídica, caracterizado pelo desvio de finalidade, ou pela confusão patrimonial, pode o juiz decidir, a requerimento da parte, ou do Ministério Público quando lhe couber intervir no processo, que os efeitos de certas e determinadas relações de obrigações sejam estendidos aos bens particulares dos administradores ou sócios da pessoa jurídica".

[26] SILVA, Alexandre Couto. *Aplicação da desconsideração da personalidade jurídica no direito brasileiro*. São Paulo: LTr, 1999, p. 34.

capaz de identificar conduta culposa ou dolosa por parte dos sócios e/ou administradores da pessoa jurídica".

Comentando o art. 4º da Lei 9.605/98, Édis Milaré esclarece que, na seara ambiental reparatória, em razão mesmo do regime da responsabilidade sem culpa que a informa, não há investigação sobre o modo como se verifica a má utilização, o desvio de finalidade, ou, ainda, a confusão patrimonial, bastando a simples prova de impossibilidade de a pessoa jurídica honrar com o pagamento de suas obrigações.[27]

Também tratando dos casos em que a desconsideração da personalidade jurídica é determinada sem indagações sobre o abuso de direito ou a confusão patrimonial, como no direito trabalhista e no direito do consumidor, Thereza Nahas ensina que, nestas situações específicas, "o legislador traça normas que vão desigualar a parte na relação a fim de mantê-las iguais no plano da negociação, com base no princípio da proteção ao direito da parte mais fraca da relação jurídica ou com base no interesse público que rege determinadas situações".[28]

Todavia, a jurisprudência ainda não é pacífica pela adoção da teoria menor da desconsideração da personalidade jurídica. Nos autos do Recurso Especial 647.493-SC, o Ministro João Noronha posicionou-se claramente a favor da conjugação do art. 50 do Código Civil de 20002 ao requisito da insuficiência patrimonial prevista no art. 4º da Lei 9.605/98. No mesmo sentido, o Recurso Especial 1071741, em que figura como relator o Ministro Antônio Herman Benjamin.[29]

Verificam-se precedentes pela conjugação do art. 50 do Código Civil ao art. 4º da Lei 9.605/98 do Tribunal de Justiça de São Paulo[30] e do Tribunal de Justiça de Minas Gerais.

O julgado oriundo do Tribunal de Minas Gerais merece aprofundamento, pois discute a possibilidade de pleitear a desconsideração da personalidade jurídica quando do ajuizamento de ação de execução de termo de ajustamento de conduta.[31] Conforme o Desembargador Silas Vieira, com am-

---

[27] MILARÉ, Édis. *Direito do Ambiente: a gestão ambiental em foco: doutrina, jurisprudência, glossário*, 7ª. ed., São Paulo: RT, 2011, p. 1272.

[28] NAHAS, Thereza. *Desconsideração da pessoa jurídica*. Reflexos civis e empresariais no direito do trabalho. Rio de Janeiro: Elsevier, 2007, p. 108.

[29] STJ, 2ª. Turma, j. em 24.03.2009, DJe 16.12.2010.

[30] TJSP, Câmara Reservada do Meio Ambiente, Apelação 994.09.244582-4, Relator Des. Torres de Carvalho, j. em 10.06.2010. "Multa ambiental. Itu. Emissão de poluentes na atmosfera. LF 997/76. De 8.468/76, arts. 2º, 3º, V, CDA. Desconsideração da personalidade jurídica. Inclusão do espólio do sócio do polo passivo. (...) 2. Sócios-Responsabilidade. A empresa foi advertida para corrigir a exaustão de equipamento que vinha poluindo a atmosfera e causando incômodo; nada providenciou e foi multada pela mesma conduta. A especial proteção conferida pela Constituição Federal e pela lei ao meio ambiente denota o desvio da finalidade praticada pela empresa e por seus sócios, pois não lhes é dado poluir para produzir. Hipótese que justifica a aplicação do art. 50 do Código Civil e do arts. 3º, parágrafo único, e 4º, da LF 9.605/98. Inclusão do sócio bem determinada, como responsável solidário".

[31] TJMG, 8ª Câmara Cível, Apelação Cível 1014501029044, Rel. Des. Fernando Bráulio, j. em 20.05.2004. "Execução. Termo de Ajustamento de conduta. Art. 5º, § 6º, da Lei 7.347/85. Ilegitimidade passiva. Os sócios não possuem legitimidade para figurar no polo passivo da execução fundada em termo de ajustamento de conduta firmado pela sociedade limitada, máxime se não há, no feito executivo, elementos

paro no art. 568, I, do CPC, "apenas a empresa, que aparece como responsável no termo exequendo, é que poderá figurar no polo passivo da execução". Ademais, diante do princípio da autonomia patrimonial, o sócio não poderia ser acionado judicialmente para responder o débito da empresa. Por fim, o relator ainda cita o art. 596 do CPC, no qual consta que "os bens particulares dos sócios não respondem pelas dívidas da sociedade, senão nos casos previstos em lei" e que "o sócio demandado pelo pagamento da dívida tem direito de exigir que sejam primeiro excutidos os bens da sociedade", para concluir que não se deve confundir descumprimento de compromisso de ajustamento de conduta com o dano ambiental causado por pessoas físicas.

Registre-se que o Revisor, Desembargador Edgard Penna Amorin, admitia a desconsideração da personalidade jurídica quando do ajuizamento da ação de execução, contanto que fossem demonstradas ou empreendidas diligências objetivando a penhora de bens pertencentes à pessoa jurídica, viabilizando-se o conhecimento da existência ou não de patrimônio disponível.

Por outro lado, na hipótese de prevalecer o entendimento pela conjugação do art. 50 do Código Civil, não se olvide que o abuso de direito na seara ambiental poderá ocorrer sempre que "excedidos, manifestamente, os limites impostos pelo fim econômico ou social", quando do exercício de um direito por seu titular (art. 187, do Código Civil).

Convém esclarecer que, à luz do princípio do desenvolvimento ecologicamente sustentável, toda a atividade que criar riscos excessivos ao meio ambiente e à saúde humana, comprometendo a possibilidade de as gerações futuras fruírem do mesmo bem-estar, incorrerá em abuso de direito.

Assim, quando da instalação ou operação de atividade potencialmente poluidora sem licenciamento ambiental ou em desacordo com a obtida, haverá ato ilícito, nos termos do art. 187 do Código Civil, mesmo que não haja qualquer dano concreto ao ambiente.

Evidentemente, na hipótese de ocorrência do dano, também haverá ilicitude, porquanto a ninguém é dado o direito de lesar o outro (*alterum neminem laedere*). E, mesmo que a atividade seja formalmente lícita, por conta de alguma licença que tenha sido emitida, se houver o dano, tal atividade será materialmente ilícita, ocasionando, inclusive, a possibilidade de ajuizamento de ação anulatória para a licença emitida.

Fredie Didier Jr. salienta que não se deve falar em desconsideração da personalidade jurídica quando o sócio já for responsável pela dívida societária, de acordo com o regime de responsabilidade patrimonial do tipo de sociedade de que faz parte (limitada ou ilimitada, por exemplo). Tampouco caberá discutir o benefício de ordem (art. 596 do CPC) na desconsideração da personalidade jurídica. O sócio responde sozinho.[32]

---

que autorizem aplicar a teoria da desconsideração da personalidade jurídica para atingir o patrimônio das ditas pessoas físicas".

[32] DIDIER JR., ob. cit., p. 282.

Sob o ponto de vista processual, uma vez determinada a desconsideração da personalidade jurídica, o sócio deverá ser citado para que possa exercer o contraditório e a ampla defesa. Inclusive, por vezes tal citação será determinada no processo de cumprimento da sentença, após a instauração de um incidente cognitivo, em que se deverá apurar, em contraditório, o preenchimento dos pressupostos legais que autorizam a desconsideração. Didier Jr. aponta que "não é necessária a instauração de um processo de conhecimento com esse objetivo; o que se impõe é a existência de uma fase cognitiva, mesmo incidente, de modo que o contraditório possa ser exercitado".[33]

4. Considerações finais

O art. 4º da Lei 9.605/98 deve ser interpretado à luz da teoria menor da desconsideração da personalidade jurídica, nos casos em que não for possível responsabilizar desde logo, solidariamente, os sócios da empresa, na forma do art. 3º, IV, da Lei 6938/81.

No curso da ação civil pública direcionada apenas contra a empresa, se for constatada sua condição de insolvência, deverá ser requerida a desconsideração da personalidade jurídica, citando-se, na sequência os sócios para que possam exercer o contraditório.

Observe-se que, diante do acolhimento da teoria menor, a matéria de defesa dos sócios deverá enfatizar a solvência da empresa, a fim de que apenas o patrimônio desta seja atingido. Será irrelevante alegar ausência de atos fraudulentos ou de confusão patrimonial.

Da mesma forma, se postulada a desconsideração no contexto do cumprimento de sentença ou da execução de um termo de ajustamento de conduta (art. 5º., §6º., Lei 7347/85 ou art. 79-A, Lei 9.605/98), deverá ser instaurado um incidente cognitivo, assegurando-se o contraditório e ampla defesa a ser exercido pelos sócios a respeito da condição de insolvência da pessoa jurídica.

Bibliografia

BENJAMIN, Antônio Herman de Vasconcelos. Responsabilidade civil pelo dano ambiental. *Revista de Direito Ambiental*, São Paulo, v. 9, ano 3, jan/mar. 1998.

CAVALIERI FILHO, Sérgio. *Programa de responsabilidade civil*. São Paulo: Malheiros, 1997.

CLÁPIS, Flávia Geraigire. *Desconsideração da personalidade jurídica*. Dissertação de Mestrado. PUCSP, 2006.

COELHO, Fábio Ulhôa. *Curso de direito civil*, v. 1, 2003a, São Paulo: Saraiva, vol. 1.

——. O empresário e os direitos do consumidor, São Paulo: Saraiva.

——. *Curso de direito comercial*, volume 2: direito da empresa, 16 ed., SP, Saraiva, 2012.

---

[33] DIDIER JR., ob. cit., p. 283.

DE PLÁCIDO E SILVA. *Comentários ao Código de Processo Civil*, 3. ed., 4º. Volume.
DIDIER JR., Fredie e outros. *Curso de direito processual civil. Execução*. v. 5. 2. ed. Salvador: Editora Podium.
MILARÉ, Edis. Direito do Ambiente: a gestão ambiental em foco: doutrina, jurisprudência, glossário, 7. ed. São Paulo: RT, 2011,
MULHOLLAND, Caitlin Sampaio. *A responsabilidade civil por presunção de causalidade*. Rio de Janeiro: GZ Editora, 2009.
NAHAS, Thereza. *Desconsideração da pessoa jurídica*. Reflexos civis e empresariais no direito do trabalho. Rio de Janeiro: Elsevier, 2007
OLIVEIRA JÚNIOR, Eugenio Pedro Gomes de. Comentários aos arts. 591 a 597 do CPC – da responsabilidade patrimonial. Disponivem em: <http://tex.pro.br/listagem-de-artigos/200-artigos-nov-2007/5594-comentarios-aos-arts.591>, acesso em 8 de novembro de 2012.
PASSOS DE FREITAS, Vladimir; PASSOS DE FREITAS, Gilberto. *Crimes contra a natureza*. 9. ed. São Paulo: Revista dos Tribunais.
RODRÍGUEZ, RODRÍGUEZ. *Tratado de sociedades mercantiles*. 4. ed. Mexico: Editorial Porrúa, 1971, tomo I.
SILVA, Alexandre Couto. *Aplicação da desconsideração da personalidade jurídica no direito brasileiro*. São Paulo: LTr, 1999.

A dosimetria da pena.
Integração com a Parte Geral do Código Penal.
As penas aplicáveis às pessoas físicas.
(artigos 6º a 13)

DANIEL MARTINI[1]

Os artigos 6º a 13 da Lei dos Crimes Ambientais (LCA) criam regras específicas sobre a aplicação e individualização da pena às pessoas físicas pela prática de crimes ambientais. Embora este microssistema penal ambiental traga especificidades no confronto com o sistema geral do Código Penal (CP), deve-se observar que o método adotado segue as regras principais desse Diploma geral, por disposição expressa do artigo 79 da LCA, que afirma a aplicação subsidiária do Código Penal, no que não for, evidentemente, incompatível com a lei específica. Trata-se, pois, de um verdadeiro *diálogo das fontes* como instrumento para buscar a coerência do sistema jurídico brasileiro.[2] Deste modo é que deverá o juiz, no momento da fixação da pena, atender ao critério trifásico estabelecido no artigo 68 do Código Penal, qual seja, definição, em primeiro lugar, da pena-base; em segundo, aplicar as atenuantes e agravantes; em terceiro, considerar as causas gerais e especiais de aumento ou de diminuição da pena, sejam elas definidas na lei especial ou na lei geral (CP).

Esta integração entre os sistemas geral e especial fornece um método interpretativo que deve conduzir à efetividade dos objetivos perseguidos pelo microssistema criado, no caso a tutela penal do meio ambiente. Note-se

---

[1] Promotor de Justiça no Estado do Rio Grande do Sul, com atuação em Defesa do Meio Ambiente. Professor de Direito Ambiental. Master em Direito Ambiental Internacional pelo Consiglio Nazionale delle Ricerche, Roma/Itália (2008/2009).Doutorando em Direito Ambiental pela Scuola Dottorale Tullio Ascarelli, Università degli Studi Roma Tre (2008/2012).

[2] A referência lembra o método de Erik Jayme para buscar a coerência do sistema jurídico como um todo, evitando contradições (JAYME, Eryk. *Identité Culturelle ET intégration: le droit internationale prive postmoderne. Recueil des Cours de l'Académie de Droit International de la Haye*, Haye, Nijhoff, 1995, II, p. 60 e 251 e SS.), trazido ao Brasil por Cláudia Lima Marques. Ver, a propósito, MARQUES, Cláudia Lima, Org. *Diálogo das Fontes – Do conflito à coordenação de normas no direito brasileiro*. São Paulo: Revista dos Tribunais, 2012. p. 19, em que explica: *"Diálogo das fontes, que, no direito brasileiro, significa a aplicação simultânea, coerente e coordenada das plúrimas fontes legislativas, leis especiais (como o Código de Defesa do Consumidor e a lei dos planos de saúde) e leis gerais (como o Código Civil de 2002), ..., que, como afirma o mestre de Heidelberg, tem campos de aplicação convergentes, mas não totalmente coincidentes ou iguais"*.

que todo o sistema penal almeja a prevenção geral e especial no que diz respeito aos tipos penais que cria, mas a chamada *Lei dos Crimes Ambientais*, não obstante a redação da sua ementa, vai além deste objetivo e estabelece como meta a ser perseguida não só a prevenção (geral e especial) e reprovação do crime, como também a reparação do dano ambiental. Tanto é que este intento vem expresso em diversos dispositivos, como, por exemplo, nos artigos 4º, 12, 17, 19, 20, 27 e 28 da LCA.

Esta é, seguramente, a motivação da inclusão destas regras específicas e diferenciadas no confronto com o Código Penal, a seguir comentadas.

CAPÍTULO II – DA APLICAÇÃO DA PENA

Art. 6º Para imposição e gradação da penalidade, a autoridade competente observará:

I – a gravidade do fato, tendo em vista os motivos da infração e suas consequências para a saúde pública e para o meio ambiente;

II – os antecedentes do infrator quanto ao cumprimento da legislação de interesse ambiental;

III – a situação econômica do infrator, no caso de multa.

Este dispositivo trata da fixação (imposição e dosimetria) da pena, criando circunstâncias judiciais que devem ser consideradas preferencialmente com relação às tradicionais estabelecidas no artigo 59 do Código Penal, ou serem tomadas como método de valoração destas circunstâncias judiciais gerais, pela *autoridade competente* (magistrado, no caso de sanção penal, ou autoridade administrativa, no caso de sanção desta natureza, que deverá também observar a diretriz deste artigo 6º).[3]

E aqui surgem as particularidades próprias de um microssistema. Se no *caput* do artigo 59 do Código Penal está previsto que o juiz deve considerar os motivos e as consequências do crime, o inciso I do artigo 6º da Lei dos Crimes Ambientais, trata como *gravidade do fato* os *motivos da infração* e *suas consequências*, mas com a particularidade de levar em conta o objeto jurídico tutelado pela lei penal ambiental: a incolumidade do meio ambiente. Desta forma, se não há diferença no que pertine aos motivos do crime, no que diz respeito às consequências, estas devem ser consideradas com relação aos malefícios acarretados à saúde pública e ao meio ambiente, no seu aspecto amplo.

Modo semelhante, o inciso II determina que, na análise da circunstância judicial *antecedentes* prevista no artigo 59, sejam considerados, de forma a preponderar, os bons ou maus *antecedentes ambientais*, no que se compreendem as regras penais, civis e administrativas que dizem respeito ao meio ambiente (legislação ambiental de uma maneira geral). Neste norte, poderá ostentar maus antecedentes ambientais não só aquele que já teve condenação criminal (que não seja o caso de reincidente específico – artigo 15, I, da

---

[3] DINO NETO, Nicolao. BELLO FILHO, Ney. DINO, Flávio. *Crimes e Infrações Administrativas Ambientais*. 3ª Ed. Belo Horizonte: Del Rey, 2010. p. 63.

Lei nº 9605/98), como também aquele condenado administrativa ou civilmente pelo descumprimento da legislação de interesse ambiental.

Por fim, o inciso III cria critérios especiais da fixação da pena de multa, estabelecendo ao juiz a verificação da situação econômica do infrator, tendo, como método, o princípio da equidade. Se o artigo 60, *caput*, do Código Penal, estatui que a situação econômica do réu deve ser atendida *principalmente*, neste inciso III vai afirmado que o juiz *observará* a situação econômica do infrator. Desaparece a expressão *principalmente*, dando a entender que a *situação econômica do infrator* é o único critério a ser observado pelo juiz. Todavia, não se olvida que também o montante do prejuízo causado ao meio ambiente deve ser considerado para fixar o valor da multa, de acordo com o estabelecido no artigo 19, *caput*, da Lei dos Crimes Ambientais.

> **Art. 7º** As penas restritivas de direitos são autônomas e substituem as privativas de liberdade quando:
> I – tratar-se de crime culposo ou for aplicada a pena privativa de liberdade inferior a quatro anos;
> II – a culpabilidade, os antecedentes, a conduta social e a personalidade do condenado, bem como os motivos e as circunstâncias do crime indicarem que a substituição seja suficiente para efeitos de reprovação e prevenção do crime.
> Parágrafo único. As penas restritivas de direitos a que se refere este artigo terão a mesma duração da pena privativa de liberdade substituída.

O dispositivo especializa a norma do artigo 44 do Código Penal, que trata dos requisitos de substituição da pena privativa de liberdade pelas penas restritivas de direitos aplicáveis às pessoas físicas. O artigo 7º reafirma a autonomia das penas restritivas de direitos, tal como no regime do Código Penal, querendo dizer que *não podem ser aplicadas em conjunto com as penas privativas de liberdade*.[4] No entanto, atendidos os requisitos, a substituição da pena privativa de liberdade por restritiva de direitos torna-se obrigatória, na medida em que presente a expressão *substituem* e não *podem substituir*. Deste modo, constitui garantia daquele que foi condenado pelo crime ambiental, atendidos os demais requisitos. Trata-se de um dispositivo somente aplicável às pessoas físicas, pois não se cogita, evidentemente, da aplicação de pena privativa de liberdade à pessoa jurídica, a ser substituída por restritiva de direito.

O parágrafo único deste artigo 7º repete a regra do artigo 55 do Código Penal, estabelecendo que a pena restritiva de direitos *terá* a mesma duração da pena privativa de liberdade, ou seja, o juiz fixa a pena privativa de liberdade e, após, promove a substituição, pela *mesma duração*.

No entanto, os requisitos para a substituição, estabelecidos nos incisos I e II, diferem em parte do sistema do Código Penal.

Em primeiro lugar, quanto ao tempo de duração da pena. Enquanto que o inciso I do artigo 44 do Código Penal estabelece que a substituição da

---
[4] COPOLA, Gina. *A lei dos crimes ambientais comentada artigo por artigo: jurisprudência sobre a matéria*. Belo Horizonte: Fórum, 2008, p. 48.

pena ocorrerá nos crimes dolosos na hipótese de aplicação de pena privativa de liberdade *não superior a 4 (quatro) anos*, o inciso I deste artigo 7º estabelece a obrigatoriedade da substituição, presentes os demais requisitos, quando a condenação à pena privativa de liberdade por crime doloso for *inferior a 4 (quatro) anos*. Quis o legislador estabelecer um requisito quantitativo mais rígido, tendo em vista a importância do bem jurídico protegido[5] pelas normas de direito penal ambiental.[6] No caso de crime culposo, qualquer que seja a pena, ocorrerá a substituição. Neste aspecto, o microssistema penal ambiental não difere do sistema geral. Já o inciso II do artigo 7º adota os mesmos requisitos subjetivos (*rectius*, circunstâncias) estabelecidos pelo artigo 44, inciso III, do Código Penal, bem como a necessidade da observância do critério de suficiência da pena substitutiva para a prevenção e reprovação do crime.

Em segundo lugar, a lei especial não traz algumas condições específicas estabelecidas nos incisos I e II do Código Penal, quais sejam, que o delito não tenha sido cometido com violência ou grave ameaça à pessoa, bem como a ausência de reincidência em crime doloso, já que, na sistemática especial (Lei dos Crimes Ambientais), somente pode ser reconhecida a reincidência específica, por força do artigo 15, inciso I.[7] Assim, ainda que o crime ambiental tenha sido cometido com violência ou grave ameaça à pessoa (hipótese, por exemplo, do tipo do artigo 69), ou o condenado seja reincidente (específico), cabível a substituição. Aqui, inegavelmente, houve previsão de um tratamento mais benéfico aos condenados por crimes ambientais do que aos demais condenados, não obstante o artigo 44, inciso II, do Código Penal – que veda a substituição no caso de réu reincidente em crime doloso – venha a receber abrandamento em face do que dispõe o § 3º do mesmo artigo, permitindo a substituição nestes casos, desde que a medida seja *socialmente recomendável* e a reincidência não seja específica.

Art. 8º As penas restritivas de direito são:
I – prestação de serviços à comunidade;
II – interdição temporária de direitos;
III – suspensão parcial ou total de atividades;
IV – prestação pecuniária;
V – recolhimento domiciliar.

---

[5] De se recordar que o E. Supremo Tribunal Federal reconheceu, no julgamento do MS nº 22164/SP, relatado pelo Min. Celso de Mello, o meio ambiente como sendo um direito fundamental de terceira geração.

[6] Ao discorrer sobre a importância da tutela penal do meio ambiente, Ana Maria Moreira Marchesan e outras pontuam que "Se, na tutela dos bens individuais, como o direito à vida e patrimônio, por exemplo, o Direito Penal é visto como ultima ratio, com mais razão deve sê-lo na proteção de bens e valores que dizem respeito a toda a coletividade, já que estreitamente conectados à complexa equação biológica que garante a vida humana no planeta. Agredir ou pôr em risco essa base de sustentação planetária é socialmente conduta de máxima gravidade". (MARCHESAN, Ana Maria Moreira; STEIGLEDER, Annelise Monteiro; CAPPELLI, Sílvia. *Direito Ambiental*. 6. ed. Porto Alegre: Verbo Jurídico, 2010. p. 223.)

[7] GOMES, Luiz Flávio. MACIEL, Silvio. *Crimes Ambientais: Comentários à Lei 9605/98 (arts. 1º a 69-A e 77 a 82). Direito Internacional Ambiental: Valério de Oliveira Mazzuoli e Patryk de Araújo Ayala*. São Paulo: Revista dos Tribunais, 2011. P. 65.

O artigo 8º estabelece o rol das penas restritivas de direito aplicáveis ao microssistema do direito penal ambiental, sendo que os seguintes artigos 9º a 13 tratam de especificar cada uma delas. Aqui foi criado um sistema específico para as penas restritivas de direito adequadas aos crimes ambientais, mas o legislador perdeu uma grande oportunidade de incluir dispositivo de grande utilidade para a prevenção geral dos crimes ambientais, qual seja, a pena de *publicação em órgãos de comunicação de grande circulação ou audiência, às expensas do condenado, de notícia sobre os fatos e a condenação*, disposição encontrada no microssistema da defesa do consumidor e eficazmente utilizada.[8] Contudo, não pode ser aplicada aos crimes ambientais, diante da ausência de previsão legal.

Além disso, a inclusão da prestação pecuniária no rol das penas restritivas de direito revela uma certa atecnia legislativa, na medida em que "a prestação pecuniária não traduz, essencialmente, qualquer restrição a direito. Na verdade, não traduz supressão de direito do apenado, mas imposição de um dever, de obrigação positiva consistente no pagamento em dinheiro à vítima ou à entidade pública ou privada com fim social, de importância estimada pelo juiz, consoante define o art. 12 da LCA".[9]

A seguir, a análise individualizada de cada uma das espécies das penas restritivas de direito.

> **Art. 9º** A prestação de serviços à comunidade consiste na atribuição ao condenado de tarefas gratuitas junto a parques e jardins públicos e unidades de conservação, e, no caso de dano da coisa particular, pública ou tombada, na restauração desta, se possível.

Enquanto os artigos 43, inciso IV, e 46, § 2º, do Código Penal estabelecem que a prestação de serviços à comunidade deva ser cumprida em entidades públicas ou assistenciais, hospitais, escolas, orfanatos ou congêneres, ainda que privados, ou em programas comunitários ou estatais, este artigo 9º estabelece que os serviços deverão ser direcionados a tarefas junto a parques e jardins públicos, bem como nas unidades de conservação conceituadas na Lei nº 9.985, de 18 de julho de 2000.[10] Se for possível a restauração do bem danificado, particular, público ou tombado, esta medida deverá preferir àquela. Novamente aparece claramente o objetivo de reparação dos danos causados ao meio ambiente que permeia a Lei.

Não obstante a regra do parágrafo único do artigo 7º desta Lei, que determina a mesma duração da pena privativa de liberdade à pena substitutiva, aplica-se a possibilidade do cumprimento em menor tempo, desde que

---

[8] Ver, a propósito, o art. 78, II, do Código de Proteção e Defesa do Consumidor, Lei nº 8.078, de 11 de setembro de 1990.

[9] MARCHESAN, Ana Maria Moreira. *Alguns aspectos sobre a Lei dos Crimes Ambientais*. Disponível em <http://www.mp.rs.gov.br/ambiente/doutrina/id13.htm>. Acesso em 21 de junho de 2012.

[10] O art. 2º, inciso I, define unidade de conservação como sendo, o "espaço territorial e seus recursos ambientais, incluindo as águas jurisdicionais, com características naturais relevantes, legalmente instituído pelo Poder Público, com objetivos de conservação e limites definidos, sob regime especial de administração, ao qual se aplicam garantias adequadas de proteção".

a pena substituída seja superior a um ano, mas não pode ser cumprida em tempo inferior à metade da pena privativa de liberdade fixada, na forma do art. 46, §4°, do Código Penal.

> **Art. 10.** As penas de interdição temporária de direito são a proibição de o condenado contratar com o Poder Público, de receber incentivos fiscais ou quaisquer outros benefícios, bem como de participar de licitações, pelo prazo de cinco anos, no caso de crimes dolosos, e de três anos, no de crimes culposos.

As penas de interdição temporária de direito no sistema do direito penal ambiental são a proibição de participar de licitações, de contratar com o poder público, ou de receber incentivos fiscais ou quaisquer outros benefícios. Na sistemática do Código Penal, as penas de interdição temporária de direito vêm estabelecidas no artigo 47 e consistem na proibição do exercício de cargo, função ou atividade pública, bem como de mandato eletivo; proibição do exercício de profissão, atividade ou ofício que dependam de habilitação especial, de licença ou autorização do poder público; suspensão de autorização ou de habilitação para dirigir veículo; proibição de frequentar determinados lugares, e a proibição de inscrever-se em concurso, avaliação ou exame públicos.

Problema específico deste artigo consiste no prazo previsto para a duração da pena (3 a 5 anos, conforme for o crime *culposo* ou *doloso*), dada a redação pouco clara do dispositivo. Em primeiro lugar, se este prazo se aplica a todas as espécies de penas previstas no artigo ou apenas à proibição de participar de licitações. Contudo, a presença da vírgula após o termo *licitações* sugere que se refira a todas as penas aí elencadas.[11] Em segundo lugar, por afronta à regra do artigo 7°, parágrafo único, desta mesma Lei, que estabelece que a pena substitutiva terá a *mesma duração* da substituída. Por fim, por vício de inconstitucionalidade, por ferir o princípio da individualização da pena. Por isto, parte da doutrina entende desproporcional tal previsão, devendo ser desconsiderada,[12] taxando-a, inclusive, de *absurdo jurídico*.[13]

> **Art. 11.** A suspensão de atividades será aplicada quando estas não estiverem obedecendo às prescrições legais.

Esta previsão não encontra similar no sistema geral (Código Penal). Prevê a suspensão das atividades quando não estiverem obedecendo às prescrições legais ambientais, e poderá ser total ou parcial, mas apenas relativamente às atividades que descumprem regras ambientais (sejam elas de

---

[11] Nestes mesmo sentido: DINO NETO, Nicolao. BELLO FILHO, Ney. DINO, Flávio. *Crimes e Infrações Administrativas Ambientais*. 3ª Ed. Belo Horizonte: Del Rey, 2010. p. 79.

[12] GOMES, Luiz Flávio. op. cit., p. 67, que cita, inclusive, DELMANTO, Roberto; DELMANTO JÚNIOR, Roberto; DELMANTO, Fábio M. de Almeida. *Leis penais especiais comentadas*. Rio de Janeiro: Renovar, 2006, p. 396-397. Também, no mesmo sentido, DINO NETO, Nicolao. BELLO FILHO, Ney. DINO, Flávio. *Crimes e Infrações Administrativas Ambientais*. 3ª ed. Belo Horizonte: Del Rey, 2010. p. 79.

[13] MILARÉ, Édis. COSTA JR., Paulo José da. *Direito Penal Ambiental: comentários à Lei 9.605/98*. Campinas: Millennium, 2002. p. 55.

que natureza forem). Exige-se reiteração da conduta de descumprir a legislação ambiental, tendo em vista a locução *estiverem obedecendo*, com ideia de habitualidade ou permanência no tempo.[14] Por isto, pouco efetivo tal dispositivo, na medida em que a suspensão só será aplicada após o trânsito em julgado da sentença, devendo, o Ministério Público, perseguir tal medida no campo civil, inclusive por meio de pedido liminar em ação civil pública, a fim de impedir a permanência dos danos continuados, tão logo percebidos, e não aguardar o trânsito em julgado da sentença criminal.[15]

Por fim, em que pese tal dispositivo possa parecer mais adequado às pessoas jurídicas, a suspensão das atividades de pessoas jurídicas está prevista no artigo 22, inciso I e § 1º, desta Lei. Deste modo, o dispositivo é dirigido para condenados pessoas físicas, no que diz respeito às atividades particulares por estas realizadas e que não atendam às prescrições legais, mas pode também perfeitamente aplicar-se aos casos de atividades de empresário individual, este que é considerado pessoa física.[16]

> **Art. 12.** A prestação pecuniária consiste no pagamento em dinheiro à vítima ou à entidade pública ou privada com fim social, de importância, fixada pelo juiz, não inferior a um salário mínimo nem superior a trezentos e sessenta salários mínimos. O valor pago será deduzido do montante de eventual reparação civil a que for condenado o infrator.

Com correspondente no artigo 43, I, combinado com o 45, § 1º, ambos do Código Penal, a pena de prestação pecuniária não pode ser confundida com a pena de multa. Por isto, inclusive, caso descumprida, pode ser convertida em pena privativa de liberdade,[17] ou aplicada cumulativamente à multa, já que a substituída é a privativa de liberdade, não a multa. Ao estabelecer que a prestação dar-se-á *à vítima*, todavia, desconsidera a natureza difusa dos bens ambientais, inclusive possibilitando o abatimento deste valor fixado pelo juiz em sede de reparação civil. No entanto, adequado nos casos de danos patrimoniais causados por intermédio do meio ambiente, ou seja, aqueles que têm como elemento condutor um dos elementos na natureza, mas afetam um bem privado (o *sossego*, no caso de poluição sonora), ou, ainda, o dano reflexo ou "em ricochete", este que é "*...imposto a uma pessoa determinada que é titular do objeto material do dano (imóvel onde havia a floresta incendiada, por exemplo)*".[18]

> **Art. 13.** O recolhimento domiciliar baseia-se na autodisciplina e senso de responsabilidade do condenado, que deverá, sem vigilância, trabalhar, frequentar curso ou exercer atividade autorizada, permanecendo

---

[14] Nestes sentido, DINO NETO, Nicolao. BELLO FILHO, Ney. DINO, Flávio. *Crimes e Infrações Administrativas Ambientais*. 3ª ed. Belo Horizonte: Del Rey, 2010. p. 81.

[15] Idem, p. 82.

[16] Ver, a propósito, artigo 966 do Código Civil Brasileiro.

[17] STJ, HC 64.658/RJ, Rel. Min. Nilson Naves.

[18] STEIGLEDER, Annelise Monteiro. *Responsabilidade Civil Ambiental: as dimensões do dano ambiental no Direito brasileiro*. Porto Alegre: Livraria do Advogado. 2004, p. 66.

recolhido nos dias e horários de folga em residência ou em qualquer local destinado a sua moradia habitual, conforme estabelecido na sentença condenatória.

O recolhimento domiciliar, de difícil ou impossível fiscalização, há de se reconhecer, além de discutível força punitiva[19]–, pressupõe que o condenado tenha condições favoráveis de autodisciplina e senso de responsabilidade. Aliás, a redação do dispositivo, ao adotar a expressão *sem vigilância*, impossibilita, inclusive, o uso de equipamentos eletrônicos de monitoramento, o que poderia ser uma ferramenta eficaz para atender aos objetivos do dispositivo: o desafogamento do sistema prisional. Exige, apenas, que o condenado exerça atividade lícita e recolha-se a sua casa nos dias e horários de folga. Sem correspondência no Código Penal,[20] aproxima-se, no entanto, da pena de limitação de fim de semana (art. 48) com as regras do regime aberto (art. 36), e deve ser utilizada em raras situações, *ante sua frágil função de prevenção geral e especial*, e limitada a *condutas de reduzidíssimo potencial ofensivo.*[21]

Como o recolhimento domiciliar é pena substitutiva, em caso de descumprimento injustificado da restrição imposta, dar-se-á a revogação da substituição, passando o condenado a cumprir a pena privativa de liberdade que lhe tiver sido imposta na sentença, obedecendo ao regime definido,[22] e não a regressão de regime, como no caso de descumprimento das regras do regime aberto (art. 36, § 2º, do CP).

---

[19] Como reconheceu o veto Presidencial à proposta de inclusão desta pena no artigo 43 Código Penal, pelo então Projeto de Lei 2684/96.

[20] Conforme nota anterior.

[21] DINO NETO, Nicolao. BELLO FILHO, Ney. DINO, Flávio. *Crimes e Infrações Administrativas Ambientais*. 3ª Ed. Belo Horizonte: Del Rey, 2010. p. 85.

[22] MILARÉ, Édis. COSTA JR., Paulo José da. Direito Penal Ambiental: comentários à Lei 9.605/98. Campinas: Millennium, 2002. p. 56.

Circunstâncias atenuantes e agravantes
(artigos 14 e 15)

ALEXANDRE RASLAN[1]

CAPÍTULO II – DA APLICAÇÃO DA PENA

(...)

Art. 14. São circunstâncias que atenuam a pena:

I – baixo grau de instrução ou escolaridade do agente;

II – arrependimento do infrator, manifestado pela espontânea reparação do dano, ou limitação significativa da degradação ambiental causada;

III – comunicação prévia pelo agente do perigo iminente de degradação ambiental;

IV – colaboração com os agentes encarregados da vigilância e do controle ambiental.

Art. 15. São circunstâncias que agravam a pena, quando não constituem ou qualificam o crime:

I – reincidência nos crimes de natureza ambiental;

II – ter o agente cometido a infração:

a) para obter vantagem pecuniária;

b) coagindo outrem para a execução material da infração;

c) afetando ou expondo a perigo, de maneira grave, a saúde pública ou o meio ambiente;

d) concorrendo para danos à propriedade alheia;

e) atingindo áreas de unidades de conservação ou áreas sujeitas, por ato do Poder Público, a regime especial de uso;

f) atingindo áreas urbanas ou quaisquer assentamentos humanos;

g) em período de defeso à fauna;

---

[1] Mestre em Direito das Relações Sociais: Direitos Difusos pela Pontifícia Universidade Católica de São Paulo (PUC-SP). Promotor de Justiça em Campo Grande, Mato Grosso do Sul. Pós-Graduado em Direito Civil: Direitos Difusos (UFMS) e em Direito Processual Penal (UCDB). Associado do Instituto Direito por um Planeta Verde (IDPV) e da Associação Brasileira do Ministério Público do Meio Ambiente (ABRAMPA). Membro da Rede Latino-Americana de Ministério Público de Meio Ambiente.

h) em domingos ou feriados;

i) à noite;

j) em épocas de seca ou inundações;

l) no interior do espaço territorial especialmente protegido;

m) com o emprego de métodos cruéis para abate ou captura de animais;

n) mediante fraude ou abuso de confiança;

o) mediante abuso do direito de licença, permissão ou autorização ambiental;

p) no interesse de pessoa jurídica mantida, total ou parcialmente, por verbas públicas ou beneficiada por incentivos fiscais;

q) atingindo espécies ameaçadas, listadas em relatórios oficiais das autoridades competentes;

r) facilitada por funcionário público no exercício de suas funções.

As agravantes e as atenuantes, a exemplo das previstas nos artigos 61, 62 e 65 do Código Penal e nos artigos 14 e 15 da Lei nº 9.605/1998 (Lei dos Crimes Ambientais), são *circunstâncias legais genéricas*.[2] A doutrina as classifica como objetivas ou subjetivas, pois, ora se reportam ao efetivo conteúdo do injusto (p. ex., para obter vantagem econômica) ora ao elemento subjetivo do injusto (p. ex., motivo fútil).[3]

As agravantes se relacionam com o tipo penal sem afetá-lo, interferindo apenas na quantificação da pena, ao contrário das elementares do tipo; as atenuantes se relacionam com a culpabilidade, sem vinculação com a tipicidade.[4] Por expressa disposição legal e, sobretudo, por inferência lógica, as agravantes incidem sobre todos os tipos penais desde que não constituam ou qualifiquem o crime, interditando a dupla apenação pelo mesmo fato ou peculiaridade.[5]

Será na segunda fase do método trifásico de aplicação da pena que tais circunstâncias devem ser consideradas,[6] na quantidade de um sexto,[7] obser-

---

[2] JESUS, Damásio Evangelista de. *Direito Penal*. 10. ed. São Paulo: Saraiva, v. 1, Parte Geral, 1985, p. 477. MIRABETE, Julio Fabbrini. 8. ed. São Paulo: Atlas, v. 1, Parte Geral, 1994, p. 276. DELMANTO, Celso; DELMANTO, Roberto; DELMANTO JUNIOR, Roberto; DELMANTO, Fábio Machado de Almeida. *Código Penal Anotado*. 8. ed. São Paulo: Saraiva, 2010, p. 287 e 300-301.

[3] BOSCHI, José Antonio Paganella. *Das penas e seus critérios de aplicação*. 5. ed. Porto Alegre: Livraria do Advogado. 2011, p. 198.

[4] NUCCI, Guilherme de Souza. *Código Penal comentado*. 11. ed. São Paulo: Revista dos Tribunais, 2012, p. 448 e 464.

[5] NUCCI, Guilherme de Souza. *Individualização da pena*. 4. ed. São Paulo: Revista dos Tribunais, 2011, p. 137. BITENCOURT, Cezar Roberto. *Manual de Direito Penal*. 4ª ed. São Paulo: Revista dos Tribunais, 1997, p. 532.

[6] REALE JÚNIOR, Miguel; DOTTI, Rene Ariel; ANDREUCCI, Ricardo Antunes; PITOMBO, Sérgio Marcos de Moraes. *Penas e medidas de segurança no novo código*. Rio de Janeiro: Forense, 1985, p. 187-188. CARVALHO NETO, Inácio. *Aplicação da pena*. Rio de Janeiro: Forense, 1999, p. 89-91.

[7] BRASIL. Superior Tribunal de Justiça. Habeas Corpus nº 157.936. Quinta Turma, Brasília, DF, 04 de novembro de 2010, Diário da Justiça Eletrônico do Superior Tribunal de Justiça, Poder Judiciário, Brasília, DF, 22 nov. 2010.

vando-se os limites mínimo e máximo da pena abstrata do tipo imputado. Nesse sentido é a Súmula n° 231 do Superior Tribunal de Justiça: *a incidência da circunstância atenuante não pode conduzir a redução da pena abaixo do mínimo legal*.[8] O Supremo Tribunal Federal reconheceu *repercussão geral* e reafirmou a jurisprudência, decidindo no sentido da vedação de pena aquém do mínimo em razão de atenuante genérica.[9]

A subsidiariedade das agravantes e atenuantes previstas no Código Penal é expressamente prevista no artigo 79 da Lei n° 9.605/1998, o que se harmoniza com a reserva de especialidade do artigo 12 do Código Penal. A doutrina acolhe a aplicação subsidiária, ressalvando a hipótese de inadequação em abstrato e o caso concreto,[10] havendo entendimento de que somente as atenuantes do Código Penal podem incidir, em razão da vedação da analogia *in malam partem*.[11] Tecnicamente adequada aquela primeira posição, uma vez que não há lugar para analogia diante da ausência de omissão legal e das expressas disposições legais prevendo a subsidiariedade, sem exceção.

Com relação às agravantes, há doutrina defendendo que não se aplicam às pessoas jurídicas em razão de sua topografia na Lei n° 9.605/1998.[12] A este respeito a interpretação adequada é a de que as agravantes e atenuantes devem incidir no cálculo das penas de pessoas físicas e jurídicas, considerando a pertinência abstrata e o fato sob julgamento, visando à individualização da pena ansiada pelo artigo 5°, inciso XLVI, da Constituição Federal. Enfim, e em geral, não é pertinente como fundamento de exclusão de incidência deste ou daquele dispositivo sua mera situação no texto legal, mas, sim, se sua incidência ou não incidência resultam de interpretação válida.

As *atenuantes genéricas* previstas na Lei n° 9.605/1998 no artigo 14, incisos I ao IV.

O inciso I se refere ao *baixo grau de instrução ou escolaridade do agente*. O agente deve ter baixo nível intelectual e não guardar consigo suficiente noção da consequência de seu ato em face dos recursos ambientais amparados pelo tipo penal. A comprovação do baixo grau de instrução ou escolaridade e a correlação lógica com a conduta imputada devem estar evidentes no caso concreto, vindo elucidados na fundamentação para a automatização deste

---

[8] BRASIL. Superior Tribunal de Justiça. Súmula n° 231. Terceira Seção, Brasília, DF, Diário Oficial da República Federativa do Brasil. Poder Executivo. Diário da Justiça, Poder Judiciário, Brasília, DF, 15 out. 1999, p. 76.

[9] BRASIL. Supremo Tribunal Federal. Recurso Extraordinário n° 597.270. Plenário, Brasília, DF, 26 de março de 2009, Diário Eletrônico do Supremo Tribunal Federal. Poder Judiciário, Brasília, DF, 05 jun. 2009, p. 2257.

[10] DINO NETO, Nicolao. BELLO FILHO, Ney. DINO, Flávio. *Crimes e infrações administrativas ambientais*. 3. ed. Belo Horizonte: Del Rey, 2011, p. 86 e 88.

[11] GOMES, Luiz Flávio. MACIEL, Silvio. *Crimes ambientais*: comentários à Lei 9.605/98 (arts. 1° a 69-A e 77 a 82). São Paulo: Revista dos Tribunais, 2011, p. 69 e 72.

[12] FREITAS, Vladimir Passos. FREITAS, Gilberto Passos. *Crimes contra a natureza*: de acordo com a Lei 9.605/98). 8. ed. São Paulo: Revista dos Tribunais, 2006, p. 297.

standard.[13] Portanto, ainda que presentes os requisitos, deve ser pesquisado se os conhecimentos tradicionais da região do crime apontam para a consciência da conduta e de seus efeitos.[14] Em caso positivo, não deve incidir a atenuante.

O inciso II trata do arrependimento do infrator, manifestado pela espontânea reparação do dano, ou limitação significativa da degradação ambiental causada. Arrepender-se aqui é insuficiente. Importa sim a demonstração técnica e objetiva de atuação concreta dirigida à reparação integral ou à limitação significativa, comprovada por perícia técnica. A espontaneidade é pressuposto, sendo clara a opção em detrimento da voluntariedade.[15] Satisfeitas a espontaneidade e a comprovação técnica do resultado, a atenuante pode incidir por meio de decisão fundamentada, que relacione com o caso concreto a espontaneidade e a reparação ou limitação significativa. Anote-se que a limitação deve ser expressiva, exclusivamente sob a perspectiva técnica. Por fim, o momento da comprovação técnica da reparação integral ou da limitação do dano não está restrito a antes do recebimento da denúncia, uma vez que o texto não impõe limitação temporal,[16] permitindo, em tese, que incida mesmo em grau de recurso. Aqui cabe uma justificativa: os danos ambientais podem demorar naturalmente para serem reparados, o que não pode retirar do agente a invocação da atenuante oportunamente.

O inciso III valoriza a *comunicação prévia pelo agente do perigo iminente de degradação ambiental*. Nesta hipótese devem ser considerados alguns aspectos relevantes à comunicação, a saber: a eficiência e o prazo de antecedência. A comunicação eficiente é a que permite a adoção de providências efetivas para a eliminação do risco, a cessação da ameaça e a reparação dos danos. Não deve ser aceita a comunicação realizada na iminência do evento, mas, cuja ciência do agente acerca do perigo é anterior.[17] Caso contrário, o retardamento do alerta e a elevação do grau do risco beneficiam o agente indevidamente. A comunicação deve ser dirigida à autoridade pública competente e aos terceiros que possam ser afetados.[18] E mais: deve haver comprovação testemunhal ou documental da realização do alerta.

---

[13] Adotando a escolaridade como parâmetro: PRADO, Luiz Regis. *Direito Penal do Ambiente*. 2. ed. São Paulo: Revista dos Tribunais, 2009, p. 153.

[14] GOMES, Luiz Flávio. MACIEL, Silvio. *Crimes ambientais*: comentários à Lei 9.605/98 (arts. 1º a 69-A e 77 a 82). São Paulo: Revista dos Tribunais, 2011, p. 70.

[15] DINO NETO, Nicolao. BELLO FILHO, Ney. DINO, Flávio. *Crimes e infrações administrativas ambientais*, 3. ed. Belo Horizonte: Del Rey, 2011, p. 87, nota 34. Equiparando espontaneidade e voluntariedade: GOMES, Luiz Flávio. MACIEL, Silvio. *Crimes ambientais*: comentários à Lei 9.605/98 (arts. 1º a 69-A e 77 a 82), São Paulo: Revista dos Tribunais, 2011, p. 70-71. PRADO, Luiz Regis. *Direito Penal do Ambiente*. 2. ed. São Paulo: Revista dos Tribunais, 2009, p. 153.

[16] FREITAS, Vladimir Passos. FREITAS, Gilberto Passos. *Crimes contra a natureza*: de acordo com a Lei 9.605/98). 8. ed. São Paulo: Revista dos Tribunais, 2006, p. 303.

[17] ADEDE Y CASTRO, João Marcos. *Crimes ambientais*: comentários à Lei nº 9.605/98. Porto Alegre: Sergio Fabris, 2004, p. 57-58.

[18] FREITAS, Vladimir Passos. FREITAS, Gilberto Passos. *Crimes contra a natureza*: de acordo com a Lei 9.605/98). 8. ed. São Paulo: Revista dos Tribunais, 2006, p. 304.

O inciso IV reconhece a *colaboração com os agentes encarregados da vigilância e do controle ambiental*. Nesta atenuante, a colaboração deve ser eficiente a ponto de interferir positivamente nas medidas de controle do risco, da ameaça e do dano. A colaboração deve ser prestada, por exemplo, com o fornecimento espontâneo ou voluntário de informações, instalações, equipamentos, efetivo humano e materiais necessários ao enfrentamento ou ao esclarecimento do evento. O mero acompanhamento dos trabalhos ou das investigações não é suficiente, uma vez que a colaboração deve ser ativa e dirigida ao esclarecimento do fato, à prevenção da criação ou do agravamento da situação ou da reparação do dano.

De outro lado, as *agravantes genéricas* estão previstas na Lei nº 9.605/1998, artigo 14, incisos I ao II, alíneas *a* a *r*.

O inciso I adota a *reincidência nos crimes de natureza ambiental*. Ao contrário do disposto no artigo 61, inciso I, do Código Penal, que prevê como agravante a reincidência genérica, na Lei nº 9.605/98 a reincidência deve ser *específica* em crimes ambientais, ainda que previstos em legislação esparsa.[19] Não obstante, a condenação irrecorrível pela prática de crime de outra natureza pode ser considerada como antecedente,[20] o que atende à individualização da pena. Subsidiariamente, incidem as regras temporais do artigo 61, incisos I e II, do Código Penal.[21]

O inciso II encabeça uma série de alíneas, num total de dezoito, prevendo agravantes.

A alínea *a* reclama ter o agente cometido o crime *para obter vantagem pecuniária*. Apesar do entendimento de que a obtenção de vantagem pecuniária é regra geral nos crimes ambientais, o que tornaria a incidência desta agravante uma inocuidade ou dupla apenação,[22] o rechaço absoluto sob este fundamento é inadequado. Óbvio que as atividades econômicas visam a auferir vantagem pecuniária, sendo traço marcante da atividade empresarial. Contudo, a apreciação acerca da incidência ou não desta agravante deve estar vinculada ao caso concreto. A instalação e a operação de obra ou atividade sem a obtenção das licenças ambientais ou sem a instalação de equipamentos ou a realização de obras de controle ou de melhoria da qualidade ambiental são exemplos de que tais burlas podem ter trazido vantagem pecuniária aos infratores.

---

[19] GOMES, Luiz Flávio. MACIEL, Silvio. *Crimes ambientais*: comentários à Lei 9.605/98 (arts. 1º a 69-A e 77 a 82), São Paulo: Revista dos Tribunais, 2011, p. 72. DINO NETO, Nicolao. BELLO FILHO, Ney. DINO, Flávio. *Crimes e infrações administrativas ambientais*, 3. ed. Belo Horizonte: Del Rey, 2011, p. 88. FREITAS, Vladimir Passos. FREITAS, Gilberto Passos. *Crimes contra a natureza*: de acordo com a Lei 9.605/98). 8. ed. São Paulo: Revista dos Tribunais, 2006, p. 297-298. Em sentido contrário: ADEDE Y CASTRO, João Marcos. *Crimes ambientais*: comentários à Lei nº 9.605/98. Porto Alegre: Sergio Fabris, 2004, p. 59-60.

[20] FREITAS, Vladimir Passos. FREITAS, Gilberto Passos. *Crimes contra a natureza*: de acordo com a Lei 9.605/98). 8. ed. São Paulo: Revista dos Tribunais, 2006, p. 297-298.

[21] PRADO, Luiz Regis. *Direito Penal do Ambiente*. 2. ed. São Paulo: Revista dos Tribunais, 2009, p. 154.

[22] GOMES, Luiz Flávio. MACIEL, Silvio. *Crimes ambientais*: comentários à Lei 9.605/98 (arts. 1º a 69-A e 77 a 82), São Paulo: Revista dos Tribunais, 2011, p. 73.

A alínea *b* prevê ter o agente cometido o crime *coagindo outrem para a execução material da infração*. Neste caso, a coação pode ser física ou psíquica, aplicando-se subsidiariamente o artigo 22 do Código Penal. Sendo a coação física *irresistível* não existe conduta penal a ser imputada ao coagido. Havendo coação psíquica *irresistível* o coagido está isento de pena. Em ambos, os casos somente o autor da coação será sujeito ativo da conduta. Entretanto, sendo a coação psíquica *resistível* o coator e o coagido respondem pelo crime, em concurso.[23] A irresistibilidade da coação física ou psíquica deve estar comprovadamente patente no caso concreto.

A alínea *c* se refere ao crime *afetando ou expondo a perigo, de maneira grave, a saúde pública ou o meio ambiente*. Aqui não se exige dano efetivo. Exige-se que a saúde pública ou o meio ambiente tenham sido expostos a graves riscos ou ameaças. A modulação para incidência será o nível de gravidade, o que deve ser apurado por perícia técnica.[24] Importante destacar que em determinados casos, como, por exemplo, a manipulação de substâncias tóxicas em geral, ácidos, combustíveis, resíduos sólidos dos serviços de saúde, a perícia técnica poderá ser dispensada diante da predeterminada e reconhecida gravidade para a saúde humana ou para o meio ambiente.

A alínea *d* prevê o crime *concorrendo para danos à propriedade alheia*. Neste caso, importa a relação entre o crime ambiental e a sua repercussão genérica e negativa sobre a propriedade alheia, móvel ou imóvel.[25] É necessária a comprovação por perícia técnica do nexo de causalidade entre o crime ambiental e o dano à propriedade alheia, bem como a extensão destes danos.

A alínea *e* trata do crime *atingindo áreas de unidades de conservação ou áreas sujeitas, por ato do Poder Público, a regime especial de uso*. Cuida-se de hipótese de danos provocados em unidade de conservação ou de área sujeita a regime de uso especial proveniente de crime ambiental praticado *fora* dos limites territoriais respectivos. Há de se comprovar a existência jurídico-administrativa de tais espaços mediante a publicação do respectivo texto normativo ou ato administrativo. Há necessidade de perícia técnica acerca do dano causado às áreas protegidas e a relação de causalidade entre a conduta criminosa e o dano causado. Acaso o crime tenha sido praticado *dentro* de tais espaços, pode haver o crime do artigo 40 da Lei nº 9.605/1998.[26]

A alínea *f* prevê o crime *atingindo áreas urbanas ou quaisquer assentamentos urbanos*. Neste caso, o crime ambiental praticado *fora* dos limites ou assentamentos urbanos produz efeitos danosos em tais áreas. Necessárias a

---

[23] GOMES, Luiz Flávio. MACIEL, Silvio. *Crimes ambientais*: comentários à Lei 9.605/98 (arts. 1º a 69-A e 77 a 82), São Paulo: Revista dos Tribunais, 2011, p. 73. PRADO, Luiz Regis. *Direito Penal do Ambiente*. 2. ed. São Paulo: Revista dos Tribunais, 2009, p. 154.

[24] ADEDE Y CASTRO, João Marcos. *Crimes ambientais*: comentários à Lei nº 9.605/98. Porto Alegre: Sergio Fabris, 2004, p. 59-60.

[25] ADEDE Y CASTRO, João Marcos. *Crimes ambientais*: comentários à Lei nº 9.605/98. Porto Alegre: Sergio Fabris, 2004, p. 61-62.

[26] FREITAS, Vladimir Passos. FREITAS, Gilberto Passos. *Crimes contra a natureza*: de acordo com a Lei 9.605/98). 8. ed. São Paulo: Revista dos Tribunais, 2006, p. 299.

materialidade do crime ambiental e a comprovação da causalidade com os danos às áreas ou assentamentos urbanos.

A alínea *g* se refere ao crime *em período de defeso à fauna*. A comprovação do período de restrição parcial ou interdição total é necessária, mediante o texto normativo ou o ato administrativo respectivo. Há que se comprovar tecnicamente que o crime ambiental guarda relação com o objetivo do defeso, mesmo indiretamente.

A alínea *h* trata do crime *em domingos ou feriados*. A comprovação desta agravante é de simplicidade e evidência que dispensa prova elaborada. Basta afirmar. Feriados estaduais e municipais devem ser comprovados com o texto normativo ou ato administrativo respectivo. Estão excluídos aqui os denominados pontos facultativos, em razão do princípio da legalidade.

A alínea *i* se refere ao crime praticado *à noite*. Não se confunde noite com repouso noturno, este mais restrito do que aquela. Basta que haja prova da ocorrência de crime durante o período noturno: entre as 18h00m e as 06h00m.[27]

A alínea *j* prevê o crime *em épocas de secas ou inundações*. Nestes casos, deve haver comprovação de que além de se tratar de épocas de secas e inundações estes fenômenos efetivamente ocorriam na região do sítio do delito, uma vez que o crime ambiental deve guardar relação, ainda que indireta, com tais ocorrências climáticas.

A alínea *l* valoriza o crime *no interior de espaço territorial especialmente protegido*. Há que se comprovar que o crime ambiental ocorreu *dentro* do perímetro de território especialmente protegido. Basta que uma ou mais ações ou condutas previstas no tipo tenham sido praticadas no perímetro. A comprovação de se tratar de espaço territorial especialmente protegido deve vir por meio de texto normativo ou ato administrativo.

A alínea *m* prevê o crime *com emprego de métodos cruéis para abate ou captura de animais*. A comprovação da crueldade do método de abate ou de captura deve ser materializada, ainda que indiretamente. A autorização de abate e de captura de animais reprova métodos cruéis, o que com maior razão se aplica às atividades não autorizadas.

A alínea *n* trata do crime *mediante fraude ou abuso de confiança*. A conduta ardilosa ou aquela que se aproveita da relação de confiança[28] merecem receber pena agravada quando integram o contexto acusatório, desde que suficientemente comprovadas.

A alínea *o* se refere ao crime *mediante abuso de direito de licença, permissão ou autorização ambiental*. Define-se abuso,[29] por exemplo, como *uso incorreto*,

---

[27] FREITAS, Vladimir Passos. FREITAS, Gilberto Passos. *Crimes contra a natureza*: de acordo com a Lei 9.605/98). 8. ed. São Paulo: Revista dos Tribunais, 2006, p. 300.

[28] ADEDE Y CASTRO, João Marcos. *Crimes ambientais*: comentários à Lei nº 9.605/98. Porto Alegre: Sergio Fabris, 2004, p. 65.

[29] HOUAISS, Antonio. VILLAR, Mauro Salles. *Dicionário Houaiss da Língua Portuguesa*. Rio de Janeiro: Objetiva, 2001, p. 33.

excessivo ou ilegítimo. Assim, a licença, permissão ou autorização ambiental não são salvo-condutos, mas, sim, repositórios de limites e condições para o exercício de atividades econômicas. O desrespeito às condições e limites impostos no ato administrativo autorizador possibilita a incidência desta agravante.

A alínea *p* prevê o crime *no interesse de pessoa jurídica mantida, total ou parcialmente, por verbas públicas ou beneficiadas por incentivos fiscais*. A comprovação da existência do crime ambiental deve vir acrescida de prova de que o delito contra a natureza tem entre seus objetivos a promoção de interesse de pessoa jurídica subvencionada pelo erário ou incentivos fiscais. Incidirá a agravante ainda que a pessoa jurídica beneficiada não for ré na ação penal.

A alínea *q* se refere ao crime *atingindo espécies ameaçadas, listadas em relatórios oficiais das autoridades competentes*. Estão abrangidas as espécies animais e vegetais em situação de ameaça, o que se oficializa por meio de texto normativo ou ato administrativo expedidos por autoridade competente. Atualmente, as espécies da flora ameaçadas estão listadas na Instrução Normativa n° 06, de 23.9.2008, e as da fauna se encontram no rol da Portaria n° 1.522, de 19.12.89, ambas expedidas pelo Instituto Brasileiro do Meio Ambiente e Recursos Renováveis (IBAMA), que vem sendo alterada (Portarias n° 45-N, de 27.04.1992, 062, de 17.6.1997 e 028, de 12.03.1998).

A alínea *r* trata da infração delituosa *facilitada por funcionário público no exercício de suas funções*. Neste caso a facilitação deve ser de autoria de funcionário público em sentido amplo, a exemplo do definido pelo artigo 327 do Código Penal,[30] desde que no exercício *efetivo* de suas funções. Havendo concurso de pessoas envolvendo o autor do crime ambiental e o funcionário público[31] ou, ainda, concurso de crimes entre o delito ambiental e o de corrupção ativa ou passiva, não será caso desta agravante.[32]

Bibliografia

ADEDE Y CASTRO, João Marcos. *Crimes ambientais*: comentários à Lei n° 9.605/98. Porto Alegre: Sergio Fabris, 2004.

BOSCHI, José Antonio Paganella. *Das penas e seus critérios de aplicação*. 5. ed. Porto Alegre: Livraria do Advogado. 2011.

BRASIL. Superior Tribunal de Justiça. Habeas Corpus n° 157.936. Quinta Turma, Brasília, DF, 04 de novembro de 2010, Diário da Justiça Eletrônico do Superior Tribunal de Justiça, Poder Judiciário, Brasília, DF, 22 nov. 2010.

BRASIL. Superior Tribunal de Justiça. Súmula n° 231. Terceira Seção, Brasília, DF, Diário Oficial da República Federativa do Brasil. Poder Executivo. Diário da Justiça, Poder Judiciário, Brasília, DF, 15 out. 1999, p. 76.

---

[30] PRADO, Luiz Regis. *Direito Penal do Ambiente*. 2. ed. São Paulo: Revista dos Tribunais, 2009, p. 155.

[31] FREITAS, Vladimir Passos. FREITAS, Gilberto Passos. *Crimes contra a natureza*: de acordo com a Lei 9.605/98). 8. ed. São Paulo: Revista dos Tribunais, 2006, p. 303.

[32] GOMES, Luiz Flávio. MACIEL, Silvio. *Crimes ambientais*: comentários à Lei 9.605/98 (arts. 1° a 69-A e 77 a 82), São Paulo: Revista dos Tribunais, 2011, p. 77.

BRASIL. Supremo Tribunal Federal. Recurso Extraordinário n° 597.270. Plenário, Brasília, DF, 26 de março de 2009, Diário Eletrônico do Supremo Tribunal Federal. Poder Judiciário, Brasília, DF, 05 jun. 2009, p. 2257.

CARVALHO NETO, Inácio. *Aplicação da pena*. Rio de Janeiro: Forense, 1999.

DELMANTO, Celso; DELMANTO, Roberto; DELMANTO JUNIOR, Roberto; DELMANTO, Fábio Machado de Almeida. *Código Penal Anotado*. 8. ed. São Paulo: Saraiva, 2010.

DINO NETO, Nicolao. BELLO FILHO, Ney. DINO, Flávio. *Crimes e infrações administrativas ambientais*. 3. ed. Belo Horizonte: Del Rey, 2011.

FREITAS, Vladimir Passos. FREITAS, Gilberto Passos. *Crimes contra a natureza*: de acordo com a Lei 9.605/98). 8. ed. São Paulo: Revista dos Tribunais, 2006.

GOMES, Luiz Flávio. MACIEL, Silvio. *Crimes ambientais*: comentários à Lei 9.605/98 (arts. 1° a 69-A e 77 a 82). São Paulo: Revista dos Tribunais, 2011.

HOUAISS, Antonio. VILLAR, Mauro Salles. *Dicionário Houaiss da Língua Portuguesa*. Rio de Janeiro: Objetiva, 2001.

JESUS, Damásio Evangelista de. *Direito Penal*. 10.ed. São Paulo: Saraiva, v. 1, Parte Geral, 1985.

MIRABETE, Julio Fabbrini. 8. ed. São Paulo: Atlas, v. 1, Parte Geral, 1994.

NUCCI, Guilherme de Souza. *Código Penal comentado*. 11. ed. São Paulo: Revista dos Tribunais, 2012.

——. *Individualização da pena*. 4. ed. São Paulo: Revista dos Tribunais, 2011. BITENCOURT, Cezar Roberto. *Manual de Direito Penal*. 4. ed. São Paulo: Revista dos Tribunais, 1997.

PRADO, Luiz Regis. *Direito Penal do Ambiente*. 2. ed. São Paulo: Revista dos Tribunais, 2009.

REALE JÚNIOR, Miguel; DOTTI, Rene Ariel; ANDREUCCI, Ricardo Antunes; PITOMBO, Sérgio Marcos de Moraes. *Penas e medidas de segurança no novo código*. Rio de Janeiro: Forense, 1985.

Suspensão condicional da pena, pena de multa e perícia ambiental
(artigos 16 a 19)

ANA MARIA MOREIRA MARCHESAN[1]

CAPÍTULO II – DA APLICAÇÃO DA PENA

(...)

Art. 16. Nos crimes previstos nesta Lei, a suspensão condicional da pena pode ser aplicada nos casos de condenação a pena privativa de liberdade não superior a três anos.

A legislação ambiental amplia a possibilidade da suspensão condicional da pena em relação à regra geral prevista no art. 77, *caput*, do Código Penal, porquanto essa só admite o "sursis" simples para condenações não superiores a dois anos.

Em que pese essa variação relacionada ao *quantum* da pena aplicada, é importante gizar que os demais requisitos previstos no mesmo art. 77 do CP hão de se fazer presentes para a concessão do benefício, pois o Código Penal, em razão do disposto no art. 79 da Lei n. 9.605/98, é de aplicação subsidiária.

Merece registro o fato de que o instituto da suspensão condicional da pena é de rara incidência no processo penal ambiental,[2] tendo em conta a prioritária substituição da pena privativa de liberdade por alguma restritiva de direitos, na dicção do art. 77, inc. III, do CP.

A concessão do "sursis" somente será aventada pelo magistrado caso não indicada ou cabível a substituição a que alude o art. 44 do diploma penal.

---

[1] Promotora de Justiça no Estado do Rio Grande do Sul, com atuação na Promotoria Especializada do Meio Ambiente de POA desde 17/09/99. Mestre em Direito Ambiental e Biodireito pela Universidade Federal de Santa Catarina. Professora dos cursos de pós-graduação em Direito Ambiental da PUC, UFRGS, FMP, IDC e UNISINOS. Coautora da obra *Direito Ambiental*, Série Concursos, Verbo Jurídico, 2004. Autora da obra *A tutela do patrimônio cultural sob o enfoque do direito ambiental*. Livraria do Advogado, 2006. Integra a Diretoria de publicações da ABRAMPA (Associação Brasileira dos Promotores de Meio Ambiente).

[2] Situação essa que fora prevista por BELLO FILHO, Ney de Barros *et alli*. *Crimes e infrações administrativas ambientais*. Brasília: Brasília Jurídica, 2000, p. 96.

Ocorre que, em relação ao limite máximo da pena privativa de liberdade aplicada a comportar a substituição pela restritiva de direitos, a Lei de Crimes Ambientais trouxe uma regra suavemente diferenciada em relação ao texto geral do Código Penal. Enquanto nesse a substituição pode atingir os crimes com pena "não superior a quatro anos e o crime não for cometido com violência ou grave ameaça à pessoa ou, qualquer que seja a pena aplicada, se o crime for culposo", naquela a substituição é possível para os crimes culposos e para penas privativas de liberdade *inferiores a quatro anos*. Portanto, há um rigor maior na lei ora comentada.

O âmbito de incidência do "sursis" disputa espaço, de acordo com o critério objetivo relacionado ao *quantum* de pena, com a substituição por pena restritiva de direitos, com o detalhe de que essa precede àquele. Não há opção para o juiz. Ao contrário, há uma ordem sucessiva e imperativa para a concessão desses benefícios.[3] A "concessão da suspensão condicional da pena somente poderá ocorrer mediante a cabal e expressa demonstração de não ser indicada ou possível a substituição da privação da liberdade por sanção restritiva de direitos".[4]

Se o condenado for pessoa jurídica, não há possibilidade de concessão do "sursis", por ser esse uma hipótese de suspensão da pena privativa de liberdade, pena essa descabida para a pessoa jurídica.[5] Ademais, as condições aplicáveis pelo juiz durante o período de prova são de difícil, quando não impossível, cumprimento pela pessoa jurídica.

Mas o argumento que soterra de vez essa possibilidade diz respeito à essência do instituto. A suspensão condicional da pena veio ao mundo com o escopo de evitar o encarceramento. Como a pessoa jurídica é naturalmente infensa a isso, não há razão de ser para lhe estender essa benesse. É situação distinta da suspensão condicional do processo, instituto que objetiva evitar o processo em si e, por essa razão, a nosso juízo, aplicável à pessoa jurídica denunciada.

Art. 17. A verificação da reparação a que se refere o § 2º do art. 78 do Código Penal será feita mediante laudo de reparação do dano ambiental, e as condições a serem impostas pelo juiz deverão relacionar-se com a proteção ao meio ambiente.

A regra do art. 17 da Lei dos Crimes Ambientais refere-se à concessão do "sursis" especial, por expressa alusão ao art. 78, § 2º,[6] do Código Penal.

---

[3] Acórdão do Tribunal de Justiça do Distrito Federal e dos Territórios enfatizou a aplicação *subsidiária* do "sursis": "O *sursis* (CP 77) é instituto subsidiário, do qual somente se cogita quando inviável a substituição da pena privativa de liberdade por sanção alternativa" (Apelação Criminal n. 2000.01.1.094922-8. Relator Des. Fernando Habibe. J. em 26.agos.2004.

[4] BELLO FILHO, ob. cit., p. 96.

[5] Esse é o entendimento de GALVÃO, Fernando. Responsabilidade penal da pessoa jurídica. 2.ed. Belo Horizonte: Del Rey, 2003, p. 121.

[6] § 2º Se o condenado houver reparado o dano, salvo impossibilidade de fazê-lo, e se as circunstâncias do art. 59 deste Código lhe forem inteiramente favoráveis, o juiz poderá substituir a exigência do parágrafo anterior pelas seguintes condições, aplicadas cumulativamente: a) proibição de freqüentar determinados

Nesse caso, além das condições previstas no Código Penal, o juiz deverá exigir um laudo apto a demonstrar a reparação do dano ambiental.

Considerando o habitual lento ritmo necessário à reparação dos danos ambientais, afigura-se possível a concessão do benefício quando o laudo ateste que essa reparação está em curso, embora ainda não finalizada.

Ademais, as condições a serem cumpridas durante o período de prova no "sursis" especial obrigatoriamente terão de ser relacionadas ao meio ambiente (ex. frequência obrigatória a cursos de educação ambiental; custeio de programas e/ou campanhas de proteção ao meio ambiente; vedação de frequentar lojas que vendam tintas, sprays etc., no caso de crime de pichação). O importante é que não sejam tais medidas prestações de serviços à comunidade, por essa ser uma condição no "sursis" simples.

Art. 18. A multa será calculada segundo os critérios do Código Penal; se revelar-se ineficaz, ainda que aplicada no valor máximo, poderá ser aumentada até três vezes, tendo em vista o valor da vantagem econômica auferida.

1. A pena de multa na legislação ambiental

A pena de multa aparece na legislação penal ambiental[7] com várias roupagens:

a) Para a pessoa física, a multa pode figurar:

    a.1. como pena substitutiva da pena privativa de liberdade, com amparo no art. 60, § 2°, do Código Penal, nas hipóteses de não ser a pena privativa de liberdade aplicada superior a 6 (seis) meses;

    a.2. como pena cumulativa com privativa de liberdade ou, substituída essa, com restritiva de direitos (exs. arts. 50, 52 e 54 da LCA);

    a.3. como pena alternativa à pena privativa de liberdade (exs. arts. 33, 34, 38, 38-A, 39, 42, 49).

b) Para a pessoa jurídica, a multa poderá ser aplicada:

    b.1. como pena principal isoladamente aplicada (hipótese do art. 21, inc. I, da Lei n. 9605/98);

    b.2. cumulativa com restritiva de direitos ou prestação de serviços à comunidade (específicas para as pessoas jurídicas, portanto, dentre aquelas detalhadas nos arts. 22 e 23 da LCA);

    b.3. alternativamente à restritiva de direitos ou prestação de serviços à comunidade nos moldes dos arts. 22 e 23 da LCA.

---

lugares; b) proibição de ausentar-se da comarca onde reside, sem autorização do juiz; c) comparecimento pessoal e obrigatório a juízo, mensalmente, para informar e justificar suas atividades.

[7] É importante não olvidar que a Lei n. 9.605/98 é a lei dos crimes e infrações administrativas ambientais. Portanto, não prescinde ela de estabelecer regras gerais para o cálculo e aplicação das multas administrativas, as quais derivam das infrações administrativas ambientais e são aplicadas diretamente pelos órgãos integrantes do SISNAMA sem qualquer participação do Ministério Público e do Poder Judiciário.

2. Cálculo da pena de multa

O cálculo da pena de multa (ou pecuniária) é feito de acordo com o Código Penal. Dessa forma, o entendimento predominante é o de que deverá o juiz lançar mão do método trifásico para o seu cálculo. Primeiro, com base nas circunstâncias judiciais do art. 59 do CP combinado com o 6º da Lei 9.605/98,[8] atenuantes, agravantes, minorantes e majorantes irá estimar o número de dias-multa, entre 10 (dez) e, no máximo, de 360 (trezentos e sessenta) dias-multa.[9] Segundo, atendendo principalmente à situação econômica do réu, estabelecerá o valor do dia-multa (art. 60 do CP) entre um trigésimo do maior salário mínimo mensal vigente ao tempo do fato e 5 (cinco) vezes esse salário (art. 49, § 1º, do CP).

Nesse cálculo, não parece supérfluo lembrar o ensinamento do Des. Federal Fábio Bittencourt da Rosa, para quem é imprescindível que o juiz calcule a multa de forma simétrica com a pena privativa de liberdade. Diz ele: "todos os elementos considerados para mensurar a reprovabilidade da conduta delituosa para os efeitos da pena privativa de liberdade deverão também ser considerados para dosagem da pena de multa. Caso contrário, haveria um grau de censura para a prisão e outro para a pena pecuniária, solução que nunca passou pela cabeça do legislador do diploma penal brasileiro. O mesmo percentual de censura haverá de prevalecer para as duas espécies de sanções. E como se fará isso? Basta que se tome a pena privativa de liberdade definitivamente aplicada (incluídas todas as espécies de causas de aumento, inclusive pela continuidade delitiva) e se calcule a fração que representa, tendo-se por base de cálculo da pena mínima e a máxima, abstratamente previstas. A mesma fração haverá de corresponder, em vista do mínimo e do máximo previstos no art. 49 do Código Penal".[10]

Ao considerar também as outras moduladoras penais, além do art. 59 do CP e 6º da Lei 9.605/98, na fixação dos dias-multa, estará o magistrado atentando, no dizer de Dias,[11] aos princípios constitucionais da individualização da pena, da proporcionalidade, da culpabilidade e da igualdade, concretizando a simetria que deve reinar entre a pena privativa de liberdade definitivamente aplicada e a pena de multa.

Por fim, de acordo com o § 1º do art. 60 do CP, a multa pode ser aumentada até o triplo, se o juiz considerar que, "em virtude da situação econômica do réu, é ineficaz, embora aplicada no máximo".

---

[8] Há controvérsias a respeito do método de cálculo do número de dias-multa. Existem julgados entendendo que basta para isso a análise das circunstâncias judiciais do art. 59 do CP, não entrando nesse momento a análise das agravantes, atenuantes, e as causas de aumento e diminuição da pena. Nesse sentido: TRF4, Apelação Criminal 2001.04.01.056953-8RS, Rel. Des. Vladimir Freitas, 06.08.2002. Essa corrente encontrou larga aceitação também no STJ, citando-se como exemplos Resp. 96.00342490/DF, Rel. Ministro Edson Vidigal, DJ 22.09.97; e HC 132351/DF, Rel. Ministro Félix Fischer, DJ 05.10.09.

[9] Art. 49 do CP.

[10] TRF 4ª Região – 7ª Turma – ACR 1999.71.07.001885-6/RS. J. em 15.04.2003 – DJU 14.05.2003, p. 1108.

[11] DIAS, Andréia Castro. Da necessária simetria entre as penas de multa e a privativa de liberdade. *In:* HIROSE, Tadaaqui; BALTAZAR JÚNIOR, José Paulo (Orgs.). *Curso modular de direito penal vol. 2.* Florianópolis: Conceito Editorial, EMAGIS, 2010, p. 229-295.

Entretanto, nos crimes ambientais, podemos ter uma quarta fase: se a multa aplicada no máximo revelar-se ineficaz, o juiz poderá aumentar em até três vezes, *de acordo com a vantagem econômica auferida*.

Há quem sustente, como Sirvinskas[12] e Costa Neto,[13] a ocorrência da aplicação simultânea das causas de aumento, utilizando-se o método sucessivo. Ou seja, haveria um aumento sobre o aumento, e a pena de multa poderia então chegar a *16200 salários mínimos* (algo em torno de R$ 10.076.400,00, considerando o salário mínimo vigente em agosto de 2012 – R$ 622,00 – quando fechado esse comentário). Essa posição é refutada por Galvão, para quem esse duplo aumento implicaria prejuízo ao réu, o que não pode ser aceito sem prévia norma expressa que o fundamente.[14]

Em relação à pessoa jurídica, a LCA pouco dispôs acerca do cálculo e da aplicação da multa. O art. 6°, inc. III, determina ao juiz que, no caso da aplicação da pena de multa, tenha em conta a situação econômica do infrator, sem distinguir entre pessoa jurídica e física.

A nosso sentir, à míngua de uma maior explicitação, a pena de multa da pessoa jurídica será aplicada na forma do CP (art. 18). Portanto, com as devidas adaptações vinculadas aos pressupostos da culpabilidade do ente moral, com base no art. 59 do CP e no art. 6° da Lei 9.605/98 e consideradas as eventuais agravantes, as atenuantes e as causas especiais de aumento e diminuição da pena, o juiz fixará o número de dias-multa. Num segundo passo, considerando a situação econômica da empresa (e nesse ponto é importante que o processo tenha dados fidedignos sobre isso), irá estimar o valor do dia-multa (art. 60 do CP) entre um trigésimo do maior salário mínimo mensal vigente ao tempo do fato e 5 (cinco) vezes esse salário (art. 49, § 1°, do CP). Por derradeiro, poderá aumentá-la em até três vezes, se considerá-la ineficaz, diante da situação econômica da pessoa moral. Se, ainda assim, reputá-la insuficiente ou desproporcional como reprimenda penal, poderá aumentá-la em até três vezes, *de acordo com a vantagem econômica auferida*.

Sugere Shecaira que o legislador deveria utilizar uma unidade padrão para a pessoa física, que seria dia-multa, e uma para a pessoa jurídica, que seria *dia-faturamento*, para que desta maneira uma empresa tenha uma pena pecuniária condizente com sua possibilidade de ressarcimento do dano ou mesmo com a vantagem obtida pelo crime.[15] Galvão afirma que o faturamento não leva em conta as despesas a serem suportadas pela pessoa jurídica, razão pela qual não envolveria uma real avaliação da situação econômica da pessoa jurídica apenada, o que poderia afrontar o princípio da individualização da sanção penal.

---

[12] SIRVINSKAS, Luís Paulo. *Tutela penal do meio ambiente:* breves considerações atinentes à Lei n. 9.605, de 12.02.1998. 2. ed. São Paulo: Saraiva, 2002, p. 62-63.

[13] COSTA NETO, Nicolao Dino *et alii. Crimes e infrações administrativas ambientais*. Comentários à Lei n° 9.605/98. Brasília: Brasília Jurídica, 2000, p.97. Esses autores justificam o duplo aumento pelo fato de serem dois critérios diferentes os estabelecidos pelo art. 60, § 1°, do CP, e o do art. 18 da LCA.

[14] GALVÃO, Fernando. *Responsabilidade penal da pessoa jurídica* 2. ed. Belo Horizonte: Del Rey, 2003, p. 89.

[15] SHECAIRA, Sérgio Salomão. *Responsabilidade penal da pessoa jurídica*: de acordo com a lei n. 9.605/98. São Paulo: Revista dos Tribunais, 1998, p. 109.

O interessante é que, no TC (na hipótese de transação penal), ou melhor ainda, no processo, haja elementos mínimos que possam retratar a situação econômico-financeira da empresa de molde a facilitar a modulação da pena pecuniária.

> **Art. 19.** A perícia de constatação do dano ambiental, sempre que possível, fixará o montante do prejuízo causado para efeitos de prestação de fiança e cálculo de multa.
>
> Parágrafo único. A perícia produzida no inquérito civil ou no juízo cível poderá ser aproveitada no processo penal, instaurando-se o contraditório.

3. Crimes ambientais que exigem perícia

A perícia será exigível nos crimes ambientais que deixam vestígios (art. 158 do CPP), ou seja, nos formais, de mera conduta ou nos de perigo abstrato, como por exemplo no do art. 60 da LCA, afigura-se prescindível.

A Lei 11.690/08 introduziu uma série de mudanças significativas no Código de Processo Penal em relação à prova pericial, com repercussões nos processos relacionados aos crimes ambientais.

4. Perícias complexas

Dentre elas, merece destaque a especificação relacionada às perícias complexas (que abranjam mais de uma área de conhecimento especializado) prevista no art. 159, § 7°, do CPP).

Nesses casos, nada incomuns em crimes desse gênero, poderá o magistrado designar a atuação de mais de um perito oficial, e a parte indicar mais de um assistente técnico.

5. Perícia ambiental e montante do prejuízo causado pelo crime

Novidade trazida pela Lei 9.605/98 é a previsão de que a perícia criminal ambiental, sempre que possível, venha a fixar o *quantum* do prejuízo causado pelo dano ambiental.

Na prática, muitos institutos estaduais de perícias criminais ainda não se sentem aptos a cumprir essa tarefa por não terem definido uma metodologia apropriada.

Há inúmeras possibilidades, destacando-se as citadas por Almeida:[16] a) custo de viagem; b) preços hedônicos e c) valoração contingente. Todas

---

[16] ALMEIDA, Rodrigo de. Avaliação de danos causados ao meio ambiente. In: TOCHETTO, Domingos (Org). *Perícia ambiental*. 2. ed. Campinas: Millennium Editora, 2012, p. 221.

essas, segundo esse autor, são complexas e dispendiosas. Segundo esse mesmo autor, no Distrito Federal, foi desenvolvida uma metodologia simples que busca aferir o valor dos danos ambientais com vistas à restauração da área ou do bem ambiental afetado, primando pela proporcionalidade entre o valor do dano e suas reais consequências para o meio ambiente.

Steigleder, após reconhecer a existência de diversas metodologias disponíveis e de afirmar que a escolha da mais adequada irá depender da qualidade e quantidade de informações disponíveis sobre o dano, indica como possíveis aquelas contempladas na NBR 14653-6 da ABNT (Associação Brasileira de Normas Técnicas).[17]

Portanto, há como fazer. Ou seja, basta que os institutos de perícias oficiais queiram de fato assumir essa importante tarefa prevista em lei para que vivifiquem o dispositivo em comento.

6. Prova emprestada do inquérito ou do processo civil

Quanto ao aproveitamento da prova pericial produzida no inquérito ou no processo civil, afigura-se uma situação clara de prova emprestada de extrema valia em se tratando de crime ambiental, sempre de complexa e onerosa confirmação pericial.

Se, na ação civil pública envolvendo os mesmos réus, houver sido realizada, sob o crivo do contraditório, a perícia apta a comprovar a materialidade do delito, seria até mesmo antieconômico refazê-la. Já, em se tratando de inquérito civil, caberá ao promotor que o preside, assegurar ao investigado o direito à ampla defesa, com oportunidades bem claras de contraditar a perícia realizada, de constituir previamente assistente técnico e formular quesitos. Caso esse leque de formalidades não esteja inteiramente cumprido, a prova entrará no contexto e terá o valor indiciário mensurado pelo juízo criminal,[18] diante do seu livre convencimento previsto no art. 155 do CPP.

Além de servir como elemento confirmatório da materialidade delituosa, a perícia civil poderá ter utilidade no que se refere à fiança e para o cálculo da pena de multa, mais especificamente em relação à fixação do número de dias-multa (o que se coaduna com a previsão do art. 6°, inc. I, da LCA).

Costa Neto *et alii* ponderam que, no tocante à fiança, esse dispositivo será de pouca aplicação, "ante o contraste entre o tempo a ser despendido para elaboração de um laudo que fixe o montante do prejuízo causado com a necessária celeridade de apreciação de um pedido de fiança".[19]

Sem dúvida que, não se tratando de perícia previamente realizada no inquérito ou no processo civil sob o crivo do contraditório, sendo-lhe a de-

---

[17] STEIGLEDER, Annelise Monteiro. *Responsabilidade civil ambiental:* as dimensões do dano ambiental no direito brasileiro. 2. ed. Porto Alegre: Livraria do Advogado, 2011, p. 238.

[18] MARCHESAN, Ana Maria Moreira. Perícias ambientais no direito brasileiro. *Revista de direito ambiental*, vol. 27, São Paulo, RT, p. 279.

[19] COSTA NETO, ob. cit., p. 97.

mora indissociável de sua complexidade, estar-se-ia diante de um dispositivo inútil.

Ocorre que, se a perícia preexistir, sem sombra de dúvidas que poderá ser considerada para fins de fixação da fiança.

Outra alternativa é a autoridade policial se valer de um laudo assinado por duas pessoas idôneas, portadoras de diploma de curso superior preferencialmente na área específica, dentre as que tiverem habilitação técnica relacionada com a natureza do exame, devidamente compromissadas pela autoridade policial (conforme prevê o § 1º do art. 159 do CPP) para fins de constatar a materialidade em flagrante de crime ambiental, utilizando esse laudo para fins de arbitramento da fiança.

Importante é salientar que a Lei não condiciona a possibilidade de aproveitamento das provas periciais coletadas no inquérito ou na ação civil à sua irrepetibilidade.[20] A única exigência é justamente a instauração do contraditório quando da realização da perícia.

---

[20] Ousamos, nesse ponto, divergir de Gomes e Maciel, para quem a perícia produzida no inquérito somente "pode ser aproveitada no processo penal se não houver como ser renovada, por ser prova não repetível, hipótese em que se fará o contraditório diferido (postergado)" (GOMES. Luiz Flávio; MACIEL, Silvio. *Crimes ambientais*. Comentários à Lei 9.605/98. São Paulo: Revista dos Tribunais, 2011, p.80), porquanto é requisito do aproveitamento dessa prova, conforme a literalidade do art. 19, a instauração do contraditório no inquérito civil, o qual, usualmente, é inquisitorial.

Fixação do valor mínimo para reparação dos danos ambientais
(artigo 20)

ALEXANDRE SIKINOWSKI SALTZ[1]

CAPÍTULO II – DA APLICAÇÃO DA PENA

(...)

Art. 20. A sentença penal condenatória, sempre que possível, fixará o valor mínimo para reparação dos danos causados pela infração, considerando os prejuízos sofridos pelo ofendido ou pelo meio ambiente.

Parágrafo único. Transitada em julgado a sentença condenatória, a execução poderá efetuar-se pelo valor fixado nos termos do *caput*, sem prejuízo da liquidação para apuração do dano efetivamente sofrido.

Se é certo que a proteção do meio ambiente possui matriz constitucional, menos certo não é que a fundamentalidade da proteção decorre de uma nova teoria constitucional oriunda de um novo modelo de Estado. Trata-se do Estado de Direito do Ambiente, resposta à cidadania ambiental instalada a partir da identificação da necessidade de proteção jurídica do ambiente.

O moderno Estado Constitucional já não é apenas o Democrático e Social de Direito, senão o Estado Ambiental, rotulado de Estado Socioambiental. Esse formato de Estado tem o desafio de conciliar a progressiva realização dos direitos sociais, econômicos e culturais com o compromisso de manter-se, para as presentes e futuras gerações, um ambiente equilibrado, escorado em três grandes princípios: função social e ecológica da propriedade, solidariedade intra e intergeracional e proibição de retrocesso.[2]

---

[1] Promotor de Justiça no Estado do Rio Grande do Sul, com atuação na Promotoria Especializada do Meio Ambiente de Porto Alegre. Diretor da ABRAMPA (Associação Brasileira dos Promotores de Meio Ambiente). Professor da Escola da Fundação do Ministério Público do Estado do Rio Grande do Sul. Ex-Coordenador do Centro de Apoio Operacional das Promotorias de Meio Ambiente do Ministério Público do Estado do Rio Grande do Sul.

[2] Leia-se, sobre o tema, o prefácio do Ministro Antonio Herman Benjamin à 1ª edição da obra *Direito Constitucional Ambiental: Constituição, Direitos Fundamentais e Proteção do Ambiente*, escrita pelos Professores Ingo Wolfgang Sarlet e Tiago Fensterseifer.

Esse processo surgiu porque a teoria dos direitos fundamentais é modelada pelas relações sociais e suas necessidades, derivando daí a referência doutrinária de que existem gerações desses direitos.[3] Desde a década de 70, especialmente pela Declaração de Estocolmo das Nações Unidas sobre Meio Ambiente Humano (1972),[4] motivado pela crise ambiental, houve o "esverdear"[5] da Teoria Constitucional e a possibilidade da defesa da ideia da existência de um *Direito Constitucional Ambiental*.[6] Esse novo modelo de Estado leva o Professor José Joaquim Gomes Canotilho a defender a força normativa da chamada "Constituição Ambiental".[7]

Nesse cenário, não poderia o direito recusar respostas aos problemas trazidos pela chamada "sociedade de risco".[8] Cumpre-lhe, também pela via legislativa, posicionar-se sobre as ameaças e danos, dando-lhes tratamento conforme a vontade do legislador constitucional e aos princípios referentes ao tema.

Ou, nas palavras de Ingo Sarlet e Tiago Fensterseifer:

> A partir de tal inovação normativa, estabeleceu-se – além da recepção da já expressiva legislação brasileira voltada à tutela ambiental – um conjunto de princípios e regras em matéria de proteção e promoção de um ambiente saudável, equilibrado e seguro, reconhecendo o caráter vital da qualidade ambiental para o desenvolvimento humano em níveis compatíveis com a dignidade inerente à pessoa humana, no sentido da garantia e promoção de um *bem estar existencial* individual e coletivo. (...) Há, portanto, o reconhecimento, pela ordem constitucional, da *dupla funcionalidade* da proteção ambiental no ordenamento jurídico brasileiro, que assume tanto a forma de um *objetivo e tarefa* quanto de um *direito (e dever) fundamental* do indivíduo e da coletividade, implicando um complexo de direitos e deveres fundamentais de cunho ecológico. A partir das considerações, resulta caracterizada a obrigação constitucional do Estado de adotar medidas – legislativas e administrativas – atinentes à tutela ecológica, capazes de assegurar o desfrute adequado do direito fundamental em questão.[9]

---

[3] A utilização da expressão "gerações" é para marcar as transformações de conteúdo, titularidade, eficácia e efetividade dos direitos fundamentais, num caráter de cumulatividade e complementariedade, não de alternância ou substituição.

[4] "O homem tem o direito fundamental à liberdade, à igualdade e ao desfrute de condições de vida adequada em um meio, cuja qualidade lhe permita levar uma vida digna e gozar de bem-estar, e tem a solene obrigação de proteger e melhorar esse meio para as gerações presentes e futuras".

[5] Expressão cunhada por DA SILVA, Vasco Pereira. *Verde cor de direito: Lições de Direito do Ambiente.* Coimbra: Almedina, 2002.

[6] A obra pioneira sobre o tema foi do Professor José Afonso da Silva, intitulada *Direito Constitucional Ambiental*, São Paulo: Malheiros Editores. 1994, onde já prenunciava que "A Constituição de 1988 foi, portanto, a primeira a tratar deliberadamente da questão ambiental. Pode-se dizer que ela é uma Constituição eminentemente ambientalista. Assumiu o tratamento da matéria em termos amplos e modernos. Traz um capítulo específico sobre *meio ambiente,* inserido no título da *ordem social* (Cap. VI do Tít. VIII). Mas a questão permeia todo o seu texto, correlacionada com os temas fundamentais da ordem constitucional." (p. 26).

[7] CANOTILHO, José Joaquim Gomes. Direito Constitucional Ambiental Português e da União Europeia. In: CANOTILHO, José Joaquim Gomes; MORATO LEITE, José Rubens (orgs). *Direito Constitucional Ambiental Brasileiro*. São Paulo: Saraiva, p. 05.

[8] Expressão cunhada por BECK, Ulrich. *La Sociedad Del Riesgo: hacia uma nueva modernidad*. Barcelona: Paidós, 2001, sendo o tema tratado por LEITE, José Rubens Morato e AYALA, Patryck de Araújo. *Direito Ambiental na Sociedade de Risco*. Rio de Janeiro: Forense Universitária, 2002, p. 11 e ss.

[9] SARLET, Ingo Wolfgang e FENSFERSEIFER, Tiago. Notas Sobre os Deveres de Proteção do Estado e a Garantia da Proibição de Retrocesso em Matéria Ambietal. In AUGUSTIN, Sérgio e STEINMETZ, Wilson (orgs.). *Direito Constitucional do Ambiente. Teoria e Aplicação*. Caxias do Sul: EDUCS. 2011, p.10.

Esse "dever de proteção ambiental"[10] trazido pela Constituição Federal de 1988 vincula os poderes estatais,[11] obrigando-os à adoção de medidas administrativas e legislativas de tutela e proteção do meio ambiente.

Uma dessas premissas é a necessidade da reparação integral do dano, expressamente consagrada no artigo 225, §§ 2º e 3º, da Carta Política de 1988 e que serve de escopo para o artigo ora em comento.

Sendo o poluidor-pagador princípio "eixo que dá sustentação e orientação ao direito ambiental",[12] natural e compreensível que a persecução penal que se fez obrigatória a partir do mandamento posto no § 3º do artigo 225 da Constituição Federal também fosse utilizada como técnica mediata de reparação dos danos impostos ao ambiente.[13]

Luis Flávio Gomes e Silvio Maciel, relativamente à Lei dos Crimes Ambientais e das Infrações Administrativas, lembram que:

> É muito importante ressaltar que esta lei tem por objeto expresso a reparação do dano ambiental. O intuito claro da Lei Ambiental é a reparação dos prejuízos ambientais (sempre que possível) ou ao menos sua compensação. Por isso, a maioria dos institutos da Parte Geral está relacionada com a reparação ou com a compensação do dano ambiental, circunstância que não se pode perder de vista na interpretação da presente lei.[14]

A natureza constitucional da mediação criminal como técnica de reparação dos danos afasta o entendimento de que a inspiração do artigo em questão veio dos arts. 91, I, do Código Penal e 63 do Código de Processo Penal.[15]

---

[10] A expressão foi cunhada pelo Prof. Antonio Enrique Peres Luño. *Los Derechos Fundamentales*. 8ª ed. Madri: Tecnos, 2005, p. 214.

[11] Aponto como algumas das consequências da fundamentalidade da proteção do ambiente: 1) limitação da atividade econômica, porque, como destacado pela Suprema Corte, "A atividade econômica não pode ser exercida em detrimento dos princípios de proteção do ambiente" (STF, ADI-MC 3540/DF, Rel. Min. Celso Mello); 2) obrigatoriedade da utilização de formas menos lesivas de exploração econômica (STJ, RESp 1.094.873/SP, Rel. Min. Humberto Martins); 3); 4) proíbe o retrocesso social (STJ, RESp 302.906/SP, Rel. Min. Herman Benjamin); 5) não admite desconsideração ou flexibilização (STJ, RESP 176.753-SC, Rel. Min. Herman Benjamin); 6) mitiga direitos tradicionais (TJRS, AI 70026351486, Rel. Desa. Mara Cechi e TJRS, AC 70019696335, Rel. Des. Rogério Gesta Leal); 7) importante ferramenta exegética (TJRS, AI 70021357900, Rel. Des. Pedro Luiz Pozza); 8) é um padrão para a formulação de políticas públicas (TRF3, AC 39132, Rel. Juíza Federal Noemi Martins); 9) legitima intervenções estatais (TJPR, AC 0381375-6, Rel. Des. Marcos de Luca Fanchin); 10) condição *sine qua non* para o desenvolvimento da vida humana e para a proteção da dignidade da pessoa humana (STJ, RESp 575998/MG, Rel. Min. LUIZ FUX); 11) impossibilidade da invocação da tese da reserva do possível (STJ, RESp 1185474/SC, Rel. Min. Humberto Martins); 12) integra a esfera dos valores permanentes e indisponíveis da sociedade brasileira (TRF1, RSE 200734000427155, Rel. Desa. Fed. Assusete Magalhães); 13) imune à discricionariedade estatal (TRF4, AG 200904000092992, Rel. Dr. Roger Raupp Rios); 14) possui força vinculante plena; 15) maior visibilidade e respeitabilidade; 16) substitui o paradigma da legalidade ambiental pelo da constitucionalidade; 17) obrigatoriedade da reparação integral do dano, dentre outras.

[12] BENJAMIN, Antônio Herman. O Princípio Poluidor-Pagador e a Reparação do Dano Ambiental. *In* BENJAMIN, Antônio Herman (org.). *Dano Ambiental: Prevenção, Reparação e Repressão*. São Paulo:Editora Revista dos Tribunais, 1993, p. 226 – 249.

[13] A criação de técnicas mediatas de reparação do dano no juízo penal foi opção evidente do legislador ordinário, como se vê, também, nos artigos 27 e 28 da Lei nº 9.605/98.

[14] GOMES, Luiz Flávio e MACIEL, Silvio. *Crimes Ambientais – Comentários à Lei 9.605/08*. São Paulo: Editora Revista dos Tribunais. 2011, p. 23.

[15] Posição sustentada por DINO NETO, Nicolao, BELLO FILHO, Ney e DINO, Flávio, in *Crimes e Infrações Administrativas Ambientais*. 3ª ed. Belo Horizonte: Del Rey Editora, 2011, p. 94, lembrando que o artigo 91, I, Código Penal diz que "São efeitos da condenação: I – tornar certa a obrigação de indenizar o dano cau-

A origem é outra e já foi referida: vem da Constituição Federal a ideia de que todo o sistema de proteção do ambiente trabalha para a reparação dos danos, impondo ao Estado a obrigação de adotar medidas legislativas nesse sentido.

E, havendo mandamento constitucional destinado a garantir a preservação do meio ambiente, ainda para sustentar a autonomia mencionada, invoca-se ao caso o princípio da proibição da proteção deficiente que, em linhas gerais, determina que o Estado não pode abrir mão dos mecanismos de tutela, inclusive de cunho penal, vedada a proteção deficiente, como modo de assegurar a máxima efetivação do direito fundamental.[16]

Ademais, a incidência do princípio da especialidade também justifica a autonomia da mediação criminal na reparação do dano ao meio ambiente.

Também não há necessidade de que haja, na denúncia ou queixa, pedido expresso de condenação ao pagamento do dano ambiental.[17] Trata-se de mandamento imposto ao Magistrado para situações em que seja possível arbitrar alguma forma de reparação dos danos,[18] entendimento esse que decorre da leitura do texto legal quando diz que o Juiz, sempre que possível, "fixará o valor mínimo para a reparação dos danos causados".[19] Ou seja, o microssistema de apuração dos crimes ambientais agregou à sentença criminal condenatória mais um requisito: a quantificação do dano. E exatamente porque há tal obrigatoriedade é que o réu não será surpreendido com eventual condenação, cabendo à defesa, acaso conste dos autos a perícia referida pelo artigo 19 da Lei nº 9.605/98, enfrentar as suas conclusões.

Mas cumpre indagar qual o dano ambiental indenizável.

Inicialmente necessário conceituar dano ambiental. Ainda que a legislação ambiental não defina o que é dano ambiental, a conjugação dos conceitos de degradação ambiental, poluição e poluidor, trazidos pela Lei da Política Nacional do Meio Ambiente, leva à sua definição: qualquer ação ou omissão que altere adversamente as características do meio ambiente.

---

sado pelo crime;" e o artigo 63, "caput", Código de Processo Penal consigna que "Transitada em julgado a sentença condenatória, poderão promover-lhe a execução, no juízo cível, para o efeito da reparação do dano, o ofendido, seu representante legal ou seus herdeiros".

[16] Sobre o princípio, recomenda-se a leitura do voto-vista do Ministro Gilmar Mendes no julgamento do RE 418.376. Também STRECK, Lenio Luiz. A dupla face do princípio da proporcionalidade: da proibição de excesso (*Übermassverbot*) à proibição de proteção deficiente (Untermassverbot) ou de como não há blindagem contra normas penais inconstitucionais. Revista da Ajuris, Ano XXXII, nº 97, marco/2005, p.180. Ainda SARLET, Ingo Wolfgang. Constituição e proporcionalidade: o direito penal e os direitos fundamentais entre a proibição de excesso e de insuficiência. Revista da Ajuris, ano XXXII, nº 98, junho/2005, p. 107.

[17] Luiz Flávio Gomes e Silvio Maciel sustentam a necessidade de pedido nesse sentido (ob. citada, p. 82)

[18] Decidiu o TRF5, em Segunda Turma, rel. Des. Federal Francisco Wildo, DJE 19/05/2011, que "(...) 3. Consoante o art. 20 da Lei nº 9.605/98, a fixação do valor mínimo da reparação do dano ambiental causado pela infração penal é ínsita ao decreto condenatório proferido, independendo, portanto, de pedido expresso do Ministério Público.(...)".

[19] No sentido de que a o magistrado não necessita ser provocado, BITTENCOURT, Sidney. *Comentários a Lei dos Crimes Ambientais e Suas Sanções Administrativas*. Belo Horizonte: Editora Fórum. 3ª edição. 2011, p. 77.

Importante destacar que a doutrina registra que o dano ambiental possui conteúdo ambivalente, significando tanto as alterações quanto os efeitos que produz,[20] de forma que, nas palavras de Michel Prieur,[21] temos danos ecológicos propriamente ditos e danos individuais. Aqueles são regidos pela Lei da Política Nacional do Meio Ambiente e pela Lei da Ação Civil Pública, sendo que o valor da condenação, por força de lei, reverterá para o Fundo de Restauração dos Bens Lesados; estes, regrados pelo Código Civil, destinam-se aos próprios ofendidos. Aqueles são autônomos e relação aos danos privados, de sorte que podem coexistir ações que tenham por causa de pedir o mesmo dano.

Aliás, a parte final do *caput* do artigo 20 refere a ocorrência de "danos sofridos pelo ofendido ou pelo meio ambiente", internalizando o caráter dúplice do dano.

Essa circunstância permite, como defendem Luiz Flávio Gomes e Silvio Maciel,[22] a utilização da sentença condenatória para o transporte *in utilibus secundum eventum litis*, previsto pelo artigo 103, § 4º, do Código de Proteção e Defesa do Consumidor, de sorte que a condenação criminal poderá ser utilizada pelo Ministério Público e demais legitimados da ação civil público quanto por particulares, individualmente.

Mas se é certo que o magistrado, na sentença criminal, pode fixar o valor da indenização pelo dano ambiental, qual a efetiva extensão dessa reparação?

É certo que a natureza da apuração da responsabilidade penal afasta o regime da reparação objetiva, da irrelevância da licitude e a atenuação do nexo causal. Mas, se houver prova suficiente para a condenação pelo cometimento do crime ambiental, e sendo a infração causadora de dano, baseado na perícia constante nos autos, a reparação há de ser integral.

Essa integralidade inclui os danos materiais presentes e futuros (danos emergentes e danos interinos ou intercorrentes) e os extrapatrimoniais, sendo o caso, privilegiando sempre formas de reparação *in natura* e *in situ*,[23] via recuperação[24] e restauração,[25] dependendo da análise técnica levada a efeito no caso concreto.

---

[20] STEIGLEDER, Anelise Monteiro. *Responsabilidade Civil Ambiental: As dimensões do dano ambiental no direito brasileiro*. Porto Alegre: Livraria do Advogado Editora, 2004, p. 117.

[21] PRIEUR, Michel. *Droit de L'environnement*. 5ª edição. Paris: Dalloz, 2004, p. 916.

[22] Ob. citada, p. 82-83.

[23] Sobre a reparação integral do dano sugere-se a leitura de STEIGLEDER, Annelise Monteiro. *Responsabilidade Civil Ambiental:* As dimensões do dano ambiental no direito brasileiro. Porto Alegre: Livraria do Advogado, 2004, p. 235 e ss; de FREITAS, Cristina Godoy de Araújo. Valoração do Dano Ambiental: Algumas Premissas. MPMG Jurídico, Belo Horizonte, edição especial, p. 10 – 17, 2011; assim como o texto do Relatório Final do Grupo de Trabalho de Valoração de Dano Ambiental do Ministério Público do Estado de São Paulo, disponível em <http://www.mp.sp.gov.br/portal/page/portal/cao_urbanismo_e_meio_ambiente>, acesso em 3 de agosto de 2012.

[24] O conceito de recuperação consta no artigo 2º, XIII, da Lei nº 9.982/2000, como sendo "restituição de um ecossistema ou de uma população silvestre degradada a uma condição não degradada, que pode ser diferente de sua condição original;".

Se houver impossibilidade total ou parcial da reparação *in natura* e *in situ* (restauração e recuperação), partir-se-á para a compensação *in natura*, forma de reparar o dano ambiental através da reconstituição ou melhoria de outro bem ou sistema ambiental equivalente ao afetado. Se inexistente a possibilidade de compensação, parte-se para a indenização.

Mas o importante é que, mercê da gradação que deva ser dada, todas as modalidades indicadas são espécies do gênero reparação do dano, motivo por que o juiz criminal, se presentes elementos de convicção suficientes para tanto, deverá fazê-lo. E esse cenário indica a necessidade de que o Ministério Público, titular da ação penal, atue no processo penal de modo a identificar qual a forma de reparação mais adequada ao caso.

---

[25] Restauração é "restituição de um ecossistema ou de uma população silvestre degradada o mais próximo possível da sua condição original;" (art. 2º, XIV, Lei nº 9.982/2000).

As penas aplicáveis às pessoas jurídicas
(artigos 21 a 24)

ANNELISE MONTEIRO STEIGLEDER[1]

CAPÍTULO II – DA APLICAÇÃO DA PENA

(...)

Art. 21. As penas aplicáveis isolada, cumulativa ou alternativamente às pessoas jurídicas, de acordo com o disposto no art. 3º, são:

I – multa;

II – restritivas de direitos;

III – prestação de serviços à comunidade

Antes de adentrar nos comentários específicos sobre o dispositivo, afigura-se apropriado tecer algumas considerações sobre a função da pena aplicada ao ente moral.

Parece insuscetível de contestação a afirmação de que o conteúdo ético da reprovação penal é deveras mais forte que os de caráter cível ou administrativo.

Mesmo assim, são frequentes as objeções lançadas à responsabilidade penal das empresas, sendo recorrentes as seguintes: a) a empresa não tem capacidade de sentir dor ou de se arrepender; b) ao impor uma pena à empresa são castigados, na verdade, seus sócios, acionistas, cotistas.

Como ensina Díez, adepto do modelo construtivista de autorresponsabilidade penal empresarial, tais objeções acabam se enfraquecendo quando se tem em conta o fato de que o conceito de pena vem se afastando cada vez mais da dor física do condenado e de que a organização empresarial se conforma como uma entidade/sistema separado dos acionistas/membros.[2]

---

[1] Promotora de Justiça na Promotoria de Defesa do Meio Ambiente de Porto Alegre, Mestre em Direito pela Universidade Federal do Paraná e Professora de Direito Ambiental da Faculdade de Direito da Fundação Escola Superior do Ministério Público. Autora da obra: *Responsabilidade civil ambiental*. As dimensões do dano ambiental no direito brasileiro, 2011, e coautora da obra *Direito Ambiental*: série concursos, 2010.

[2] DÍEZ, Carlos Gómez-Jara. *A responsabilidade penal da pessoa jurídica e o dano ambiental*. A aplicação do modelo construtivista de autorresponsabilidade à Lei 9.605/98. Porto Alegre: Livraria do Advogado, 2013, p. 40.

Esse modelo estabelece estreita relação entre os conceitos de culpabilidade e de pena. De acordo com a teoria da pena baseada na retribuição comunicativa, a pena cumpre a função de contribuir para o restabelecimento comunicativo da norma, derivando-se como prestação, como o reforço da fidelidade ao Direito.[3]

A função da pena, seja imposta ao indivíduo ou a uma organização empresarial, restabelece comunicativamente a vigência da norma e dessa forma não há distinção entre o Direito Penal individual e o empresarial. Ademais, segundo o mesmo autor, "o simbolismo jurídico-penal associado à pena imposta com base na liberdade de auto-organização da pessoa, estimula a ideia de autorresponsabilidade empresarial, como reforço de uma cultura empresarial de fidelidade ao direito".[4]

Por isso, é importante uma correta eleição das penas aplicáveis às pessoas jurídicas, levando-se em conta a realidade empresarial no sentido de observar que necessidades a sociedade moderna possui em relação à punição de empresas e "qual é o *status* que as organizações empresariais sustentam na sociedade".[5]

Feitas tais considerações, passa-se a comentar os artigos que estabelecem os tipos de penas aplicáveis às empresas.

O art. 21 da LCA enumera as sanções aplicáveis às pessoas jurídicas pelo juiz criminal. A prestação de serviços à comunidade é espécie de pena restritiva de direitos, nos termos dos arts. 8º da LCA e 43 do Código Penal.

O Desembargador Federal José Luiz Germano da Silva destaca que as penas aplicáveis às pessoas jurídicas não são sanções substitutivas, como acontece no art. 44 do Código Penal e no art. 7º da Lei 9.605/98 em relação às pessoas físicas, pois "são penas principais e únicas aplicáveis às sociedades. Se a pessoa jurídica for condenada e o diretor absolvido ou tiver extinta sua punibilidade, ela sofrerá uma das penas acima citadas. As penas mencionadas poderão ser cumuladas ou aplicadas alternativamente, ou seja, a pessoa jurídica poderá ser condenada a multa e prestação de serviços à comunidade, ou apenas a uma pena restritiva de direitos".[6]

Em sentido contrário, Flávio Dino e Nicolao Dino Neto asseveram que "em se cuidando de pessoa jurídica, a substituição é compulsória" – ante a óbvia impossibilidade material de imposição de pena privativa de liberdade, o que se justificaria com base nos princípios da individualização da pena e da vedação a punições de caráter perpétuo, de acordo com o art. 5º, incisos XLVI e XLVII, da Constituição Federal de 1988.[7]

---

[3] Ob. cit., p. 41.

[4] Ob. cit., p. 41.

[5] Ob. cit., p. 41.

[6] TRF-4ª Região, MS n. 2002.04.01.01013843-0/PR, Rel. Des. Federal José Luiz Germano da Silva, j. em 10.12.2002.

[7] DINO NETO, Nicolao, DINO, Flávio e BELLO FILHO, Ney. *Crimes e Infrações administrativas ambientais.* Belo Horizonte: Del Rey Ed., 3ª. Edição, 2011, p.97. No mesmo sentido: GALVÃO DA ROCHA, Fernando. *Responsabilidade penal da pessoa jurídica.* 2ª ed. Belo Horizonte: Del Rey, 2003, p. 91.

Atentando para o art. 44, § 2º, CP,[8] os autores aduzem que, ao exarar a sentença penal condenatória em desfavor da pessoa jurídica, o Juiz estará diante de duas alternativas: "a) se entender, cotejando o art. 59 do CP com o art. 6º da LCA, tratar-se de caso de aplicação da pena mínima, condenará o réu à pena de multa (substitutiva) ou a uma pena restritiva de direitos, fixando sua duração em um ano; b) concluindo pela necessidade de imposição de pena mais rigorosa, poderá infligir uma pena restritiva de direitos acompanhada de multa, ou duas restritivas de direitos".[9]

Na realidade, a discussão sobre o caráter substitutivo das penas restritivas de direitos das pessoas jurídicas assume relevância no que tange aos parâmetros temporais para fixação das penas restritivas, já que somente a proibição de contratar com o Poder Público, bem como dele obter subsídios, subvenções ou doações, possui o prazo máximo fixado em 10 anos (art. 22, III, e §3º.). As demais sanções restritivas do art. 22 e a prestação de serviços à comunidade (art. 23) carecem de qualquer prazo.

A definição dos prazos para cumprimento das penas restritivas de direito por parte das empresas ainda é imprescindível para aferição de eventual ocorrência de prescrição. A respeito, registram-se duas correntes. De um lado, o posicionamento no sentido de que, não sendo as penas da pessoa jurídica substitutivas e à míngua de critérios legais definidos, a prescrição deve ser pautada pelo prazo previsto para a prescrição da pena de multa, qual seja de dois anos:

> RECURSO EM SENTIDO ESTRITO. CRIME AMBIENTAL. PRESCRIÇÃO. 1. Quanto à pessoa jurídica, não há dúvida que a pena de multa lhe imposta prescreve no mesmo prazo previsto no CP, qual seja, 2 (dois) anos. 2. Por outro lado, a lei não estabelece limites mínimo e máximo para o cumprimento das penas restritivas de direitos e prestação de serviços à comunidade, as quais, ao contrário do CP, não são substitutivas, mas, sim, autônomas. Este quadro dá margem ao problema da prescrição, máxime quando a CF estabelece a prescrição como regra geral, enumerando as exceções de modo taxativo. Nesta hipótese, ante o vácuo legislativo, entendo que a solução mais razoável consiste em equiparar, para efeito de prescrição, as restritivas de direito e prestação de serviços à comunidade à multa. Por este motivo, observado o prazo prescricional de 2 (dois) anos, os fatos, bem ou mal, estão prescritos. 3. Recurso improvido.[10]

O outro entendimento, adotado por Dino e Dino Neto, é pela adoção do critério da substitutividade, devendo o Juiz considerar o *quantum* das penas privativas de liberdade previsto em cada tipo penal para a análise da prescrição em abstrato e calcular a hipotética pena privativa de liberdade para análise da prescrição pela pena concretizada.[11] Compartilham deste entendi-

---

[8] Art. 44, § 2º, CP – Na condenação igual ou inferior a um ano, a substituição pode ser feita por multa ou por uma pena restritiva de direitos; se superior a um ano, a pena privativa de liberdade pode ser substituída por uma pena restritiva de direitos e multa ou por duas restritivas de direitos.

[9] DINO NETO e outros, ob. cit., p. 98.

[10] Recurso em Sentido Estrito Nº 70026956300, Quarta Câmara Criminal, Tribunal de Justiça do RS, Relator: José Eugênio Tedesco, Julgado em 25/06/2009.

[11] DINO NETO e outros, ob. cit., p. 99.

mento Galvão da Rocha[12] e Eládio Lecey.[13] Confira-se, neste sentido, recente jurisprudência do Tribunal Regional Federal da 4ª Região:

> PENAL. PROCESSO PENAL. CRIMES AMBIENTAIS. CORTES DE ÁRVORES. ARTS. 38 C/C 53, 'C', 39 C/C 53, 'C', 45, 'C', TODOS DA LEI N.º 9.605/98. PESSOAS FÍSICAS E PESSOA JURÍDICA. PRESCRIÇÃO. OCORRÊNCIA. FALSIDADE IDEOLÓGICA. ARTIGO 299 DO CÓDIGO PENAL. ABSOLVIÇÃO MANTIDA. AUTORIA E MATERIALIDADE DE UM DOS RÉUS. AUSÊNCIA DE PROVA. *IN DUBIO PRO REO*. Tendo transitado em julgado a sentença para a acusação, a prescrição regula-se pela pena em concreto (Código Penal, art. 110, § 1º). Não tendo a legislação ambiental previsto limites penais específicos à pessoa jurídica (art. 21 da Lei nº 9.605/98), deve ficar a prescrição regulada pela pena imposta à pessoa física, esta sim com limites precisos e concretizados na sentença. A jurisprudência tem exigido a responsabilização de pessoa física ao par da pessoa jurídica, de modo que se ao ente físico já não pode mais prosseguir a persecução penal, o mesmo automaticamente dá-se frente à pessoa jurídica. Extinção da punibilidade decretada pela prescrição, calculada com base na pena aplicada na sentença, nos termos do artigo 109, inciso V, do Código Penal. A incerteza quanto à caracterização das árvores como vivas ou mortas, no momento do corte, não se presta à consideração de que são falsas as informações consignadas nos laudos que acompanharam os pedidos dos réus de abate de árvores, não sendo possível afirmar que os denunciados tivessem a intenção de inserir declaração falsa em documento. Absolvição mantida. Havendo real dúvida sobre a participação de um dos réus, deve ser mantida a sentença absolutória, em face da aplicação do princípio do *in dubio pro reo*.[14]

No que se refere à pena de multa, o art. 18 da LCA versa sobre os critérios para sua dosimetria, de modo que remetemos o leitor para os comentários correspondentes. Passamos, assim, a comentar especificamente os arts. 22 e 23.

> **Art. 22.** As penas restritivas de direitos da pessoa jurídica são:
> I – suspensão parcial ou total de atividades;
> II – interdição temporária de estabelecimento, obra ou atividade;
> III – proibição de contratar com o Poder Público, bem como dele obter subsídios, subvenções ou doações.
> § 1º A suspensão de atividades será aplicada quando estas não estiverem obedecendo às disposições legais ou regulamentares, relativas à proteção do meio ambiente.
> § 2º A interdição será aplicada quando o estabelecimento, obra ou atividade estiver funcionando sem a devida autorização, ou em desacordo com a concedida, ou com violação de disposição legal ou regulamentar.
> § 3º A proibição de contratar com o Poder Público e dele obter subsídios, subvenções ou doações não poderá exceder o prazo de 10 anos.

---

[12] GALVÃO DA ROCHA, Fernando. *Responsabilidade penal da pessoa jurídica*. 2ª ed. Belo Horizonte: Del Rey, 2003, p. 120.

[13] LECEY, Eládio. *Responsabilidade penal da pessoa jurídica: efetividade e questões processuais*. Anais do Congresso Internacional de Direito Ambiental (8:2004: São Paulo). Fauna, políticas públicas e instrumentos legais. Organizado por Antonio Herman Benjamin, São Paulo: Instituto O Direito por um Planeta Verde, 2004, p.48.

[14] TRF4, ACR 0000571-75.2004.404.7212, Sétima Turma, Relator Luiz Carlos Canalli, D.E. 18/12/2012.

Observando-se o art. 22, uma primeira questão relevante diz com a utilidade das penas contempladas neste dispositivo, nos incisos I e II, porquanto se confundem com as sanções administrativas previstas no art. 72 da mesma lei, cujos incisos VII e IX preveem, respectivamente, as sanções de embargo de obra ou atividade e suspensão parcial ou total de atividade, salientando que tais sanções serão aplicadas quando o produto, a obra, a atividade ou o estabelecimento não estiverem obedecendo às prescrições legais ou regulamentares. O Decreto 6.514/2008 detalhou as hipóteses de incidência de tais sanções.

Na esfera administrativa, tais sanções têm clara natureza preventiva,[15] adotadas pela autoridade administrativa, a fim de evitar ação lesiva ao meio ambiente. A respeito, Heraldo Garcia Vitta trata tais providências como "medidas cautelares", e não como sanções propriamente ditas. Esclarece que tais medidas cautelares são adotadas em casos de extrema urgência enquanto se efetua o procedimento pertinente para comprovar a infração. Finalizado, aplicar-se-á a sanção. Leciona que, nesses casos urgentes e provisórios, ocorre a postergação provisória do contraditório e da ampla defesa.[16]

Ainda, no âmbito da responsabilização administrativa, importa esclarecer que não há um prazo definido para a interdição, a suspensão e o embargo, que durarão conforme a permanência no ilícito. Assim que a empresa se regularizar diante do órgão ambiental, firmando um termo de ajustamento de conduta, por exemplo, obterá o levantamento da sanção acautelatória fixada, cujo intuito era impedir a continuidade do ilícito.

Na esfera criminal, estas medidas surgem como penas independentes das sanções administrativas, de modo que poderá ocorrer de uma empresa ter sido interditada administrativamente em virtude de um ilícito ambiental que também é tipificado como crime, ter se regularizado e, posteriormente, em virtude de condenação criminal, ser novamente interditada.

Para evitar uma nova interdição/suspensão de pessoa jurídica plenamente regularizada e desnecessária para o efeito de expressar o juízo de reprovação social, caberá ao Juiz verificar se, no momento da prolação da sentença, perduram as ilicitudes que deram ensejo à persecução criminal, já que os critérios contemplados nos §§ 1º e 2º do art. 22 em nada contribuem para esclarecer os parâmetros de aplicação de tais penas, eis que o funcionamento em desacordo com as normas ambientais ou sem licença constitui elemento de diversos tipos penais, como é o caso do art. 60 da Lei 9.605/98.[17]

Tampouco há distinção conceitual entre "suspensão parcial ou total de atividades" e "interdição temporária de estabelecimento ou atividade". São

---

[15] Quanto ao embargo, o Decreto 6514/2008 prevê que tal medida tem "por objetivo impedir a continuidade do dano ambiental, propiciar a regeneração do meio ambiente e dar viabilidade à recuperação da área degradada" (art. 108).

[16] VITTA, Heraldo Garcia. *A sanção no direito administrativo*. São Paulo: Malheiros, 2003, p. 22.

[17] Dino e Dino Neto salientam que, mesmo que a empresa, após a condenação transitada em julgado, venha a se adequar às disposições legais ou regulamentares relativas à proteção do meio ambiente, a suspensão imposta deve ser fielmente observada, ante a imutabilidade da coisa julgada. No entanto, se a regularização administrativa ocorrer durante a instrução criminal, o Juiz deverá aplicar outra pena (ob. cit., p. 100).

situações sinônimas, pois mesmo a interdição de estabelecimento implica a proibição de funcionamento das atividades ali desenvolvidas. Já a noção de interdição de obra assemelha-se à sanção administrativa de embargo.

Uma questão problemática associada às penas de interdição temporária de atividade relaciona-se à fiscalização de seu cumprimento. Veja-se que o conteúdo da sanção consiste em obrigação de não fazer, situação esta que deveria ser fiscalizada pelo órgão ambiental, porquanto mais preparado tecnicamente para aferir as condições operacionais da empresa, sobretudo quando se tratar de interdição ou suspensão parcial de atividades. Sugere-se, assim, que a Vara de Execuções Criminais oficie periodicamente o órgão ambiental a fim de que tal fiscalização ocorra.

Quanto à proibição de contratar com o Poder Público, bem como dele obter subsídios, subvenções ou doações, Galvão da Rocha assinala que as medidas contempladas no art. 22, inciso III, não são alternativas, mas sim cumulativas, não sendo possível aplicar parte da pena cominada.[18]

A proibição de contratar com o Poder Público implica a impossibilidade de a empresa participar de licitações públicas, não sendo razoável entender a proibição como extensiva aos serviços públicos essenciais, tais como o fornecimento de energia elétrica, água, esgoto etc.[19]

Por subsídios, deve-se entender qualquer tipo de auxílio especial às atividades do particular concedido pelo Poder Público, como, por exemplo, incentivos fiscais ou financiamentos oferecidos por estabelecimentos oficiais de crédito. A subvenção, por seu turno, é forma de participação do Poder Público em ações sociais ou econômicas, consideradas relevantes, que implica a transferência de recursos orçamentários para custear algumas despesas das entidades que realizam diretamente as ações que se pretende incrementar.[20] A proibição receber o benefício somente poderá ser executada após o trânsito em julgado da decisão condenatória.

Quanto ao tempo de duração das proibições contempladas no art. 22, § 3º, embora o dispositivo refira o prazo máximo de 10 anos, o Juiz deverá respeitar os limites previstos no tipo penal violado para a pena privativa de liberdade. Ou seja, deverá calcular uma hipotética pena privativa de liberdade para a pessoa jurídica, sendo este o tempo da pena restritiva de direitos.

Art. 23. A prestação de serviços à comunidade pela pessoa jurídica consistirá em:

I – custeio de programas e projetos ambientais;

II – execução de obras de recuperação de áreas degradadas;

III – manutenção de espaços públicos

IV – contribuições a entidades ambientais ou culturais públicas.

---

[18] GALVÃO DA ROCHA, ob. cit., p. 98.

[19] Idem, p. 98.

[20] Idem, p. 99.

Galvão da Rocha assinala que a prestação de serviços à comunidade da pessoa jurídica é substitutiva à pena privativa de liberdade.[21] Todavia, consideramos que o principal critério a ser adotado pelo Juiz para a aplicação desta pena – embora não referido na legislação – deva ser a condição econômica da pessoa jurídica, já que as medidas previstas no art. 23 implicam o desembolso de valores para custeio de programas e projetos ambientais, execução de obras etc.

Consequentemente, é muito importante que, no curso da instrução criminal, se possa colher elementos sobre a condição econômica da pessoa jurídica, a fim de que, na decisão condenatória, o Juiz possa estabelecer o valor a ser empregado pela empresa no custeio do programa ou projeto ambiental.

Galvão da Rocha aponta para a relevância de haver interlocução entre o Poder Judiciário e o órgão ambiental, a fim de que este possa indicar os projetos e as obras a serem custeadas, bem como os espaços públicos a serem "adotados" pela pessoa jurídica. O autor, tratando do custeio da recuperação de áreas degradadas, adverte que estas áreas não poderão ter sido lesadas pela própria pessoa jurídica, a qual já é objetivamente responsável pela reparação dos danos por si causados.[22]

Eládio Lecey aborda questão muito relevante a respeito da execução das penas restritivas de direitos não cumpridas voluntariamente pela pessoa jurídica. Em virtude da impossibilidade de serem convertidas em pena privativa de liberdade, tais penas deverão ser objeto de ação de execução de obrigação de fazer, proposta pelo Ministério Público, no juízo criminal. O rito a ser imprimido, na ausência de legislação específica, será o da legislação processual civil.[23]

> **Art. 24.** A pessoa jurídica constituída ou utilizada, preponderantemente, com o fim de ocultar a prática de crime definido nesta lei terá decretada sua liquidação forçada, seu patrimônio será considerado instrumento do crime e como tal perdido em favor do Fundo Penitenciário Nacional.

Em primeiro lugar, cumpre assinalar que não se está diante de uma pena da pessoa jurídica, mas sim de um efeito extrapenal da condenação aplicável à pessoa física que constituiu ou utilizou a empresa com o fim de ocultar a prática de crime ambiental, adotando-se o art. 91, II, *a*, do CP.[24]

O fato ilícito a que se refere a parte final da alínea "a" do art. 91 do CP corresponderia a constituição ou a utilização da pessoa jurídica preponderantemente para a prática, facilitação ou ocultação de crimes definidos na Lei 9.605/98.

---

[21] GALVÃO DA ROCHA, ob. cit., p. 102.
[22] Idem, p. 103.
[23] LECEY, ob. cit., p. 49.
[24] DINO NETO e outros, p. 105. No mesmo sentido, Galvão da Rocha, ob. cit., p. 107.

É importante que, na denúncia, a constituição ou a utilização ilícita da empresa seja imputada às pessoas físicas, para que se possam defender destes fatos, e para que o Juiz possa, com amparo no art. 92 do CP, expressamente declarar e fundamentar a aplicação do efeito.

Da destinação dos bens apreendidos
(artigo 25)

MAURO FONSECA ANDRADE[1]

CAPÍTULO III – DA APREENSÃO DO PRODUTO E DO INSTRUMENTO DE INFRAÇÃO ADMINISTRATIVA OU DE CRIME

Art. 25. Verificada a infração, serão apreendidos seus produtos e instrumentos, lavrando-se os respectivos autos.

§ 1º Os animais serão libertados em seu habitat ou entregues a jardins zoológicos, fundações ou entidades assemelhadas, desde que fiquem sob a responsabilidade de técnicos habilitados.

§ 2º Tratando-se de produtos perecíveis ou madeiras, serão estes avaliados e doados a instituições científicas, hospitalares, penais e outras com fins beneficentes.

§ 3º Os produtos e subprodutos da fauna não perecíveis serão destruídos ou doados a instituições científicas, culturais ou educacionais.

§ 4º Os instrumentos utilizados na prática da infração serão vendidos, garantida a sua descaracterização por meio da reciclagem.

O Capítulo III da Lei nº 9.605/98 trata "Da Apreensão do Produto e do Instrumento de Infração Administrativa ou do Crime", e não há como esconder nossa decepção com a técnica legislativa empregada. Não por ser um capítulo dedicado a um único artigo, o que, por si só, já é motivo de espanto, ainda que fracionado em outros quatro parágrafos. Esse é só o erro mais visível.

Nossa análise se prende ao próprio conteúdo daquela norma, ora por dizer mais do que o capítulo anuncia, ora por dizer menos do que, de fato, propôs-se a regulamentar.

De início, o *caput* do artigo 25 trata da apreensão dos produtos e instrumentos ligados à infração, podendo ela ser administrativa ou criminal, com o indicativo de providência de ordem procedimental a ser observada, qual seja, a lavratura do respectivo auto de apreensão.

---

[1] Doutor em Direito Processual Penal pela Universitat de Barcelona, Espanha. Professor de Direito Processual Penal na Faculdade de Direito da FMP. Promotor de Justiça/RS.

Ora, a apreensão de todo e qualquer objeto que tiver relação com fato delituoso já possui expressa previsão junto ao Código de Processo Penal (art. 6º, inciso II). Assim, aparentemente desnecessária a repetição de tal situação na Lei nº 9.605/98. Contudo, sua razão de ser parece estar focada na destinação dessa norma, ou seja, não só às infrações penais, senão também às administrativas, estas últimas não abrangidas pela lei adjetiva penal. Mesmo assim, era de se esperar que o legislador houvesse se debruçado mais detidamente no tema "apreensão", para naquele capítulo discorrer sobre algumas particularidades.

Por ser ato constritivo, bem poderia o legislador haver avançado em nossa prática processual penal, para, a exemplo do que ocorre em Portugal (artigo 178, nº 3, do seu CPP) e na Itália (artigo 253 do seu CPP), exigir que a apreensão efetuada, em temas de ordem criminal, seja validada por autoridade judicial. Sem dúvida – especialmente naqueles casos em que a posse ou propriedade de algum instrumento não caracterize, por si só, a prática de ilícito penal ou administrativo –, teríamos uma boa oportunidade de conjugar a eficiência da persecução penal com um dos direitos constitucionais mais desrespeitados em temas como esse. Referimo-nos, sem meias palavras, ao direito de propriedade, inserido no próprio *caput* do artigo 5º da Constituição Federal.

Outra situação que bem poderia haver sido objeto de atenção do legislador diz respeito à formalização do auto de apreensão. Mais propriamente, perguntamos: quais as informações que nele deveriam constar? O nome do possuidor e/ou proprietário do bem apreendido, as características desse bem, os responsáveis pela apreensão, eventuais testemunhas, dia, hora e local são informações mínimas que nele deveriam existir. Entretanto, nem a lei ambiental, nem o próprio CPP se encarregaram dessa tarefa descritiva que, dada a peculiaridade do bem jurídico tutelado pela lei ambiental, mereceria melhor atenção de parte de quem a criou. Como exemplo, podemos citar a especificação da metragem cúbica de madeira, o estado aparente em que tal ou qual animal se encontra ou características apresentadas pelas redes de pesca apreendidas. Preferiu-se, ao contrário, seguir a lógica até hoje existente na lei adjetiva penal, que é aplicar analogicamente o procedimento destinado à busca (artigo 245, § 7º, CPP), com sua lacunosa orientação de que o auto deve ser "circunstanciado".

Uma última situação relacionada à apreensão diz respeito à pronta remessa dos produtos e instrumentos à perícia, e, nesse ponto, a vinculação com o artigo 19 da lei é inevitável. De acordo com essa norma, a prova pericial realizada deverá fixar, sempre que possível, "o montante do prejuízo causado para efeitos de prestação de fiança ou cálculo de pena".

Ora, em se tratando de apreensão em sede criminal, a vinculação com a prisão em flagrante é imediata, o que leva, por vezes, à impossibilidade de haver a fixação do prejuízo causado, ao menos no prazo diminuto para a lavratura do seu respectivo auto. Lembremos que a *fixação* desse montante nos passa a ideia de menção certa do prejuízo causado, diferentemente do que seria uma mera *indicação provisória* desse mesmo prejuízo, ao menos para servir de parâmetro para o arbitramento da fiança. Teríamos, assim, duas perícias decorrentes da apreensão: uma primeira, destinada unicamente à fase primária da persecução penal, a exemplo do que ocorre com o laudo de constatação previsto pela Lei nº 11.343/2006 (artigo 50, § 1º), onde mera indicação provisória do prejuízo se faria para efeito do arbitramento da fiança; e uma segunda, aí sim, *definitiva*, tal como também na Lei de Drogas se vê (artigo 50, § 2º), mas agora para, entre outros fins, auxiliar o juízo no cálculo de pena.

Superada a análise do *caput* do artigo 25, centremo-nos, então, em seus parágrafos, que tratam da destinação do que foi apreendido. E, aqui, o que nos chama a atenção é a ausência de especificação quanto às distintas formas e momentos em que ela poderá ocorrer.

No que diz respeito ao momento daquela destinação, ela poderá se dar no curso da investigação criminal, no curso do processo ou quando de seu término. Já, no que diz respeito à forma, referimo-nos à decisão tomada de ofício ou mediante provocação judicial.

Ainda na fase de investigação criminal, não está o juiz autorizado a determinar quaisquer daquelas providências de ofício.

Os §§ 1º e 2º do artigo em comento tratam da destinação de animais vivos, produtos perecíveis ou madeira. Todos eles exigem providência imediata, por parte da autoridade judicial, quanto à sua destinação, em razão da própria natureza que apresentam – ou seres vivos, ou bens sujeitos a deterioração.

Nesse ponto, a natureza cautelar da decisão a ser proferida pelo juízo é clara, pois, ao menos no que diz respeito aos animais e a determinados produtos perecíveis, sequer é possível aguardar o término da investigação criminal para que sobre a destinação deles se possa tratar. Entretanto, após a reforma legislativa de 2011, a atuação judicial, quando da fase de investigação, ficou francamente limitada às situações onde há provocação de terceiros. Ou seja, ao analisar, a título de exemplo, um auto de prisão em flagrante em que animais hajam sido apreendidos, está o juiz proibido de determinar, de ofício, a destinação apontada no § 1º do artigo em comento. Para que essa destinação ocorra, há a necessidade de requerimento por parte do Ministério Público ou da própria autoridade investigante (§ 2º do artigo 282 do CPP), e, ainda, estará o magistrado obrigado a permitir o exercício do direito ao contraditório por parte do sujeito conduzido ou investigado (§ 3º do artigo 282 do CPP).

Completamente diversa é a realidade aplicável para a destinação de animais vivos, produtos perecíveis ou madeira, quando já se encontra iniciado o processo judicial. Aqui, além de a destinação poder ocorrer por iniciativa das partes, não há a limitação judicial existente na fase de investigação, com o que o magistrado está legitimado a atuar de ofício. Contudo, em sendo vislumbrada, de ofício, a tomada dessa decisão, deve o magistrado adotar procedimento raramente observado e estimulado pelo Poder Judiciário brasileiro.

Em termos simples, sempre que o magistrado se deparar com possibilidade de atuação de ofício, ele deve consignar nos autos sua posição e abrir vista às partes para manifestação prévia à decisão. Só depois da manifestação das partes é que ele poderá determinar, de ofício, a destinação pretendida, pois é justamente esse o procedimento existente para o controle das decisões a serem tomadas *ex officio*. Um bom exemplo disso, em âmbito interno, é o inciso IX do artigo 497 do CPP.

Quanto aos produtos e subprodutos da fauna não perecíveis, bem como, aos instrumentos utilizados na prática da infração penal – referidos nos §§ 3º e 4º do artigo em comento –, nada impede que suas destinações sejam definidas ao término do processo criminal. Ao contrário, parece-nos de bom tom que ao processo permaneçam vinculados até o seu término. Isso porque, embora não seja costumeiro, não se pode descartar a possibilidade de, mesmo em grau de apelação, nova perícia ser determinada, conforme permite o artigo 616 do CPP.

Situação particular pode se dar nos instrumentos utilizados na prática da infração penal. Isso porque, diversamente do que estampa a letra "a" do inciso II do artigo 91 do Código Penal, a lei ambiental não exige que tais instrumentos "consistam em coisas cujo fabrico, alienação, uso, porte ou detenção constitua fato ilícito". Logo, fica aberta a brecha para que, mesmo que determinado bem tenha se constituído em instrumento do crime ambiental, ele possa ser restituído ao seu proprietário ou possuidor, desde que não apresente destinação específica para aquela prática delitiva. É o caso dos veículos automotores e embarcações quando, em incidente de restituição de bens apreendidos (artigo 118 do CPP), fica demonstrado que não eles interessam à instrução do processo e são utilizados em atividades econômicas lícitas, apesar de a apreensão haver ocorrido quando da prática de ilícito penal.

Por fim, quanto aos instrumentos que, de alguma forma, levam à prática de um fato ilícito, dúvida não há quanto à sua destinação prevista na lei ambiental – ou seja, o perdimento com posterior venda, garantindo-se sua posterior descaracterização por meio de reciclagem. Todavia, questão que se abre é a do perdimento e destino daqueles instrumentos do crime ambiental que não levam, por si só, à prática de algum ilícito penal.

Em situações como essa, haveria a necessidade de garantir sua reciclagem, após sua venda, conforme preceitua o § 4º do artigo em comento? Cremos que não, o que, na nossa forma de ver, implica no afastamento dessa norma. Assim, tais instrumentos, cujo uso, porte ou detenção não se constitua em fato ilícito, poderão ser usados, portados ou detidos pelo próprio Poder Público, mas, agora, sob o pálio do artigo 91 do Código Penal, e não mais da lei ambiental, que a tal nível de especificação, infelizmente, não chegou.

Da ação e do processo penal
(artigos 26 a 28)

FERNANDO REVERENDO AKAOUI[1]

1. Introdução

A Lei nº 9.099/95, que instituiu os Juizados Especiais Criminais em nosso país, criou os institutos jurídicos da transação penal e da suspensão condicional do processo.

Com relação à transação penal, determina o art. 76 do referido diploma legal que "havendo representação ou tratando-se de crime de ação penal pública incondicionada, não sendo caso de arquivamento, o Ministério Publico poderá propor a aplicação imediata de pena restritiva de direitos ou multas, a ser especificada na proposta". As condições subjetivas para que o autor do fato possa fazer jus à proposta de transação penal foram listadas no § 2º do mesmo artigo.

Após muito debate doutrinário e jurisprudencial, é certo que o colendo Superior Tribunal de Justiça fixou entendimento uníssono no sentido de que a transação penal não se configura em um direito público subjetivo do autor do fato. Vejamos:

> PENAL E PROCESSUAL PENAL. AÇÃO PENAL ORIGINÁRIA. QUEIXA. INJÚRIA. TRANSAÇÃO PENAL. AÇÃO PENAL PRIVADA. POSSIBILIDADE. LEGITIMIDADE DO QUERELANTE. JUSTA CAUSA EVIDENCIADA. RECEBIMENTO DA PEÇA ACUSATÓRIA.
>
> I – A transação penal, assim como a suspensão condicional do processo, não se trata de direito público subjetivo do acusado, mas sim de poder-dever do Ministério Público (Precedentes desta e. Corte e do c. Supremo Tribunal Federal).
>
> II – A jurisprudência dos Tribunais Superiores admite a aplicação da transação penal às ações penais privadas. Nesse caso, a legitimidade para formular a proposta é do ofendido, e o silêncio do querelante não constitui óbice ao prosseguimento da ação penal.
>
> III – Isso porque, a transação penal, quando aplicada nas ações penais privadas, assenta-se nos princípios da disponibilidade e da oportunidade, o que significa que o seu implemento requer o mútuo consentimento das partes.

---

[1] Promotor de Justiça – Doutor e Mestre em Direitos Difusos e Coletivos pela PUC/SP – Professor Titular e Coordenador Pedagógico da da Faculdade de Direito da UNISANTA – Conselheiro do CONAMA.

IV – Na injúria não se imputa fato determinado, mas se formulam juízos de valor, exteriorizando-se qualidades negativas ou defeitos que importem menoscabo, ultraje ou vilipêndio de alguém.

V – O exame das declarações proferidas pelo querelado na reunião do Conselho Deliberativo evidenciam, em juízo de prelibação, que houve, para além do *animus criticandi*, conduta que, aparentemente, se amolda ao tipo inserto no art. 140 do Código Penal, o que, por conseguinte, justifica o prosseguimento da ação penal. Queixa recebida (Apn 634/RJ – rel. Min. Felix Fischer – j. 21.03.2012).

Já com relação à suspensão condicional do processo, disciplinada no art. 89 da mesma Lei nº 9.099/95, é viável nos crimes em que a pena mínima cominada for igual ou inferior a um ano, quando então poderá o Ministério Público, ao oferecer a denúncia, propor a suspensão do processo por dois a quatro anos, desde que o acusado não esteja sendo processado ou não tenha sido condenado por outro crime, presentes os demais requisitos que autorizariam a suspensão condicional da pena (art. 77 do CP).

Importante destacar, nesta quadra, que a proposta de suspensão condicional do processo também não se constitui em direito público subjetivo do denunciado, como já pacificado pelo colendo Superior Tribunal de Justiça, podendo o Ministério Público, portanto, e desde que fundamentadamente, recusar a realização da proposta. Nesta esteira:

PENAL E PROCESSUAL PENAL. *HABEAS CORPUS*. "OPERAÇÃO CUPIM". 1. SUSPENSÃO CONDICIONAL DO PROCESSO. NÃO OFERECIMENTO PELO *PARQUET*, AUSÊNCIA DE DIREITO SUBJETIVO DO ACUSADO. PODER-DEVER DO TITULAR DA AÇÃO PENAL. 2. NEGATIVA DEVIDAMENTE FUNDAMENTADA. REPROVABILIDADE DA CONDUTA (CULPABILIDADE), ART. 89, DA LEI 9.099/1995 C/C O ART. 77, II, DO CP. AUSÊNCIA DE CONSTRANGIMENTO ILEGAL NO PROSSEGUIMENTO DA AÇÃO PENAL. 3. ORDEM DENEGADA.

1. A suspensão condicional do processo não é direito público subjetivo do acusado, mas sim um poder-dever do Ministério Público, titular da ação penal, a quem cabe, com exclusividade, analisar a possibilidade de aplicação ou não do referido instituto, desde que o faça de forma fundamentada.

2. Encontrando-se a negativa do Ministério Público, acatada pelo magistrado, devidamente fundamentada nos termos da lei (art. 89, caput, da Lei 9.099/1995 c/c art. 77, II, do CP), levando em consideração dados concretos dos autos relativos à maior reprovabilidade da conduta dos pacientes, não se verifica constrangimento ilegal no prosseguimento da ação penal.

3. Ordem denegada (HC 218785/PA – rel. Min. Marco Aurélio Bellizze – j. 04.09.2012).

E, outro não é o entendimento do excelso Supremo Tribunal Federal. Ei-lo:

HABEAS CORPUS. CRIME DE TENTATIVA DE HOMICÍDIO QUALIFICADO, DESCLASSIFICADO PARA LESÃO CORPORAL GRAVE. PRETENDIDO DIREITO SUBJETIVO À SUSPENSÃO CONDICIONAL DO PROCESSO (ART. 89 DA LEI Nº 9.099/95) OU À SUSPENSÃO CONDICIONAL DA PENA (ART. 77 DO CP). ORDEM DENEGADA. O benefício da suspensão condicional do processo não traduz direito subjetivo do acusado. Presentes os pressupostos objetivos da Lei nº 9.099/95 (art. 89) poderá o Ministério Público oferecer a proposta, que ainda passará pelo crivo do magistrado processante. Em havendo discordância do juízo quanto à negativa do *Parquet*, deve-se aplicar, por analogia, a norma do art. 28 do CPP, remetendo-se os autos à Procuradoria-Geral de Justiça (Súmula 696/STF). Não há que se falar em obrigatoriedade do Ministério Público quanto ao oferecimento do benefício da suspensão condicional do processo. Do contrário, o titular da ação penal seria compelido a sacar de um instrumento de índole tipicamente transacional, como é o sursis processual. O que desnaturaria o próprio instituto da suspensão, eis que não se pode falar propriamente em transação quando a uma das partes (o órgão de acusação, no caso) não é dado o poder de optar ou não por ela. Também não se concede o benefício da suspensão condicional da execução da pena como direito subjetivo do condenado, podendo ela ser indeferida quando o juiz processante demonstrar, concretamente, a ausência dos requisitos do art. 77 do CP. Ordem denegada (HC 84342/RJ – rel. Min. Carlos Britto – j. 12.04.2005).

O que se verifica com a criação destes institutos é que claramente o legislador pretendeu conferir àqueles autores de fato que, ao menos objetivamente falando, possuam condições favoráveis de ressocialização, a chance de não sofrerem a ação penal em sua plenitude, conferindo-lhes a chance de se redimir de suas faltas, sendo a reparação do dano uma das medidas adotadas neste sentido.

Em 1998, o legislador, ao editar a Lei nº 9.605/98, demonstrou mais uma vez a intenção de priorizar, mesmo no âmbito penal, a solução do litígio por meio da reparação do dano.

Com efeito, o Direito Penal, na condição de *ultima ratio*, emprestou seu poder de coercitividade para o Direito Ambiental, mas sem perder de vista elementos essenciais à proteção jurídica deste bem essencial à sadia qualidade de vida, tal como a celeridade na reparação dos danos causados ao meio ambiente, ou a cessação dos riscos de danos da mesma natureza.

Para tanto, e sem perder de vista a necessidade de conferir benefícios no âmbito penal apenas a quem demonstre elementos subjetivos favoráveis, os arts. 27 e 28 da denominada Lei de Crimes Ambientais reafirmou a aplicação dos institutos da transação penal e da suspensão condicional do processo.

2. Ação penal pública incondicionada

CAPÍTULO IV – DA AÇÃO E DO PROCESSO PENAL
Art. 26. Nas infrações penais previstas nesta Lei, a ação penal é pública incondicionada.
Parágrafo único. (vetado)

A Lei nº 9.605/98 reafirmou tendência que já se fazia presente nos anteriores diplomas legais que tratavam de condutas típicas e antijurídicas contra o meio ambiente, no sentido de que a ação penal correspondente é pública incondicionada.

Pode parecer de somenos importância a regra, portanto, mas não é, pois referida lei passou a tipificar condutas que antes não eram consideradas delituosas, e quando verificadas, poderiam se enquadrar, em tese, no crime de dano, cuja ação é privada, quando o bem jurídico tutelado seja propriedade particular.

Com efeito, ao tratar dos crimes contra o ordenamento urbano e o patrimônio cultural, o legislador previu condutas que antes, realmente, só poderiam ser enquadradas como crime de dano, como, por exemplo, destruir uma edificação que tenha valor histórico, cultural, arquitetônico, turístico ou religioso. Se tal edificação estiver protegida por lei, ato administrativo (incluindo-se aqui o compromisso de ajustamento de conduta) ou decisão judicial (v.g.: uma decisão que concedeu antecipação de tutela em ação civil publica), não estaremos diante de um caso de crime de dano, mas de crime ambiental previsto no art. 62, inc. I, da Lei nº 9.605/98.

O caso mais emblemático, porém, é o do art. 65 da Lei de Crimes Ambientais, que tipifica a conduta de pichar ou por outro meio conspurcar edificação. Problema grave na maioria dos centros urbanos brasileiros, a pichação, antes deste diploma legal não poderia ser enquadrada em outro crime senão (e mesmo assim com ressalvas) de dano, cuja ação penal é de iniciativa privada.

Com a previsão de que todos os crimes ambientais previstos na citada lei se processam mediante ação penal pública incondicionada, reconhece o legislador que o bem jurídico lesado ou ameaçado de lesão, ainda que seja de domínio particular, cumpre uma função socioambiental que retira da esfera de disponibilidade do proprietário a decisão de iniciar ou não a ação penal, entregando esta decisão ao Estado, que, existente materialidade e indícios de autoria, pauta-se pelo princípio da obrigatoriedade.

3. Transação penal

Art. 27. Nos crimes ambientais de menor potencial ofensivo, a proposta de aplicação imediata de pena restritiva de direitos ou multa, prevista no art. 76 da Lei nº 9.099, de 26 de setembro de 1995, somente poderá ser formulada desde que tenha havido a prévia composição do dano ambiental, de que trata o art. 74 da mesma lei, salvo em caso de comprovada impossibilidade.

No que tange à transação penal, dispõe o art. 27 que "nos crimes ambientais de menor potencial ofensivo, a proposta de aplicação imediata de pena restritiva de direitos ou multa, prevista no art. 76 da Lei nº 9.099, de 26 de setembro de 1995, somente poderá ser formulada desde que tenha a prévia composição do dano ambiental, de que trata o art. 74 da mesma lei, salvo em caso de comprovada impossibilidade".

Inicialmente, é importante definir que, por crimes de menor potencial ofensivo, entende-se, nos termos do art. 61, com a redação que lhe conferiu a Lei nº 11.313/2006, as "(...) as contravenções penais e os crimes a que lei comine pena máxima não superior a 2 (dois) anos, cumulada ou não com multa".

E, mesmo com duras críticas de alguns operadores do direito, é certo que a Lei nº 9.605/98 tem a maioria absoluta de seus tipos penais enquadrados no conceito legal de crimes de menor potencial ofensivo, tornando-se, portanto, de suma importância sua correta aplicação.

Assim, desde que preenchidos os requisitos subjetivos exigidos pela Lei nº 9.099/95 para que o autor do fato possa fazer jus ao benefício legal, poderá o Ministério Público propor a transação penal, consistente, tal como na lei retro mencionada, na imediata aplicação de pena restritiva de direitos ou multa.

Todavia, diferentemente da Lei dos Juizados Especiais, a Lei nº 9.605/98 condicionou a transação penal à prévia composição do dano ambiental. Portanto, o autor do fato que, preenchendo os requisitos subjetivos, pretender se beneficiar daquela, deverá, antecipadamente, se compor com o Ministério Público no sentido de reparar o dano ambiental verificado, ou em vias de ocorrer.

A ideia do legislador foi excepcional, pois condicionou o alcance da transação penal a que o autor do fato se comprometa formalmente à reparação do dano ambiental ocorrido, ou, em caso de crimes de perigo (art. 31, p. ex.), ao afastamento do risco de dano. Com esta medida, evita-se uma nova atuação na esfera cível, de sorte a obter obrigações de fazer, não fazer ou indenizar, para resguardar o meio ambiente, pois o título obtido tem força executiva.

Só estará o autor do fato liberado da necessidade de reparação do dano ambiental quando comprovadamente impossível esta, sendo que há certa impropriedade que nos leva a ter de interpretar a redação deste artigo de acordo com o texto do § 3º do art. 225 da Constituição Federal.

Inicialmente, esta impossibilidade só pode ser aceita sob o aspecto técnico, e não econômico-financeiro, pois era esta a intenção do legislador, na medida em que muitos danos ambientais são tecnicamente irreversíveis (ex: a emissão de gases poluentes, que já atingiram a atmosfera, não tendo como ser proposta a recuperação *in natura*, dada a impossibilidade de captura destes).

Porém, quando haja impossibilidade de reparação específica do dano ambiental, então é o caso de reparação pecuniária deste, posto que, o que não se pode conceber, é que o degradador fique sem reparar os danos causados ao bem de uso comum do povo.

Portanto, a reparação do dano ambiental é sempre possível, e deve ser obrigatoriamente exigida, para que possa o autor do fato que preencher os requisitos subjetivos ser efetivamente beneficiado com a transação penal.

Na prática, entretanto, temos verificado um frequente e nefasto descumprimento da determinação legal de prévia composição do dano ambiental, sendo comum, infelizmente, transações penais em razão de crimes ambientais, em que a única medida exigida do autor do fato, para que seja extinta sua punibilidade, tem sido o pagamento de cestas básicas para instituições de caridade.

Esta prática, além de ilegal, o que acaba por viciar de forma insanável a decisão homologatória da transação penal, é extremamente prejudicial à manutenção do meio ambiente ecologicamente equilibrado, pois libera o autor da prática criminosa de sua obrigação legal para alcançar aquele benefício, frustrando a intenção do legislador de dar solução conjunta às esferas cível e criminal.

4. Suspensão condicional do processo

Art. 28. As disposições do art. 89 da Lei nº 9.099, de 26 de setembro de 1995, aplicam-se aos crimes de menor potencial ofensivo definidos nesta Lei, com as seguintes modificações:

I – a declaração de extinção de punibilidade, de que trata o § 5º do artigo referido no *caput*, dependerá de laudo de constatação de reparação do dano ambiental, ressalvada a impossibilidade prevista no inciso I do § 1º do mesmo artigo;

II – na hipótese de o laudo de constatação comprovar não ter sido completa a reparação, o prazo de suspensão do processo será prorrogado, até o período máximo previsto no artigo referido no *caput*, acrescido de mais um ano, com suspensão do prazo da prescrição;

III – no período de prorrogação, não se aplicarão as condições dos incisos II, III e IV do § 1º do artigo mencionado no *caput*;

IV – findo o prazo de prorrogação, proceder-se-á à lavratura de novo laudo de constatação de reparação do dano ambiental, podendo, conforme seu resultado, ser novamente prorrogado o período de suspensão, até o máximo previsto no inciso II deste artigo, observado o disposto no inciso III;

V – esgotado o prazo máximo de prorrogação, a declaração de extinção de punibilidade dependerá de laudo de constatação que comprove ter o acusado tomado as providências necessárias à reparação integral do dano.

Já o art. 28 da Lei de Crimes Ambientais estabelece que "as disposições do art. 89 da Lei nº 9.099, de 26 de setembro de 1995, aplicam-se aos crimes de menor potencial ofensivo definidos nesta Lei, com as seguintes modificações (...)", quando então passa a expor as condições para a declaração de extinção da punibilidade do denunciado.

A diferença crucial entre a suspensão do processo da Lei dos Juizados Especiais e da Lei nº 9.605/98 foi a exigência da reparação do dano ambiental como condição para extinção da punibilidade, o que, mais uma vez, demonstrou a intenção do legislador em querer solucionar a questão ambiental não apenas sob a ótica criminal, mas também civil.

Realmente, dispõe de maneira extremamente adequada o inc. I do art. 28 que a extinção da punibilidade, que se dá após o decurso do prazo de suspensão do processo, e desde que cumpridas as condições impostas, só ocorrerá se laudo de constatação de reparação do dano ambiental atestar esta ocorrência, salvo a impossibilidade prevista no inc. I do § 1º do art. 89 da Lei dos Juizados Especiais.

Como acima já anotado, tal impossibilidade de reparação do dano não é econômico-financeira, mas sim, e tão somente, técnica, sob pena de burla ao princípio da primazia da reparação específica contido no § 3º, do art. 225 da Constituição Federal.

Caso o laudo de constatação da reparação do dano seja negativo, atestando que esta não ocorreu, total ou parcialmente, o prazo de suspensão do processo deverá ser prorrogado, até o período máximo previsto na Lei dos Juizados Especiais, acrescido de mais um ano, com suspensão do prazo da prescrição. O prazo máximo daquela lei é de quatro anos, o que nos leva a um prazo máximo de suspensão de cinco anos, que ainda poderá, nos termos do inc. IV, do art. 28, ser prorrogado pelo mesmo período, chegando, portanto a dez anos.

Há casos em nem mesmo os dez anos são suficientes para que se possa atestar a reparação do dano, sendo que o legislador, sensível a esta situação, previu que, se ao cabo deste prazo o dano não estiver efetivamente reparado, mas o laudo de constatação comprovar ter o acusado tomado todas as providências necessárias para que esta situação pudesse ser sanada, é caso de declaração de extinção da punibilidade (art. 28, inc. V).

5. Conclusão

O sistema de política criminal implantado pelo legislador na Lei nº 9.605/98 foi adequado, pois prioriza a reparação específica do dano ambiental, utilizando-se de todo o "prestígio" (leia-se coercibilidade) do Direito Penal para resolver uma questão que, na esfera cível, poderia levar muitos anos para se ter uma resposta, com graves consequências ao equilíbrio ecológico, e consequentemente, à sadia qualidade de vida dos brasileiros e estrangeiros residentes no país.

Todavia, é preciso que condutas apartadas dos preceitos legais, como transações penais e extinções de punibilidade após período de prova nas suspensões condicionais do processo sem a efetiva reparação do dano ambientais, sejam coibidas e duramente sancionadas, posto que põem em xeque a qualidade de vida das pessoas, e o propósito máximo da República Federativa do Brasil, de conferir a cada um de nós, o máximo de dignidade da pessoa humana.

Dos crimes contra a fauna
(artigos 29 a 31)

VANIA TUGLIO[1]

CAPÍTULO V – DOS CRIMES CONTRA O MEIO AMBIENTE
Seção I – Dos Crimes contra a Fauna
Art. 29. Matar, perseguir, caçar, apanhar, utilizar espécimes da fauna silvestre, nativos ou em rota migratória, sem a devida permissão, licença ou autorização da autoridade competente, ou em desacordo com a obtida:
Pena - detenção de seis meses a um ano, e multa.
§ 1º Incorre nas mesmas penas:
I – quem impede a procriação da fauna, sem licença, autorização ou em desacordo com a obtida;
II – quem modifica, danifica ou destrói ninho, abrigo ou criadouro natural;
III – quem vende, expõe à venda, exporta ou adquire, guarda, tem em cativeiro ou depósito, utiliza ou transporta ovos, larvas ou espécimes da fauna silvestre, nativa ou em rota migratória, bem como produtos e objetos dela oriundos, provenientes de criadouros não autorizados ou sem a devida permissão, licença ou autorização da autoridade competente.
§ 2º No caso de guarda doméstica de espécie silvestre não considerada ameaçada de extinção, pode o juiz, considerando as circunstâncias, deixar de aplicar a pena.
§ 3º São espécimes da fauna silvestre todos aqueles pertencentes às espécies nativas, migratórias e quaisquer outras, aquáticas ou terrestres, que tenham todo ou parte de seu ciclo de vida ocorrendo dentro dos limites do território brasileiro, ou águas jurisdicionais brasileiras.

---

[1] Promotora de Justiça do GECAP – Grupo Especial de Combate aos Crimes Ambientais e de Parcelamento Irregular do Solo do Ministério Público de São Paulo; 2ª Secretária da ABRAMPA – Associação Brasileira dos Membros do Ministério Público de Meio Ambiente; Diretora de Articulação do IAA – Instituto Abolicionista pelos Animais e Articulista da ANDA – Agência de Notícias de Direitos Animais.

§ 4º A pena é aumentada de metade, se o crime é praticado:

I – contra espécie rara ou considerada ameaçada de extinção, ainda que somente no local da infração;

II – em período proibido à caça;

III – durante a noite;

IV – com abuso de licença;

V – em unidade de conservação;

VI – com emprego de métodos ou instrumentos capazes de provocar destruição em massa.

§ 5º A pena é aumentada até o triplo, se o crime decorre do exercício de caça profissional.

§ 6º As disposições deste artigo não se aplicam aos atos de pesca.

Art. 30. Exportar para o exterior peles e couros de anfíbios e répteis em bruto, sem a autorização da autoridade ambiental competente:

Pena - reclusão, de um a três anos, e multa.

Art. 31. Introduzir espécime animal no País, sem parecer técnico oficial favorável e licença expedida por autoridade competente:

Pena - detenção, de três meses a um ano, e multa.

1. Introdução

Classificada constitucionalmente como bem de uso comum do povo, a fauna integra o patrimônio ambiental brasileiro. Tem, portanto, natureza difusa, pois é a coletividade como um todo – e ninguém singularmente considerado – que possui a titularidade do direito ao meio ambiente ecologicamente equilibrado.

Os biomas brasileiros abrigam riquezas destacadas no cenário mundial, ocupando as primeiras posições em relação a inúmeras espécies da flora e da fauna.

Apesar de esse patrimônio genético ser protegido em todas as esferas legislativas, também figuramos nas listas de biomas e espécies em risco extinção. A ocupação humana desordenada, as queimadas e desmatamentos, a pesca predatória e o tráfico de animais silvestres estão entre as principais causas do extermínio das espécies animais e vegetais. As consequências são de todos conhecidas e os sinais da perda iminente, tais como a síndrome da floresta vazia, o empobrecimento de nossas matas e o desaparecimento de espécies, já se fazem presentes.

É importante ter esses dados em mente, quando se pretende estudar os artigos sobre a fauna silvestre, pois não se trata, simplesmente, de destacar um ou outro espécime por sua plumagem, seu canto ou qualquer outra característica que o torna alvo de interesse. Quando falamos de fauna silvestre, estamos falando de perpetuação das nossas matas e florestas, porque não é possível a sobrevivência de um sem o outro. Em última análise, estamos falando da perpetuação dos meios que possibilitam a vida no planeta.

Os titulares de interesses puramente econômicos deveriam ter a consciência de que os silvestres podem ser grandes parceiros do homem, não entraves ao desenvolvimento. Estudos demonstram que as áreas de cultivo próximas às florestas produzem mais e gastam menos inseticidas e adubos, justamente em função da fauna ali existente. A fauna silvestre também é levada em consideração em qualquer estudo sério de reflorestamento, como forma de baratear e acelerar a recomposição vegetal.

Em outra senda, a ciência comprova exaustivamente que os animais são seres sencientes, característica suficiente para justificar respeito e proteção efetiva às suas vidas, liberdades, integridades físicas e perpetuação.

Inúmeras razões fundamentam a necessidade e urgência em preservar esse patrimônio genético e o Direito Penal é o instrumento que, na atualidade, afigura-se mais eficiente para esse fim. No entanto, há a necessidade de rever as penas hoje existentes para os crimes que atentam contra tais preciosidades.

2. Particularidades processuais

Importante esclarecer que o processamento de tais crimes deverá observar as especificidades da Lei 9.099/95 e da parte geral da Lei 9.605/98.

Assim, durante a investigação, deverá ser buscada prova também sobre a participação ou a responsabilidade de pessoas jurídicas no ato delituoso. E, isto porque, a realidade demonstra que algumas delas têm atividades prejudiciais à fauna e à flora, mas, no mais das vezes acabam impunes, por ausência de investigação séria dos órgãos estatais responsáveis ou por falta de provas – embora, vale lembrar, fatos antecedentes, relacionados a essa atividade ilícita, poderiam ser comprovados, por exemplo, por meio de autuações feitas pelos órgãos do SISNAMA.

É fundamental a responsabilização legal dessas pessoas jurídicas, pois em processo judicial poderá ser decretada sua liquidação forçada, se houver prova, além dos demais requisitos legais, da preponderância na prática de crime ambiental.[2]

Ainda atentando para as especificidades das normas e do caso concreto, cumpre destacar o disposto no § 1º do art. 25 da Lei 9.605/98, determinando que "os animais serão libertados em seu habitat ou entregues a jardins zoo-

---

[2] Lei 9.605/98, art. 24: A pessoa jurídica constituída ou utilizada, preponderantemente, com o fim de permitir, facilitar ou ocultar a prática de crime definido nesta Lei terá decretada sua liquidação forçada, seu patrimônio será considerado instrumento do crime e como tal perdido em favor do Fundo Penitenciário Nacional.

lógicos, fundações ou entidades assemelhadas, *desde que fiquem sob a responsabilidade de técnicos habilitados"*.

O destaque é necessário, porque resvala à ilegalidade o depósito do animal apreendido nas mãos de quem o detém irregularmente. A despeito da excepcionalidade estampada no art. 5º da Resolução CONAMA nº 384/06,[3] de constitucionalidade questionável, a experiência mostra que tais depósitos tendem a tornar-se eternos.

Quaisquer "normas internas" dos órgãos encarregados da fiscalização e combate aos crimes dessa natureza, que não observem expressamente o texto legal, carecem de validade jurídica. Resolução, ou qualquer outro instrumento infralegal, não pode contrariar o texto da lei. Isto porque, resolução é modalidade de ato administrativo geral, emanado de autoridades outras que não o Chefe do Executivo,[4] ato esse que só será válido quando amoldado ao ordenamento jurídico. Não apenas à lei, mas, sobretudo, à Constituição e seus valores supremos.[5]

Outra providência a ser observada, em atenção ao previsto no § 4º do referido art. 25, diz respeito à certificação formal de que os instrumentos apreendidos com os infratores – e que eram utilizados na prática criminal – foram reciclados (ou seja, descaracterizados) e vendidos.[6]

Por fim, comportando o caso concreto proposta de transação penal, esta só poderá ser formulada em audiência específica,[7] se e quando houver compromisso formal de reparação do dano ambiental, sendo certo que nesse momento processual bastará o compromisso do autor do fato em reparar o dano ambiental.[8] Caso não haja cumprimento espontâneo, será possível a execução do acordo no juízo cível.[9]

Visando a não gerar eventual conflito com a atuação do *parquet* no cível – que também poderá estar investigando o mesmo fato –, é possível fazer

---

[3] Res. CONAMA nº 384, de 27/12/2006 (DOU nº 249, de 29/12/2006, Seção 1, p. 663 – 664) – Disciplina a concessão de depósito doméstico provisório de animais silvestres apreendidos e dá outras providências.- Art. 5º Não existindo a possibilidade de retirar o animal da posse do autuado no ato da fiscalização, justificadas as razões para tanto, deverá ser lavrado Termo de Apreensão e Depósito em caráter emergencial e temporário, que não poderá ultrapassar quinze dias úteis, confiando-se ao depositário a integral responsabilidade pelo espécime apreendido, para que sejam viabilizadas as condições para a destinação adequada do animal pelo órgão ambiental competente.

[4] DI PIETRO, Maria Sylvia Zanella. *Direito Administrativo*. 3ª ed. São paulo: Atlas, p. 176

[5] FIGUEIREDO, Lúcia Valle. *Curso de Direito Administrativo*. São Paulo: Malheiros, 1994, p. 92.

[6] Lei 9.605/98, art. 25, § 4º: Os instrumentos utilizados na prática da infração serão vendidos, garantida a sua descaracterização por meio da reciclagem.

[7] Lei 9.099/95, art. 72. Na audiência preliminar, presente o representante do Ministério Público, o autor do fato e a vítima e, se possível, o responsável civil, acompanhados por seus advogados, o Juiz esclarecerá sobre a possibilidade da composição dos danos e da aceitação da proposta de aplicação imediata de pena não privativa de liberdade.

[8] Lei 9.605/98, art. 27: Nos crimes ambientais de menor potencial ofensivo, a proposta de aplicação imediata de pena restritiva de direitos ou multa, prevista no art. 76 da Lei nº 9.099, de 26 de setembro de 1995, somente poderá ser formulada desde que tenha havido a prévia composição do dano ambiental, de que trata o art. 74 da mesma lei, salvo em caso de comprovada impossibilidade.

[9] Lei 9.099/95, art. 74: A composição dos danos civis será reduzida a escrito e, homologada pelo Juiz mediante sentença irrecorrível, terá eficácia de título a ser executado no juízo civil competente.

consignar, no termo de audiência criminal, que aquele ajuste é mínimo e não impede a complementação posterior, em eventual ação civil pública.[10]

A efetiva reparação, que sempre se dará mediante laudo firmado pelo órgão do SISNAMA com atribuição específica na matéria, é condição para que seja declarada extinta a punibilidade.

Cumpre observar ainda, que a reparação do dano na seara cível *não extingue a punibilidade*, podendo, quando muito, configurar circunstância atenuante genérica.[11]

Os crimes contra o meio ambiente são de natureza pública incondicionada,[12] não incidindo o disposto no parágrafo único do art. 74 da Lei n° 9.099/95,[13] muito menos por analogia. Atente-se para o fato de que a responsabilização do degradador ambiental é tríplice, pois as responsabilidades civil, penal e administrativa são autônomas. O cumprimento de uma não elide a responsabilização pela outra.[14]

É equivocado deixar de encaminhar peças para o órgão do Ministério Público com atribuição criminal, quando se tem conhecimento de dano ambiental que também possa configurar crime. Do mesmo modo afigura-se equivocada e ineficaz a remessa feita somente na hipótese de o degradador não cumprir o acordo firmado.

Primeiro, porque, ao tomar conhecimento da prática de eventual crime, a remessa deve ser imediata para o órgão competente (CPP, art. 40); segundo, porque a responsabilização criminal advém de fato certo amoldado à prévia previsão legal (CP, art. 1°) e não de eventual descumprimento de termo de ajuste, seja com o Ministério Público, seja com os órgãos do SISNAMA; e, terceiro, porque a remessa extemporânea inviabilizará, no mais das vezes, a responsabilização criminal, em razão do decurso do prazo prescricional a partir da consumação do crime.

3. Dos crimes em espécie

A parte especial da Lei 9.605/98 é inaugurada com o capítulo referente aos Crimes contra a Fauna, prevendo, no art. 29, a conduta de: "Matar, per-

---

[10] Lei n° 9.605/98, art. 20. A sentença penal condenatória, sempre que possível, fixará o valor mínimo para reparação dos danos causados pela infração, considerando os prejuízos sofridos pelo ofendido ou pelo meio ambiente. Parágrafo único. Transitada em julgado a sentença condenatória, a execução poderá efetuar-se pelo valor fixado nos termos do *caput, sem prejuízo da liquidação para apuração do dano efetivamente sofrido.* Grifo nosso).

[11] Lei n° 9.605/98: art. 14. São circunstâncias que atenuam a pena: (...) II – arrependimento do infrator, manifestado pela espontânea reparação do dano, ou limitação significativa da degradação ambiental causada;

[12] Lei n° 9.605/98, art. 26. Nas infrações penais previstas nesta Lei, a ação penal é pública incondicionada.

[13] Lei n° 9.099/95, art. 74. A composição dos danos civis será reduzida a escrito e, homologada pelo Juiz mediante sentença irrecorrível, terá eficácia de título a ser executado no juízo civil competente. Parágrafo único. Tratando-se de ação penal de iniciativa privada ou de ação penal pública condicionada à representação, o acordo homologado acarreta a renúncia ao direito de queixo ou representação.

[14] Walter Tebet Filho. Promotor de Justiça em SP. Da Necessidade da Tripla Proteção Ambiental (Administrativa, Cível e Criminal). Tese aprovada 15° Congresso de Meio Ambiente e 9° Congresso de Habitação e Urbanismo do MPSP em Águas de São Pedro, de 20 a 23/10/2011.

seguir, caçar, apanhar, utilizar espécimes da fauna silvestre, nativos ou em rota migratória, sem a devida permissão, licença ou autorização da autoridade competente, ou em desacordo com a obtida".

O § 3º conceitua fauna silvestre, abarcando os espécimes "que tenham todo ou parte de seu ciclo de vida ocorrendo dentro dos limites do território brasileiro, ou águas jurisdicionais brasileiras".

Portanto, todos os espécimes selvagens gozam de proteção, sejam aqueles típicos de nossas matas, sejam aqueles vindos de terras estrangeiras ou que estejam de passagem por nosso território. Apenas para exemplificar, cidades do interior paulista recebem, durante a primavera, milhares de andorinhas azuis norte-americanas que, "impulsionadas por fatores biológicos e ambientais deixam anualmente suas áreas de reprodução e migram, percorrendo longas distâncias para garantir a sobrevivência".[15]

As condutas encerradas nos verbos *matar, perseguir, caçar, apanhar e utilizar* só serão típicas, no entanto, quando praticadas sem a prévia permissão, licença ou autorização da autoridade competente, ou, ainda, em desacordo com a permissão, licença ou autorização obtida. Portanto, é a ausência do instrumento administrativo ou o desrespeito aos seus limites que tipificam as condutas.[16]

A Resolução CONAMA nº 346/2004 é exemplo de licença de utilização de silvestres, no caso, abelhas nativas; a Instrução Normativa nº 141/06, do IBAMA, é exemplo de permissão de captura e eliminação de fauna silvestre nociva (sinantrópica).

A pena prevista para o crime tipificado no art. 29, *caput*, é de detenção de seis meses a um ano, e multa. Trata-se, portanto, de crime considerado de menor potencialidade ofensiva, nos termos do disposto no art. 61 da Lei 9.099/95.

Ao autor do fato, preenchidos os requisitos legais, deve ser ofertada possibilidade de transação penal, desde que tenha havido prévia composição do dano ambiental (art. 27 da Lei 9.605/98), conforme previsto no art. 74 da Lei 9.099/95.

O compromisso de reparar integralmente o dano ambiental é formalizado na audiência prévia e deverá basear-se em laudo pericial do órgão do SISNAMA com atribuição específica na área de interesse, que deverá não apenas afirmar a ocorrência e extensão do dano, mas, ainda, estabelecer os critérios para a recomposição do bem degradado. Como estamos tratando

---

[15] Pesquisa efetuada em 10/6/2012 no *site* http://pt.shvoong.com/exact-sciences/biology/1807155-natureza-aves-migrat%C3%B3rias/#ixzz1xPati6fx.

[16] STJ – AGRAVO EM RE Nº 77.239 – PR (2011/0265582-6)- publ. 21/06/2012 – Min. ARNALDO ESTEVES LIMA: Nega provimento ao agravo de decisão que negou seguimento ao recurso especial interposto contra acórdão do Tribunal Regional Federal da 4ª Região assim ementado (fl. 185e):Administrativo. Infração Ambiental. Pássaros Silvestres Em Cativeiro. Anulação. Impossibilidade. 1 - A autorização para criar animais silvestres é ato administrativo que deve observar todas as disposições legais aplicáveis à espécie, em respeito ao princípio da legalidade. 2 - Não havendo autorização do IBAMA, consubstanciada na presença das anilhas nas patas das aves, correta se mostra a aplicação da penalidade.

de vida selvagem, no mais das vezes fica impossibilitada a completa reparação (não se devolve a vida suprimida ou o membro mutilado).

Neste caso, necessário fazer um paralelo e apresentar uma sugestão.

A Resolução SMA nº 18/07 estipula que, para cada *corte autorizado* de árvore isolada, deverão ser plantadas 25 espécimes. Ora, justo que para cada espécime animal *retirado ilegalmente* da natureza, ou mesmo *mantido em cativeiro irregular*, seja estipulado, como reparação do dano ambiental, o custeio da readaptação à vida selvagem de 50 animais silvestres para cada apreendido.

As condutas equiparadas ao *caput* encontram-se no § 1º e visam, precipuamente, à perpetuação das espécies, pois tipificam o ato de impedir a procriação da fauna (inciso I) e de modificar, danificar e destruir ninho, abrigo ou criadouro natural (inciso II).

Destaque merecem as condutas previstas no inciso III: "quem vende, expõe à venda, exporta ou adquire, guarda, tem em cativeiro ou depósito, utiliza ou transporta ovos, larvas ou espécimes da fauna silvestre, nativa ou em rota migratória, bem como produtos e objetos dela oriundos, provenientes de criadouros não autorizados ou sem a devida permissão, licença ou autorização da autoridade competente".

Como não há tipo específico, o tráfico de animais silvestres e a biopirataria acabam sendo "punidos" com a mesma pena da apanha de um tico-tico, por exemplo. Também em razão do fato de serem considerados delitos de menor potencialidade ofensiva (?!?), não é possível fazer uso dos instrumentos processuais disponíveis para a adequada investigação e consequente repressão de conduta tão desastrosa.

Segundo Vincent Kurt Lo, analista ambiental do IBAMA/SP, só em território paulista são apreendidos cerca de 40 mil silvestres/ano. Dado alarmante, se considerarmos que apenas 10% dos animais traficados chegam ao destino final com vida. Ao invés de prestar os serviços ambientais fundamentais para a manutenção das florestas, como polinização e dispersão de sementes, esses animais são cruel e covardemente retirados de seus ninhos e entregues ao tráfico, que atende à cobiça estúpida de um lado e à ignorância de outro. Isto porque, os silvestres funcionam como uma espécie de barreira para várias doenças, inclusive fatais. Ao levar um deles para casa, o cidadão não tem consciência de estar levando consigo sério risco de contaminação.

Importante salientar, a esta altura, que o crime em análise, como todos os demais a seguir comentados, podem ser praticados por qualquer pessoa, inclusive a jurídica.[17] [18]

---

[17] CF, art. 225, § 3º: "As condutas e atividades consideradas lesivas ao meio ambiente sujeitarão os infratores, pessoas físicas ou jurídicas, a sanções penais e administrativas, independentemente da obrigação de reparar os danos causados".

[18] Já decidiu o STF: "em crime a envolver pessoa jurídica, a responsabilidade é de quem implementa a gerência, não cabendo exigir a narração, da denúncia, da forma que teria, nesse mister, praticado o ato" (HC-MC 91.591/MG, Rel. Min. Marco Aurélio, j. 21.6.2007) e no STJ: "Admite-se a responsabilidade penal da pessoa jurídica em crimes ambientais desde que haja a imputação simultânea do ente moral e da

Sujeito passivo mediato é o Estado, e imediato, a coletividade.[19]

O § 2º prevê a possibilidade de o juiz deixar de aplicar a pena, considerando as circunstâncias do caso concreto, quando se tratar de "guarda doméstica de espécie silvestre não considerada ameaçada de extinção".

Aqui, a referência à lista de espécie ameaçada de extinção comporta tanto a nacional, a local e aquela divulgada pela CITES.

A pena sofre acréscimo de 50% (§ 4º) se a espécie sobre a qual recaiu a conduta criminosa for rara ou ameaçada de extinção (em razão da vulnerabilidade e iminência de extinção), se o crime ocorrer durante a noite (em razão da dificuldade de manutenção da fiscalização), em período proibido à caça (visto que viola período que garante a perpetuação da espécie), no interior de unidade de conservação (em razão da violação do espaço especialmente protegido),[20] com abuso de licença (em razão da violação do contido expressamente no documento administrativo de autorização), ou *com emprego de métodos ou instrumentos capazes de provocar destruição em massa* (pela extensão e gravidade do dano, que pode, inclusive, inviabilizar a espécie). Pode ainda ser triplicada *"se o crime decorre do exercício de caça profissional"*, diz o § 5º. O rigor justifica-se em razão do descumprimento da norma proibitiva de caça e do lucro auferido em detrimento da vida silvestre, conduta biológica e eticamente reprovável.

Por fim, o § 6º excetua a aplicação dessas disposições aos atos de pesca.

O art. 30 tipifica como crime a conduta de "exportar para o exterior peles e couros de anfíbios e répteis em bruto, sem a autorização da autoridade ambiental competente", prevendo pena de reclusão, de 1 a 3 anos e multa.

Não se justifica a eleição feita pelo legislador, excluindo dessa proteção legal o restante da fauna silvestre brasileira – que é como já afirmado, riquíssima. Com o devido respeito, este artigo acaba funcionando como incentivo ao tráfico – circunstância que, tudo indica, não recebeu do legislador a atenção devida.

É curioso observar, no *site* da Receita Federal,[21] o alerta aos viajantes sobre a proibição de levar do Brasil peles e couros de anfíbios e répteis, em bruto. Tratando-se, no entanto, de animais silvestres, lepidópteros e outros insetos e seus produtos, a proibição fica restrita à ausência da guia de trânsito, fornecida pelo Ministério do Meio Ambiente.

Por fim, cumpre ainda analisar, no contexto deste trabalho, o art. 31 da Lei dos Crimes Ambientais, que tipifica como crime a conduta de introduzir

---

pessoa física que atua em seu nome em seu benefício, uma vez que ' não se pode compreender a responsabilização do ente moral dissociada da atuação de uma pessoa física, que age com elemento subjetivo próprio'" (REsp 889.528/SC, Rel. Min. Felix Fischer, j. 17.4.2007).

[19] "Em relação aos crimes contra a fauna, é a coletividade que figura como vítima, de fato, ela é a titular do interesse de ver preservado todo o patrimônio ambiental" (*Direito Penal*. Cleber Masson. Ed. Método, 2009, p. 190).

[20] Ver artigo 225, inciso III, da CF.

[21] http://www.receita.fazenda.gov.br/Aduana/Viajantes/ViajanteSaindoBrasilSaber.htm. Consulta em 25/6/2012

espécime animal no País, sem parecer técnico oficial favorável e licença expedida por autoridade competente:

A introdução de espécie exótica é conduta considerada de menor potencialidade ofensiva (?!?), tanto que a pena prevista é de detenção de três meses a um ano, e multa.

Ora, as consequências que as espécies exóticas invasoras podem causar aos nossos ecossistemas são gravíssimas e, portanto, incompatíveis com o conceito de menor ofensividade.

Para ser considerada exótica, basta que a espécie esteja fora de sua área de distribuição natural. Estimam-se em torno de 500 os organismos exóticos, sendo que aproximadamente 150 deles podem causar alterações negativas no novo ambiente em que se encontram, sendo, então, considerados invasores.

Do mesmo modo que nas demais condutas já comentadas, o tipo possui elemento normativo consistente na permissão, licença ou autorização, que são concedidas pelo IBAMA, órgão encarregado da análise dos riscos, antes de permitir a importação de animais ou plantas. É ele, portanto, a autoridade federal responsável pela proteção e preservação dos espécimes que integram as espécies brasileiras, nos termos do disposto na Portaria nº 93, de 7 de julho de 1998.

4. Posicionamento jurisprudencial

Feitas essas considerações, convém salientar que nossos tribunais têm decidido, reiteradamente, que a Justiça Estadual é competente para julgar as ações penais relativas a crime ambiental, salvo se evidenciado interesse jurídico direto e específico da União, suas autarquias e fundações.[22] A regra geral da competência residual prevaleceu desde a vigência da lei dos crimes ambientais e o STJ cancelou a Súmula 91,[23] pacificando o entendimento acima exposto – posicionamento que, aliás, guarda consonância com as repartições de competências constitucionais, na medida em que compete concorrentemente aos entes federativos legislar (CF, art. 24, VI) e adotar medidas de proteção e conservação (CF, art. 23, VI e VII) em matéria ambiental.

---

[22] CC 39.891-PR, DJ 15/12/2003, REsp. 437.959-TO, DJ 6/10/2003. AgRg no CC 115.159-SP, DJE 21/6/2012. CC Nº 113.193 – ES – Rel. Min. JORGE MUSSI – Publ. 16/4/12.RSE 0000753-07.2001.4.03.6109, TRF 3ª REGIÃO, 5ª T., Desa. Fed. SUZANA CAMARGO, DJU 14/09/2004; CC 200801355153, Min. OG FERNANDES, STJ – 3ª SEÇÃO, 17/10/2008; RESP 200702684854, Min. FELIX FISCHER, STJ – 5ª T., 20/10/2008; AC Nº 2003.32.00.006282-6/AM – TRF DA 1ª REGIÃO; Des. Fed. HILTON QUEIROZ; RSE Nº 0073833-83.2010.4.01.3800/MG – TRF DA 1ª REGIÃO; Des. Fed. MÁRIO CÉSAR RIBEIRO; RSE 0005664-45.1999.4.03.6105, TRF 3ª Região, 5ª T., Desa. Fed. SUZANA CAMARGO, DJU 16/03/2004; ACR 2001.03.99.049859-3, TRF 3ª Região, 5ª T., Desa. Fed. SUZANA CAMARGO, DJU 13/11/2003; RSE 0007245-61.2000.4.03.6105, TRF 3ª Região, 5ª T., Desa. Fed. SUZANA CAMARGO, DJU 18/02/2003.

[23] STJ Súmula nº 91 – 21/10/1993 – DJ 26.10.1993 (Cancelada em 08/11/2000): Compete à Justiça Federal processar e julgar os crimes praticados contra a fauna.

Portanto, nos crimes tipificados nos arts. 30 e 31, e no inc. III do art. 29, dadas as especificidades do caso concreto, a Justiça Federal é a competente para o processamento e julgamento das ações penais respectivas.

Também merece menção o não reconhecimento do princípio da insignificância: Considerar atípica a conduta de alguém que é encontrado com pequena quantidade de pássaros é oficializar a impunidade. Deixar de reprimir a conduta dos infratores significa conceder-lhes salvo conduto e incentivá-los à prática que poderá levar ao extermínio da fauna nacional.[24]

5. O anteprojeto do novo Código Penal

Esses artigos e todos aqueles que integram a Lei 9.605/98 foram incorporados ao texto da reforma do Código Penal. Após aprovação do RQS756, de 16/6/2011, de autoria do Senador Pedro Taques, foi criada e instalada em 18/10/11[25] Comissão de juristas destinada a elaborar texto para amparar proposta legislativa de edição de um novo Código Penal.

Em boa hora a brilhante comissão de juristas formada no Senado Federal e presidida pelo festejado Ministro Gilson Dipp, divulgou, no dia 27/6/2012, o anteprojeto do novo Código Penal, prevendo penas mais compatíveis com a gravidade dos crimes contra a fauna, incluídos aqueles que acabamos de analisar.

Certamente as alterações levaram em consideração o fato de que numa sociedade moderna e complexa como a brasileira, as sanções exclusivamente administrativas não surtem efeito intimidatório suficiente para impedir o crime, cujas consequências vão além de prejudicar a vítima imediata, atingindo a coletividade e por vezes, ultrapassando as fronteiras políticas.

No texto aprovado, a pena para a conduta tipificada no inciso III do art. 29, é de prisão de 2 a 6 anos, agravada de 1/6 a 1/3 se houver intuito de lucro e de 1/3 a 2/3 se visar a exportação. Com estes parâmetros, mantidos os textos das atuais normas processuais penais, será possível iniciar trabalho investigativo para fazer frente a esta criminalidade organizada.

No § 2º do art. 29, a mencionada reforma limita a um espécime apenas, fechando a brecha da atual legislação que favorece os traficantes da vida silvestre.

Os artigos 30 e 31 foram fundidos, e a omissão gritante acima comentada foi corrigida, ficando assim redigido o tipo: Importar, exportar, remeter, adquirir, vender, expor à venda, oferecer, ter em cativeiro ou depósito,

---

[24] ACV 1999.01.00.0177497-1/DF – TRF 1ª REGIÃO – 4ª TURMA – REL. MÁRIO CÉSAR RIBEIRO – RT 786/750. No mesmo sentido: Ap. 1997.01.00.050245-1/MG – TRF 1ª Região – 3ª Turma – Rel. Tourinho Neto – DJU 22.05.1998 e Rec. 1999.00.048547-0/DF – TRF 1ª Região – 4ª Turma –Rel. Mário César Ribeiro – DJU 28.03.2001.

[25] Disponível em: http://www.senado.gov.br/atividade/comissoes/comissao.asp?origem=SF&com=1573. Acesso: 12/6/2012.

transportar, trazer consigo, guardar, entregar a comércio ou fornecer ovos, larvas ou espécimes da fauna silvestre, nativa ou em rota migratória, bem como produtos e objetos dela oriundos, incluídos penas, peles e couros, sem autorização legal e regulamentar. A pena prevista é de prisão de 2 a 6 anos e multa, que é aumentada de um sexto a um terço, se houver intuito de lucro (§ 1º) e de um terço a dois terços, sem prejuízo da aplicação do art. 32-A, se a conduta visar à exportação (§ 2º).

O crime de maus-tratos aos animais: uma abordagem sobre a interpretação e a prova de materialidade e autoria (artigo 32)

LUCIANO ROCHA SANTANA[1]

CLARISSA PEREIRA GUNÇA DOS SANTOS[2]

CAPÍTULO V – DOS CRIMES CONTRA O MEIO AMBIENTE
Seção I – Dos Crimes contra a Fauna
(...)
Art. 32. Praticar ato de abuso, maus-tratos, ferir ou mutilar animais silvestres, domésticos ou domesticados, nativos ou exóticos:
Pena – detenção, de três meses a um ano, e multa.
§ 1º Incorre nas mesmas penas quem realiza experiência dolorosa ou cruel em animal vivo, ainda que para fins didáticos ou científicos, quando existirem recursos alternativos.
§ 2º A pena é aumentada de um sexto a um terço, se ocorre morte do animal.

1. Introdução

Este artigo tem como propósito explicar em que consiste a materialidade e a autoria do crime de maus-tratos aos animais, tipificado no art. 32

---

[1] Doutorando em Direitos Humanos pela Universidade de Salamanca – Espanha. Graduado em Direito pela Universidade Católica do Salvador (UCSal) [1990] e em Artes Cênicas pela Universidade Federal da Bahia (UFBA) [1991]. Especialização em Curso de Preparação à Carreira da Magistratura pela Escola dos Magistrados da Bahia (EMAB) [1991] e em Direitos Difusos e Coletivos pela Pontifícia Universidade Católica de São Paulo (PUC/SP) [2003]. Curso de Legislação e Implementação de Direito Ambiental Estadunidense para Magistrados Brasileiros pela *United States Environmental Protection Agency (USEPA)* [1999]. Atualmente é um dos coordenadores da Revista Brasileira de Direito Animal (RBDA) e promotor titular da Primeira Promotoria de Justiça do Meio Ambiente da Comarca de Salvador (PPJMAS) do Ministério Público do Estado da Bahia (MPBA).

[2] Acadêmica do curso de graduação em Direito da UFBA e estagiária da PPJMAS/MPBA. Primeira Promotoria de Justiça do Meio Ambiente da Comarca de Salvador (PPJMAS) do Ministério Público do Estado da Bahia (MPBA). Avenida Joana Angélica, nº 1.312, 2º andar, sala 229, Nazaré, CEP 40.050-000, Salvador – BA. Correio eletrônico: lucianor@mp.ba.gov.br ou marinesr@mp.ba.gov.br.

da Lei de Crimes Ambientais (LCA), considerando o art. 155 do Código de Processo Penal (CPP). O termo "animal" será utilizado de forma restrita aos animais não humanos, apesar de ser do conhecimento do leitor que o homem é considerado também um animal.

Primeiro, faz-se necessário compreender, – sem a pretensão de ser exaustivo ou completo –, algumas das principais explicações autênticas, doutrinárias e jurisprudenciais acerca do crime de maus-tratos aos animais no ordenamento jurídico brasileiro, a partir dos tipos penais previstos no art. 32 da lei federal nº 9.605/98, no art. 64 da Lei das Contravenções Penais, que foi expressamente revogado, e no decreto-lei federal nº 24.645/34, que, na concepção dos autores deste artigo, ainda está em vigor.

O presente artigo propõe uma interpretação evolucionista do crime de maus-tratos aos animais a partir da análise conceitual do termo "crueldade", tomando como matriz teórica a retórica dos direitos de Tom Regan, uma vez que tal visão traz uma abordagem do bem-estar animal (e humano) pertinente à percepção crítica deste crime.

Posteriormente, tem-se uma explanação sobre a Teoria da Prova, sua disposição no Código de Processo Penal e a classificação das provas com base na doutrina nacional, o que possibilita uma compreensão mais objetiva e simples do tema.

Por fim, aborda-se a questão da prova especificamente no crime de maus-tratos, destacando quais tipos de prova podem ser utilizados e como na prática vem ocorrendo.

2. O que significa o crime de maus-tratos no ordenamento jurídico brasileiro?

Compreender o significado de maus-tratos aos animais no sistema jurídico nacional é imprescindível para que não haja a impunidade, que é bastante comum quando a vítima em questão é o animal, e para o julgamento justo dos réus. Para isso faz-se necessário inicialmente uma análise minuciosa do art. 32 da LCA.[3]

Visando a regulamentar a regra[4] constitucional de não crueldade contra os animais, prevista no art. 225, § 1º, VII, da Constituição da República Fede-

---

[3] Art. 32. Praticar *ato de abuso, maus-tratos, ferir ou mutilar* animais silvestres, domésticos ou domesticados, nativos ou exóticos: Pena – detenção, de três meses a um ano, e multa. § 1º Incorre nas mesmas penas quem realiza experiência dolorosa ou cruel em animal vivo, ainda que para fins didáticos ou científicos, quando existirem recursos alternativos. § 2º A pena é aumentada de um sexto a um terço, se ocorre morte do animal. (Grifo nosso).

[4] Claramente, o legislador constituinte estabeleceu uma regra, expressa por uma proibição, pois veda a crueldade contra os animais, sem espaço para cálculos ou interpretações, como um letreiro luminoso em que está escrito "proibido o acesso". Trata-se, assim, de uma regra e não de um princípio, – como supõe alguns (*Verbi gratia*, SILVA, Tagore Trajano de Almeida. *Animais em juízo: direito, personalidade jurídica e capacidade processual*. Salvador: Evolução, 2012) –, por não admitir ponderação. Não obstante, mais adiante, no item 3, § 3º, defende-se a ideia de que tal regra jurídica exprime um princípio ético adotado por nossa Constituição.

rativa do Brasil (CF), o tipo penal deste dispositivo apresenta como bem jurídico a preservação do meio ambiente. Como objeto material do crime, que é a coisa ou pessoa que sofre com a conduta comissiva ou omissiva, têm-se os animais, em especial, os silvestres, domésticos ou domesticados, nativos ou exóticos, que sofrem com atos de abuso, maus-tratos, mutilação ou ferimento. Atualmente, tem havido uma crítica do paradigma tradicional que reduz a bem jurídico os animais e o meio ambiente ecologicamente equilibrado, passando alguns autores a defender que os animais e/ou a natureza não humana podem ser reais titulares de direitos e dos bens jurídicos tutelados e não só objeto material do delito, apresentando valor próprio e independente do valor econômico e científico determinado pelo homem.[5]

Depreende-se que o legislador elegeu como condutas cruéis: abusar, que consiste em exigir esforço excessivo do animal ou utilizá-lo de forma inadequada; maltratar, submetê-lo à privação de alimentos e cuidados ou tratar com violência; ferir, causar ferimentos, fraturas, contusões etc.; mutilar, decepar ou cortar parte do corpo do animal.[6]

Os tipos objetivos elencados são de fácil aferição, uma vez que em boa parte dos casos fica fisicamente demonstrada a lesão no animal. No entanto, a análise da crueldade por um viés social, cultural ou econômico, como alegado em alguns tribunais, é equivocada, sendo utilizada como um fraco argumento para afastar a tipicidade da conduta.[7] A configuração do delito ocorre apenas se o sujeito agir com o intuito de prejudicar o animal, ou seja, tendo como tipo subjetivo a conduta dolosa. É um crime comum, isto é, apresenta como sujeito ativo qualquer pessoa física ou jurídica de direito público ou privado e como sujeito passivo a sociedade, já que na visão tradicional e antropocêntrica o bem lesionado é o meio ambiente e, por consequência, o ser humano.[8]

---

[5] GORDILHO, Heron. *Abolicionismo Animal*. Salvador: Evolução, 2008. p. 147-148.

[6] FIORILLO, Celso; CONTE, Christiany. *Crimes ambientais*. São Paulo: Saraiva, 2012. p.130.

[7] INCONSTITUCIONALIDADE. Ação direta. Lei nº 7.380/98, do Estado do Rio Grande do Norte. Atividades esportivas com aves das raças combatentes. "Rinhas" ou "Brigas de galo". Regulamentação. Inadmissibilidade. Meio Ambiente. Animais. Submissão a tratamento cruel. Ofensa ao art. 225, § 1º, VII, da CF. Ação julgada procedente. Precedentes. É inconstitucional a lei estadual que autorize e regulamente, sob título de práticas ou atividades esportivas com aves de raças ditas combatentes, as chamadas "rinhas" ou "brigas de galo". (STF. ADI 3.776/RN. Tribunal Pleno. Rel. Min. Cezar Peluso. DJE 29.06.2007). COSTUME – MANIFESTAÇÃO CULTURAL – ESTÍMULO – RAZOABILIDADE – PRESERVAÇÃO DA FAUNA E DA FLORA – ANIMAIS – CRUELDADE. A obrigação de o Estado garantir a todos o pleno exercício de direitos culturais, incentivando a valorização e a difusão das manifestações, não prescinde da observância da norma do inciso VII do artigo 225 da Constituição Federal, no que veda prática que acabe por submeter os animais à crueldade. Procedimento discrepante da norma constitucional denominado "farra do boi". (STF. RE 153.531/SC. Segunda Turma. Rel. Min. Francisco Rezek. DJ 13.03.1998. p. 13). Em ambos os casos têm-se a contraposição do direito à "cultura", – seja através da prática dita "esportiva", como é considerada a rinha de galo, ou da dita "festa popular" da farra do boi –, ao direito ambiental a não submissão a atos cruéis. Muito embora ainda não haja o pleno reconhecimento dos animais como sujeitos de direitos, não se justifica a manutenção dessas práticas em nome de uma suposta tradição que, na verdade, inculca em adultos e principalmente crianças uma ideologia especista, isto é, baseada no preconceito de espécie e que redunda em atitude de insensibilidade perante o sofrimento e a dor de seres vivos de outras espécies que não humanas.

[8] Compreender a coletividade, a sociedade ou o ser humano como o sujeito passivo do crime de maus-tratos aos animais é ignorar que "eles beiram o mistério de uma presença psicológica unificada com o

O §1° do art. 32 da LCA proíbe o uso de animais em experiências dolorosas e cruéis para fins didáticos ou científicos, quando houver recursos alternativos, sendo que, atualmente, a lei federal n° 11.794/08 regulamenta esse uso. O §2° dispõe ainda de uma causa de aumento de pena nos casos em que a agressão tenha como consequência a morte do animal. É um crime de menor potencial ofensivo, já que apresenta pena de detenção de três meses a um ano e multa. Assim, são competentes para o julgamento dessas causas os Juizados Especiais Criminais. O crime pode ser comissivo de ação múltipla ou omissivo que cause dano ao bem-estar do animal, estando consumado quando o núcleo do tipo for "praticar ato de abuso" e "maltratar" com o perigo de dano ou omissão e quando for "ferir" e "mutilar" com a ocorrência do ato. A tentativa é cabível em todos os casos.

Nota-se uma evolução jurídica no trato penal da questão, pois, antes da lei federal n° 9.605/98, a crueldade contra os animais era considerada apenas contravenção penal, estando tipificada no art. 64 da lei federal n° 3.688/41.[9] Tal artigo definia maus-tratos a partir da ideia de crueldade, que é um conceito subjetivo, cabendo ao jurista no caso concreto definir se uma conduta era ou não cruel. Além desse tipo, tem-se a submissão a trabalhos excessivos, que pode ser provada mediante análise médica. Agora, tais condutas estão englobadas no art. 32 da LCA como ato de abuso ou maus-tratos.

Convém ressaltar ainda o decreto-lei federal n° 24.645/34, editado pelo então chefe do Executivo, Getúlio Vargas, que apresenta de forma exemplificativa em 31 incisos diversas condutas tipificadas como maus-tratos, tais como: praticar ato de abuso ou crueldade em qualquer animal; manter animais em lugares anti-higiênicos ou que lhes impeçam a respiração, o movimento ou o descanso, ou os privem de ar ou luz; obrigar animais a trabalhos excessivos; golpear, ferir ou mutilar voluntariamente qualquer órgão ou tecido de economia, exceto a castração; abandonar animal doente, ferido, extenuado ou mutilado, bem como deixar de ministrar-lhe tudo o que humanitariamente se lhe possa prover, inclusive assistência veterinária; entre outros. O Decreto n° 11, de 18 de janeiro de 1991, editado por Fernando Collor de Mello, revogou todos os atos regulamentares promulgados por governos anteriores, como o decreto-lei federal n° 24.645/34. Entretanto, entendemos que não houve revogação deste decreto, uma vez que no período

---

mundo" (REGAN, Tom. *The case for animal rights*. 2nd ed. Berkeley: University of California Press, 2004, p. *xvi*) e negar que "como nós, eles têm uma variedade de capacidades sensoriais, cognitivas, conativas e volitivas" (*Id.*), cujos aspectos psicofísicos relevantes nos faz supô-los semelhantes aos humanos desde a perspectiva ética, científica e jurídica. Neste sentido, expõe Gordilho (*Ibid.*, p. 141): "a palavra crueldade nos remete à questão da sensibilidade, isto é, à integridade psicofísica de um ser, pois somente aqueles que sofrem podem ser os sujeitos passivos de práticas cruéis". Trata-se, enfim, de reconhecer aqui que estamos perante "alguém", não "algo". Veja-se a propósito: A CADELA que é um 'anjo' e cuida dos donos que vivem na rua. Portal *A Tarde Online*, Salvador, 9 ago. 2012. Disponível em: <http://atarde.uol.com.br/bahia/salvador/materias/1445599-fidelidade-de-cadela-serve-de-exemplo-nas-osid>. Acesso em: 10/8/2012.

[9] Art. 64. Tratar animal com crueldade ou submetê-lo a trabalho excessivo: Pena – prisão simples, de dez dias a um mês, ou multa, de cem a quinhentos mil réis. § 1° Na mesma pena incorre aquele que, embora para fins didáticos ou científicos, realiza em lugar público ou exposto ao público, experiência dolorosa ou cruel em animal vivo. § 2° Aplica-se a pena com aumento de metade, se o animal é submetido a trabalho excessivo ou tratado com crueldade, em exibição ou espetáculo público.

em que foi promulgado tinha *força de lei*, só podendo ser revogado por lei aprovada pelo Congresso Nacional.[10] O Decreto nº 11/91, sendo norma hierarquicamente inferior, não poderia revogar o decreto-lei, tanto em sentido material quanto formal e, assim, qualquer das situações estabelecidas no decreto-lei devem ser tidas como atos de maus-tratos e punidas de acordo com o art. 32 da lei federal nº 9.605/98.[11]

Destaca-se como uma das contribuições deste decreto-lei[12] a atribuição aos animais de irem a juízo. Neste sentido, tal diploma legal considera os animais como sujeitos de direitos dotados da capacidade de ser parte na relação jurídico-processual. No entanto, assim como ocorre com as pessoas jurídicas, nascituros, incapazes etc., os animais não podem praticar atos processuais, cabendo a outrem em nome próprio pleitear os interesses deles. Nesse diapasão, traduzindo a legitimidade extraordinária, tem-se como substitutos processuais dos animais o Ministério Público, sociedades de proteção animal e terceiros que tenham um vínculo de proximidade. Além disso, é possível haver a representação por um curador especial ou guardião.[13] Assim defende Cass Sunstein ao abordar que, da mesma forma como ocorre com as crianças ou empresas, por exemplo, o animal tem direito de ser representado por um ser humano que tenha a função de tutor.[14] Analisando o sistema estadunidense, Cass Sunstein acrescenta que os animais, enquanto vítimas do crime de maus-tratos, têm o direito de ação em nome próprio.[15]

Diante do exposto e com base no decreto-lei federal nº 24.645/34, no art. 64 da Lei de Contravenções Penais e no art. 32 da LCA, já devidamente analisados, conclui-se que os maus-tratos contra os animais são atitudes desumanas ou violentas que causam sofrimentos atrozes, desnecessários, injustificáveis, verdadeiras lesões físicas e/ou mentais, que vão desde a dor até a morte da vítima animal, ao submeter este ser vulnerável, sob sua dependência ou guarda, a castigos imoderados, trabalhos excessivos ou privação de alimentos e cuidados, pondo-lhe, assim, em risco a vida, a saúde, a integridade ou a liberdade.

---

[10] BENJAMIN, Antônio. A natureza no direito brasileiro: coisa, sujeito ou nada disso. *Caderno jurídico*, Escola Superior do Ministério Público, n. 2, jul. 2001. p. 155.

[11] Nesse sentido dispôs o relator do caso no Tribunal Regional Federal da 1ª Região, Des. Cândido Ribeiro: Assim, para o caso em questão, *deve-se levar em conta os termos do art. 3º, I e II, do Decreto 24.645/34, ainda em vigor*, que considera maus tratos praticar atos de abuso ou crueldade em qualquer animal, bem como manter animais em lugares anti-higiênicos ou que lhes impeçam a respiração, o movimento ou o descanso, ou os privem de ar ou luz. (TRF 1ª REGIÃO. Terceira Turma. Apelação Criminal nº 2004.38.02.002919-2/MG. Rel. Des. Cândido Ribeiro. DJ. 25.02.2005. p. 15). (Grifo nosso).

[12] Decreto-lei nº 24.645/34, art. 3º dispõe: "os animais serão assistidos em juízo pelos representantes do Ministério público, seus substitutos legais e pelos membros das Sociedades Protetoras de Animais".

[13] SILVA, Tagore Trajano de Almeida. *Animais em juízo: direito, personalidade jurídica e capacidade processual*. Salvador: Evolução, 2012. p. 165.

[14] SUNSTEIN, Cass. Os animais podem processar? In: MOLINARO, Carlos Alberto; MEDEIROS, Fernanda Luiza; SARLET, Ingo; FENSTERSEIFER, Tiago (Org.). *A dignidade da vida e os direitos fundamentais para além dos humanos*: uma discussão necessária. Belo Horizonte: Fórum, 2008. p. 451-472. p. 468-469.

[15] Ibid., p. 471.

3. Interpretação crítica do crime de maus-tratos aos animais a partir da análise conceitual da crueldade

De modo a fornecer uma base objetiva e consistente à análise casuística do crime de maus-tratos, sugere-se como marco teórico a ética deontológica de Tom Regan, que afirma serem os animais não humanos, enquanto indivíduos psicofísicos com uma identidade biográfica, sujeitos de direito moral ao trato respeitoso por terem um bem-estar similar ao humano.[16] Nesse sentido, o bem-estar consiste na qualidade de vida dos seres vivos e está associado aos benefícios e danos presentes ao longo da vida.

Consideramos dano como tudo aquilo que causa a diminuição ou restrição do bem-estar animal. Regan classifica dano em dois tipos: por inflicção e por privação. O dano por inflicção é entendido como sofrimento físico ou psíquico prolongado ou de intensidade considerável; já o dano por privação traz a noção de perda dos benefícios necessários à satisfação da vida, independentemente do sofrimento e da consciência do dano.[17]

Embora o princípio ético de não crueldade estampado em nossa *Lex Mater* e seu correlato princípio de beneficência proporcionem uma perspectiva de dever moral e jurídico direto para com os animais, – compartilhada por muitas entidades que promovem o melhor tratamento destes seres vivos –, não está claro que a proibição de crueldade e a recomendação de ser bom provejam uma explicação satisfatória para nossos deveres negativos ou positivos em relação aos não humanos. A razão disto é que a crueldade, seja do tipo sádico (movida pelo prazer do agente em fazer o outro sofrer) seja brutal (envolvendo, em vez do gozo, a indiferença ao sofrimento causado ao outro), quer perpetrada de forma ativa (expressa por um comportamento comissivo, *v.g.* agressão física), quer passiva (incluindo atos de omissão e

---

[16] A essa visão se contrapõe a ideologia especista, que pode ser explicada, segundo Gordilho, nestes termos: "Assim, além de um lado inclusivo, onde todos os membros de uma espécie são considerados iguais dentro da comunidade moral, a ética especista possui um lado exclusivo, que postula que apenas os integrantes de uma única espécie devem ser considerados iguais". GORDILHO, Heron José de Santana. Espírito animal e o fundamento moral do especismo. *Revista Brasileira de Direito Animal*, Salvador, v. 1, n. 1, p. 37-65, jan. 2006. p. 47- 48.

[17] REGAN, T. *The case for animal rights*. Berkeley: University of California Press, 1983. p. 95-97. Embora quanto mais complexo o organismo consciente mais numerosas e complexas as condições para o bem viver, e para a própria noção de "vida boa", as categorias de pensamento – como interesses, benefícios, danos etc. – informativas do bem-estar humano também explicam o bem-estar animal. Por terem um bem-estar, os animais podem ser beneficiados ou prejudicados. Eles não estão apenas interessados em coisas particulares, certas coisas são também de seu interesse na medida em que estas coisas contribuem para seu bem ou bem-estar. Benefícios e danos são naturalmente relevantes para qualquer discussão acerca do bem-estar animal (ou humano). O animal tem interesse em satisfazer as necessidades básicas, mas a satisfação das necessidades básicas apenas não é suficiente para o bem-estar de acordo com as capacidades animais (ou humanas). Antes, é necessário alcançar uma satisfação harmoniosa de desejos e realização de objetivos levando em consideração os diferentes interesses biológicos, sociais e psicológicos. Danos podem ser inflições (sofrimentos) ou privações (perdas). As privações impostas a animais (por exemplo, restringindo-os ou impedindo-os de se comportar do modo que é natural para a espécie) podem prejudicá-los ainda que não haja nenhuma dor ou sofrimento envolvido. Semelhante tratamento priva os animais dos benefícios necessários a seu bem-estar. A morte de um animal (ou humano) saudável é uma privação, pois representa um fim definitivo e irreversível à satisfação das preferências ulteriores. Este é o caso, seja a morte dolorosa ou não. A "eutanásia" de animais saudáveis frustra o bem-estar animal, porque não é do interesse de animais saudáveis serem matados. *Ibid.*, p. 82-120.

negligência, *e.g.* abandonar o animal de estimação à própria sorte),[18] implica referência ao estado mental do agente, – como prazer ou indiferença perante o sofrimento alheio –, sendo, assim, uma base inadequada para fundamentar nossas obrigações, pois "o modo como a pessoa *se sente* sobre aquilo que a pessoa faz é logicamente distinto da avaliação moral *daquilo* que a pessoa faz".[19]

E este é o motivo pelo qual a injunção de não ser cruel e a exortação de ser generoso não provê uma base crível, inteligível e não arbitrária sobre a qual assentar nossos deveres negativos e positivos em direção aos animais.[20] De maneira análoga, conquanto deva ser condenada a crueldade e encorajado o sentimento de bondade a todas as formas de vida, o exame do certo e errado jurídico (ou ético) de fazer um animal (humano ou não humano) sofrer não deve estar condicionado primordialmente à análise sobre o modo como a pessoa se sente acerca do dano que ela causa a esse ser, pois o ato de prejudicá-lo não pode ser justificado com o apelo ao caráter ou aos sentimentos pessoais do agente, como a ausência de prazer ou de indiferença ante o sofrimento.

Dessarte, a concepção de maus-tratos presente no art. 32 da Lei de Crimes Ambientais pode ser melhor compreendida como uma lesão intencional ao interesse básico de bem-estar do animal decorrente de danos entendidos como inflicção ou privação, esteja o indivíduo agindo com dolo direto ou eventual de prejudicar esse ser vivo e independentemente de tal proceder revelar um caráter cruel ou bondoso, pautado pela indiferença moral ou não ao sofrimento causado.

De qualquer modo, na dosimetria da aplicação da pena, prevista no art. 59 do Código Penal, o juiz deve considerar o caráter e os sentimentos do agente.

Questão frequente no cotidiano das Promotorias de Justiça Ambiental são as ameaças de maus-tratos ou morte de animais, como prelúdio para a prática do crime de maus-tratos ou outros mais graves. Embora algumas vezes não se consumam estes crimes nem esteja tipificado o crime de ameaça de dano à integridade ou à vida de animais, entendemos que tais condutas podem ser consideradas como crimes ambientais impróprios e enquadradas, por exemplo, como crime de constrangimento ilegal (art. 146 do Código Penal) ou crime de ameaça (art. 147 do Código Penal), a depender do caso, pois, independentemente de vitimizarem de fato o animal, são dirigi-

---

[18] Sobre o tema, "ainda, vale reafirmar que constitui crime ambiental o abandono de animais pelo seu guardião, pois este estaria com tal conduta se abstendo de exercer a guarda responsável de animais infringindo os artigos 225 da C.F. e 32 da L.C.A., portanto, violando a dignidade animal. (...) Como conseqüência do abandono dos animais, há a questão da elevada densidade populacional de animais de companhia errantes, formando contingentes incalculáveis nas ruas das grandes cidades de 'animais abandonados', denominados, quando cães, vulgarmente como 'vira-latas'" em SANTANA, Luciano; OLIVEIRA, Thiago. Guarda responsável e dignidade dos animais. *Revista Brasileira de Direito Animal*, Salvador, v. 1, n. 1, p. 67-104, jan. 2006.

[19] REGAN, T. *The case for animal rights*. Berkeley: University of California Press, 1983. p. 196-198.

[20] Idem.

das e perpetradas, sobretudo, contra os guardiães ou responsáveis por estes animais, sejam pessoas físicas ou jurídicas, inclusive as sociedades que têm como missão proteger os animais.

Outra questão candente de política criminal envolvendo a efetiva prevenção e repressão ao crime de maus-tratos aos animais não humanos diz respeito ao viés cultural e ideológico marcadamente antropocêntrico dos operadores do direito e dos organismos de implementação da legislação ambiental e de proteção dos animais no Brasil, que torna frequentemente utópica a efetiva defesa administrativa, policial e judicial desses seres sencientes e seus *habitat*.

Alimentada por nossa crônica má gestão pública, deficiente aparelhamento dos órgãos ambientais, inadequada formação dos quadros funcionais e persistente corrupção, a prática cotidiana referenda soluções bizarras para a questão animal, como, por exemplo, as seguintes: a) a nomeação daquele que comete o crime de maus-tratos como "depositário fiel" do animal vitimizado; b) a existência e manutenção por organismos públicos em todo país de zoológicos que encarceram e mutilam a natureza de animais nascidos para viverem livres em seus ecossistemas;[21] c) os centros municipais de controle de zoonoses que desenvolvem uma política pública baseada na ultrapassada e cruel metodologia de captura e extermínio de animais saudáveis em situação de rua;[22] d) ausência de proibição, repressão e sequer controle pelos órgãos governamentais competentes do tráfico de animais silvestres, domésticos ou domesticados, nativos ou exóticos, que são expostos a venda impunemente em locais públicos ou de acesso ao público, como feiras e *pet shops*; ou e) os centros estatais de triagem de animais silvestres resgatados do tráfico que não raro são os responsáveis por todo tipo de atrocidade cometida contra esses seres, causando-lhes sofrimento e até mesmo a morte, quan-

---

[21] Merece menção a teoria do *habeas corpus* para os grandes primatas desenvolvida por Heron Gordilho em *Abolicionismo Animal* (Salvador: Evolução, 2008). Para ele, as semelhanças genéticas entre humanos e grandes primatas justifica, com base no evolucionismo jurídico, a utilização do instrumento constitucional do *habeas corpus* para defesa da liberdade de locomoção destes sujeitos de direitos que é constantemente violada nos centros de pesquisa biomédica e zoológicos.

[22] Neste particular, "voltando à realidade atroz do CCZ de Salvador, em relatórios por ele apresentados, verifica-se a enorme quantidade de animais sacrificados no curto período de apenas 03 (três) anos, perfazendo um total aproximado de 7.484 (sete mil, quatrocentos e oitenta e quatro) cães e gatos, contudo, sem que a raiva deixe de ser uma realidade nesta cidade, demonstrando o criminoso equívoco desta 'política de saúde pública' e a péssima atuação do órgão municipal encarregado de executá-la. Segundo laudo técnico da Fundação José Silveira, requerido pelo Ministério Público do Estado da Bahia, o sacrifício sistemático e indiscriminado dos animais, posto em prática pelo CCZ, é feito com sofrimento e dor física destes seres vivos, pois o cloridrato de xylasina, utilizado por ocasião do sacrifício dos animais, não tem qualquer efeito anestésico, deixando o animal consciente por ocasião da aplicação da injeção letal de cloreto de potássio. Agregue-se a esta política equivocada de extermínio, as denúncias comprovadas de maus tratos e abusos praticados no CCZ por ocasião da captura e do confinamento destes animais" em SANTANA, Luciano; MARQUES, Marcone Rodrigues. Maus tratos e crueldade contra animais nos centros de controle de zoonoses: aspectos jurídicos e legitimidade ativa do Ministério Público para propor ação civil pública. In: CONGRESSO INTERNACIONAL DE DIREITO AMBIENTAL, 6., 2002, São Paulo. BENJAMIN, Antônio Herman de Vasconcellos e (Org.). *Anais do 6º Congresso Internacional de Direito Ambiental*, de 03 a 06 de junho de 2002: 10 anos da ECO-92: O Direito e o Desenvolvimento Sustentável. São Paulo: IMESP, 2002.

do não são encaminhados de forma inconstitucional e com dinheiro público para criadores comerciais, reabastecendo o tráfico de animais dito "lícito".

Assim, é extensa a lista de mazelas que caracterizam tanto o dano quanto a crueldade aos animais em nosso país, perpetradas seja em nível macro, seja micro, quer no plano institucional quer de maneira difusa em nossa sociedade, o que exige um esforço de reflexão e compreensão ética e jurídica acerca da forma como concebemos e tratamos nossos irmãos de evolução, – o qual seja fruto de uma combinação de razão e emoção –, para que se possa defender e praticar o princípio de respeito aos não humanos, enquanto sujeitos que têm uma história e um senso de futuro, vida mental e emocional, laços afetivos e societários, sendo, – como nós humanos –, seres únicos no teatro da existência.

4. Como provar o crime de maus-tratos aos animais?

As condutas ilícitas definidas como crimes no sistema penal têm como consequência a responsabilidade criminal e a imposição de sanções. No entanto, para que um sujeito seja condenado, é necessário ter a certeza quanto à materialidade e autoria, e esta só é possível pela obtenção dos fatos verdadeiros, isto é, com a utilização de provas, sejam elas documentais, periciais, testemunhais etc. A análise da prova, que consiste no conjunto de atos praticados pelas partes, por terceiros e pelo juiz para reconstruir a verdade e convencer este último, abrange não só a conduta criminosa e seu provável autor, mas também as circunstâncias objetivas e subjetivas que influem na condenação. Neste sentido, tem-se que a principal função das provas é o convencimento do juiz, e para isso ele pode utilizar de todos os meios de prova previstos em lei ou admitidos pelo Direito para conhecer a verdade real.

No Código de Processo Penal, o Título VI, "Da Prova", provê do art.155 ao art. 250 todo o fundamento para constituição das provas, apresentando capítulo sobre exame de corpo de delito e perícias, interrogatório do acusado, confissão, declaração do ofendido, depoimento de testemunhas, reconhecimento de pessoas e coisas, acareação, documentos, indícios e busca e apreensão. Como a vítima imediata do crime é o animal, alguns dispositivos não são aplicáveis, considerando que este ser vivo não apresenta a mesma capacidade cognitiva e comunicativa do ser humano.

Como são divergentes as classificações acerca da prova, adotamos, aqui, uma classificação mais simples e abrangente, que subdivide a prova em três pontos, a saber: quanto ao objeto, ao sujeito e à forma. Quanto ao objeto, as provas podem ser diretas, aquelas que demonstram a existência do fato delitivo, ou indiretas, aquelas que necessitam de um raciocínio lógico para atingir a verdade. Quanto ao sujeito, a prova pode ser pessoal, toda afirmação realizada com fito de demonstrar a verdade, ou real, toda aquela originada dos vestígios do crime. Quanto à forma, pode ser testemunhal, mediante a manifestação do sujeito, perante o juiz, acerca do conhecimento sobre o fato em litígio, documental, tudo que é produzido de forma escrita ou gravada, e material, aquela que serve como elemento de convicção do fato probando, como são, por exemplo, os exames de corpo de delito e as perícias.[23] Convém pontuar que a criminalização de condutas em defesa dos animais não exclui nenhum desses pontos de serem apreciados, isto é, os meios de prova não sofrem nenhuma restrição por ser a integridade, a vida e a liberdade do animal os bens jurídicos tutelados.

Há três sistemas para avaliação das provas pelo magistrado: da íntima convicção, típica nos Tribunais de Júri; da prova tarifada, em desuso, mas com resquícios no CPP;[24] e do livre convencimento, adotado no sistema jurídico pátrio. O sistema do livre convencimento do juiz, disposto no art.155 do CPP, consiste na liberdade que tem o juiz de decidir a lide com base nas provas presentes nos autos.[25]

Não há hierarquia entre as provas, isto é, a nenhuma prova será estabelecido um valor decisivo, ou necessariamente atribuído maior prestígio.[26] Ao juiz cabe decidir, motivado pelas provas presentes nos autos, o que é uma forma de garantir às partes o direito subjetivo constitucional de conhecer as razões que fundamentaram a sentença e, sendo necessário, exercer o direito ao duplo grau de jurisdição.[27] Esse sistema possibilita que o magistrado tenha seu convencimento restrito às provas válidas produzidas no processo.

Diante de um crime de maus-tratos cabe à pessoa interessada chamar imediatamente a Polícia Militar para intervir, registrar ocorrência na Delegacia de Polícia, que deve lavrar e encaminhar Termo Circunstanciado ao Juizado Especial Criminal (JECRIM) e/ou oferecer representação ao Ministério Público, que deve instaurar procedimento de investigação e, sendo o caso, encaminhá-lo ao JECRIM. Cabe, ainda, a instauração *ex officio* do procedimento investigativo pelo delegado de polícia ou promotor de Justiça

---

[23] RANGEL, Paulo. *Direito processual penal*. 5. ed. rev., ampl. e atual. Rio de Janeiro: Lumen Juris, 2001. p. 295-298.

[24] Segundo Paulo Rangel, *ipsis litteris*: "O sistema da prova tarifada que estamos analisando tem resquícios no atual Código de Processo Penal, pois, em seu art.158 c/c art. 564, III, *b*, a lei exige exame de corpo de delito nas infrações penais que deixam vestígios, sob pena de nulidade. (...) Outro resquício do sistema da prova legal é a previsão do art. 232, parágrafo único, do CPP, pois condiciona a validade da fotografia do documento a sua autenticação". RANGEL, Paulo. *Direito processual penal*. 5. ed. rev., ampl. e atual. Rio de Janeiro: Lumen Juris, 2001. p. 336.

[25] Art. 155. *O juiz formará sua convicção pela livre apreciação da prova produzida em contraditório judicial*, não podendo fundamentar sua decisão exclusivamente nos elementos informativos colhidos na investigação, ressalvadas as provas cautelares, não repetíveis e antecipadas. Parágrafo único. Somente quanto ao estado das pessoas serão observadas as restrições estabelecidas na lei civil. (Grifo nosso).

[26] Segundo Eugênio Pacelli, *in verbis*: "Como regra, não se há de supor que a prova documental seja *superior* à prova testemunhal, ou vice-versa, ou mesmo que a prova dita pericial seja melhor que a prova testemunhal. Todos os meios de prova podem ou não ter aptidão para demonstrar a veracidade do que se propõem". OLIVEIRA, Eugênio Pacelli. *Curso de processo penal*. 16. ed. atual. São Paulo: Atlas, 2012. p. 333. (Grifo do autor).

[27] RANGEL, Paulo. *Direito processual penal*. 5. ed. rev., ampl. e atual. Rio de Janeiro: Lumen Juris, 2001. p.338.

com atribuição legal e a partir de requisição da autoridade judiciária ou do próprio Ministério Público.

O art. 127 combinado com o art. 129, *caput*, III, da CF confere ao Ministério Público a função institucional de promover o inquérito civil e a ação civil pública para a proteção dos animais, pois que se tem um interesse difuso da sociedade a ser tutelado, qual seja o animal considerado como um bem ambiental ou um ser digno de proteção. Igualmente cabe ao MP pelo art. 129, I, da CF promover privativamente a ação penal pública e pelos arts. 76 e 89 da lei federal n° 9.099/95 propor a transação penal ou a suspensão condicional do processo.[28]

Nesse contexto, tem-se que o MP pode atuar em favor dos direitos dos animais por meio de inúmeros institutos legais, destacando-se os seguintes: a) Ação Civil Pública (ACP); b) Inquérito Civil (IC); c) Ação Penal Pública (ACP); d) Transação Penal (TP); e) Compromisso de Ajustamento de Conduta (CAC) ou Termo de Ajuste de Conduta (TAC); f) Ação Direta de Inconstitucionalidade (ADIN); g) Recomendação; h) Fórum de Debates; i) Protocolado Geral (PG) ou Inquérito Civil Coletivo (ICC).[29]

Para comprovação de materialidade e autoria é necessário qualquer tipo de prova, seja ela material, testemunhal ou documental. É de grande relevância a utilização das provas periciais ou materiais, dado que constatam o delito de forma técnica e científica, consistindo em laudos ou declarações de médicos veterinários, análise do local, diagnósticos e prognósticos, além de necropsias e exames toxicológicos.

De acordo com o art. 158 do CPP, é obrigatório o exame de corpo de delito se a infração deixa vestígios, independentemente da confissão do acusado. O exame de corpo de delito consiste na perícia realizada sobre o objeto alvo de uma ou mais ações delituosas; se ainda for possível uma análise do próprio corpo de delito, tem-se o exame direto, e se a análise for feita a partir dos vestígios deixados no local, tem-se o exame indireto, caso em que o objeto material não mais existe.

Extrai-se do art. 159 do CPP que a perícia deve ser realizada por perito oficial portador de diploma superior, mas o § 1° possibilita a realização do exame por duas pessoas idôneas, – desde que tenham diploma de curso superior preferencialmente na área específica e habilitação técnica relacionada com a natureza do exame –, na hipótese de ausência de perito oficial. A exigência de dois peritos justifica-se pelo fato de o perito oficial ter um conhecimento rigorosamente especializado, o que pode não ocorrer com os

---

[28] SANTANA, Luciano Rocha. Por uma releitura ética da atuação do Ministério Público em prol dos animais: estudo de casos da Primeira Promotoria de Justiça do Meio Ambiente de Salvador (Bahia). In: MOLINARO, Carlos Alberto; MEDEIROS, Fernanda Luiza Fontoura de ; SARLET, Ingo Wolfgang; FENSTERSEIFER, Tiago (Org.). *A dignidade da vida e os direitos fundamentais para além dos humanos*: uma discussão necessária. Belo Horizonte: Fórum, 2008. p. 361-394. (Coleção Fórum de Direitos Fundamentais, 3). p. 375.

[29] SANTANA, Luciano Rocha. Ministério Público e éticas da natureza. In: MINAHIM, Maria Auxiliadora; FREITAS, Tiago Batista; OLIVEIRA, Thiago Pires (Coord.). *Meio ambiente, direito e biotecnologia*: estudos em homenagem ao Prof. Dr. Paulo Affonso Leme Machado. Curitiba: Juruá, 2010. p. 545-560. p. 555.

outros peritos.[30] Neste sentido, observa-se que, ao tomar conhecimento da ocorrência do delito de maus-tratos contra algum animal e percebendo a dificuldade de acesso a perito oficial ou por receio de as lesões serem sanadas, o interessado deve buscar a realização de exames periciais perante outros profissionais da área com diploma superior, a fim de que as provas da materialidade do delito não se percam.

Com base no princípio de que não há hierarquia probatória no processo penal, todas as provas são idôneas para convencer o juiz. Assim, o art. 167 do CPP faculta o uso da prova testemunhal quando houver a perda dos vestígios do crime. Conquanto o art. 158 do CPP exija o exame pericial, o processo penal não pode ser prejudicado quando da impossibilidade de recolher essas provas, sendo perfeitamente cabível o uso da prova testemunhal.

Destaca-se também o art. 182 do CPP, que garante a liberdade do magistrado de determinar complementação, esclarecimento ou elaboração de novo laudo ao dispor que "o juiz não ficará adstrito ao laudo, podendo aceitá-lo ou rejeitá-lo, no todo ou em parte".

Devido à importância da prova testemunhal, o interessado deve recolher o nome de pessoas que presenciaram, ouviram ou tenham conhecimento de algo que possa esclarecer a verdade dos fatos. Este tipo de prova é bastante utilizado nos processos penais, mas com ressalvas, já que há certa fragilidade dos depoimentos, principalmente quando obtidos muito tempo após o fato.[31] Destaca-se, ainda, a prova documental de que são modalidades as fotografias, gravações e filmagens do delito.

Para ilustrar a atuação investigativa do Ministério Público, citamos como exemplo um caso de grande repercussão ocorrido em Salvador (BA), com a postagem no *You Tube* de um vídeo em que uma mulher agredia seus cães com uma vassoura. A partir dessa filmagem e dos testemunhos dos vizinhos, foi possível a retirada da guarda dos animais e a acusação formal da investigada pela prática do art. 32 da lei federal n° 9.605/98.[32]

A comprovação de materialidade e autoria do crime de maus-tratos é fundamental. Neste sentido, destaca-se, inclusive, decisão da 3ª Turma Recursal dos Juizados Especiais do Distrito Federal.[33]

---

[30] OLIVEIRA, Eugênio Pacelli de; FISCHER, Douglas. *Comentários ao Código de Processo Penal*. 3. ed. Rio de Janeiro: Lúmen Juris, 2011. p. 327.

[31] OLIVEIRA, Eugênio Pacelli de. *Curso de processo penal*. 16. ed. atual. São Paulo: Atlas, 2012. p. 404-405.

[32] MULHER denunciada por maus-tratos a cachorros presta depoimento na BA. *G1*, Bahia, 16 abr. 2012. Disponível em: <http://g1.globo.com/bahia/noticia/2012/04/mulher-denunciada-por-maus-tratos-cachorros-presta-depoimento-na-ba.html>. Acesso em: 20/6/2012.

[33] JUIZADOS ESPECIAIS CRIMINAIS. PENAL. CRIME DE MAUS-TRATOS CONTRA ANIMAL. ART. 32, *CAPUT*, DA LEI N. 9.605/98. MATERIALIDADE E AUTORIA DEMONSTRADAS. RECURSO CONHECIDO E IMPROVIDO. 1. Condenação amparada em provas seguras, harmônicas e coerentes que demonstraram a autoria e a materialidade do crime de maus-tratos contra animal, tipificado no art. 32, *caput*, da Lei n. 9.605/98. 2. Com efeito, restou provado que o réu instigou seu cachorro da raça "pitbull", após retirar-lhe a focinheira, contra cão "vira-lata" que foi atacado e gravemente ferido. 3. Recurso conhecido e improvido. Sentença mantida por seus próprios fundamentos. A súmula de julgamento servirá de acórdão, conforme regra do art. 82, § 5°, da Lei n. 9.099/95. (3ª Turma do Juizado Especial do Distrito

Vale enfatizar a salutar utilização do princípio da autorresponsabilidade, ou seja, a parte assume ou suporta as consequências de sua inatividade, negligência, erros ou atos intencionais na produção das provas.[34] O interessado deve obter as provas o mais rápido possível para que elas não se percam, principalmente quando se têm lesões leves em que os vestígios não perduram por muito tempo.

Destarte, o crime de maus-tratos aos animais não difere em nada quando da aplicação da Teoria da Prova em relação aos demais ilícitos presentes no Código Penal e nas leis criminais esparsas.

5. Considerações finais

Diante do exposto, pode-se concluir que o crime de maus-tratos aos animais acha-se devidamente contemplado no ordenamento jurídico brasileiro, tanto pelo art. 32 da Lei de Crimes Ambientais quanto pelo decreto-lei federal nº 24.645/34, que trata de forma exemplificativa deste delito. A Teoria da Prova traz todos os instrumentos necessários à comprovação dos delitos penais, sendo perfeitamente cabível nos crimes de maus-tratos contra os animais, salvo os meios de prova que seu grau de capacidade impossibilita.

A aparente dificuldade de comprovação da materialidade e autoria deste crime é sanável se o interessado não negligenciar a obtenção de provas, fazendo-a em tempo hábil. Mesmo nos casos em que não haja lesão física que possa ser constatada por prova material ou que os vestígios estejam ausentes, os outros tipos de prova podem ser empregados, cabendo ao magistrado, por livre apreciação das provas, julgar a lide, fundamentando sua decisão nas que melhor lhe convierem. Afinal, a regra no sistema jurídico nacional é o livre convencimento do juiz, cabendo sempre recurso às instâncias superiores nos casos em que for negligenciada a proteção que nosso arcabouço constitucional e legal confere aos animais não humanos.

Referências

A CADELA que é um 'anjo' e cuida dos donos que vivem na rua. Portal *A Tarde Online*, Salvador, 9 ago. 2012. Disponível em: <http://atarde.uol.com.br/bahia/salvador/materias/1445599-fidelidade-de-cadela-serve-de-exemplo-nas-osid>. Acesso em: 10/8/2012.

BENJAMIN, Antônio Herman de Vasconcellos e. A natureza no direito brasileiro: coisa, sujeito ou nada disso. *Caderno jurídico*, Escola Superior do Ministério Público, n. 2, jul. 2001.

BRASIL. Lei n. 9.605, de 12 de fevereiro de 1998. Dispõe sobre as sanções penais e administrativas derivadas de condutas e atividades lesivas ao meio ambiente, e dá outras providências. *Diário Oficial da União*, Poder Executivo, Brasília, DF, 12 fev. 1998. Disponível em: <http://www.planalto.gov.br/ccivil_03/leis/l9605.htm>. Acesso em: 26/6/2012.

Federal. Processo nº 2125739920108070009 DF 0021257-39.2010.807.0009. Rel. Sandra Reves Vasques Tonussi. DJ. 07/03/2012. p. 221).

[34] MIRABETE, Julio Fabbrini. *Processo penal*. 12. ed. rev. e atual. São Paulo: Atlas, 2001. p. 266.

BRASIL. Decreto-lei n. 3.688, de 3 de outubro de 1941. Lei de Contravenções Penais. *Diário Oficial da União*, Poder Executivo, Rio de Janeiro, RJ, 3 out. 1941. Disponível em: <http://www.planalto.gov.br/ccivil_03/decreto-lei/del3688.htm>. Acesso em: 26/6/2012.

BRASIL. Decreto-lei nº 3.689, de 3 de outubro de 1941. Código de Processo Penal. *Diário Oficial da União*, Poder Executivo, Rio de Janeiro, RJ, 3 out. 1941. Disponível em: <http://www.planalto.gov.br/ccivil_03/decreto-lei/del3689compilado.htm>. Acesso em: 13/07/2012.

COSTA NETO, Nicolau Dino de Castro e; BELLO FILHO, Ney de Barros; COSTA, Flávio Dino de Castro e. *Crimes e infrações administrativas e ambientais (Lei nº 9.605/98)*. Brasília: Brasília Jurídica, 2000.

FIORILLO, Celso Antônio Pacheco; CONTE, Christiany Pegorari. *Crimes ambientais*. São Paulo: Saraiva, 2012.

GORDILHO, Heron José de Santana. *Abolicionismo animal*. Salvador: Evolução, 2008.

——. Espírito animal e o fundamento moral do especismo. *Revista Brasileira de Direito Animal*, Salvador, v. 1, n. 1, p. 37-65, jan. 2006.

MAUS-TRATOS. In: DICIONÁRIO eletrônico Houaiss da língua portuguesa 1.0. Rio de Janeiro: Instituto Houaiss: Objetiva, 2009.

MIRABETE, Julio Fabbrini. *Processo penal*. 12. ed. rev. e atual. São Paulo: Atlas, 2001.

MULHER denunciada por maus-tratos a cachorros presta depoimento na BA. *G1*, Bahia, 16 abr. 2012. Disponível em: <http://g1.globo.com/bahia/noticia/2012/04/mulher-denunciada-por-maus-tratos-cachorros-presta-depoimento-na-ba.html>. Acesso em: 20/6/2012.

OLIVEIRA, Eugênio Pacelli de. *Curso de processo penal*. 16. ed. atual. São Paulo: Atlas, 2012.

——; FISCHER, Douglas. *Comentários ao Código de Processo Penal*. 3. ed. Rio de Janeiro: Lúmen Juris, 2011.

PRADO, Luiz Regis. *Crimes contra o ambiente*: anotações à lei nº 9.605, de 12 de fevereiro de 1998. São Paulo: Revista dos Tribunais, 1998.

RANGEL, Paulo. *Direito processual penal*. 5. ed. rev., ampl. e atual. Rio de Janeiro: Lumen Juris, 2001.

REGAN, T. *The case for animal rights*. Berkeley: University of California Press, 1983.

——. *The case for animal rights*. 2nd ed. Berkeley: University of California Press, 2004.

SANTANA, Luciano Rocha. Por uma releitura ética da atuação do Ministério Público em prol dos animais: estudo de casos da Primeira Promotoria de Justiça do Meio Ambiente de Salvador (Bahia). In: MOLINARO, Carlos Alberto; MEDEIROS, Fernanda Luiza Fontoura de ; SARLET, Ingo Wolfgang; FENSTERSEIFER, Tiago (Org.). *A dignidade da vida e os direitos fundamentais para além dos humanos*: uma discussão necessária. Belo Horizonte: Fórum, 2008. p. 361-394. (Coleção Fórum de Direitos Fundamentais, 3).

——. Ministério Público e éticas da natureza. In: MINAHIM, Maria Auxiliadora; FREITAS, Tiago Batista; OLIVEIRA, Thiago Pires (Coord.). *Meio ambiente, direito e biotecnologia*: estudos em homenagem ao Prof. Dr. Paulo Affonso Leme Machado. Curitiba: Juruá, 2010. p. 545-560.

——; MARQUES, Marcone Rodrigues. Maus tratos e crueldade contra animais nos centros de controle de zoonoses: aspectos jurídicos e legitimidade ativa do Ministério Público para propor ação civil pública. In: CONGRESSO INTERNACIONAL DE DIREITO AMBIENTAL, 6., 2002, São Paulo. BENJAMIN, Antônio Herman de Vasconcellos e (Org.). *Anais do 6º Congresso Internacional de Direito Ambiental*, de 03 a 06 de junho de 2002: 10 anos da ECO-92: O Direito e o Desenvolvimento Sustentável. São Paulo: IMESP, 2002.

——; OLIVEIRA, Thiago Pires. Guarda responsável e dignidade dos animais. Revista Brasileira de Direito Animal, Salvador, v. 1, n. 1, p. 67-104, jan. 2006. Disponível em: <http://www.animallaw.info/journals/jo_pdf/Brazilvol1.pdf>. Acesso em: 16/8/2010.

SILVA, Tagore Trajano de Almeida. *Animais em juízo*: direito, personalidade jurídica e capacidade processual. Salvador: Evolução, 2012.

SUNSTEIN, Cass. Os animais podem processar? In: MOLINARO, Carlos Alberto; MEDEIROS, Fernanda Luiza Fontoura de; SARLET, Ingo Wolfgang; FENSTERSEIFER, Tiago (Org.). *A dignidade da vida e os direitos fundamentais para além dos humanos*: uma discussão necessária. Belo Horizonte: Fórum, 2008. p. 451-472. (Coleção Fórum de Direitos Fundamentais, 3).

Crimes contra a fauna aquática
(artigos 33 a 37)

LUÍS ROBERTO GOMES[1]

CAPÍTULO V – DOS CRIMES CONTRA O MEIO AMBIENTE

Seção I – Dos Crimes contra a Fauna

(...)

Art. 33. Provocar, pela emissão de efluentes ou carreamento de materiais, o perecimento de espécimes da fauna aquática existentes em rios, lagos, açudes, lagoas, baías ou águas jurisdicionais brasileiras:

Pena – detenção, de um a três anos, ou multa, ou ambas cumulativamente.

Parágrafo único. Incorre nas mesmas penas:

I – quem causa degradação em viveiros, açudes ou estações de aqüicultura de domínio público;

II – quem explora campos naturais de invertebrados aquáticos e algas, sem licença, permissão ou autorização da autoridade competente;

III – quem fundeia embarcações ou lança detritos de qualquer natureza sobre bancos de moluscos ou corais, devidamente demarcados em carta náutica.

Art. 34. Pescar em período no qual a pesca seja proibida ou em lugares interditados por órgão competente:

Pena – detenção de um ano a três anos ou multa, ou ambas as penas cumulativamente.

Parágrafo único. Incorre nas mesmas penas quem:

I – pesca espécies que devam ser preservadas ou espécimes com tamanhos inferiores aos permitidos;

---

[1] Mestre em Direito Penal pela Universidade Estadual de Maringá. Especialista em Direitos Difusos e Coletivos pela Escola Superior do Ministério Público de São Paulo e Especialista em Direito pelo Centro Universitário Toledo de Araçatuba. Engenheiro mecânico (UNICAMP). Professor de Direito Penal na Associação Educacional Toledo, em Presidente Prudente. Procurador da República. Ex-procurador do Estado e ex-promotor de Justiça, no Estado de São Paulo. Membro da ABPCP – Associação Brasileira dos Professores de Ciências Penais e do Instituto Brasileiro de Ciências do Ambiente (IBCAMB).

II – pesca quantidades superiores às permitidas, ou mediante a utilização de aparelhos, petrechos, técnicas e métodos não permitidos;

III - transporta, comercializa, beneficia ou industrializa espécimes provenientes da coleta, apanha e pesca proibidas.

Art. 35. Pescar mediante a utilização de:

I – explosivos ou substâncias que, em contato com a água, produzam efeito semelhante;

II – substâncias tóxicas, ou outro meio proibido pela autoridade competente:

Pena – reclusão de um ano a cinco anos.

Art. 36. Para os efeitos desta Lei, considera-se pesca todo ato tendente a retirar, extrair, coletar, apanhar, apreender ou capturar espécimes dos grupos dos peixes, crustáceos, moluscos e vegetais hidróbios, suscetíveis ou não de aproveitamento econômico, ressalvadas as espécies ameaçadas de extinção, constantes nas listas oficiais da fauna e da flora.

Art. 37. Não é crime o abate de animal, quando realizado:

I – em estado de necessidade, para saciar a fome do agente ou de sua família;

II – para proteger lavouras, pomares e rebanhos da ação predatória ou destruidora de animais, desde que legal e expressamente autorizado pela autoridade competente;

III – (vetado)

IV – por ser nocivo o animal, desde que assim caracterizado pelo órgão competente.

1. Comentários

A norma penal do artigo 33, *caput*, da Lei 9.605/98 protege, como bem jurídico específico, espécies da fauna aquática, grupo animal bastante amplo, que abrange não só peixes, crustáceos e moluscos como também mamíferos (cetáceos,[2] sirênios[3] e pinípedes[4]), além de alguns anfíbios e répteis, mais especificamente aqueles que habitam, predominantemente, o meio aquático. Por sua vez, o parágrafo único do artigo 33 ainda contempla as algas (inciso II) e os bancos de corais[5] (inciso III).

---

[2] Como as baleias, os golfinhos e as toninhas.

[3] Como as vacas-marinhas e peixes-bois.

[4] Os pinípedes são mamíferos adaptados à vida aquática e terrestre, incluindo leões marinhos, lobos marinhos, focas e morsas.

[5] Animais cnidários da classe Anthozoa (antozoários), que segregam um exosqueleto calcário ou de matéria orgânica.

Note-se que a Lei 9.605/98, nos delitos de pesca, tem aplicação limitada a peixes, crustáceos e moluscos, que representam táxons específicos de animais aquáticos, além de abranger os vegetais hidróbios, enquanto, na espécie delitiva ora em foco, tutela-se a fauna aquática em geral, incluindo-se os corais e os campos naturais de algas.

Observa-se que a diferença entre "pescar mediante a utilização de substâncias tóxicas, ou outro meio proibido pela autoridade competente" (art. 35, II) e os delitos dos artigos 33 e 54, todos da Lei 9.605/98, é que, no primeiro, as substâncias tóxicas são lançadas com o objetivo de se pescar, como meio de captura de espécimes, o que não se verifica nos delitos de poluição. O resultado produzido pela conduta descrita no artigo 33, *caput*, da Lei 9.605/98 ("provocar, pela emissão de efluentes ou carreamento de materiais, o perecimento de espécimes da fauna aquática existentes em rios, lagos, açudes, lagoas, baías ou águas jurisdicionais brasileiras"), se assemelha ao resultado da pesca com substâncias tóxicas, quando essas ocasionarem a mortandade da ictiofauna, da carcinofauna e da malacofauna, que são componentes da "fauna aquática". Ademais, lançar substâncias tóxicas é conduta similar a emitir efluentes e a carrear materiais em ambientes aquáticos. E todas são formas de "causar poluição de qualquer natureza" (Lei 9.605/98, art. 54). No entanto, convém ressaltar-se que o delito definido no artigo 35, I, da Lei 9.605/98 é *delito de pesca*, enquanto o delito do artigo 33, *caput*, é espécie de delito de poluição, cuja forma genérica é descrita no artigo 54 do mesmo diploma ("causar poluição de qualquer natureza em níveis tais que resultem ou possam resultar em danos à saúde humana, ou que provoquem a mortandade de animais ou a destruição significativa da flora"). Ou seja, a finalidade de quem realiza a conduta descrita no artigo 35, II, é *pescar*. Com isso, constata-se que a precisa determinação do tipo subjetivo é essencial para a definição de que delito se trata. A verificação isolada do aspecto objetivo é insuficiente para identificá-lo.

Com efeito, se alguém é surpreendido lançando substâncias tóxicas (*v.g.*, cal) em um riacho, é necessário dar-se preponderância ao aspecto subjetivo, para se saber que injusto penal se configura.[6] A visão meramente objetiva do fato, divorciada da análise subjetiva, pode levar a equívoco fatal, não se podendo olvidar que os injustos penais mencionados têm sanções diversas. Com efeito, sanciona-se, mais gravemente, a conduta daquele que quer praticar ato de pesca, ou seja, matar ou aturdir os espécimes, para capturá-los. Em princípio, essa conduta é mais grave do que apenas lançar a substância na água, sem a intenção direta de causar a mortandade de espécimes.[7] Porém, deve-se atentar para aquela situação em que o agente não quer

---

[6] A propósito, relata-se que, no Piauí, agricultores chegam a usar agrotóxicos para matar os caranguejos que invadem as plantações, trazendo consequências danosas ao ambiente (DIAS NETO, Dorneles; DORNELLES, Lia Drumond C. *Diagnóstico da pesca marítima do Brasil*. Brasília: IBAMA, 1996, p. 68). Nesse caso, não se trata de infração penal de pesca, mas de espécie de delito poluição (Lei 9.605/98, art. 33, *caput*).

[7] Enquanto ao delito de pescar com substâncias tóxicas (art. 35, II) é cominada a pena de reclusão, de um a cinco anos, ao delito de provocar o perecimento de espécimes da fauna aquática, pela emissão de efluentes ou carreamento de materiais (art. 33, *caput*), é cominada a pena de detenção, de um a três anos e multa.

pescar, mas simplesmente *matar* os espécimes aquáticos por puro deleite. Nessa situação, a magnitude da culpabilidade é maior que a do pescador que realiza ato de pesca com substâncias tóxicas. No entanto, a sanção penal prevista em abstrato é menor. Deverá, portanto, o juiz atentar para essa situação quando da dosimetria da pena.

As ações de emitir efluentes ou carrear materiais para ambientes aquáticos e de poluir pelo uso de agrotóxicos são espécies de atividades que poluem, incluindo-se, na expressão genérica, "causar poluição de qualquer natureza". Outrossim, "causar o perecimento de espécimes da fauna aquática" é expressão abrangida pelo termo genérico "que provoquem a mortandade de animais", haja vista, obviamente, espécimes da "fauna ictiológica" e espécimes da "fauna aquática" serem espécimes de "animais", elementar esta constante no artigo 54 da Lei 9.605/98. Pode-se, assim, dizer que o delito contra a fauna aquática, descrito no artigo 33 da Lei 9.605/98, é basicamente o delito do art. 54 do mesmo diploma com elementos especializantes. Quando se tratar de poluição de recursos hídricos, pela emissão de efluentes ou carrreamento de materiais e o efeito for a mortandade de exemplares da fauna ictiológica, haverá concurso aparente de normas, que se deve resolver pelo princípio da especialidade. Com efeito, "parece não ser possível o concurso formal entre os delitos de poluição e de perecimento da fauna ictiológica, em razão de a conduta ser basicamente a mesma. O que se pune aqui é uma forma específica de poluição, com consequências também específicas".[8]

A conduta tipificada no artigo 33, *caput*, consiste em dar causa, pelo despejo de resíduos líquidos ou carreamento de materiais, à mortandade de espécimes da fauna aquática existentes em rios, lagos, açudes, lagoas, baías ou águas jurisdicionais brasileiras. É, portanto, delito de resultado, admitindo-se a tentativa. Note-se, entretanto, que, embora o tipo faça alusão a "espécimes", a referência é genérica, bastando o perecimento de apenas um espécime para a consumação do delito.[9]

O parágrafo único do artigo 33 estabelece que incorrerá nas mesmas penas: "I – quem causa degradação em viveiros, açudes ou estações de aquicultura de domínio público; II – quem explora campos naturais de invertebrados aquáticos e algas, sem licença, permissão ou autorização da autoridade competente; III – quem fundeia embarcações ou lança detritos de qualquer natureza sobre bancos de moluscos ou corais, devidamente demarcados em carta náutica".

"Causar degradação" (art. 33, parágrafo único, inciso I) é expressão típica indicativa de delito de resultado. Por outro lado, "explorar" campos naturais de invertebrados aquáticos e algas (art. 33, parágrafo único, inciso II) e "fundear" embarcações ou "lançar" detritos (art. 33, parágrafo único,

---

[8] COSTA NETO, Nicolao Dino de Castro e; BELLO FILHO, Ney de Barros; COSTA, Flávio Dino de Castro e. *Crimes e infrações administrativas ambientais*. 2. ed. Brasília: Brasília Jurídica, 2001, p. 216.

[9] Nesse sentido: CONSTANTINO, Carlos Ernani. *Delitos ecológicos:* a lei ambiental comentada artigo por artigo: aspectos penais e processuais penais. São Paulo: Atlas, 2001.

III) correspondem a delitos de mera conduta. Nessas figuras, conquanto haja forte probabilidade de lesão ao ecossistema aquático, o tipo não exige sua produção, antecipando a proteção penal.

2. Injustos penais de pesca: aspectos gerais

A Lei 9.605, de 12 de fevereiro de 1998, tipifica como delitos de pesca as condutas de pescar em período proibido ou em lugares interditados pelo órgão competente (art. 34, *caput*); pescar espécies que devem ser preservadas e espécimes com tamanhos inferiores aos permitidos (art. 34, parágrafo único, I); pescar quantidades superiores às permitidas ou mediante a utilização de aparelhos, petrechos, técnicas e métodos não permitidos (art. 34, parágrafo único, II); transportar, comercializar, beneficiar ou industrializar espécimes provenientes da coleta, apanha e pesca proibidas (art. 34, parágrafo único, III); pescar mediante a utilização de explosivos ou substâncias que, em contato com a água, produzam efeito semelhante (art. 35, I); e pescar com substâncias tóxicas ou outro meio proibido pela autoridade competente (art. 35, II).

O elemento normativo "pescar" é conceito jurídico-penal definido, nessa lei, como "todo ato tendente a retirar, extrair, coletar, apanhar, apreender ou capturar espécimes dos grupos dos peixes, crustáceos, moluscos e vegetais hidróbios, suscetíveis ou não de aproveitamento econômico, ressalvadas as espécies ameaçadas de extinção, constantes das listas oficiais da fauna e da flora" (art. 36, *caput*).

A opção pela definição de pesca como ato *tendente* a um resultado naturalístico e a opção pelas estruturas típicas delineadas nos artigos 34 e 35 da Lei 9.605/98, marcadas pela acessoriedade administrativa, gera uma série de questões relacionadas com a adoção da técnica de delitos de perigo abstrato e envolve questões específicas acerca do bem jurídico protegido, dos tipos objetivos, da consumação e da tentativa, que serão abordadas adiante.

Nessa espécie delitiva, o *bem jurídico categorial* protegido, ou seja, o bem jurídico generalizado, como entidade da realidade social dotada de valor e sentido por meio de processo contextualizado de valoração axiológica num dado momento histórico-cultural, é o *ambiente*.[10] Já o *bem jurídico específico*, próprio das figuras típicas específicas dos delitos de pesca, é formado por determinados componentes da fauna aquática (ictiofauna, carcinofauna e malacofauna). Os injustos penais em foco, portanto, têm por escopo a proteção dos peixes, crustáceos e moluscos, não sendo correto afirmar que cuidam da proteção da pesca, por se tratar de atividade humana que justamente explora os recursos naturais protegidos.

É cediço que a fauna aquática apresenta diversidade biológica riquíssima, extremamente ampla, abrangendo espécies não só do grupo dos peixes,

---

[10] Cf. PRADO, Luiz Regis. *Direito penal do ambiente*: meio ambiente, patrimônio cultural, ordenação do território e biossegurança (com a análise da Lei 11.105/2005). São Paulo: RT, 2005, p. 111-112 e p. 128-129.

dos crustáceos e dos moluscos, mas também dos mamíferos,[11] além de alguns anfíbios e répteis. Note-se, todavia, que, em face do conceito restritivo de pesca adotado, a Lei 9.605/98, para efeitos jurídico-penais, limita a atividade da pesca aos *peixes, crustáceos* e *moluscos*, elementos normativos extrajurídicos, que correspondem a componentes bióticos da realidade natural e cujo significado deve ser buscado por meio de juízos de valor no campo da Zoologia e da Biologia.[12] Dessa forma, somente espécimes dos táxons de peixes, de crustáceos e de moluscos podem ser pescados, reservando-se, às demais espécies que habitam o meio aquático, a condição de objeto de outros delitos contra a fauna, que não a pesca. Por fim, no que concerne aos *vegetais hidróbios*, para maior precisão científica, sistemática e linguística, sugere-se que as condutas sobre eles incidentes sejam classificadas entre os delitos contra a flora, suprimindo-se do conceito jurídico de pesca a expressão "e vegetais hidróbios", até porque o fato de haver a retirada da água não é decisivo e suficiente, para que algo seja considerado "pescado".

Ainda examinando o conceito de pesca, verifica-se que a Lei 9.605/98 a considera como "todo ato *tendente* a retirar, extrair, coletar, apanhar, apreender ou capturar espécimes dos grupos dos peixes, crustáceos, moluscos e vegetais hidróbios" (art. 36, *caput*). Quer dizer que a definição legal indica que pesca é *todo ato tendente* a realizar uma das atividades mencionadas (retirar, extrair, coletar, apanhar, apreender ou capturar). *Tendente* é aquele que se aproxima, se inclina, se volta, caminha, propende para determinado alvo ou fim,[13] que, no caso, é a retirada, extração, coleta, apanha, apreensão ou captura do pescado, que não precisam se concretizar, no mundo fenomênico, para que exista a pesca. Ressalte-se que a qualidade de *tendente* deve revelar *aptidão real e efetiva, para ocasionar a captura do pescado a qualquer momento*. Portanto, "aquele que prepara o equipamento (molinete, vara, linha, anzol, chumbo, isca, tarrafa, rede etc.) à margem do rio não executa ato de pesca, pois, com a preparação, por si só, é impossível haver a captura. Somente quando o anzol iscado for arremessado à água e o peixe puder atacar a isca e ser fisgado, é que se pode falar em *ato tendente a capturar* e, portanto, em ato de pesca.[14] Da mesma forma, o simples transporte de tarrafas ou de redes no porta-malas de um veículo pelo pescador que se dirige ao rio não é considerado *ato tendente* a capturar, mas simples ato preparatório dessa atividade. Também não é ato de pesca o simples transporte de rede de arrasto na embarcação do pescador que se dirige, já na água, ao lugar escolhido para a pesca, cuidando-se de ato preparatório. Apenas quando a tarrafa é lançada

---

[11] Cetáceos, sirênios e pinípedes.

[12] HICKMAN JR., Cleveland et al. *Princípios integrados de zoologia.* Trad. Antonio Carlos Marques *et al.* Rio de Janeiro: Guanabara Koogan, 2004; ORR, Robert T. *Biologia dos vertebrados.* 5. ed. Trad. Dirceu Eney, Maria Cristina de Oliveira Viana e Maria Eugênia de Oliveira Viana. São Paulo: Roca, 1986.

[13] Cf. HOUAISS, Antonio; SALLES, Mauro de. *Dicionário Houaiss da língua portuguesa.* 1ª reinp. Rio de Janeiro: Objetiva, 2004, p. 2693.

[14] Nesse sentido, entende-se, acertadamente, que "os crimes de pesca previstos nos arts. 34 e 35 da Lei 9.605/98 têm seu momento inicial no momento exato em que o petrecho utilizado é jogado na água, ou ao menos é arremessado à água" (TAGLIALENHA, Júnior Aparecido. *O princípio da insignificância e os crimes contra a ictiofauna. Revista Brasileira de Ciências Criminais.* São Paulo, RT, 2005, p. 94).

à água ou a rede é armada ou lançada no ambiente aquático é que se concretizam atos de pesca".[15] Nesse sentido, parece óbvio que a arrumação do anzol na linha, à beira do rio, quando muito, é mero *ato preparatório* do delito de pesca,[16] uma vez não representar qualquer *perigo de ataque para o bem jurídico* a isca em terra firme.

Para a aferição do *momento consumativo* dos delitos de pesca, impõe-se, necessariamente, que seja analisado cada um dos tipos respectivos, ressaltando-se que a generalização pode levar a conclusões falsas. Nessa linha, verifica-se que os tipos dos injustos penais definidos no artigo 34, *caput*, "pescar em período no qual a pesca seja proibida" e "pescar em lugares interditados por órgão competente" são *delitos de mera conduta e de perigo abstrato*, não exigindo a captura do pescado e consumando-se com a simples prática de *ato tendente a capturar*, como, *v.g.*, o lançamento de uma tarrafa à água, em época de piracema. Ostentam a mesma natureza, os tipos consistentes em "pescar mediante a utilização de aparelhos, petrechos, técnicas e métodos não permitidos" (art. 34, parágrafo único, II). Registre-se que a jurisprudência se consolidou no sentido de que, na pesca em período proibido, em lugar interditado pelo órgão competente ou com instrumentos proibidos, o delito se consuma com a simples realização da conduta, à luz do artigo 36 da Lei 9.605/98, sendo desnecessária a efetiva captura do pescado.[17]

Por sua vez, "pescar mediante a utilização de explosivos ou substâncias que, em contato com a água, produzam efeito semelhante" (art. 35, I) e "pescar mediante a utilização de substâncias tóxicas, ou outro meio proibido pela autoridade competente" (art. 35, II), são tipos que também não exigem a efetiva captura do pescado. Em suma, "pescar em período proibido, pescar em lugares interditados pelo órgão competente, pescar com instrumentos e métodos não permitidos e pescar com explosivos ou substâncias tóxicas são *delitos de perigo abstrato*, pois os respectivos tipos de injusto são gizados, de forma a não exigirem a comprovação do perigo ao bem protegido nem a periculosidade concreta dessas modalidades de atos de pesca. Segundo tal formulação típica, basta que se comprove, simplesmente, a realização da

---

[15] Gomes, Luís Roberto. *Crimes de pesca*. Juruá: Curitiba, 2011, p. 244-246.

[16] Em sentido contrário, Vladimir Passos de Freitas e Gilberto Passos de Freitas comentam que, se o agente retira a rede do porta-malas de seu veículo e, na margem do rio, está prestes a lançá-la às águas, "já está praticando ato tendente a retirar peixes de forma vedada. É dizer, o crime está consumado" (FREITAS, Vladimir Passos de; FREITAS, Gilberto Passos de. *Crimes contra a natureza*. 8. ed. São Paulo: RT, 2006, p. 130).

[17] Nesse sentido: STJ – HC 38682/SP – 5ª T. – Rel. Min. Gilson Dipp – j. 03.02.2005 – DJ 07.03.2005, p. 308; TRF 3ª Região – Rec. Crim. no. 3678/SP – 1ª T. – Rel. Juiz Johnson di Salvo – j. 28.06.2005 – DJU 19.07.2005, p. 215; TRF 3ª Região – Rec. Crim. 2965/MS – 1ª T. – Rel. Des. Fed. Luiz Stefanini – j. 07.08.2007 – DJU 28.08.2007, p. 391; TFR 1ª Região – Rec. Crim. 2001320000132923/AM – 3ª T. – Rel. Des. Fed. Olindo Menezes – j. 09.01.2006 – DJ 20.01.2006, p. 47; TRF 4ª Região – Emb. Infr. Ap. Crim. 200272040023361/SC – 4ª Seção – Rel. Des. Fed. Paulo Afonso Brum Vaz – j. 26.04.2007 – DE 04.05.2007; TRF 4ª Região – Ap. Crim. 200272010017541/SC – 8ª T. – Rel. Des. Paulo Afonso Brum Vaz – j. 02/05/2007 – DE 09.05.2007; TRF 4ª Região – Ap. Criminal 199972040033559/SC – 7ª T. – Rel. Des. Fed. Tadaaqui Hirose – j. 15.08.2006 – DJU 30.08.2006, p. 786; TRF 4ª Região – Ap. Crim. 200172040029590/SC – j. 20.10.2004 – DJU 17.11.2004, p. 840; TJSP – Ap. Crim. 378.892-3 – 6ª Câm. Crim. – Rel. Des. Debatin Cardoso – j. 07.11.2002 – DOJ 21.01.2003; TJSP – Ap. Crim. 924.218.3 – 1ª Câm. Crim. – Rel. Des. Mário Devienne Ferraz – j. 23.05.2006 – DOE 16.08.2006.

conduta, para que se considerem os delitos consumados. Basta a realização da atividade da pesca, com o que se antecipa a proteção penal para momento anterior ao efetivo acesso aos peixes, crustáceos e moluscos".[18] Por outro lado, os tipos penais consistentes em "pescar espécies que devam ser preservadas" (art. 34, parágrafo único, I), "pescar espécimes com tamanhos inferiores aos permitidos" (art. 34, parágrafo único, I) e "pescar quantidades superiores às permitidas" (art. 34, parágrafo único, II) *exigem a efetiva captura do pescado*, sendo, portanto, de *resultado*. Com efeito, "só será possível pescar-se um espécime com tamanho inferior ao permitido, por exemplo, se determinado indivíduo de uma população for efetivamente capturado. Da mesma forma, só será possível pescar-se quantidade superior à permitida, se houver a efetiva captura de pescado. Se esta não ocorrer, será impossível extrapolar-se o limite imposto. O mesmo se diz quanto às espécies que devem ser preservadas. Sem retirar determinado espécime da água, nem há como se saber se o mesmo está entre as espécies que devem ser preservadas ou não. O momento consumativo desses delitos exige, então, a efetiva captura do pescado".[19] Por fim, o delito consistente em "transportar, comercializar, beneficiar ou industrializar espécimes provenientes da coleta, apanha e pesca proibidas" (art. 34, parágrafo único, III) exige que a captura do pescado tenha ocorrido anteriormente e de forma proibida pela norma penal. O delito se aperfeiçoa com a produção de resultado natural (transporte, comercialização, beneficiamento ou industrialização), sobre o produto da pesca (peixes, crustáceos e moluscos capturados). Trata-se, porquanto, de delito de resultado.

Em resumo, o momento consumativo dos delitos de pesca depende dos respectivos tipos penais de injusto, havendo aqueles que se consumam com a efetiva captura do pescado e aqueles cuja consumação depende, exclusivamente, da prática de *atos tendentes a capturarem* os espécimes. Ou seja, constata-se que, embora se tenha definido a pesca como *ato tendente*, se optou tanto pela tipificação de delitos de resultado como pela de mera conduta. Além disso, destaca-se a formulação de crimes de perigo abstrato. Basta que se pesque em período proibido, em lugares interditados, mediante a utilização de aparelhos, petrechos, técnicas e métodos não permitidos; ou, ainda, mediante a utilização de explosivos, substâncias tóxicas ou substâncias semelhantes, para que se tenha a antecipação da tutela penal, ainda que não se verifique a ocorrência de dano ou de perigo concreto ao bem jurídico protegido.

Por outro lado, é interessante, ainda, observar-se que a maioria dos tipos penais dos delitos de pesca utiliza a técnica das normas penais em branco, com a necessidade de complementação por atos normativo-administrativos de caráter geral ou por leis extrapenais, havendo uma ampla gama de normas vigentes reguladoras, restritivas dessa atividade. A dependência de complementos técnicos é inevitável nessa matéria, imersa em realidade

---

[18] GOMES, Luís Roberto, op. cit., p. 247-248.
[19] Idem, p. 248.

natural e socioeconômica extremamente complexa, marcada pela dinamicidade, pela casuística e pelo condicionamento a fatores instáveis no tempo e no espaço.

Nos delitos de pesca, a utilização da técnica das normas penais em branco é particularmente importante, considerando que os tipos de injusto dependem de complementação obtida principalmente de normas administrativas emanadas da Administração Pública Pesqueira, na forma do que se denomina *acessoriedade administrativa*. Os complementos, conquanto advenham, normalmente, de atos normativo-administrativos de caráter geral, também podem provir de leis extrapenais federais ou estaduais, ou mesmo de tratados internacionais, evidenciando-se uma ampla gama de normas vigentes reguladoras e restritivas dessa atividade.[20] Em matéria de pesca, que é imersa em uma realidade natural e socioeconômica tão complexa, não se admitiria uma regulação penal independente sem a necessária agilidade proporcionada pelos complementos técnicos. Além do caráter extremamente dinâmico e mutável dos fatores ambientais que influem nos ambientes aquáticos, a imensa casuística regulada pelas normas administrativas de pesca, marcadamente pelas dimensões continentais características do Brasil impediria qualquer tentativa de ser abarcada exaustivamente pela lei penal. Os tipos penais de pesca contêm a descrição do núcleo essencial da ação proibida e delimitam, inteiramente, o bem jurídico protegido, constando os elementos essenciais da matéria de proibição. Nada obsta, portanto, que se recorra à esfera administrativa para a obtenção dos complementos técnicos que o legislador penal não pode fixar, sob pena de gerar legislação ineficaz para a proteção do bem jurídico. Não poderia ser diferente, já que, em princípio, apenas a administração pública ambiental poderá dizer qual período em que a pesca será proibida, quais os lugares proibidos ou interditados, quais espécies devem ser preservadas, quais espécies terão limite mínimo de tamanho e qual o permitido para captura, quais as quantidades de pescado permitidas por pescador; e quais os aparelhos, petrechos, técnicas, métodos e substâncias não permitidos. É que se trata de matéria extremamente dinâmica, regulada por inúmeras variáveis relativas a fenômenos naturais (*i.e.*, piracema), a diferentes bacias hidrográficas e cursos d'água; a diferentes espécies, com maior ou menor necessidade de proteção; a diferentes petrechos, métodos ou técnicas em constante evolução, entre outros fatores. Ademais, a administração pública exerce tarefa de constante revisão das inúmeras restrições que incidem sobre a pesca (espaciais, temporais, instrumentais, em função do sujeito ativo, da espécie do pescado, da quantidade de pescado etc.), procurando compatibilizar a sustentabilidade dessa atividade com a proteção dos recursos pesqueiros. Com isso, demonstra-se a complexidade da matéria e a necessidade de frequente regulação, sendo vantajosa, nos de-

---

[20] Justamente por isso, a denúncia deve conter, expressamente, além da exposição do fato criminoso, a descrição certa e precisa do complemento normativo da norma penal em branco. A propósito, Já se decidiu que a norma que incrimina e apena a pesca em lugar interditado, sendo norma penal em branco, deve o denunciante, quando do oferecimento da denúncia, apresentar a norma complementadora, sob pena de inépcia formal (STJ – HC 42486 – 6ª T. – Rel. Min. Nilson Naves – j. 16/08/2005 – DJ 22/05/2006, p. 252).

litos de pesca, a adoção da técnica da norma penal em branco, que, em lugar de obstaculizar a taxatividade-determinação, acaba por garanti-la. Todavia, há que se observar que o escopo da norma administrativa deve coincidir com o escopo da norma penal em branco, sob pena de restar inviável o processo de integração. Como se sabe, ao Direito Penal cabe a missão primordial e única de proteção dos bens considerados essenciais para a vida em sociedade, devendo a sanção penal incidir somente quanto houver lesão ou perigo de lesão a esses bens vitais (princípio da exclusiva proteção de bens jurídicos). A finalidade da norma administrativa de pesca, portanto, deve manter-se em rota convergente com a finalidade da norma penal ambiental de pesca, dirigindo-se ambas para a proteção dos recursos naturais, ou seja, do bem jurídico ambiente. No caso em que determinada norma administrativa limitativa ou proibitiva da pesca não tenha esse objetivo, mas apenas vise à execução de determinada providência administrativa ou política pública, dissociada da missão de proteção do bem jurídico ambiental, *v.g.*, direcionada à promoção do turismo, ao fomento econômico, à segurança da navegação, ao funcionamento de barragem e segurança de terceiros,[21] será inválida como complemento da norma penal em branco, ainda que seja válida no campo administrativo. Convém ressaltar, portanto, em resumo, que cabe ao elaborador da norma complementar e, principalmente, ao aplicador da lei penal superar a tensão característica e inevitável que ocorre entre essas esferas, observando as seguintes regras: 1ª) a norma administrativa, para ser válida como complemento da norma penal, deve respeitar os princípios penais fundamentais; 2ª) deve haver uma relação de coerência entre os fins objetivados pela norma penal e pela norma administrativa, que necessariamente têm que convergir, concorrer para um mesmo ponto, confluir para a proteção do bem jurídico ambiente; 3ª) devem ser respeitadas as regras legais de competência para a edição das normas de pesca.[22]

3. Pescar em período no qual a pesca seja proibida ou em lugares interditados pelo órgão competente

A pesca em período proibido está relacionada, primordialmente, com a reprodução das espécies, embora possa haver outras razões que justifiquem a interdição da atividade durante determinado lapso temporal. O estudo dos mecanismos de reprodução de cada uma das espécies de peixes é essencial, para determinar os esforços de pesca viáveis que não acarretem a so-

---

[21] Nesse sentido, o Superior Tribunal de Justiça, ao examinar, em *habeas corpus,* caso de pesca em lugar interditado por órgão competente, decidiu pelo trancamento da ação penal por atipicidade da conduta, consignando que a interdição da área na qual o denunciado foi abordado por policiais militares no Rio São Francisco, nada tinha a ver com a preservação do meio ambiente, mas apenas com a garantia de funcionamento da barragem de Três Marias, da própria represa e com a integridade física de terceiros, traduzindo-se, em suma, numa medida de segurança adotada pela Companhia Energética de Minas Gerais (CEMIG) (STJ – HC 42528/MG – 5ª T. – Rel. Min. Laurita Vaz – j. 07/06/2005 – DJ 26/09/2005, p. 423).

[22] GOMES, Luís Roberto, op. cit., p. 165-184.

brepesca e preservem a manutenção dos estoques pesqueiros, subsidiando a elaboração das normas reguladoras. Conhecer a flutuação populacional, o tempo de procriação, a duração do período de desova, o número de surtos reprodutivos por ano, a fecundidade, a capacidade de reposição dos estoques etc. e a relação desses fatores com as condições ambientais existentes é essencial para a determinação do conteúdo das proibições e das permissões exaradas nas normas de pesca. Ademais, o conhecimento dos movimentos migratórios dos peixes, durante a reprodução, é fundamental, para subsidiar a tomada de medidas de proteção ambiental e permitir a exploração sustentável dos recursos pesqueiros. Dessa forma, "o exercício da atividade pesqueira poderá ser proibido transitória, periódica ou permanentemente, nos termos das normas específicas, para proteção: I – de espécies, áreas ou ecossistemas ameaçados; II – do processo reprodutivo das espécies e de outros processos vitais para a manutenção e a recuperação dos estoques pesqueiros" (Lei 11/959, art. 6º).

Por sua vez, a proibição de se *pescar em lugares interditados pelo órgão competente* é consubstanciada em restrição de ordem espacial, limitativa dos lugares em que a pesca pode ser exercida. Pode ser periódica ou permanente. Geralmente é periódica ou transitória, quando associada ao processo reprodutivo. Ou seja, pode-se proibir a pesca em determinado lugar, tendo em vista que os peixes ali se aglomeram em determinada época para o acasalamento. Por outro lado, existem lugares em que a pesca é, via de regra, interditada permanentemente, como em cursos d'água que cortam parques nacionais e estaduais, e mesmo em parques marinhos ou reservas marinhas, cujo objetivo é a proteção da biodiversidade. Nesses lugares, excepcionalmente, quando permitida, a pesca somente pode ser exercida de forma rigidamente controlada, geralmente de modo artesanal, respeitando-se o uso sustentado dos recursos existentes. Cuida-se de figura típica intimamente relacionada com os processos reprodutivos, a proteção da biodiversidade e o desenvolvimento sustentável dos recursos pesqueiros, marcado, entre outras medidas, pela "determinação de áreas especialmente protegidas" (Lei 11.959/09, art. 7º, II).

4. Pescar espécies que devem ser preservadas ou espécimes com tamanhos inferiores aos permitidos

As "espécies que devem ser preservadas" são aquelas ameaçadas de extinção e aquelas sobre-explotadas ou ameaçadas de sobre-explotação, reconhecidas mediante ato normativo da Administração Pública Ambiental. A expressão "espécies que devem ser preservadas" não é apropriada, já que *todas as espécies devem ser preservadas*, respeitando-se a função ecológica de cada uma elas. Possam ou não ser pescadas, tenham ou não valor comercial, não importa. A proteção da biodiversidade das espécies ictiofaunísticas, malacofaunísticas e carcinofaunísticas encontra guarida no ordenamento jurídico, independente do respectivo valor comercial. E mesmo aquelas que podem ser pescadas são também tuteladas, haja vista a incidência de restrições à pesca, como as proibições em razão do período de defeso e em função do tamanho mínimo, situações em que, não se pode negar, se protege o processo reprodutivo das espécies, *preservando-as*. O que se quer, na verdade, é coibir a pressão pesqueira sobre espécies cuja pesca esteja *proibida expressamente*, em razão de sua condição de vulnerabilidade no ambiente. Então, mais adequado seria o tipo conter diretamente expressões como, *v.g.*, "espécies ameaçadas" ou "espécies catalogadas como ameaçadas", que englobariam as diversas categorias, tanto as espécies ameaçadas de extinção como as ameaçadas de sobre-exploração e, por questão de lógica, as sobre-exploradas.[23] A Instrução Normativa n. 05, de 21 de maio de 2004, do Ministério do Meio Ambiente define, atualmente, a Lista Nacional das Espécies de Invertebrados Aquáticos e Peixes Ameaçados de Extinção, dentre os quais figuram diversas espécies de mariscos, lagostas, caranguejos, tubarões, cações e peixes anuais. Entre os peixes de água doce mais conhecidos, destacam-se algumas espécies de pacu, de cascudos, de bagres, de surubins e de lambaris. A mesma norma define, ainda, a Lista Nacional das Espécies de Invertebrados Aquáticos e Peixes Sobreexplotados ou Ameaçados de Sobre-explotação, constando algumas espécies de lagostas, camarões, siris, tubarões, cações, sardinhas e cavalos-marinhos. Entre os peixes de água doce mais conhecidos, figuram o pirarucu, o jaraqui e o tambaqui. As listas de espécies ameaçadas são importantes instrumentos da Administração Ambiental de conservação da biodiversidade, servindo de suporte para a elaboração de planos de gestão que visem à recuperação dos estoques e à sustentabilidade da pesca. São formadas com a participação de centenas de especialistas que colaboram, fornecendo informações científicas sobre espécies nessas condições; e sua elaboração passa por discussões em seminários. São complementos dinâmicos da norma penal em branco, porque, inevitavelmente, espécies entram e saem dessas listas, conforme apontam os trabalhos científicos acerca de sua situação na natureza. Ou seja, os períodos de proibição da pesca de determinadas espécies podem ser revistos, à medida que estudos técnicos de biologia pesqueira indiquem ser, atualmente, viável a exploração sustentável do recurso outrora sobre-explorado ou em perigo de extinção.

5. Pescar quantidades superiores às permitidas, ou mediante a utilização de aparelhos, petrechos, técnicas e métodos não permitidos

A proibição de se pescar quantidades superiores às permitidas está ligada umbilicalmente ao princípio do uso sustentável dos recursos pesqueiros. O esforço de pesca é realizado sobre recursos renováveis. O que se proíbe é a pesca excessiva que possa comprometer os estoques pesqueiros, em prejuízo

---

[23] GOMES, Luís Roberto, op. cit., p. 209 e segs.

da sustentabilidade da atividade, do equilíbrio ecológico e da ictiofauna, da malacofauna e da carcinofauna. Por outro lado, busca-se garantir que todos tenham acesso igualitário ao desfrute do bem jurídico. Cabe à Administração Pública Ambiental conciliar o equilíbrio entre o princípio da sustentabilidade dos recursos pesqueiros e a obtenção de melhores resultados econômicos e sociais, calculando, em cada caso específico, a captura total permissível e o esforço de pesca sustentável (Lei 11.959/09, art. 3º, II e III).

As normas administrativas fixam as quantidades máximas que podem ser pescadas, seja em função do peso ou do número de espécimes que podem ser capturados por espécie, podendo haver combinações entre esses critérios. Com efeito, o tipo de injusto penal se refere, genericamente, à pesca de "quantidades superiores às permitidas", não especificando se a "quantidade" diz respeito a peso ou a número de exemplares capturados. À norma administrativa cabe, então, defini-lo.[24]

No que concerne à pesca mediante a utilização de aparelhos, petrechos, técnicas e métodos não permitidos (Lei 9605/98, art. 34, parágrafo único, II), cuida-se de proibição relativa à *forma de captura* do pescado que, dependendo do caso, pode ser altamente predatória e lesiva às espécies da ictiofauna, da malacofauna, da carcinofauna, razão pela qual as normas administrativas regulam, limitam ou proíbem sua utilização. *Aparelhos* são instrumentos, máquinas, maquinismos, engenhos, objetos ou utensílios destinados a determinado uso, no caso a pesca. *Petrechos* são objetos ou instrumentos destinados à consecução de alguma tarefa. Ambos, aparelhos e petrechos de pesca, são espécies de *instrumentos* ou de *equipamentos*, destinados à pesca. Os termos se complementam, na medida em que a expressão *aparelhos* abrange, também, quaisquer máquinas, maquinismos e engenhos destinados à pesca. *Técnicas* são maneiras, jeitos ou habilidades especiais de executar ou fazer algo. *Métodos* são os caminhos, os meios, os procedimentos desenvolvidos, para se chegar a determinado resultado. Técnicas são as ferramentas que instrumentalizam, operacionalizam e compõem determinado método. A pesca com redes é um *método de pesca* que pode ser executado por várias técnicas, inclusive combinadas. Entre as *técnicas de pesca com redes* que concretizam, instrumentalmente, esse *método de pesca* estão, por exemplo, a emenda de diversas malhas, a largura que ocupam no curso d'água, a profundidade em que são armadas, se são estáticas ou dinâmicas (*v.g.*, redes de arrasto) etc. A distinção é útil, na medida em que as normas podem pretender, por exemplo, a proibição genérica de determinado método, a exemplo da utilização de redes (*método*) na pesca amadora; ou apenas a proibição de

---

[24] A recente Instrução Normativa Interministerial n. 09, de 13 de junho de 2012, por exemplo, ao estabelecer normas gerais para o exercício da pesca amadora em todo o território nacional, fixou o limite de captura e transporte de espécies com finalidade de consumo próprio por pescador amador em 10 kg (dez quilos) mais 01(um) exemplar, para pesca em águas continentais e estuarinas, e em 15 kg (quinze quilos) mais 01(um) exemplar, para pesca em águas marinhas (art. 6º, *caput*). Ademais, ressalvou a observância das demais normas que estabelecem tamanhos mínimos de captura e listas de espécies proibidas (art. 6º, *caput*, segunda parte), estatuindo que "limites de captura e transporte mais restritivos do que os estabelecidos no *caput* deste artigo poderão ser definidos pelas autoridades competentes em normas específicas" (art. 6º, parágrafo único).

determinadas *técnicas* lesivas, como a emenda ilimitada de panos de redes ou a realização de arrasto, embora a pesca com redes possa ser permitida na pesca profissional.[25]

Por fim, anote-se que o fato de se surpreender o réu com pequena quantidade de peixes em seu poder, por si só, não tem o condão de descaracterizar o crime previsto no artigo 34, *caput*, da Lei 9.605/98, que pune a atividade de pesca mediante a utilização de aparelhos, petrechos, técnicas e métodos não permitidos em lei,[26] devendo-se levar em conta, sobretudo, a potencialidade lesiva dos instrumentos empregados e da conduta realizada, sem esquecer que se trata de delito de perigo abstrato.

6. Transportar, comercializar, beneficiar ou industrializar espécimes provenientes da coleta, apanha e pesca proibidas

Cuida-se de tipo misto alternativo, composto pelas condutas de transportar, comercializar, beneficiar ou industrializar espécimes provenientes da pesca proibida. É delito de resultado, haja vista exigir-se modificação no mundo exterior (transporte, comercialização, beneficiamento ou industrialização) referente ao objeto da ação (espécimes provenientes da pesca proibida), que pode consistir, inclusive, em animais ainda vivos.

Transportar significa levar, conduzir, transferir, carregar de um lugar para outro. *Comercializar* significa praticar atos de comércio, negociar, realizar a compra e venda com objetivo de lucro. *Beneficiar* significa processar, agregar valor ao pescado, retirando couro e escamas, lavando, limpando, filetando, congelando, salgando ou defumando o produto da pesca para posterior consumo. Com o beneficiamento, o pescado alcança valor mais elevado no mercado consumidor. *Industrializar* é beneficiar em larga escala, cuidando-se de processamento de considerável volume de pescado por estabelecimentos de maior porte.

O que se proíbe é o transporte, a comercialização ou o beneficiamento de espécimes provenientes da pesca *penalmente* proibida, ou seja, daquela descrita nos injustos penais dos artigos 34 e 35 da Lei 9.605/98,[27] sob pena de não passar de mera desobediência administrativa, fazendo do Direito Penal simples reforço da norma administrativa. Dessa forma, a interpretação do tipo penal em foco, no que tange a elementar "proibidas", deve ser *restritiva*,

---

[25] GOMES, Luís Roberto. *Crimes de pesca*, op. cit., p. 217-218.

[26] TRF 3a Região – ACR 47847 – 5ª T. – Rel. Juíza Convocada Louise Filgueiras – j. 23/04/2012 – e-DJF3 17/05/2012; TRF 3ª Região – ACR 36366 – 5ª T. – Rel. Des. Fed. Antonio Cedenho – j. 02/04/2012 – j. 25/04/2012.

[27] No sentido de que "todo aquele que transporta, comercializa, beneficia ou industrializa pescado oriundo da atividade ilegal, em desconformidade com o padrão imposto pela norma administrativa, comete o ilícito em questão", vide COSTA NETO, Nicolao Dino de Castro *et al*. *Crimes e infrações administrativas ambientais*, op. cit., p. 223.

no sentido de que se trata de condutas *"penalmente* proibidas". Se o transporte, a comercialização, o beneficiamento ou a industrialização ocorrerem em face de espécimes provenientes da coleta, apanha e pesca proibidas *apenas administrativamente* (como, por exemplo, pescar sem autorização) a conduta será atípica. Portanto, pode-se afirmar que a existência do delito previsto no art. 34, parágrafo único, III, da Lei 9.605/98 não prescinde de um antecedente lógico necessário – ou seja, de um *crime* anterior de pesca –, que integra seu tipo como elementar.[28]

Por outro lado, não obstante a dependência de um crime de pesca anterior é afirmável que se trata de delito autônomo, não se podendo falar em coautoria ou participação em face do agente que transporta, comercializa, beneficia ou industrializa espécimes provenientes da consumação do delito antecedente. Com efeito, trata-se de hipótese de exceção pluralística à teoria unitária (CP, art. 29), em que as respectivas condutas são descritas em tipos penais distintos. Além disso, diante da autonomia do delito em foco, no plano processual, não se exige que a infração de pesca anterior tenha sido apurada em processo findo, bastando a prova da ocorrência da pesca penalmente proibida.

Deve-se ressaltar, ainda, que o pescador que captura os espécimes não responde por transportá-los, comercializá-los ou mesmo beneficiá-los posteriormente, situando-se estas condutas na fase de exaurimento do crime anterior.[29] Há, nesse caso, crime único,[30] podendo o juiz aumentar a pena quando da apreciação das circunstâncias judiciais, tendo em vistas as consequências do crime (CP, art. 59).

Por fim, quadra ressaltar-se que a tipificação dessas condutas encontra justificativa em combater-se a pesca proibida.[31] A pesca de grandes quantidades, com instrumentos não permitidos, em locais proibidos, em época

---

[28] GOMES, Luís Roberto. *Crimes de pesca*, op. cit., p. 220-224. Conforme argumenta o autor, "se o transporte, a comercialização, o beneficiamento e a industrialização de espécimes capturados *sem autorização* fossem sancionados penalmente, haveria a incongruência lógica de não se punir, na esfera penal, a pesca, mas apenas os atos subseqüentes. Com efeito, verifica-se que as penas do *caput* do artigo 34 da Lei 9.605/98 e dos incisos I, II e III do parágrafo único do mesmo artigo são idênticas – o que, ao menos por conta do que dispõe a lei, nivela a magnitude dos injustos penais respectivos. Assim sendo, as penas daquele que realiza a pesca proibida devem ser em tese as mesmas daquele que transporta, comercializa, beneficia ou industrializa os espécimes capturados ilicitamente, sob pena de se violar o princípio da proporcionalidade. Desse modo, não punir a pesca sem autorização, e punir o transporte de espécimes pescados sem autorização seria inadmissível" (GOMES, Luís Roberto, op. cit., p. 222).

[29] Nesse sentido. LECEY, Eladio. Crimes contra a fauna na Lei 9.605/98. *Revista de Direito Ambiental*, São Paulo, n. 48, out./dez. 2007. p. 96.

[30] Já se decidiu que se o réu, na mesma ocasião, praticou atos de pesca mediante a utilização de petrecho não permitido e, posteriormente, transportou o pescado, cometeu crime único (TRF 3ª Região – ACR 26153 – 1ª T. – Rel. Juiz Márcio Mesquita – j. 06.10.2009 – DJF3 CJ1 de 21.10.2009, p. 63).

[31] Afirma-se que "no inciso III do parágrafo único a conduta reprimida não é a do pescador, mas sim de terceiros que colaboram para que a pesca predatória seja uma atividade lucrativa. É, a bem dizer, um complemento das proibições anteriores" (FREITAS, Vladimir Passos de; FREITAS, Gilberto Passos de. *Crimes contra a natureza*: de acordo com a Lei 9.605/98. 8. ed. São Paulo: RT, 2006, p. 123). Ressalta-se que o legislador acabou "merecendo encômios, quando pune quem transporta, comercializa, beneficia, ou industrializa espécimes provenientes de coleta, apanha e pesca proibidas, ainda que algumas dessas condutas estivessem reguladas pelo concurso de pessoas estabelecido pelo Código Penal" (PIERANGELLI, José Henrique. *Escritos jurídico-penais*. 2. ed. São Paulo: RT, 1999, p. 260).

de defeso etc. é incentivada, quando se tem a perspectiva de lucro com o transporte, a comercialização, o beneficiamento ou a industrialização, geralmente realizados por outros agentes que não o pescador. Este, via de regra, apenas pesca, visando alguma a lucratividade. Aqueles adquirem o pescado e lucram ainda mais, simplesmente comercializando-o em supermercados, feiras livres, peixarias etc., ou processando-o por meio do beneficiamento ou industrialização. Como essas condutas posteriores estimulam a pesca proibida e, logicamente, a lesão ao bem jurídico-penal ambiente, há uma equiparação legal na magnitude dos injustos penais respectivos.[32]

7. Pescar mediante a utilização de explosivos ou substâncias que, em contato com a água, produzam efeito semelhante

O dispositivo proíbe a pesca mediante o emprego de explosivos ou artefatos que produzam efeitos semelhantes aos provocados pelos explosivos, utilizando a técnica da interpretação analógica. Após indicar casuisticamente a proibição da pesca com o uso de explosivos, apresenta cláusula genérica ("substâncias que, em contato com a água, produzam efeito semelhante").

Explosivos são artefatos inflamáveis, capazes de explodir, detonar, estourar de forma violenta. Atingem não só os peixes, crustáceos e moluscos mas também a fauna e a flora aquáticas em geral, produzindo grande dano aos ecossistemas aquáticos. O exemplo mais comum é a utilização da dinamite. *Substâncias que, em contato com a água, produzam efeito semelhante*, são aquelas que, mesmo não sendo explosivas, produzem consequência similar, ou seja, mortandade ampla e indiscriminada de espécimes no meio aquático; ou de aturdimento ou debilidade que permitam a pesca com maior facilidade. Mencionam-se, como exemplo, os aparelhos geradores de ondas sonoras de alta frequência e as descargas elétricas de alta voltagem.[33] Nota-se que não se trata de quaisquer "substâncias" que sejam capazes de causar a mortandade de espécimes, mas daquelas cujos efeitos guardem semelhança com os explosivos. Na verdade, constata-se, acertadamente, que a palavra *substâncias* é imprópria, tendo sido preferível a referência a "meios ou artefatos mecânicos que, em contato com o ambiente aquático, produzam efeitos semelhantes aos explosivos", além do que a opção por esse termo, no inciso I, pode gerar confusão com a expressão "substâncias tóxicas" alocada no inciso II, o que demonstra sua inconveniência.[34] Nessa linha, a redação da Lei 11.959/09 é mais precisa, quando proíbe a pesca mediante a utilização

---

[32] Nesse sentido, já se decidiu que "no tipo penal em questão equipara-se o agente que adquire e realiza o transporte dos crustáceos àquele que causa diretamente o dano ecológico, ou seja, ao que efetua a captura em épocas vedadas" (TRF 4ª Região – AC 2000.72.00.00.009492-0/SC – 8ª T. – Rel. Des. Fed. Élcio Pinheiro de Castro – DJU 30.10.2002, p. 1.207).

[33] Cf. PRADO, Luiz Regis. *Direito penal do ambiente*, op. cit., p. 264; COSTA NETO, Nicolao Dino de Castro e *et al. Crimes e infrações administrativas ambientais*. 2. ed. Brasília: Brasília Jurídica, 2001, p. 199;

[34] PRADO, Luiz Regis. *Direito penal do ambiente*, op. cit., p. 265.

de "explosivos" (art. 6º, VII, *a*) e de "processos, técnicas ou substâncias que, em contato com a água, produzam efeito semelhante ao de explosivos" (art. 6º, VII, *b*). De qualquer forma, percebe-se, nitidamente, a diferença entre o termo "substâncias" utilizado no inciso I e o utilizado no inciso II. Aquele é voltado para a produção de efeitos similares aos explosivos, enquanto este diz respeito à produção de efeitos similares aos tóxicos.

O delito é de mera conduta, não exigindo o tipo que haja a produção do resultado – ou seja, a morte de peixes, crustáceos e moluscos.[35] E é de perigo abstrato, bastando que se comprove ter havido a utilização de explosivos para a pesca, presumindo-se a periculosidade da ação. Aplicando-se, aqui, o conceito jurídico-penal de pesca, consubstanciado na prática de "todo ato tendente a retirar, extrair, coletar, apanhar, apreender ou capturar espécimes" (Lei 9.605/98, art. 36, *caput*), verifica-se que o delito se consuma independentemente de o agente conseguir obter peixes, crustáceos e moluscos. A pesca com explosivos ou substâncias tóxicas produz em regra danos catastróficos nos ecossistemas aquáticos, devendo-se antecipar a proteção penal, para punir a ação, perigosa por natureza, *ab initio,* ainda que não haja a captura de pescado ou a morte de espécimes. Seria incorreto que o tipo de injusto penal exigisse a captura do pescado para a consumação do delito, também não sendo adequado exigir que figure como elementar o perigo concreto, exigindo-se sua comprovação, haja vista a inerente dificuldade de se demonstrá-lo no meio aquático. A fórmula dos delitos de perigo abstrato-concreto também não atende, adequadamente, a necessidade de proteção do bem jurídico, considerando-se que desnecessária seria a demonstração da periculosidade de ação dessa natureza, qualidade essa já aferível de um ponto de vista *ex ante*. O legislador acertou ao definir os delitos previstos no artigo 35 da Lei 9.605/98 como de perigo abstrato e de mera conduta, haja vista as ações, de um ponto de vista *ex ante*, se revestirem de periculosidade suficiente, que legitima a escolha dessa estruturação típica. É com forte grau de probabilidade que ações de pescar com a utilização de explosivos ou de

---

[35] Em sentido contrário, entende-se que o crime se consuma com a morte dos espécimes da fauna ictiológica, e que "a perícia é indispensável, no caso, a fim de demonstrar o nexo entre a morte e o uso da substância tóxica ou explosiva" (FREITAS, Vladimir Passos de; FREITAS, Gilberto Passos de. *Crimes contra a natureza*: de acordo com a Lei 9.605/98. 8. ed. São Paulo: RT, 2006, p. 127). No sentido de que se trata de delito material, PRADO, Luiz Regis. *Direito penal do ambiente*, op. cit., p. 266; COSTA NETO, Nicolao Dino de Castro e et al. *Crimes e infrações administrativas ambientais*, op. cit., p. 225. O artigo 335 do Código Penal espanhol dispõe que "aquele que, sem estar legalmente autorizado, empregue para caça ou pesca veneno, meios explosivos e outros instrumentos ou artes de similar eficácia destrutiva para a fauna, será castigado com a pena de prisão de seis meses a dois anos ou multa de oito a vinte e quatro meses e, em todo caso, inabilitação especial para o exercício do direito de caçar ou pescar pelo tempo de um a três anos. Se o dano causado for de notória importância se imporá a pena de prisão antes mencionada em sua metade superior". Analisando esse dispositivo, Ester Hava Garcia afirma configurar-se "um delito de mera atividade que se consuma plenamente somente com o emprego dos métodos de caça proibidos, sem que resulte necessário que a conduta haja produzido a morte de animais" (HAVA GARCÍA, Esther. *Protección jurídica de la fauna y flora en España*. Madrid: Editorial Trotta, 2000, p. 3343) (Idem, HAVA GARCÍA, Esther. Delitos relativos a la protección de la flora y fauna. In: TERRADILLOS BASOCO, Juan (Ed.). *Derecho penal del medio ambiente*. Madrid: Editorial Trotta, 1997, p. 75). No mesmo sentido, comenta-se que "o efetivo dano causado só se tem em conta para o efeito de qualificar a pena, quando revista especial gravidade" (MUÑOZ CONDE, Francisco. *Derecho penal. Parte especial*. 16. ed. Valencia: Tirant lo Blanch, 2007, p. 588).

substâncias tóxicas lesam ou expõem a risco de lesão o bem jurídico protegido. Adotar formulação diversa, que exigisse a ocorrência de resultado ou a comprovação do perigo concreto para o ambiente aquático, não seria capaz de tutelar, com a necessária eficiência, o bem protegido. Foi então correta a opção legislativa pela adoção da estrutura típica do perigo abstrato, com presunção, *ex vi legis*, da periculosidade da conduta, antecipando-se a proteção penal para momento anterior à produção do resultado.[36]

Entretanto, considerando a amplidão de certos espaços aquáticos, é possível, em tese, que a explosão não lesione nenhum espécime no local atingido. Não importa. Explodindo o artefato no ambiente aquático, o delito estará consumado, ainda que não haja a captura ou a morte de espécimes. E, caso o artefato seja lançado à água, mas não haja explosão por circunstâncias alheias à vontade do agente, haverá tentativa.

8. Pescar mediante a utilização de substâncias tóxicas, ou outro meio proibido pela autoridade competente

A norma tipifica a pesca mediante o emprego de substâncias tóxicas ou outro meio proibido pela autoridade competente. O dispositivo é mal redigido. Com efeito, a parte final, relativa à proibição de utilização de "outro meio proibido pela autoridade competente" (art. 35, II) aparenta repetir a proibição que já consta do inciso II do parágrafo único do artigo 34 (pescar "mediante a utilização de aparelhos, petrechos, técnicas e métodos não permitidos"). Deve ser compreendida, portanto, como a proibição do uso de substâncias consideradas expressamente tóxicas pela Administração Pública.[37] Com efeito, "se assim não o fosse, estar-se-ia repetindo a norma do art. 34, III, que criminaliza a utilização de qualquer instrumento declarado de uso proibido por norma administrativa".[38] Ademais, o alerta é importante, considerando-se que as sanções penais são diversas, sancionando-se mais gravemente a pesca com substâncias tóxicas do que a pesca com instrumentos ou métodos proibidos.[39]

Trata-se de norma penal em branco, na medida em que se faz remissão à norma administrativa. Além de se prever a proibição de utilização de subs-

---

[36] GOMES, Luís Roberto. *Crimes de pesca*, op. cit., p. 226-227.

[37] A Lei 11.959/09 proíbe a pesca com a utilização de "substâncias tóxicas ou químicas que alterem as condições naturais da água" (art. 6º, VII, *c*).

[38] COSTA NETO, Nicolao Dino de Castro e *et al*. *Crimes e infrações administrativas ambientais*, op. cit., p. 224-225.

[39] Noutro sentido, em comentário ao artigo 35, II, da Lei 9.605/98, afirma-se, incorretamente, que "os outros meios proibidos fazem parte de norma penal em branco, devendo ser consultada a legislação extrapenal cabível para sua detecção. Por exemplo, em determinadas regiões é vedada a pesca com o emprego de malha fina" (NUCCI, Guilherme de Souza. *Leis penais e processuais penais comentadas*. São Paulo: RT, 2006, p. 524). Com efeito, o emprego de "malha fina" (malha com tamanho inferior ao permitido) tipifica o delito descrito no artigo 34, parágrafo único, II, e não o delito do artigo 35, II, da Lei 9.605/98.

tâncias tóxicas, a autoridade competente pode especificar, eventualmente, por ato administrativo, "outro meio proibido", de natureza também tóxica.

Substâncias tóxicas utilizadas para a pesca são aquelas que produzem efeitos nocivos aos organismos dos peixes, crustáceos e moluscos, semelhantes ao envenenamento. Ao ingerir tais substâncias, produz-se a morte ou o entorpecimento dos espécimes, de forma que possam ser capturados em grande quantidade, sem muito esforço. É de se notar que a toxicidade das substâncias empregadas nessa espécie de pesca normalmente não prejudica, significativamente, o homem, que acaba consumindo o pescado. A substância tóxica mais conhecida é a produzida pelo "timbó", uma "designação genérica para leguminosas e sapindáceas que induzem efeitos narcóticos nos peixes e, por isso, são usadas para pescar. Maceradas, são lançadas na água e logo os peixes começam a boiar, podendo facilmente ser apanhados com as mãos. Deixados na água, os peixes se recuperam, podendo ser comidos, sem inconveniente, em outra ocasião".[40]

Outras substâncias também podem ser utilizadas com esse desiderato, como agrotóxicos e linhaça. A utilização de cal virgem ou de pedras de carbureto, para "desentocar" peixes que se abrigam em locas ou sob pedras, também já foi detectada pela fiscalização ambiental, assim como alguns tipos de carrapaticidas que, em contato com água, fazem com que os peixes fiquem desnorteados e procurem a superfície, facilitando sua captura.[41] E nada obsta que outras substâncias sejam descobertas, mesmo as sintetizadas artificialmente, que produzam efeitos semelhantes, também ocasionando toxicidade nas espécies da fauna aquática objeto de pesca.

Por fim, resta lembrar-se que, a exemplo do injusto penal do artigo 35, I, não exige o tipo que haja lesão ou perigo concreto de lesão ao bem jurídico (delito de perigo abstrato) e nem a produção de resultado naturalístico (delito de mera conduta), bastando que se comprove ter havido a utilização de substâncias tóxicas para a pesca.

O artigo 37 elenca hipóteses em que há exclusão de ilicitude. Conquanto tipificadas como crime as condutas de "matar, perseguir, caçar, apanhar, utilizar espécimes da fauna silvestre, nativos ou em rota migratória, sem a devida permissão, licença ou autorização da autoridade competente, ou em desacordo com a obtida (Lei 9.605/98), considera-se *permitido* o abate de animal, quando realizado: I – em estado de necessidade, para saciar a fome do agente ou de sua família; II – para proteger lavouras, pomares e rebanhos da ação predatória ou destruidora de animais, desde que legal e expressamente autorizado pela autoridade competente; III – vetado; IV – por ser nocivo o animal, desde que assim caracterizado pelo órgão competente".

O inciso I do artigo 37 foi motivado, consoante a doutrina, pela situação de pobreza em que vive boa parte dos brasileiros, principalmente na região

---

[40] FERREIRA, Aurélio Buarque de Holanda. *Novo dicionário da língua portuguesa*. 2. ed. Rio de Janeiro: Nova Fronteira, 1986, p. 1345.

[41] Cf. TRENNENPOHL, Curt. *Infrações contra o meio ambiente*: multas e outras sanções administrativas. Belo Horizonte: Fórum, 2006, p. 124.

Norte, onde a caça de subsistência é comum. Não obstante, sua aplicação deve cercar-se de cautelas, conferindo-se interpretação restritiva e obrigando-se o infrator a provar o estado de miserabilidade e a impossibilidade de se alimentar de outra forma, sob pena de se tornar porta aberta para a justificação indevida de crimes contra a fauna.[42]

Já a excludente prevista no artigo 37, II, é *meramente simbólica*, pois não se pode esperar que alguém fique inerte, aguardando o trâmite de um processo administrativo, por meses, enquanto seu patrimônio esteja sendo destruído por animal silvestre.[43] Ademais, registre-se que autorizações nesse sentido devem advir somente em casos excepcionais, haja vista o que dispõe a Lei Maior, no sentido de considerar a fauna como *objeto de proteção* (art. 225, § 1º, VII).

O veto presidencial acerca do inciso III do artigo 37 foi acertado, considerando inexistir legítima defesa contra animais (pois se dá somente em face de agressão humana), podendo ocorrer estado de necessidade, que, aliás, está previsto no Código Penal (art. 24).

Quanto ao inciso IV, deve ser interpretado e aplicado com parcimônia, considerando que a Constituição estabelece a incumbência estatal de proteção ambiental da função ecológica da fauna, sem qualquer distinção, vedando as práticas que provoquem a extinção de espécies ou submetam os animais a crueldade (art. 225, § 1º, VII). A caracterização da *nocividade* e o abate de animais somente serão admitidos, portanto, se houver risco grave a outras espécies animais e justificada necessidade, para preservar os processos ecológicos essenciais e o equilíbrio dos ecossistemas.

Como exemplo de aplicação acertada desse dispositivo, podem-se mencionar as consequências ambientais e socioeconômicas causadas pela invasão do *Limnoperma fortunei* (mexilhão dourado), que passou a se espalhar pelas águas interiores nacionais, a partir do Rio Grande do Sul, da Bacia do Prata e do Pantanal Matogrossense. Neste caso, o Ministério do Meio Ambiente resolveu instituir uma Força Tarefa Nacional, com o objetivo de avaliar o comportamento dessa espécie considerada invasora, os vetores de sua dispersão e as medidas de caráter emergencial a serem tomadas, visando a reduzir sua expansão e concentração em todo o território nacional.[44] O mexilhão dourado é uma espécie de molusco bivalve originária da Ásia, que tem causado severos impactos nos ecossistemas aquáticos, tendo sido identificada como espécie invasora na América do Sul. Características específicas,

---

[42] FREITAS, Vladimir Passos de; FREITAS, Gilberto Passos de. *Crimes contra a natureza*. 7.ed. São Paulo: RT, 2001, p. 111.

[43] PRADO, Luiz Regis. *Direito penal do ambiente*. 3. ed. São Paulo: RT, 2011, p. 181-182. Para Luciana Caetano da Silva, em razão da irrealidade de seu contexto, os incisos II e IV do artigo 37 podem ser considerados simbólicos, enquanto o inciso I é dispensável (SILVA, Luciana Caetano da. Belo Horizonte: Mandamentos, 2001, p. 182).

[44] Cf. BRASIL. Ministério do Meio Ambiente. Portaria n. 494, de 22 de dezembro de 2003. Institui, no âmbito do Ministério Público do Meio Ambiente, Força Tarefa Nacional para o controle do *Limnoperma fortunei* (mexilhão dourado). Disponível em <http://www.mma.gov.br/estruturas/lastro/arquivos>. Acesso em 11 jun. 2007.

como curto período de vida, velocidade de crescimento, rápida maturidade sexual e alta fecundidade permitem efetivo assentamento, rápida reprodução e colonização de novas áreas, impactando tanto o ambiente natural como o ambiente humano.[45]

---

[45] Cf. DARRIGAN, Gustavo. Prevención y control de bivalvos de agua dulce: caso 'mejillón dorado' em la región neotropical. In: NOGUEIRA, Marcos Gomes; HENRY, Raoul; JORCIN, Adriana. *Ecologia de reservatórios:* impactos potenciais, ações de manejo e sistemas em cascata. 2.ed. São Carlos: RiMa, 2006, p. 235-245.

Crimes contra a flora
(artigos 38 a 44)

DOMINGOS SÁVIO DE ARRUDA[1]

CAPÍTULO V – DOS CRIMES CONTRA O MEIO AMBIENTE

(...)

Seção II – Dos Crimes contra a Flora

Art. 38. Destruir ou danificar floresta considerada de preservação permanente, mesmo que em formação, ou utilizá-la com infringência das normas de proteção.

Pena – detenção, de um a três anos, ou multa, ou ambas as penas cumulativamente.

Parágrafo único. Se o crime for culposo, a pena será reduzida à metade.

Inaugurando o rol dos crimes contra a flora,[2] o legislador optou, primeiro, por tutelar as florestas consideradas de preservação permanente, buscando, certamente, colocar em evidência a superlativa importância dessa vegetação para o ambiente, em especial, para garantir o fluxo gênico de fauna e flora, conservar a biodiversidade, estabilizar o solo e proteger os recursos hídricos.

Trata-se de *crime comum*, é dizer, crime que pode ser cometido por qualquer pessoa (física e/ou jurídica) e cujo núcleo do tipo está retratado em três formas de conduta, quais sejam: *destruir, danificar* ou *utilizar, com infringência das normas*, a floresta de preservação permanente. Na primeira hipótese de

---

[1] Promotor de Justiça de Defesa do Meio Ambiente em Cuiabá/MT – Mestre em Direito Ambiental e Biodireito pela UFSC – Professor da Escola Superior do Ministério Público do Estado de Mato Grosso.

[2] No dizer de Rogério da C. Caradori, "a flora é a constituição de todos os elementos vegetais existentes em determinada região. Sua abrangência é complexa e superior, uma vez que ao falarmos de 'flora' estaremos falando de qualquer ser vegetal que componha determinado ecossistema. Junto ao *Dicionário prático de ecologia*, o seu conceito é dado como o 'conjunto das espécies vegetais de determinada região'". Mais adiante, o autor ainda destaca que "ao tentarmos definir a flora do Brasil, cairemos na ideia de que a flora nacional é composta de diversas formações vegetais, dentre elas a hiléia amazônica, a mata atlântica, o cerrado, a vegetação de caatinga, as pradarias dos campos do sul etc.". (CARADORI, Rogério da Cruz. *O Código Florestal e a legislação extravagante*: a teoria e a prática da proteção florestal. São Paulo, Editora Atlas 2009, p. 31)

ocorrência do tipo, a floresta é inteiramente aniquilada, extinta, exterminada. No segundo caso, o prejuízo é parcial, pois, apenas parte da vegetação é atingida pela conduta, ocorrendo, portanto, um dano, um estrago que afeta um número expressivo de espécies da floresta, mas não o seu todo. Por último, quando se tipifica a conduta em razão da utilização irregular da floresta de preservação permanente, cogita-se na inobservância de normas protetivas ou condições impostas pela Administração Pública em procedimentos específicos, nos casos em que, excepcionalmente e devidamente autorizada, se permite a supressão da vegetação em área de preservação permanente.[3]

Cuida-se, portanto, de crime de ação múltipla,[4] sendo certo que as condutas nele previstas apontam para duas possibilidades de ocorrência de crime material[5] (destruir e danificar) e uma terceira de crime de mera conduta[6] (*utilizar* com *infringência das normas*). Deve-se admitir, entretanto, ser pouco provável que ocorra esta última forma de conduta punível (*utilizar...*) sem que sobrevenham danos na vegetação de preservação permanente, quando não a destruição.

O objeto material[7] do tipo é a *floresta* considerada *de preservação permanente*, mesmo que em formação. Tem-se, então, a toda evidência, uma norma penal em branco,[8] para a qual a complementaridade é oferecida pelo Código Florestal que estabelece como sendo Áreas de Preservação Permanente, cuja vegetação deve ser mantida, aqueles espaços territoriais descritos nos Incisos I a XI do seu art. 4°. Serão consideradas, também, de preservação permanente, a exemplo daquelas outras, as áreas declaradas de interesse social por ato do Chefe do Poder Executivo, cobertas com florestas ou outras formas de vegetação, destinadas às finalidades elencadas nos Incisos do art. 6° da Lei 12.651/2012, quais sejam : "I – conter a erosão do solo e mitigar riscos de enchentes e deslizamentos de terra e de rocha; II – proteger as restingas ou veredas; III – proteger várzeas; IV – abrigar exemplares da fauna ou da flora ameaçados de extinção; V – proteger sítios de excepcional beleza ou de valor científico, cultural ou histórico; VI – formar faixas de proteção ao longo de rodovias e ferrovias; VII – assegurar condições de bem-estar público; VIII – auxiliar a defesa do território nacional, a critério das autoridades

---

[3] As hipóteses de supressão da vegetação em APP estão previstas no Código Florestal e referem-se aos casos de utilidade pública, interesse social ou atividades de baixo impacto ambiental (Art. 8°, *caput*, da Lei 12.651/2012)

[4] No chamado crime de ação múltipla "..o tipo contém várias modalidades de conduta, em vários verbos, qualquer deles caracterizando a prática de crime" (MIRABETE, Julio Fabbrini. *Manual de Direito Penal*, vol. I (parte geral), 5 ed. rev. e ampl. São Paulo: Atlas, 1990, p.133)

[5] "No crime material o tipo menciona a conduta e o evento, exigindo a sua produção para a consumação". (JESUS, Damásio E. de. *Comentários ao Código Penal*. Parte Geral de acordo com a Lei n. 7.209, de 11-7-1984. vol. 1.São Paulo: Saraiva, 1985, p. 190)

[6] "No crime de mera conduta o legislador só descreve o comportamento do agente" (JESUS, Damásio E. de. Ob. cit., idem, ibdem)

[7] Por objeto material entende-se "o ser ou coisa em que incide a conduta criminosa" (GARCIA, Basileu. *Instituições de Direito Penal*. vol. 1, Tomo I, 5 ed. rev. e atual. São Paulo: Max Limonad, 1980, p. 242)

[8] Na definição de Mirabete, as normas penais em branco são aquelas "de conteúdo incompleto, vago, exigindo complementação por outra norma jurídica (lei, decreto, regulamento, portaria etc.) para que possam ser aplicadas ao fato concreto" (Op. cit., p.52)

militares; IX – proteger áreas úmidas, especialmente as de importância internacional".⁹

Não se pode perder de vista que a norma alberga, também, a floresta de preservação permanente, *mesmo que em formação,* ou seja, aquela em processo de regeneração natural ou que foi plantada e esteja em fase de crescimento. Não restará caracterizada a infração, por outro lado, se a conduta atingir pasto, grama ou uma macega qualquer.

Oportuno discorrer acerca da frequente e intrigante dúvida sobre a possibilidade da incidência da norma penal aqui comentada, na hipótese da conduta, supostamente típica, recair sobre outra forma de vegetação que não aquela de fitofisionomia típica de floresta, como, taxativamente, prevê o preceito.

Para afastar a dúvida, entretanto, não basta socorrer-se aos inúmeros conceitos de floresta apresentados pelos variados ramos das ciências da natureza ou às definições dos léxicos. Impõe-se, sobretudo, perscrutar o *significado jurídico* daquela termo, de modo a ser alcançada a efetividade da norma penal.¹⁰

Nessa senda, é necessário, primeiro, levar em conta o *bem jurídico*¹¹ que se pretende proteger, posto que será a partir dele que se poderá compreender, corretamente, a razão de ser, o alcance e o sentido da norma penal.¹²

Nessa direção, há de ser lembrado que o bem jurídico merecedor da tutela penal na Lei 9.605/98 é, genericamente, o *Meio Ambiente,* assim considerado como bem incorpóreo, imaterial, autônomo e visto na sua totalidade, ou seja, a partir do conjunto dos recursos naturais que o integram (água, solo, ar, fauna, flora), bem como das interligações e interrelações operadas entre aqueles recursos e que proporcionam o equilíbrio ecológico fundamental à sadia qualidade de vida (art. 225, *caput*, da C.F).

A partir dessa perspectiva, é possível distinguir, como assinala Prado,¹³ o Meio Ambiente como bem jurídico *categorial*, ou seja, como objeto jurídico genérico de proteção, e como bem jurídico *específico* (em sentido técnico),

---

⁹ O Inciso IX foi incluído pela Medida Provisória n° 571, de 2012.

¹⁰ Mostra-se útil, no ponto, ter em mente a lição de Maximiliano para quem "interpretar uma expressão de Direito não é simplesmente tornar claro o respectivo dizer, abstratamente falando; é, sobretudo, revelar o sentido apropriado para a vida real, e conducente a uma decisão reta" (MAXIMILIANO, Carlos. *Hermenêutica e aplicação do Direito*. 9. ed, 3 tiragem. Rio de Janeiro: Forense, 1984, p. 10).

¹¹ Conforme síntese de Nucci, "Bem Jurídico é o bem escolhido pelo ordenamento jurídico para ser tutelado e amparado. Quando se constituir em bem jurídico deveras relevante, passa ao âmbito de proteção penal, permitindo a formação de tipos incriminadores, coibindo as condutas potencialmente lesivas ao referido bem jurídico penal". (NUCCI, Guilherme de Souza. *Manual de Direito Penal*. Parte Geral/Parte Especial. 7. ed. rev. atual e ampl. 2. tiragem. São Paulo. Revista dos Tribunais, 2011, p. 72)

¹² Como advertem Zaffaroni e Pierangeli "...o bem jurídico desempenha um papel central na teoria do tipo, dando o verdadeiro sentido teleológico (de telos, fim) à lei penal. Sem o bem jurídico, não há um 'para quê?' do tipo e, portanto, não há possibilidade alguma de interpretação teleológica da lei penal".(ZAFFARONI, Eugênio Raúl, PIERANGELI, José Henrique. *Manual de Direito Penal brasileiro*, vol. 1 – Parte Geral, 7. ed. rev. e atual. São Paulo: Revista dos Tribunais, 2007, p. 398-399)

¹³ PRADO, Luiz Regis. *Direito Penal do Ambiente*. Meio Ambiente, Patrimônio Cultural, Ordenação do Território, Biossegurança (com análise da Lei 11.105/2005). São Paulo : Revista dos Tribunais, 2005, p. 128.

este referente a cada um dos seus elementos e cuja proteção está prevista em determinado tipo penal.

Dito assim, conclui-se que, sendo o Meio Ambiente o bem jurídico genericamente tutelado nos crimes elencados na Lei 9.605/98, a flora constitui o bem jurídico específico que se buscou proteger na Seção II do Capítulo V daquele diploma legislativo e onde está disposto o delito ora comentado.

Anota-se, por outro lado, que a lei, visando garantir a proteção do bem jurídico penal, criminalizou determinadas condutas que recaem sobre certos elementos ou fragmentos do ambiente que, dessa forma, constituem o objeto material de alguns delitos.[14] Desse modo, mostra-se evidente que o legislador, na construção do tipo penal aqui analisado, pretendeu proteger, *precisamente e de forma integral*, a vegetação existente nas Áreas de Preservação Permanente, considerando, logicamente, as relevantes funções ecológicas que ela exerce e que se mostram fundamentais para o equilíbrio do ambiente onde está inserida.

Destarte, seria um equívoco retumbante e, diga-se, desastroso, imaginar que a expressão "floresta" presente no dispositivo penal em análise, deve ser interpretada de forma restritiva, de modo a ser considerada, exclusivamente, a formação arbórea densa e de alto porte que recobre grandes extensões de terras, consoante sintetizam a maioria dos conceitos formulados pelos estudiosos das ciências naturais. Com efeito, as Áreas de Preservação Permanente, de cuja cobertura vegetal, segundo dispõe o Código Florestal, se exige proteção, não estão localizadas, evidentemente, em espaços territoriais ocupados, tão somente, por vegetação daquela espécie ou em grandes extensões de terras.

Ao contrário, as matas ciliares, os topos de morro, as restingas e veredas, dentre outros espaços merecedores de proteção permanente, se encontram dispersos ao longo de todo o território nacional, nos mais variados biomas que são permeados por distintas fitofisionomias. Aliás, essa realidade, certamente, justifica o fato do Código Florestal, ao tratar do Regime de Proteção das Áreas de Preservação Permanente, fazer referência à necessidade de se preservar a *vegetação* e não a qualquer família, gênero ou espécie que a compõe.[15]

Logo, emprestar ao termo "floresta" um significado restritivo e limitado, implicaria, sem dúvida, subtrair o sentido e a abrangência da norma penal, comprometendo sua suprema finalidade de proteger eficazmente o meio ambiente (bem jurídico) .

Conclui-se, então, que a palavra "floresta", neste caso, deve ser interpretada no seu sentido mais amplo e genérico possível, para, assim, abranger e proteger toda a cobertura vegetal, primária ou em formação, formada

---

[14] Cita-se, como exemplo, além do próprio art. 38, em estudo, os arts. 33, 38-A, 39 e 40.

[15] "Art. 7º. A vegetação situada em Área de Preservação Permanente deverá ser mantida pelo proprietário da área, possuidor ou ocupante a qualquer título, pessoa física ou jurídica, de direito público ou privado"

por árvores, arbustos e subarbustos, existente nas Áreas de Preservação Permanente.[16]

Feita essa rápida digressão e retomando a análise do dispositivo, importa ainda destacar que o elemento subjetivo do tipo é o *dolo* ou a *culpa*.

No que toca ao resultado, o delito pode ser *consumado* ou *tentado*, sendo que, neste último caso, como se sabe, somente restará configurada a tentativa quando se tratar de crime doloso. De igual modo, a tentativa não pode ser cogitada na hipótese do tipo objetivo (conduta) se referir à *utilização da floresta de preservação permanente com infringência das normas de proteção*. Isso porque, nesse caso, se estará diante de um crime unissubsistente, ou seja, constituído de um único ato que, por si, consuma a infração penal.[17] Afinal, ou o agente desatende as normas de proteção exigidas, consumando-se o crime, ou utiliza a floresta de maneira regular, afastando, assim, a tipicidade da conduta.

Merece ser destacado que a Lei 12.651/2012, num flagrante casuísmo, estabeleceu em seu art. 60, *caput*, que ficará *suspensa a punibilidade* dos crimes previstos nos artigos 38, 39 e 40 da Lei 9.605/98, caso o agente assine, perante o órgão ambiental competente, Termo de Compromisso visando à "regularização de imóvel ou posse rural". A suspensão, segundo a regra, se estenderá "enquanto o termo estiver sendo cumprido" e durante esse tempo o prazo prescricional ficará interrompido.

A assinatura do cogitado Termo de Compromisso haverá de ser feita após a adesão do proprietário ou possuidor a um Programa de Regularização Ambiental – PRA –, do qual trata o art. 59, *caput*, da Lei 12.651/2012, cujo objetivo central é promover a adequação dos imóveis rurais às regras contidas no Capítulo XIII daquele diploma legislativo, especialmente, aquelas que tratam da reposição de Áreas de Preservação Permanente e de Reseva Legal. Nesse particular, convém destacar que tais regras somente serão aplicadas em relação aos imóveis onde a supressão ilegal da cobertura vegetal existente naqueles espaços especialmente protegidos ocorreu antes de 22 de julho de 2008.

---

[16] Esse, aliás, é o entendimento de Carlos Ernani Constantino: "Temos, no entanto, para nós, que a expressão 'floresta' é usada no seu sentido lato (no seu significado mais amplo e genérico possível), no presente tipo penal, isto é: enquadra-se, aqui, qualquer modalidade de 'floresta', desde que ela seja considerada de preservação permanente, ainda que se encontre em estágio de formação; este é, a nosso ver, o espírito da lei" (CONSTANTINO, Carlos Ernani. *Delitos Ecológicos*: a lei ambiental comentada: artigo por artigo; aspectos penais e processuais penais. São Paulo: Lemos e Cruz, 2005, p. 171). O mesmo entendimento tem Paulo Affonso Leme Machado, para quem "na definição legal de floresta de preservação permanente estão abrangidas não só as florestas como as demais formas de vegetação natural. Vegetação natural não quer dizer, necessariamente, vegetação nativa, primitiva ou vegetação existente sem a intervenção do homem. Vegetação natural é a que pertence à natureza". (MACHADO, Paulo Affonso Leme. Florestas de Preservação Permanente e o Código Florestal Brasileiro. *Doutrinas Essenciais de Direito Ambiental*. Coleção Doutrinas Essenciais: vol. 2, Édis Milaré, Paulo Affonso Leme Machado, Organizadores. São Paulo: Revista dos Tribunais, 2011, 595-615, p. 603)

[17] Conforme Dotti, "nos crimes unissubsistentes, o processo executivo consiste num só ato (unico actu perfficiuntur), coincidindo o momento da conduta com a consumação, de modo a não admitir a tentativa...". (DOTTI, René Ariel. *Curso de Direito Penal*: parte geral. 4 ed. rev. atual. e ampl. com a colaboração de Alexandre Knopfholz e Gustavo Britta Scandelari. São Paulo: Revista dos Tribunais, 2012, p. 477)

Assim, é intuitivo concluir, *a contrario sensu*, que a suspensão da punibilidade prevista no mencionado art. 60, *caput*, do Código Florestal, não incidirá nas hipóteses em que a supressão da vegetação das Áreas de Preservação Permanente ou de Reserva Legal se verificou após 22 de julho de 2008, pois, nesse caso, o possuidor ou proprietário do imóvel não será beneficiado por qualquer Programa de Regularização Ambiental e, por consequência, não assinará o Termo de Compromisso ao qual se refere a sobredita norma.

Ademais, ainda que possa parecer óbvio, não é ocioso deixar grafado que o direito à suspensão da punibilidade somente se aperfeiçoará para o agente com a efetiva assinatura do Termo de Compromisso que, logicamente, haverá de ser provada nos autos do respectivo procedimento criminal. Portanto, não será interrompida a persecução penal com a mera alegação do acusado de que faz jus ao benefício ou mesmo de que está em vias de assinar o acordo perante o órgão ambiental.

Por outro lado, aqueles que mesmo tendo cometido as infrações penais previstas nos artigos 38, 39 e 40 da Lei 9.605/98, vierem a aderir ao Programa de Regularização Ambiental, assinarem o multicitado Termo de Compromisso e, ao final, comprovarem, por meio de informação prestada pelo órgão ambiental, que cumpriram, integralmente, com suas obrigações terão declaradas extintas suas punibilidades (art. 60, § 2°, da Lei 12.651/2012).

> **Art. 38-A.** Destruir ou danificar vegetação primária ou secundária, em estágio avançado ou médio de regeneração, do Bioma Mata Atlântica, ou utilizá-la com infringência das normas de proteção.
>
> Pena – detenção, de 1 (um) a 3 (três) anos, ou multa, ou ambas as penas cumulativamente
>
> Parágrafo único. Se o crime for culposo, a pena será reduzida à metade.

A Mata Atlântica é considerada um bioma[18] de superlativa diversidade biológica, onde se abrigam cerca de 1.361 espécies da fauna brasileira, das quais 261 são de mamíferos, 620 de aves, 200 de répteis e 280 de anfíbios. De todas essas espécies, 567 são endêmicas, ou seja, só ocorrem naquele ambiente. Sabe-se, também, que a Mata Atlântica possui 20 mil espécies de plantas vasculares, sendo 8 mil, também, endêmicas. Outra prova da riqueza biológica desse bioma é o fato de, em pesquisa no sul da Bahia, terem sido registradas 454 espécies de plantas lenhosas em um único hectare, o que representa a maior diversidade botânica do mundo dessa espécie.[19]

Em vista dessa exuberante biodiversidade, concentrada, atualmente, em não mais de 7,3% da sua cobertura original, a Mata Atlântica foi erigida

---

[18] O termo "Bioma" advém do somatório de duas palavras gregas: *Bio* (vida) e *Oma* (grupo, massa). Nas Ciências da Natureza, bioma significa "Grande região biogeográfica que difere de outras regiões quanto à estrutura de sua vegetação e suas espécies vegetais dominantes". (GUREVITCH, Jessica. *Ecologia Vegetal*. Jessica Gurevitch, Samuel M. Scheiner, Gordon A. Fox; tradução, Fernando Gertum Becker...[et al.], 2 ed. Porto Alegre: Artmed, 2009, p. 520)

[19] Disponível em <http://www.ibama.gov.br/ecossistemas/mata_atlantica.htm>. Acesso em 23.06.2012.

à condição de patrimônio nacional[20] e com o advento da Lei 11.428/2006 foram definidas regras visando à utilização e à proteção da sua vegetação nativa, bem como acrescido à Lei de Crimes Ambientais o dispositivo ora comentado.

Tal qual ocorre no preceito logo antes estudado, aqui também o núcleo do tipo consiste em *destruir, danificar* e *utilizar com infringência das normas de proteção*. Assim, todas as considerações que foram feitas quanto ao tipo objetivo do crime do art. 38 são, plenamente, pertinentes em relação ao preceito agora analisado.

Porém, desta feita, o objeto material do delito é a vegetação primária ou secundária, em estágio avançado ou médio de regeneração, do Bioma Mata Atlântica.

Observa-se que, mais uma vez, se está diante de uma norma penal em branco, tanto em relação ao objeto material do delito, que necessita de complementariedade para defini-lo com precisão, quanto a um dos núcleos do tipo (utilizar com *infringência das normas de proteção*).

A sobredita Lei 11.428/2006 previu em seu art. 2º, *caput*, as formações florestais que integram o Bioma Mata Atlântica e no seu art. 4º, *caput*, estabeleceu que "a definição de vegetação primária e de vegetação secundária nos estágios avançado, médio e inicial de regeneração do bioma Mata Atlântica, nas hipóteses de vegetação nativa localizada, será de iniciativa do Conselho Nacional do Meio Ambiente", conferindo-lhe, inclusive, o prazo de 180 (cento e oitenta) dias para tomar essa providência (§ 1º, do art. 4º).

O Conselho Nacional do Meio Ambiente, órgão consultivo e deliberativo do SISNAMA,[21] no exercício das suas atribuições e atendendo a ordem da Lei, editou, então, uma série de Resoluções, uma delas apenas convalidando outras tantas que já existiam, nas quais define o significado de vegetação primária e vegetação secundária nos estágios avançado, médio e inicial de regeneração do bioma Mata Atlântica, em relação a cada Estado da Federação.[22]Também foram editadas outras Resoluções dispondo sobre parâmetros básicos para definição, identificação e análise da vegetação primá-

---

[20] A condição de "patrimônio nacional" foi assegurada pela Constituição Federal, entretanto, isso não implica concluir que a Mata Atlântica e outros biomas descritos no § 4º do art. 225 da Carta Magna sejam "bens da união". A expressão "patrimônio nacional" foi utilizada para destacar a importância daqueles espaços territoriais não só para a região onde eles se situam mas à toda nação brasileira. Nessa linha, o sempre preciso comentário de Costa Neto: "A Constituição, ao tratar desses espaços naturais de maneira bem específica, pretende registrar, na realidade , a necessidade de lei especial que se dedique à tarefa de dispor sobre as possíveis formas de exploração dos mesmos, dentro de critérios próprios de preservação ambiental". (COSTA NETO, Nicolao Dino de Castro e. *Proteção Jurídica do Meio Ambiente – I Floresta*. Belo Horizonte, Del Rei, 2003, p. 149)

[21] Lei 9.638/81, art. 6º. II.

[22] Primeiro foi editada a Resolução nº 388/2007, convalidando 16 outras Resoluções que fazem aquela definição em relação à diferentes Estados da Federação. Logo na sequência, o CONAMA também editou as Resoluções nºs 391/2007 e 392/2007 que tratam da definição de vegetação primária e secundária, nos estágios inicial, médio e avançado de regeneração da Mata Atlântica, respectivamente, nos Estados da Paraíba e Minas Gerais.

ria e dos estágios sucessionais secundários da vegetação de Restinga e nos Campos de Altitude, abrangidos ou associados à Mata Atlântica.[23]

Portanto, o objeto material do delito é a vegetação descrita no tipo, que, por sua vez, será identificada a partir das definições e parâmetros constantes nas sobreditas Resoluções do CONAMA.

Por outro lado, o corte, a supressão e a exploração da vegetação primária ou secundária, em estágio avançado ou médio de regeneração do Bioma Mata Atlântica, serão feitos segundo os critérios previstos na mesma Lei 11.428/2006[24] e atendendo as exigências específicas contidas em cada autorização concedida pelo órgão ambiental competente. Assim, tanto aqueles critérios definidos na Lei quanto as exigências impostas por ocasião da autorização constituem normas de proteção cuja inobservância caracterizará o delito.

O elemento subjetivo do tipo pode ser o *dolo* – direto ou eventual – e a *culpa*, cuja hipótese de incidência está prevista no parágrafo único do artigo 38-A.

Relativamente ao resultado, o crime poderá ser *consumado* ou *tentado*. Contudo, cabem aqui as mesmas ponderações feitas por ocasião dos comentários ao art. 38,[25] no sentido de que a tentativa não terá lugar quando se tratar de crime culposo ou quando a conduta típica estiver relacionada à utilização da vegetação com *infringência das normas de proteção*.

Art. 39. Cortar árvores em floresta considerada de preservação permanente, sem permissão da autoridade competente:

Pena – detenção, de um a três anos, ou multa, ou ambas as penas cumulativamente.

O dispositivo parece ser um complemento do art. 38, pois, aqui, tanto quanto lá, busca-se reprimir os atentados contra a *"floresta de preservação permanente"* que, como já se disse, exerce papel de destacada importância no ambiente, especialmente, para a formação de corredores ecológicos, conservação da biodiversidade, estabilização do solo e na proteção dos recursos hídricos.

Cuida-se de *crime comum*, ou seja, pode ser cometido por qualquer pessoa (física e/ou jurídica) inclusive pelo próprio proprietário ou possuidor da área onde se encontra a floresta de preservação permanente.

O núcleo do tipo consiste em *cortar* árvores que, no caso, para tipificação da conduta, devem estar em floresta de preservação permanente. O ver-

---

[23] A Resolução CONAMA 417/2009, "Dispõe sobre parâmetros básicos para definição de vegetação primária e dos estágios sucessionais secundários da vegetação de Restinga na Mata Atlântica " e depois ela foi complementada pelas Resoluções CONAMA nºs 437, 438, 439, 440, 441, 442, 443, 444, 445, 446, 447 e 453 todas editadas em 2.012. A Resolução CONAMA 423/2010, por sua vez, define os parâmetros básicos para identificação e análise da vegetação primária e dos estágios sucessionais da vegetação secundária nos Campos de Altitude associados ou abrangidos pela Mata Atlântica.

[24] Esses critérios estão previstos, precisamente, nos Títulos II e III do Capítulo II da Lei 11.428/2006.

[25] Reporta-se à parte final dos comentários ao art. 38.

bo "cortar" , na forma empregada, deve ser entendido como sendo a incisão feita por instrumento de gume capaz de separar o tronco da raiz. Portanto, o corte não se confunde com a poda, que significa a retirada de galhos ou ramos da árvore, ou seja, o mero desbaste.

O objeto material do tipo, como já se percebeu, são as *árvores* da floresta considerada de preservação permanente. A palavra "árvores", conforme assinala Carlos Constantino, é empregada "no seu sentido amplo e genérico, ou seja: toda planta lenhosa, cujo caule se ramifique a maior ou menor altura do solo",[26] incluindo-se, dessa forma, os arbustos e subarbustos.

As Áreas de Preservação Permanente, cuja cobertura vegetal deve ser preservada e onde devem estar as árvores sobre as quais recai a conduta criminosa, são aqueles espaços territoriais descritos nos Incisos I a XI do art. 4º da Lei 12.651/2011 (Código Florestal). Ademais, serão consideradas de preservação permanente, a exemplo daquelas outras, as áreas declaradas de interesse social por ato do Chefe do Poder Executivo (Federal, Estadual ou Municipal), cobertas com florestas ou outras formas de vegetação, destinadas às finalidades elencadas nos Incisos do art. 6º daquele Códex.

Importa dizer que o termo "floresta", utilizado na norma penal em comento, tal qual a expressão *árvores*, deve ser interpretado no seu sentido mais amplo e genérico possível, para, assim, abranger e proteger toda a cobertura vegetal, primária ou em formação, formada por árvores, arbustos e subarbustos, existente nas Áreas de Preservação Permanente.[27] Neste ponto, convém assinalar que, embora o dispositivo não faça referência expressa à *floresta em formação*,[28] como ocorre no art. 38, é induvidoso que as árvores existentes nessa categoria de floresta, em particular, também se encontram sob o manto protetor da norma. Afinal, é princípio basilar de hermenêutica que não pode o intérprete restringir ou excepcionar quando a lei não o faz.[29]

A expressão "sem permissão da autoridade competente" consiste no elemento normativo do tipo[30] e se refere à inexistência de uma causa que

---

[26] Op. cit, p. 176.

[27] Vide as razões dessa interpretação abrangente nos comentários ao art. 38.

[28] A floresta em formação é aquela que está em processo de regeneração natural ou que foi plantada e se encontra em fase de crescimento.

[29] Na lição de Carlos Maximiliano, "Quando o texto menciona o gênero, presumem-se incluídas as espécies respectivas ;se faz referência ao masculino, abrange o feminino; quando regula o todo, compreendem-se também as partes. Aplica-se a regra geral aos casos especiais, se a lei não determina evidentemente o contrário. *Ubi lex non distinguit nec nos distinguere debemus*: 'Onde a lei não distingue, não pode o intérprete distinguir'. Quando o texto dispõe de modo amplo, sem limitações evidentes, é dever do intérprete aplicá-lo a todos os casos particulares que se possam enquadrar na hipótese geral; não tente distinguir entre as circunstâncias da questão e as outras; cumpra a norma tal qual é, sem acrescentar condições novas, sem dispensar nenhuma das expressas". (MAXIMILIANO, Carlos. op. cit., 246-247)

[30] Conforme leciona Noronha, passando em revista alguns tipos elencados no Código Penal, "os elementos normativos dizem respeito à antijuridicidade e são designados por expressões como 'indevidamente' (art.s 151,192, I e 196, VII), 'sem justa causa' (arts. 153, 154 e 244), 'sem conhecimento de quem de direito' (art.164), 'sem licença da autoridade competente' (art. 166), 'fraudulentamente' (art. 177, e mais algumas" (NORONHA, E. Magalhães. *Direito Penal*, vol. 1, Introdução e Parte Geral, atual. por Adalberto José Q. T. de Camargo Aranha, 25. ed, São Paulo: Saraiva, 1987, p. 97)

justifique a conduta e, por conseguinte, capaz de afastar a antijuridicidade. Entretanto, como bem destacou Nicolao Dino de Castro e Costa Neto, é notória a impropriedade do termo "permissão" empregado no dispositivo, pois, em verdade, o ato administrativo cogitado na regra mais se amolda a uma *autorização*, em vista de sua natureza precária e discricionária, e não a uma *permissão* que consiste em facultar a prática de uma atividade de interesse comum do permitente, do permissionário e do público.[31]

A *permissão* (ou autorização) será concedida pelo órgão ambiental competente e terá lugar nas hipóteses previstas no Código Florestal.[32]

A doutrina se divide acerca da consumação do crime. A maioria entende que o delito se perfaz com o corte de uma única árvore. Outros, sustentam que o corte deve atingir dois ou mais indivíduos da floresta de preservação permanente. Contudo, a razão parece estar com esta última corrente, afinal, para além da questão da flexão gramatical de número (plural ou singular) que, para muitos, numa interpretação literal, seria o bastante para revelar a necessidade do corte recair sobre duas ou mais árvores, deve-se reconhecer que, *ao menos à princípio*, se estaria diante de uma bagatela e, com isso, restaria afastada a tipicidade material[33] da conduta, por força do Princípio da Insignificância, se um único indivíduo da floresta fosse cortado.[34] Essa assertiva, entretanto, não afasta a possibilidade de, mesmo na hipótese do corte atingir apenas uma árvore, estudos técnicos indicarem que isso foi suficiente para afetar o equilíbrio ecológico do ambiente, caracterizando, assim, o crime.

É certo que, a rigor, o corte de árvores representará, sempre, um dano à floresta de preservação permanente e, por ser assim, restará configurado um conflito aparente entre a norma aqui comentada e aquela outra prevista no art. 38 desta mesma Lei. Nesse caso, entretanto, à luz do Princípio da Especialidade,[35] deve prevalecer a regra deste art. 39, uma vez que a forma pela qual o dano se opera revela notória peculiaridade.

---

[31] COSTA NETO, Nicolao Dino de Castro e, BELLO FILHO, Ney de Barros, COSTA, Flávio Dino de Castro e. *Crimes e Infrações Administrativas Ambientais* (lei nº 9605/98). Brasília: Brasília Jurídica, 2000, p. 210)

[32] As hipóteses de supressão da vegetação em APP estão previstas no Código Florestal e referem-se aos casos de utilidade pública, interesse social ou atividades de baixo impacto ambiental (Art. 8º, *caput*, da Lei 12.651/2012)

[33] A tipicidade formal consiste na adequação da conduta do agente ao modelo abstrato previsto no dispositivo legal. A tipicidade material, aqui destacada, se revela na efetiva e concreta lesividade ao bem jurídico tutelado que, neste caso, é o meio ambiente ecologicamente equilibrado.

[34] Não se ignora, a propósito, o acirrado dissídio doutrinário e jurisprudencial acerca da aplicabilidade do Princípio da Insignificância em Direito Penal Ambiental. Entretanto, não se pode negar que, em certos casos, segundo o prudente arbítrio do operador jurídico, o princípio há de ser invocado para afastar a tipicidade da conduta. Nesse sentido, Vladimir e Gilberto Passos de Freitas, ponderam :"Tratando especificamente da proteção ambiental, a primeira indagação que deve ser feita é se existe lesão que possa ser considerada insignificante. A resposta a tal pergunta deve ser positiva, mas com cautela. Não basta que a pouca valia esteja no juízo subjetivo do juiz. É preciso que fique demonstrada no caso concreto. É dizer, o magistrado, para rejeitar uma denúncia ou absolver o acusado, deverá explicitar, no caso concreto, por que a infração não tem significado". (FREITAS, Vladimir Passos de. *Crimes contra a natureza*: de acordo com a lei 9.605/98)/Vladimir Passos de Feitas e Gilberto Passos de Feitas, 7. ed. rev. atual. e ampl. São Paulo: Revista dos Tribunais, 2001, p. 45)

[35] O Princípio da Especialidade é um dos critérios a ser observado para a solução de conflitos aparentes entre normas penais. "Consiste a especialidade na relação que se estabelece entre dois ou mais preceitos,

Noutra hipótese, se o corte recair sobre árvores que estejam em Área de Preservação Permanente, porém, classificadas por ato do Poder Público como *madeira de lei* e tendo sido a conduta em desacordo com as determinações legais, restará configurada, também por força do Princípio da Especialidade, a infração prevista no art. 45 desta Lei.

O tipo subjetivo é o dolo, não havendo previsão legal para a modalidade culposa.

Quanto ao resultado, o crime pode ser consumado, com o efetivo corte das árvores, ou tentado, hipótese em que, ainda que iniciada a execução do crime, o resultado não ocorre por motivos alheios à vontade do agente.

Art. 40. Causar dano direto ou indireto às Unidades de Conservação e às áreas de que trata o art. 27 do Decreto nº 99.274, de 6 de junho de 1990, independentemente de sua localização:
Pena – reclusão, de um a cinco anos.
§ 1º Entende-se por Unidades de Conservação de Proteção Integral as Estações Ecológicas, as Reservas Biológicas, os Parques Nacionais, os Monumentos Naturais e os Refúgios de Vida Silvestre.
§ 2º A ocorrência de dano afetando espécies ameaçadas de extinção no interior das Unidades de Conservação de Proteção Integral será considerada circunstância agravante para a fixação da pena.
§ 3º Se o crime for culposo, a pena será reduzida à metade.
Art. 40-A. (vetado)
§ 1º Entende-se por Unidades de Conservação de Uso Sustentável as Áreas de Proteção Ambiental, as Áreas de Relevante Interesse Ecológico, as Florestas Nacionais, as Reservas Extrativistas, as Reservas de Fauna, as Reservas de Desenvolvimento Sustentável e as Reservas Particulares do Patrimônio Natural.
§ 2º A ocorrência de dano afetando espécies ameaçadas de extinção no interior das Unidades de Conservação de Uso Sustentável será considerada circunstância agravante para a fixação da pena.
§ 3º Se o crime for culposo, a pena será reduzida à metade.

Importante registrar, de início, que os artigos 40 e 40-A acabaram formando um único tipo penal, por força do veto presidencial aposto no *caput* do art. 40-A. Assim, os parágrafos do dispositivo vetado devem ser interpretados como que vinculados ao art. 40, com cuja matéria, aliás, guarda evidente relação.[36]

---

sempre que na *lex specialis* se contém já todos os elementos de uma *lex generalis* ao qual se pode chamar de tipo fundamental e, ainda, certos elementos especializadores (Correia, Direito Criminal 11/05). Essa relação determinará a exclusão da lei geral pela aplicação da lei especial, segundo o brocardo *lex specialis derogat legi generali*". (DOTTI, René Ariel, op. cit. p. 374)

[36] Nesse mesmo sentido, a opinião de Luiz Flávio Gomes e Sílvio Maciel: "Os arts. 40 e 40-A devem ser analisados conjuntamente, porque na verdade eles constituem um único tipo penal, já que o art. 40-A não tem *caput*, mas apenas parágrafos que estão relacionados ao art. 40". (GOMES, Luiz Flávio, MACIEL, Sílvio. *Crimes Ambientais*: Comentários à Lei 9.605/98 (arts. 1º a 69-A e 77 a 82). Direito Internacional Ambiental : Valério de Oliveira Mazzuoli e Patryck de Araújo Ayala. São Paulo. Revista dos Tribunais, 2011, p. 191)

Trata-se de crime comum (praticado por qualquer pessoa, inclusive jurídica) e material (decorre um resultado naturalístico), cujo tipo objetivo é *causar dano direto ou indireto*. *Causar* significa provocar, produzir, ocasionar, motivar. *Dano*, por sua vez, deve ser entendido, neste caso, como todo prejuízo que possa afetar tanto os elementos naturais que compõem à Unidade de Conservação e sua área circundante (flora, fauna, recursos hídricos etc.), como também o próprio equilíbrio ecológico desses espaços territoriais. O dano será *direto* quando se constituir no resultado imediato da conduta do agente, ao passo que *indireto* será o dano produzido reflexamente, como consequência mediata do comportamento do acusado.

O objeto material do delito, conforme aponta o *caput* do art. 40, são as *Unidades de Conservação*, em geral, bem como, as áreas referidas no *art. 27 do Decreto nº 99.274, de 6 de junho de 1990*. Nota-se, então, novamente, a presença de uma norma penal em branco, para a qual se exige uma outra norma que lhe dê maior densidade e possibilite sua aplicação ao caso concreto.

Nessa linha, tem-se que o conceito de Unidade de Conservação é oferecido pela Lei 9.985/2000, instituidora do Sistema Nacional de Unidades de Conservação da Natureza – SNUC –, que assim dispõe no Inciso I do seu art. 2º:

> Unidade de Conservação : espaço territorial e seus recursos ambientais, incluindo as águas jurisdicionais, com características naturais relevantes, legalmente instituído pelo Poder Público, com objetivos de conservação e limites definidos, sob regime especial de administração, ao qual se aplicam garantias adequadas de proteção.

Atento a esse conceito, percebe-se, prontamente, que embora o dispositivo penal em análise se encontre inserido na Seção referente aos crimes contra a flora, seu manto protetor se estende sobre todos os recursos ambientais existentes no interior das Unidades de Conservação e que, invariavelmente, serão, de per si, direta e imediatamente, atingidos pela conduta danosa.

A citada Lei 9.985/2000 dividiu as Unidades de Conservação em dois grupos: Unidades de Proteção Integral e Unidades de Uso Sustentável.[37] Ademais, aquele mesmo diploma legal define os objetivos gerais e específicos, o rol e, também, a forma de uso de cada Unidade de Conservação daqueles grupos.[38]

Importante destacar, nesta quadra, que será objeto material do crime em estudo apenas as Unidades de Conservação descritas nos parágrafos primeiros dos artigos 40 e 40-A, e que, efetivamente, integram o Sistema Nacional das Unidades de Conservação da Natureza (arts. 8º e 14 da Lei 9.985/2000).[39]

---

[37] Art. 7º, *caput*, da Lei 9.985/2000. A divisão foi reprisada no § 1º do art. 40 e no § 1º do art. 40-A, aqui comentados.

[38] Essas definições estão no Capítulo III da Lei 9.985/2000.

[39] Dessa assertiva pode-se concluir, a contrario sensu e em obediência ao Princípio da Taxatividade, que não caracterizará o crime se o dano ocorrer em Unidades de Conservação que estejam fora do SNUC, assim como em novas categorias que possam vir a ser criadas pelo Poder Público.

Pondera-se, todavia, que embora os sobreditos dispositivos da lei penal se refiram, expressamente, apenas ao Parque e à Floresta Nacionais, encontram-se plenamente albergados por aqueles preceitos as Unidades de Conservação daquelas categorias criadas pelo Estado ou pelo Município. Com efeito, a Lei 9.985/2000, ao tratar do Parque e da Floresta Nacionais (arts. 11 e 17, respectivamente), enquanto *categorias* de Unidades de Conservação, deixou assentado que tais espaços territoriais quando criados pelo Estado ou Município serão denominados Parque Estadual e Parque Natural Municipal ou Floresta Estadual e Floresta Municipal, conforme o caso.[40] Trata-se, todos estes, portanto, de meros *apelidos*, simples forma de se chamar aqueles espaços que, entretanto, em vista das suas características, seus objetivos e formas de manejo, pertencem à categoria de Parque Nacional ou de Floresta Nacional.

O outro objeto material do delito, como dito, são as áreas de que trata o art. 27 do Decreto nº 99.274, de 6 de junho de 1990, quais sejam, as "circundantes das Unidades de Conservação, num raio de dez quilômetros".

Merece ser destacado, neste ponto, que as *áreas circundantes das Unidades de Conservação*, referidas no sobredito decreto, equivalem-se, em termos gerais, às chamadas *Zonas de Amortecimento*, mencionadas no Inciso XVIII do art. 2º da Lei 9.985/2000.[41] A propósito, tanto estas quanto aquelas, têm como finalidade principal e razão maior de existência, diminuir os efeitos das atividades e empreendimentos que se operam no entorno das Unidades de Conservação.

Importa registrar, entretanto, a bem da verdade, que, com o advento da Lei 9.985/2000, não se fala mais em *áreas circundantes*, na forma definida no Decreto nº 99.274/90, quando se está a tratar de controle ou licenciamento daquelas atividades ou empreendimentos. Usa-se, isto sim, desde a entrada em vigor da chamada "Lei do SNUC", a expressão e o respectivo conceito de *Zona de Amortecimento* para se referir àquelas áreas.[42]

Aliás, o legislador quando da aprovação do projeto que resultou na "Lei do SNUC", bem que buscou promover no âmbito da Lei 9.605/98 a inserção do conceito de *Zona de Amortecimento*. Contudo, a iniciativa foi atingida pelo veto do Presidente da República e, assim, manteve-se o texto original da norma penal incriminadora.[43]

---

[40] Essa previsão está no § 4º do art. 11 e no § 6º do art. 17, ambos da Lei 9.985/2000.

[41] "Art. 2º, XVIII – zona de amortecimento: o entorno de uma unidade de conservação, onde as atividades humanas estão sujeitas a normas e restrições específicas, com o propósito de minimizar os impactos negativos sobre a unidade". (Lei 9.985/2000)

[42] A propósito, o desuso do conceito de *áreas circundantes* se evidencia quando se constata que mesmo o CONAMA que, atendendo o comando do art. 27 do Decreto nº 99.274/90, havia, num primeiro momento, normatizado as atividades naqueles espaços territoriais por meio da Resolução CONAMA nº 13/90, com o advento da Lei 9.985/2000 tratou de revogar aquela normativa ao editar a Resolução CONAMA nº 428/2010 que, seguindo a lógica e os conceitos da referida Lei, regulamentou os procedimentos de licenciamento ambiental de empreendimentos de significativo impacto ambiental que afetam as Unidades de Conservação específicas ou suas *zonas de amortecimento*.

[43] Conforme o artigo 39 do texto aprovado pelo Congresso Nacional, o *caput* do art. 40 da Lei 9.605/98 deveria passar a ter a seguinte redação: "Art. 40. Causar significativo dano à flora, à fauna e aos demais

Diante disso, e em atenção ao Princípio da Taxatividade,[44] na aplicação da norma aqui comentada, impõe-se a adoção do conceito de *áreas circundantes*, na precisa forma descrita no Decreto nº 99.274/90. Logo, toda a área compreendida num raio de dez quilômetros de qualquer Unidade de Conservação poderá ser objeto material do crime.[45]

A previsão das circunstâncias agravantes nos parágrafos segundos dos artigos 40 e 40-A, mostrava-se desnecessária, ante a redação do art. 15, II, alínea q, desta mesma Lei 9.605/98. De todo modo, convém deixar assente que as espécies ameaçadas de extinção são definidas em listas oficiais dos órgãos ambientais integrantes do SISNAMA.[46] Além disso, há de ser posto em evidência o fato de que as agravantes dizem respeito tanto às espécies da flora como da fauna, inclusive aquática.

Com efeito, em razão do lugar (circunstância topológica) onde estão descritos os artigos 40 e 40-A, poderia se imaginar, num primeiro momento, que as espécies as quais se referem as agravantes deveriam ser, apenas, da flora. Contudo, a proteção que o tipo penal aqui estudado buscou oferecer se dirige às Unidades de Conservação nas quais, por definição, estão incluídos todos os recursos ambientais que garantem o seu equilíbrio ecológico. Assim, tendo em conta a necessária visão sistêmica que se deve ter sobre o ambiente, não há que se excluir do manto protetivo da norma, incrementado pela previsão das agravantes, as espécies da fauna, máxime se for considerado que em muitas das Unidades de Conservação (Refúgio da Vida Silvestre, Reserva da Fauna, Reserva Biológica) é exatamente a fauna que exerce papel preponderante a justificar a própria existência daqueles espaços.

Convém dizer, ainda, que, se o dano afetar espécies em extinção, seja da fauna ou da flora, *na área circundante* da Unidade de Conservação, a pena

---

atributos naturais das Unidades de Conservação de Proteção Integral e das suas *zonas de amortecimento*:" "Pena – reclusão, de dois a seis anos". Ademais, ainda de acordo com o texto aprovado, seria acrescido na *Lei de Crimes Ambientais* o art. 40-A, cujo *caput* estaria assim redigido: "Art. 40-A. Causar significativo dano à flora, à fauna e aos demais atributos naturais das Unidades de Conservação de Uso Sustentável e das suas *zonas de amortecimento*:" "Pena – reclusão, de um a três anos".

[44] O Princípio da Taxatividade decorre do Princípio da Legalidade (ou reserva legal) e "significa que as condutas típicas, merecedoras de punição, devem ser suficientemente claras e bem elaboradas, de modo a não deixar dúvida por parte do destinatário da norma" (NUCCI, Guilherme de Souza. *Manual de Direito Penal*. Parte Geral/Parte Especial. 7. ed. rev. atual e ampl. 2 tiragem. São Paulo: Revista dos Tribunais, 2011,p. 88). Nessa linha, não é dado ao intérprete ou ao operador do direito emprestar um sentido na norma que se afaste daquilo que ela, expressa e categoricamente, dispõe.

[45] Importante observar que as atuais *Zonas de Amortecimento (ZA)* não envolvem as Áreas de Proteção Ambiental e as Reservas Particulares do Partrimônio Natural . Assinala-se, ademais, que os limites das ZA são definidos de acordo com suas especificidades. (art. 25, *caput*, e § 2º da Lei 9.985/2000).

[46] A par da possibilidade dos Estados e dos Municípios, no exercício de suas competências (art. 23, VI e VII da C. F e art. 70, I do Código Florestal) e segundo as peculiaridades locais, publicarem listas apontando as espécies ameaçadas de extinção, o Ministério do Meio Ambiente editou várias Instruções Normativas que relacionam aquelas espécies, destacando, inclusive, as respectivas Unidades da Federação onde elas são encontradas. São as seguintes as Instruções Normativas: Instrução Normativa MMA nº 03, de 26 de maio de 2003 (Espécies da Fauna – considerando apenas anfíbios, aves, invertebrados terrestres, mamíferos e répteis). Instrução Normativa MMA nº 05, de 21 de maio de 2004, alterada pela Instrução Normativa MMA nº 52, de 08 de novembro de 2005 (Espécies da Fauna – contendo, apenas, invertebrados aquáticos e peixes). Instrução Normativa MMA nº 06, de 23 de setembro de 2008 (Espécies da Flora).

também será agravada, contudo, nesse caso, por força da regra geral prevista no art. 15, II, alínea *q*, desta Lei de Crimes Ambientais.

O crime pode ser praticado por *dolo* (direto ou indireto) ou *culpa*. Vale sublinhar que a modalidade culposa incide, também, nos crimes que atingem as Unidades de Conservação de Uso Sustentável e suas áreas circundantes, mesmo diante do veto aposto no *caput* do art. 40-A. Essa conclusão se alcança em razão do caráter genérico da redação do *caput* do art. 40 que, como já se disse, capitaneia e, porquanto, agrega todos os demais dispositivos.

Quanto ao resultado, o crime pode ser consumado ou tentado. No primeiro caso, o dano (direto ou indireto) se materializa, efetivamente. Na tentativa, sempre possível nos crimes de resultado (materiais), o processo executório se interrompe por circunstâncias alheias à vontade do agente.

Pode ocorrer a hipótese de a conduta danosa recair, precisamente, sobre a floresta de uma Área de Preservação Permanente inserida numa Unidade de Conservação ou nas áreas de que trata o art. 27 do Decreto 99.274/90, configurando, desse modo, um conflito aparente entre a norma aqui comentada e aquela insculpida no art. 38, *caput*, analisada logo atrás. Nesse caso, prevalecerá a regra do art. 40 por conta do Princípio da Especialidade,[47] uma vez que o dano verificado, a par de atingir a floresta de preservação permanente, afeta, também, diretamente, aqueles outros espaços territoriais que o preceito, ora estudado, quis proteger.

A especialidade desta regra, em relação à do art. 38, *caput*, se revela pela destacada importância que lhe foi dada pelo legislador que, sabedor das características naturais relevantes das Unidades de Conservação, em especial, não hesitou em censurar todo tipo de dano (direto e indireto) que possa afetá-las e, segundo a dicção do preceito, *independente de sua localização*, ou seja, mesmo que, como na hipótese aqui alvitrada, a ação danosa atinja elementos ou fragmentos da natureza que, por si, sejam merecedores da tutela penal. A propósito, não se deve perder de vista o fato de que o equilíbrio ecológico das Unidades de Conservação, circunstância que a norma comentada busca proteger, depende da higidez dos elementos naturais que as integram.

Outro aspecto revelador da importância conferida àqueles espaços e, porquanto, do traço especial da norma, diz respeito à pena nela prevista, que constitui na mais elevada censura existente na Lei 9.605/98.

Pelas mesmas razões retrodeduzidas, prevalecerá, também, esta norma do art. 40 em detrimento tanto daquela do art. 39 como da prevista no art. 41 desta Lei 9.605/98, no caso do dano às Unidades de Conservação ou às áreas de que trata o art. 27 do Decreto 99.274/90, decorrer de corte de árvores em floresta de preservação permanente existente naqueles espaços territoriais ou de incêndio provocado em suas matas ou florestas.

---

[47] Sobre o Princípio de Especialidade, ver nota nos comentários ao art. 39.

Art. 41. Provocar incêndio em mata ou floresta:

Pena – reclusão, de dois a quatro anos, e multa.

Parágrafo único. Se o crime é culposo, a pena é de detenção de seis meses a um ano, e multa.

O tipo objetivo é a conduta (omissiva ou comissiva) de *provocar incêndio*, ou seja, dar causa a fogo, de significativa proporção, que venha a se propalar sem qualquer controle. Aliás, vale pontuar aqui a diferença existente entre o incêndio e a queimada. Naquele, o fogo ocorre e se propala sem qualquer controle, seja do Poder Público, que não o autorizou, seja do próprio agente que o causou e que não foi autorizado a ateá-lo e/ou não consegue impor limitações a ele. Na queimada, por seu turno, o emprego do fogo na vegetação é autorizado pelo órgão ambiental competente, bem como controlado e dirigido pelo agente, na forma prevista no art. 38, I, II e III, do Código Florestal (Lei 12.651/2012).

O objeto material é a *mata* ou a *floresta*. Oportuno lembrar que, por ocasião da análise do tipo penal descrito no art. 38, foi destacada a necessidade de se interpretar o termo *floresta* no seu sentido mais amplo e genérico possível, para, naquele caso, abranger e proteger toda a cobertura vegetal, primária ou em formação, existente nas Áreas de Preservação Permanente. Aqui, onde não importa saber a localização da floresta, aquele sentido genérico deve ceder lugar a outro mais restrito, capaz de distingui-lo do conceito de *mata*, pois, apesar de não ser comum fazer tal distinção, foi essa, manifestamente, a intenção do legislador.[48] Assim, como destaca Caradori, o termo "mata" está relacionado às áreas possuidoras de considerável quantidade de espécimes arbóreas da mesma espécie, ou em baixa diversidade, ao passo que "floresta" remete à ideia de área densamente povoada por grande quantidade de diferentes espécies vegetais, com estratificação bem definida em vários níveis, de herbáceas ao complexo arbóreo, resultando então em biodiversidade elevada tanto em flora quanto relativamente à fauna.[49]

Cuida-se de crime *comum* (pode ser praticado por qualquer pessoa, inclusive jurídica), *simples* (existe apenas o tipo básico), *formal* (o tipo não cogita qualquer resultado naturalístico) e de *perigo abstrato* (o perigo é presumido pela norma), cujo elemento subjetivo pode ser o dolo genérico (direto ou indireto) ou a culpa, consoante prevê o parágrafo único do dispositivo.

---

[48] Érika Mendes de Carvalho, analisando a estrutura do tipo penal descrito no dispositivo aqui comentado, ponderou, em nota explicativa que "O termo 'mata' mostra-se carregado de imprecisão, sobretudo quando empregado juntamente com o vocábulo 'floresta'. E isso porque alguns botânicos não fazem qualquer diferenciação entre ambos, sendo extremamente difícil precisar os limites distintivos entre uma floresta e uma mata (cf. EITEN, George, ob.cit., p.11). Floresta e mata designam, assim, o mesmo complexo vegetacional. Se o objetivo do legislador foi estender a proteção também aos ecossistemas florestais de menor porte, teria sido preferível a opção pela expressão 'florestas em formação'. A redação mais acertada do tipo seria, portanto, 'provocar incêndio em floresta, ainda que em formação', ou 'provocar incêndio em floresta', tão somente" (CARVALHO, Érica Mendes. *Tutela penal do patrimônio Florestal brasileiro*. São Paulo: Revista dos Tribunais, 1999, p. 156)

[49] CARADORI, Rogério da Cruz. Op. cit., p. 49.

O crime, quanto ao resultado, pode ser consumado ou tentado. Esta última hipótese somente terá lugar quando praticado por dolo.

Importante destacar as diferenças existentes entre o artigo sob análise e o crime do art. 250 do Código Penal. Com efeito, aqui no art. 41 o bem jurídico genericamente protegido, tal qual ocorre em todos os demais crimes ambientais, é o Meio Ambiente ecologicamente equilibrado, sendo a flora, representada pelos seus elementos floresta e mata, o bem jurídico específico, digno da proteção penal.[50] No art. 250 do Código Penal, por sua vez, o bem jurídico merecedor de proteção é a incolumidade pública e, por isso, se tipifica o incêndio que expõe a perigo a vida, a integridade física ou o patrimônio de outrem. Existe, ainda, no mesmo dispositivo do Códex, a previsão do aumento da pena se o fogo atingir lavoura, pastagem, mata ou floresta (alínea *h*, do § 1° do art. 250).

Assim, caso o incêndio, provocado dolosamente pelo agente, recaia sobre a mata ou floresta, sem, contudo, atentar contra a incolumidade pública, restará configurado o crime do art. 41, *caput*, da Lei de Crimes Ambientais. Por outro lado, se o fogo provocado pelo agente, ainda que atinja mata ou floresta, resultar em perigo à vida, à integridade física ou ao patrimônio das pessoas, atentando, portanto, contra a incolumidade pública, a par do conflito aparente com a norma prevista neste art. 41, *caput*, prevalecerá, em razão do Princípio da Subsidiariedade Tácita,[51] a figura típica prevista no Código Penal, sem prejuízo da incidência da causa de aumento da pena prevista na alínea *h*, Inciso II, § 1°, do art. 250.

Resta dizer, ainda, que, na hipótese de o fogo ter sido utilizado, tão somente, como meio para que o agente, animado por dolo, alcançasse o seu propósito de danificar ou destruir mata ou floresta que, por estarem localizadas em determinados espaços territoriais, merecem a proteção jurídico-penal, agora por força do Princípio da Consunção,[52] restará configurado,

---

[50] Nos comentários ao art. 38, com suporte nas lições de Luiz Regis Prado, discorreu-se, ainda que sumariamente, acerca do Meio Ambiente como bem jurídico categorial, ou seja, como objeto jurídico genérico de proteção, e como bem jurídico específico (em sentido técnico), este referente aos seus elementos e cuja proteção está prevista em cada tipo penal.

[51] O Princípio da Subsidiariedade é, ao lado Princípio da Especialidade e o da Consunção, um dos critérios adotados pela ordem jurídica para solucionar os conflitos aparentes entre normas penais. A subsidiariedade será explícita, quando prevista na própria norma e tácita quando a relação entre duas ou mais normas promana da comparação entre os meios e escopo de seu conteúdo. José Frederico Marques, com apoio nos ensinamentos de Bettiol e Nelson Hungria, esclarece que a subsidiariedade será tácita, porque "o fato incriminado pela norma subsidiária 'entra como elemento componente ou agravante especial do fato incriminado pela outra norma, de modo que a presença do último exclui a simultânea punição do primeiro' em virtude de prevalecer, no caso, 'o princípio de que *ubi major mior cessat*'.(MARQUES, José Frederico. *Curso de Direito Penal*, vol. 2 – Da infração Penal. São Paulo, Saraiva, 1956, p. 339)

[52] O Princípio da Consunção ou Absorção é, como se disse na nota anterior, um outro critério para dirimir conflitos aparentes entre normas penais. Baseado no brocardo *lex consumens derogat legi consumptae* o princípio, segundo José Frederico Marques, tem como fundamento " a maior amplitude da norma consuntiva, o que ocorre, não só em razão do bem tutelado, como também, dos meios empregados e dos fins perseguidos pelo agente, como ainda pela circunstância de integrar-se o fato da norma 'consumida' na descrição da regra 'consuntiva'"..."Ocorre a consunção quando o crime anterior é forma imperfeita do posterior, como na tentativa em relação ao crime consumado. Também na hipótese do crime posterior ter

apenas, o crime correspondente ao tipo que oferece aquela proteção (arts. 38, 38-A, 40, 50 e 50-A). Caso, entretanto, o incêndio tenha causado aquelas mesmas consequências, porém, ocorrido, não por dolo, mas por culpa do agente, a conduta se amoldará ao tipo previsto no art. 41, parágrafo único, ora em estudo.

> **Art. 42.** Fabricar, vender, transportar ou soltar balões que possam provocar incêndios nas florestas e demais formas de vegetação, em áreas urbanas ou qualquer tipo de assentamento humano:
>
> Pena – detenção de um a três anos ou multa, ou ambas as penas cumulativamente.

Embora a norma esteja inserida numa Lei Penal Ambiental, o bem jurídico por ela protegido é tanto o Meio Ambiente ecologicamente equilibrado, quanto a incolumidade pública.

O elemento objetivo do tipo, por sua vez, se expressa nas condutas de *fabricar, vender, transportar* e *soltar* balões capazes de causar incêndios[53] nos locais indicados no preceito. Em verdade, o tipo penal alcançaria, perfeitamente, os mesmos objetivos de proteção ainda que deixasse de indicar as florestas, as formas de vegetação, em geral, as áreas urbanas e os assentamentos humanos, como alvos potenciais dos incêndios que podem ser ocasionados pelos balões.

Cuida-se, portanto, de crime comum (praticado por qualquer pessoa), plurissubsistente (pode ser cometido por mais de uma forma de conduta) e de perigo concreto,[54] porquanto se impõe provar, por meio de perícia, que o artefato tem reais condições de provocar incêndios.

Aliás, parece útil assinalar, neste ponto, que a caracterização do perigo, tratando-se da conduta de *soltar* balões, não dependerá da avaliação de condições climáticas ou da proximidade do artefato em relação às florestas, vegetações, áreas urbanas ou assentamentos de pessoas. De igual modo, na hipótese de a conduta se limitar à fabricação, venda ou transporte, não se exigirá que se prove que o agente tenha agido com o propósito de causar incêndio naquelas áreas, para, então, ficar caracterizado o perigo.

A propósito, a conduta será informada pelo dolo genérico e se notabiliza pela vontade livre e consciente de fabricar, vender, transportar ou soltar

---

sido praticado com a passagem por delito anterior que lhe serviu de meio" (MARQUES, José Frederico. op. cit. p. 339-340)

[53] A definição de incêndio foi oferecida no início dos comentários ao art. 41.

[54] Oportuno trazer a perfeita distinção feita por Jorge de Figueiredo Dias, entre crimes de perigo concreto e crimes de perigo abstrato. "Nos crimes de perigo concreto *o perigo faz parte do tipo*, isto é, o tipo só é preenchido quando o bem jurídico tenha *efectivamente* sido posto em perigo...Nos crimes de perigo abstracto o perigo não é elemento do tipo, mas simplesmente *motivo* da proibição. Quer dizer, neste tipo de crimes são tipificados certos comportamentos em nome da sua *perigosidade típica* para um bem jurídico, mas sem que ela necessite de ser comprovada no caso concreto". (DIAS, Jorge de Figueiredo. *Direito Penal*: parte geral; tomo 1 ; questões fundamentais ; a doutrina geral do crime. São Paulo: Revista dos Tribunais, Portugal: Coimbra Editora, 2007, p. 309)

balões que, em razão das suas características, são capazes de provocar incêndio.[55] Inexiste o crime na modalidade culposa.

Cuida-se de crime formal[56] que se consuma com a realização de uma das condutas previstas no tipo. A eventual ocorrência do incêndio deve ser considerada, apenas, como exaurimento do crime já, antes, consumado. A forma tentada pode ocorrer em qualquer das formas de conduta.

Importa sublinhar que caso o agente venha a soltar um balão e este acabe ocasionando incêndio em *mata* ou *floresta*, sem, contudo, colocar em risco a incolumidade pública, haverá concurso formal entre o crime aqui comentado e o descrito no art. 41, *caput*, da Lei 9.605/98, presente neste último a figura do dolo eventual. Se, entretanto, o incêndio, derivado da soltura de balão, expuser a perigo a vida, a integridade física ou o patrimônio de outrem, se estabelecerá o concurso formal entre este crime do art. 42, ora sob análise, e o descrito no art. 250 "caput" do Código Penal, também configurando o dolo eventual, sem prejuízo da incidência das majorantes ali previstas.

Art. 43. (vetado)

Art. 44. Extrair de florestas de domínio público ou consideradas de preservação permanente, sem prévia autorização, pedra, areia, cal ou qualquer espécie de minerais:

Pena – detenção, de seis meses a um ano, e multa.

O bem jurídico protegido é o equilíbrio ambiental e, de maneira especifica, o patrimônio florestal. A proteção da flora, entretanto, se faz por via indireta, partindo-se da premissa de que a extração de minerais, desordenadamente e sem qualquer monitoramento estatal, pode implicar prejuízo às florestas de domínio público ou de preservação permanente, seja atingindo, diretamente, durante a extração as plantas que nelas existem, seja afetando, negativamente, as funções ecológicas exercidas pelos minerais e das quais dependem aquelas florestas. Nessa linha, é intuitivo concluir que se trata de crime de *perigo abstrato*.[57]

O tipo objetivo, centra-se no verbo *extrair*, ou seja, tirar para fora, arrancar. A norma, num primeiro momento, especifica a pedra, a areia e a cal como objetos materiais do delito, porém, logo adiante, informa que o crime restará caracterizado se a conduta criminosa recair sobre *qualquer espécie de minerais*.

---

[55] Não há que se confundir o dolo de perigo, que deve informar o tipo em análise, com o dolo de dano. Com efeito, como bem distingue Damásio, "no dolo de dano o sujeito quer o dano ou assume o risco de produzi-lo (dolo direto ou eventual)...no dolo de perigo o agente não quer o dano nem assume o risco de produzi-lo, desejando ou assumindo o risco de produzir um *resultado de perigo* (o perigo constitui resultado). Ele quer ou assume o risco de expor o bem jurídico a perigo de dano (dolo de perigo direto e dolo eventual de perigo)...". (JESUS, Damásio E. Op. cit. p. 317)

[56] "No *crime formal* o tipo menciona o comportamento e o resultado, mas não exige a sua produção para a consumação", difere, portanto, do crime de mera conduta, no qual, como já se disse anteriormente, "o legislador só descreve o comportamento do agente". (JESUS, Damásio E. op. cit. p. 190)

[57] As definições de crimes de perigo concreto e abstrato foram lançadas em nota explicativa nos comentários ao art. 42.

Aqui, como em tantos outros crimes ambientais, a norma carece de complementação para sua exata compreensão e delimitação do seu alcance. Com efeito, é imperioso que se tenha em conta a definição de *florestas de domínio público* e de *preservação permanente* posto que são nesses espaços que devem ser extraídos os minerais para que se concretize o crime. São, pois, públicas ou, como reza a norma, *de domínio público* as florestas "naturais ou plantadas, localizadas nos diversos biomas brasileiros, em bens sob o domínio da União, dos Estados, dos Municípios, do Distrito Federal ou das entidades da administração indireta".[58] Por floresta de preservação permanente deve ser entendida toda a cobertura vegetal, primária ou em formação, formada por árvores, arbustos e subarbustos, existente naqueles espaços territoriais descritos nos Incisos I a XI do art. 4º da Lei 12.651/2012 (Código Florestal).[59]

A expressão "sem prévia autorização" constitui elemento normativo do tipo, que diz respeito à inexistência de uma causa de justificação capaz de afastar a antijuridicidade da conduta. No caso, deve-se ter em conta que os recursos minerais, inclusive os do subsolo, são bens da União[60] e, em vista disso, a extração desses recursos, que se opera através de lavra[61] ou de garimpagem,[62] depende de autorização ou permissão[63] do Departamento Nacional de Produção Mineral (DNPM), autarquia federal que tem como finalidade o planejamento e o fomento da exploração e do aproveitamento dos recursos minerais, bem como o controle e fiscalização do exercício das atividades de mineração em todo o território nacional.[64]

Observa-se, portanto, que a autorização referida na regra penal aqui comentada não se confunde com o Licenciamento Ambiental. Entretanto, convém ponderar que, de qualquer forma, a Licença Ambiental será, sempre, condição para a concessão de qualquer autorização fornecida pelo DNPM relacionada à exploração mineral.[65]

Importante dizer, ademais, que a norma sob comentário, por força do Princípio da Especialidade,[66] não se aplicará em concurso formal com a prevista no art. 55 desta Lei de Crimes Ambientais. Isso porque, este art. 44,

---

[58] Art. 3º, I, da Lei 11.284/2006.

[59] Nos comentários ao art. 38 foram feitas considerações acerca da necessidade de se dar ao termo "floresta", contido naquele dispositivo, o sentido mais alargado possível a fim de garantir a proteção eficaz do bem jurídico. Aquelas considerações são plenamente pertinentes na análise deste art. 44.

[60] Art. 20, IX da Constituição Federal.

[61] "Entende-se por lavra o conjunto de operações coordenadas objetivando o aproveitamento industrial da jazida, desde a extração das substâncias minerais úteis que contiver, até o beneficiamento das mesmas" (art. 36 do Decreto-Lei 227/67)

[62] "Considera-se garimpagem a atividade de aproveitamento de substâncias minerais garimpáveis, executadas no interior de áreas estabelecidas para este fim, exercida por brasileiro, cooperativa de garimpeiros, autorizada a funcionar como empresa de mineração, sob o regime de permissão de lavra garimpeira". (art. 10 "caput" da Lei 7.805/89)

[63] Art. 176, § 1º da Constituição Federal.

[64] Art. 3º, *caput*, da Lei 8.876/94.

[65] Arts. 3º, 16 e 17 da Lei da Lei 7.805/89.

[66] Sobre o Princípio da Especialidade, ver nota nos comentários ao art. 39.

que busca tutelar o patrimônio florestal, traz como especificidade, o fato da *extração* de recursos minerais ocorrer em *florestas de domínio público* ou de *preservação permanente*. A norma do art. 55, por seu turno, ante sua generalidade, será aplicada na hipótese da retirada de recursos minerais, sem a devida autorização, ocorrer em qualquer outro local que não sejam estes indicados no dispositivo em análise.

Outro aparente conflito de normas penais se dá entre esta, ora comentada, e aquela do art. 38 desta mesma Lei 9.605/98, que dispõe sobre o crime de destruição ou dano à floresta considerada de preservação permanente. O conflito é apenas aparente uma vez que, nesse caso, em que a extração mineral resultou em efetiva destruição ou dano à floresta, prevalecerá a norma do art. 38 (crime de dano), por força do Princípio da Subsidiariedade Tácita.[67]

Noutro giro, sempre haverá concurso formal entre o crime deste art. 44 da Lei de Crimes Ambientais e a figura típica insculpida no art. 2°, *caput*, da Lei 8.176/91.[68] Isso ocorrerá porque são distintos os bens jurídicos protegidos naqueles dois dispositivos. Com efeito, no crime da Lei 8.176/91 busca-se tutelar o patrimônio da União, coibindo a usurpação de matéria-prima dela pertencente, ao passo que no crime agora analisado a proteção se volta, como já foi dito, para o Meio Ambiente ecologicamente equilibrado.

O elemento subjetivo do tipo é o dolo, manifestado na vontade, livre e consciente, de se extrair minerais de floresta de domínio público ou de preservação permanente. Não existe o crime na modalidade culposa.

Relativamente ao resultado, convém sublinhar que o crime se consuma com a mera extração de minerais daquelas florestas sem a devida autorização, não importando se a conduta atingiu, diretamente, espécies vegetais. Considerando tratar-se de crime material, admite-se a tentativa.

---

[67] Nesse sentido, as palavras de Eládio Lecey, que discorrendo sobre a hipótese de ocorrência de danos (e, aqui, se pode incluir, também, a própria destruição) afirmou que se eles "...resultarem da mesma atividade de extração mineral, haverá concurso aparente de normas, reconhecendo-se único delito, no caso de dano, prevalecendo a norma do artigo 38 que tipifica crime mais grave. Entre o perigo e o dano ao mesmo bem jurídico tutelado, no caso a floresta de preservação permanente, prevalece o dano pelo princípio da subsidiariedade tácita, eis que haverá diferentes graus de violação ao mesmo bem tutelado penalmente" (LECEY, Eládio Luiz da Silva. *Caderno de Direito Penal 2*. Cursos de Currículo Permanente, vol. 2. Escola da Magistratura do TRF da 4ª Região, 2005, p. 100)

[68] "Art. 2° Constitui crime contra o patrimônio, na modalidade de usurpação, produzir bens ou explorar matéria-prima pertencentes à União, sem autorização legal ou em desacordo com as obrigações impostas pelo título autorizativo. Pena: detenção, de um a cinco anos e multa". (Lei 8.176/91)

Delitos contra o patrimônio florestal (artigos 45 a 53)

NELSON BUGALHO[1]

Delito de exploração irregular de madeira de lei

CAPÍTULO V – DOS CRIMES CONTRA O MEIO AMBIENTE
(...)
Seção II – Dos Crimes contra a Flora
(...)
Art. 45. Cortar ou transformar em carvão madeira de lei, assim classificada por ato do Poder Público, para fins industriais, energéticos ou para qualquer outra exploração, econômica ou não, em desacordo com as determinações legais:
Pena – reclusão, de 1 (um) a 2 (dois) anos, e multa.

1. Bem jurídico e sujeitos do delito

O ambiente é o bem jurídico tutelado, particularmente o patrimônio florestal, de onde provém a *madeira de lei* referida no tipo legal. As atividades eminentemente extrativistas e invariavelmente ilegais, para atender as demandas interna e externa por madeiras nobres, para os mais variados fins, é um fator altamente comprometedor da sobrevivência dos ecossistemas florestais.

Sujeito ativo do delito pode ser qualquer pessoa; sujeito passivo será a coletividade e, eventualmente, também o proprietário ou possuidor da área onde foi explorada a madeira de lei, isso porque em geral estes últimos são

---
[1] Promotor de Justiça do Meio Ambiente/SP (licenciado). Vice-Presidente da CETESB – Companhia Ambiental do Estado de São Paulo. Mestre em Direito Penal Supraindividual (UEM – Universidade Estadual de Maringá)- Professor de Direito Penal e Direito Ambiental.

também responsáveis pela exploração ilegal da madeira e, portanto, sujeitos ativos.

2. Conduta e objeto material

É crime de conteúdo variado ou de ação múltipla porque o tipo legal prevê duas modalidades de comportamentos típicos: *cortar* e *transformar*. Cortar significa separar, dividir em duas ou mais partes; transformar é dar novo formato, alterar, modificar alguma coisa. A lei proíbe *cortar madeira de lei* para qualquer finalidade e também *transformar em carvão madeira de lei*, não importando para que fim, e nos dois casos em desacordo com as determinações legais. Desse modo, o corte irregular de árvore que fornece madeira de lei é conduta tipificada como delituosa, independentemente se a madeira será transformada em carvão. Transformar a madeira de lei em carvão é a outra conduta vedada no dispositivo, desde que em desconformidade com a legislação pertinente à matéria.[2] Nesta hipótese, "a infração veda a transformação de madeira de lei em carvão vegetal – substância proveniente da queima ou combustão da madeira – para fins industriais, energéticos, ou para qualquer outra forma de exploração econômica ou não".[3]

As condutas núcleos do tipo penal incidem sobre a madeira de lei. A madeira é a parte lenhosa das árvores, sendo conhecidas por madeira de lei as que são mais rijas e resistentes ao tempo e às pragas, possuindo por isso alto valor econômico, sobretudo porque empregadas em construções e na indústria moveleira, a exemplo do pau-brasil, mogno, pau-marfim, ipê, peroba, jacarandá e tantos outros. Contudo, não basta identificar a madeira por aquelas características, uma vez que é elemento objetivo do tipo penal ser a madeira classificada por ato do Poder Público como sendo "de lei". Trata-se, pois, de norma penal em branco, isso porque para a madeira ser considerada "de lei", de modo a constituir-se num elemento do tipo, deverá assim ser declarada por ato do Poder Público.[4]

A ilicitude das condutas de cortar madeira de lei ou transformar madeira de lei em carvão é dependente da presença do elemento normativo "em desacordo com as determinações legais", de tal forma que:

> Se o corte ou a transformação são efetuados de acordo com as determinações legais, entretanto, a conduta é lícita, ante a ausência do elemento normativo do tipo "em desacordo com as determinações legais", referente à ausência de uma causa de justificação que, presente, exclui a ilicitude da conduta.[5]

---

[2] Cf. BUGALHO, Nelson. *Delitos contra o patrimônio florestal*. Curitiba: Juruá, 2010, p. 233.

[3] PRADO, Luiz Regis. *Direito penal do ambiente: meio ambiente, patrimônio cultural, ordenação do território e biossegurança (com a análise da Lei 11.105/2005)*. São Paulo: Revista dos Tribunais, p. 336.

[4] Cf. BUGALHO, Nelson. *Delitos contra o patrimônio florestal*. Curitiba: Juruá, 2010, p. 234.

[5] PRADO, Luiz Regis. *Direito penal do ambiente: meio ambiente, patrimônio cultural, ordenação do território e biossegurança (com a análise da Lei 11.105/2005)*. São Paulo: Revista dos Tribunais, p. 336.

A ilicitude dos comportamentos antiecológicos referidos no tipo está subordinada ao fato de o corte da madeira de lei ou a transformação desta em carvão ter-se operado em desconformidade com as determinações legais.

3. Consumação e tentativa

A plena realização do tipo de injusto objetivo se dá com o efetivo corte da madeira de lei ou com a sua transformação em carvão vegetal. Tais resultados são indispensáveis para a consumação, uma vez cuidar-se de crime material ou de resultado. A realização incompleta do tipo objetivo, por circunstâncias alheias à vontade do agente, é perfeitamente admissível (crime plurissubsistente ou de conduta fracionada).[6]

4. Elemento subjetivo do tipo

A face subjetiva do tipo legal é representada pelo dolo e também pelo elemento subjetivo do injusto (ou elemento subjetivo especial do tipo). O dolo consiste na vontade livre e consciente do agente realizar os elementos objetivos do tipo de injusto, isto é, cortar madeira de lei ou transformá-la em carvão, sabendo atuar em desconformidade com as determinações legais pertinentes. Já o elemento subjetivo do injusto se manifesta na expressão "para fins industriais, energéticos ou para qualquer outra exploração, econômica ou não".[7] Referida expressão revela tratar-se de delito de intenção.[8] Isso implica afirmar que não basta a atuação dolosa do agente no sentido de pretender cortar ou transformar a madeira de lei, sendo ainda exigência do tipo de injusto uma finalidade que vai além, isto é, um especial *fim* de atuar.[9] Destaca-se ainda que é dispensável para o aperfeiçoamento delitivo consiga o agente a concretização do resultado positivado no tipo (exploração da madeira), embora seja ele a razão de seu atuar. Mesmo diante da amplitude do elemento subjetivo do injusto gravado no tipo, ao referir-se a "qualquer ou-

---

[6] Cf. BUGALHO, Nelson. *Delitos contra o patrimônio florestal*. Curitiba: Juruá, 2010, p. 234-235.

[7] Cf. Idem, p. 235.

[8] Cf. CARVALHO, Érika Mendes de Carvalho. *Tutela penal do patrimônio florestal brasileiro*. São Paulo: Revista dos Tribunais, 1999, p. 171.

[9] A esse respeito afirma-se que "em determinados tipos penais aparecem, ao lado do dolo, outros elementos que pertencem ao campo psíquico-espiritual ou subjetivo do autor. Em algumas ocasiões a lei penal requer que – além do dolo – concorram no autor *outros* elementos subjetivos para a realização do tipo, que mais particularizam sua conduta. Aqui, o desvalor da ação não se esgota no dolo, exige-se algo mais (intenção/motivação/certo impulso)" (PRADO, Luiz Regis. *Curso de Direito Penal Brasileiro, volume 1: parte geral, arts. 1º a 120*. 5. ed. rev. São Paulo: Revista dos Tribunais, 2005, p. 366). O especial fim de agir se apresenta autonomamente ao lado do dolo, não se confundindo com este, de tal forma que a face subjetiva do tipo penal acaba sendo ampliada. Em outras palavras, a ilicitude do comportamento está na dependência de estar presente esse fim especial. Observa-se com precisão que "tais elementos não pertencem ao dolo nem o integram, porque o dolo se esgota na vontade e consciência de realizar a ação dirigida ao resultado que consuma o delito, ou na assunção do risco de produzi-lo (art. 18, I, CP)" (FRAGOSO, Heleno Cláudio. *Lições de direito penal: parte geral*. 7. ed. Rio de Janeiro: Forense, 1985, p. 179).

tra exploração", tenha ou não cunho econômico, pode ficar comprometida uma eficiente e abrangente tutela do bem jurídico, uma vez que a madeira de lei pode ser submetida ao corte por outro motivo que não seja a "exploração", até por mero capricho. Maior proteção teria sido conferida ao bem jurídico se a face subjetiva do injusto penal tivesse se restringido ao dolo.[10]

Delito de recebimento, aquisição e comercialização irregular de produtos florestais

Art. 46. Receber ou adquirir, para fins comerciais ou industriais, madeira, lenha, carvão ou outros produtos de origem vegetal, sem exigir a exibição de licença do vendedor, outorgada pela autoridade competente, e sem munir-se da via que deverá acompanhar o produto até final beneficiamento:

Pena – detenção, de 6 (seis) meses a 1 (um) ano, e multa.

Parágrafo único. Incorre nas mesmas penas quem vende, expõe à venda, tem em depósito, transporta ou guarda madeira, lenha, carvão e outros produtos de origem vegetal, sem licença válida para todo o tempo da viagem ou do armazenamento, outorgada pela autoridade competente.

Art. 47. (vetado)

1. Bem jurídico e sujeitos do delito

O ambiente é o bem jurídico tutelado, mais particularmente os recursos florestais. Objetiva-se evitar a exploração comercial ou industrial de produtos e subprodutos florestais feitas descontroladamente. Ao criminalizar as condutas referidas no tipo, subordinadas ao controle estatal, conferiu o legislador maior proteção aos recursos florísticos e procurou ainda garantir o atendimento das exigências administrativas pertinentes à matéria.[11]

É crime comum, podendo ser praticado por qualquer pessoa; sujeito passivo é a coletividade.

2. Conduta e objeto material

O tipo de injusto prevê como típicas várias modalidades de comportamentos (crime de conteúdo variado ou de ação múltipla): receber e adquirir no *caput* do artigo 46; vender, expor à venda, ter em depósito, transportar ou guardar no parágrafo único do mencionado dispositivo legal. A realização

---

[10] Cf. BUGALHO, Nelson. *Delitos contra o patrimônio florestal.* Curitiba: Juruá, 2010, p. 235.
[11] Cf. Idem, p. 236.

de duas ou mais das condutas incriminadas importará na caracterização de apenas um único delito.[12]

As duas primeiras modalidades de condutas gravadas no *caput* – receber (entrar na posse de alguma coisa sem a intenção de tornar-se dono dela, admitir, aceitar) e adquirir (entrar na posse com a intenção de tornar-se o proprietário, por meio de compra, permuta, doação etc.) – são comissivas, mas com tipicidade dependente de comportamentos omissivos concomitantes referentes ao fato de não exigir o sujeito ativo a exibição de licença do vendedor e não munir-se da via da *guia florestal* (documento obrigatório, de acordo com a Instrução Normativa 001/80, artigo 66) que deve acompanhar o produto até final beneficiamento. Referidos comportamentos recaem sobre madeira (parte lenhosa das árvores), lenha (fragmentos de madeira) carvão (madeira carbonizada pelo fogo, que não gera fogo e tem cor negra)[13] e outros produtos de origem vegetal, tais como óleos essenciais, mudas, raízes, bulbos, cipós, bem como plantas ornamentais, medicinais e aromáticas etc.[14]

As expressões "sem exigir a exibição de licença do vendedor" e "sem munir-se da via que deverá acompanhar o produto" são elementos normativos do tipo de injusto pertinentes à ausência de uma causa justificante que, acaso presente, converte em lícita a conduta.[15] Referido documento (*guia florestal*) deverá acompanhar o produto até final beneficiamento, isto é, até a finalização da operação manual ou industrial segundo a qual o produto vegetal é tornado próprio para o consumo.[16]

O parágrafo único converteu em delito as condutas de quem *vende* (transfere para outrem em troca de alguma coisa, comercializa, negocia), *expõe à venda* (põe à vista ou em exibição para venda), *tem em depósito* (coloca em lugar seguro, recebe em confiança), *transporta* (leva ou conduz a determinado lugar) ou *guarda* (protege, toma conta, zela, mantém em nome de outrem) madeira, lenha, carvão ou outros produtos de origem vegetal, sem licença válida para todo o tempo da viagem, ou do armazenamento, outorgada pela autoridade competente. Da mesma forma que no *caput*, a expressão "sem licença válida para todo o tempo da viagem, ou do armazenamento" é elemento normativo do tipo, e diz respeito à ausência de uma causa justificante que, se presente, torna a ação lícita. Referida licença é expedida pelo

---

[12] Cf. FREITAS, Vladimir Passos de; FREITAS, Gilberto Passos de. *Crimes contra a natureza*. 6. ed. São Paulo: Revista dos Tribunais, p. 136; e, MILARÉ, Edis; COSTA JÚNIOR, Paulo José da. *Direito penal ambiental : comentários à Lei 9.605/98*. Campinas: Millennium, 2002, p.129.

[13] Há que se ter em conta que a carbonização é o processo de formação do carvão natural em que os constituintes voláteis da matéria orgânica (hidrogênio, oxigênio e nitrogênio) escapam, resultando apenas o carvão, ao passo que o carvão mineral resulta da decomposição de grandes florestas que outrora existiram em certas partes do planeta (Cf. GUERRA, Antônio Teixeira; GUERRA, Antônio José Teixeira. *Novo dicionário geológico-geomorfológico*. Rio de Janeiro: Bertrand Brasil, 1997, p. 112 e p. 125).

[14] Vide artigo 1º, §§ 1º e 2º, da Portaria Normativa n. 44, de 06 de Abril de 1993, do IBAMA.

[15] Nesse sentido: PRADO, Luiz Regis. *Direito penal do ambiente: meio ambiente, patrimônio cultural, ordenação do território e biossegurança (com a análise da Lei 11.105/2005)*.São Paulo: Revista dos Tribunais, 2005, p. 340; e, MILARÉ, Édis; COSTA JÚNIOR, Paulo José da. *Direito penal ambiental: comentários à Lei 9.605/98*. Campinas: Millennium, 2002, p.127.

[16] Cf. BUGALHO, Nelson. *Delitos contra o patrimônio florestal*. Curitiba: Juruá, 2010, p. 237.

Instituto Brasileiro do Meio Ambiente e dos Recursos Naturais Renováveis – IBAMA –, ou órgão estadual competente, integrante do Sistema Nacional do Meio Ambiente – SISNAMA.[17]

3. Consumação e tentativa

O delito previsto no *caput* é material, operando-se sua consumação com o recebimento ou aquisição da madeira, lenha, carvão e outros produtos de origem vegetal. Já o delito prensado no parágrafo único se consuma com a venda, exposição à venda, manutenção em depósito, transporte ou guarda, de forma alternativa e independentemente da produção de qualquer resultado (delito de mera atividade).[18] Nas modalidades de *expor à venda, ter em depósito* e *guardar*, o delito é permanente.[19]

A tentativa é admissível nos casos de venda ou aquisição, tipificadas no *caput*. Nas hipóteses previstas no parágrafo único, ou se realiza alguma daquelas condutas e o delito está consumado, ou não sendo elas realizadas não haverá a concretização da infração penal, nem mesmo na sua forma tentada.

4. Elemento subjetivo do tipo

A face subjetiva do tipo penal é representada pelo dolo, consistente na vontade livre e consciente de realizar qualquer uma das condutas gravadas no *caput* e no parágrafo único, abarcando ainda os demais elementos objetivos do tipo de injusto. No *caput* exige-se além do dolo o elemento subjetivo especial do tipo, representado pela expressão "para fins comerciais ou industriais". Neste particular aspecto andou bem o legislador ao subordinar a caracterização do ilícito penal à exigência de um especial fim de agir – comercial ou industrial –, uma vez que a dispensa desse elemento subjetivo do injusto tornaria absolutamente impertinente a intervenção penal, pois poderia converter em crime até mesmo o recebimento ou a aquisição de uma simples planta ornamental, desde que presentes os demais elementos objetivos do tipo.[20]

Delito de atentado contra a regeneração natural da flora

Art. 48. Impedir ou dificultar a regeneração natural de florestas e demais formas de vegetação:
Pena – detenção, de 6 (seis) meses a 1 (um) ano, e multa.

---

[17] Cf. BUGALHO, Nelson. *Delitos contra o patrimônio florestal.* Curitiba: Juruá, 2010, p. 237-238.

[18] Cf. Idem, p. 238.

[19] Cf. PRADO, Luiz Regis. *Direito penal do ambiente: meio ambiente, patrimônio cultural, ordenação do território e biossegurança (com análise da Lei 11.105/2005).* São Paulo: Revista dos Tribunais, 2005, p. 341.

[20] Cf. BUGALHO, Nelson. *Delitos contra o patrimônio florestal.* Curitiba: Juruá, 2010, p. 238.

1. Bem jurídico e sujeitos do delito

O bem jurídico protegido é o ambiente, particularmente as formações vegetais, desde as mais simples até as mais complexas, que têm sua regeneração natural comprometida pela ação humana.[21]

Qualquer pessoa pode realizar as condutas típicas gravadas no tipo de injusto, tratando-se, pois, de delito comum. Titular do bem jurídico lesado pela conduta humana é a coletividade, uma vez que o bem constitucional ambiente é de uso comum do povo, declarando ainda o novo Código Florestal (Lei n. 12.651/2012) que as florestas existentes no território nacional e as demais formas de vegetação nativa, reconhecidas de utilidade às terras que revestem, são bens de interesse comum a todos os habitantes do país (artigo 2º, *caput*). Indiretamente são também afetados o proprietário ou possuidor das áreas colonizadas pela formação vegetal que teve sua regeneração impedida ou dificultada.

2. Conduta e objeto material

As condutas núcleos do tipo legal são *impedir* e *dificultar* (delito de ação múltipla ou de conteúdo variado). Impedir tem o sentido de obstruir ou interromper o processo regenerativo da vegetação, de torná-lo impraticável; dificultar é estorvar, tornar difícil, complicar a regeneração, de forma que se prolongue por mais tempo do que o necessário. Referidos comportamentos estão conectados no injusto penal com a regeneração natural de florestas ou qualquer outro tipo de cobertura vegetal. Neste contexto, a regeneração natural é a reconstituição, sem intervenção antrópica, da vegetação que estava parcial ou totalmente destruída.[22]

Sobre o objeto material assinala-se o seguinte:

> Objetivou a lei garantir a restauração dos ecossistemas afetados pela ação antrópica ou por fenômenos naturais, que, diferentemente da recuperação florestal promovida pela ação humana, demanda muito mais tempo e necessidade de interferências mínimas. A regeneração natural pode ser facilitada pela conjugação de fatores climáticos, hidrológicos e edáficos e, principalmente, pela existência de maciços florestais próximos, que naturalmente fornecerão as sementes necessárias para a obtenção de uma regeneração florestal heterogênea, indispensável para a preservação da biodiversidade. Evidentemente, por se tratar de reconstituição florística natural, no seu estágio inicial surgirão espécies pioneiras, principalmente aquelas conhecidas como ervas invasoras, que rapidamente cobrem os solos degradados. É essa vegetação pioneira que dará condições para o florescimento de uma futura floresta.
>
> A regeneração natural é forma de recuperação florística que se distingue fundamentalmente daquelas em que há intervenção antrópica, a exemplo do que ocorre com o *florestamento* (plantio em áreas outrora despidas de cobertura florestal), o *reflorestamento* (reconstituição antrópica da cobertura florestal) ou, ainda, nos casos de *regeneração natural monitorada*, com o isolamento das áreas e/ou o enriquecimento com mudas ou sementes de essências florestais,

---

[21] Cf. BUGALHO, Nelson. *Delitos contra o patrimônio florestal*. Curitiba: Juruá, 2010, p. 239.

[22] Cf. Idem, p. 239.

visando acelerar o processo de regeneração. Certamente que nestas formas de recuperação florestal deve ser priorizado o plantio de essências nativas, indispensáveis para a preservação da biodiversidade, e não de essências exóticas.

Os objetos materiais do delito são constituídos pelas florestas e demais formas de vegetação (cerrados, caatinga, pantanal, campos limpo, restinga, babaçual etc.), em qualquer de seus estágios de regeneração (inicial, médio ou avançado). Anota-se, ainda, que justamente por se tratar de regeneração, refere-se o tipo legal às formações vegetais secundárias, isso porque as formações vegetais primárias são as originais, ainda não destruídas pela ação do homem nem por fenômenos naturais.

Há de se atentar que a ação humana que recai sobre os objetos materiais apontados, aptos a impedir ou dificultar a regeneração natural das formações vegetais secundárias, somente caracterizará o delito do artigo 48 se não se tratar de vegetação colonizadora de espaços territoriais especialmente protegidos, bem como se não tiver a floresta em seu estado de *clímax*, isto é, já integralmente recomposta.[23] Isso implica afirmar que a adequação típica da conduta ao tipo de injusto do artigo 48 deve ser feita subsidiariamente, acaso não possa o comportamento antiecológico se subsumir aos outros injustos penais florísticos, sobretudo os artigos 38, 39, 40 e 50 da Lei n. 9.605/98.[24]

3. Consumação e tentativa

A consumação do delito se opera com o impedimento ou com a criação da dificuldade, por qualquer modo ou meio, da regeneração natural das formações vegetais. A rigor, cuidando-se de delito material e de conduta fracionada, é possível a tentativa.

4. Elemento subjetivo do tipo

A face subjetiva do tipo de injusto é representada pelo dolo, consistente na vontade livre e consciente de impedir ou dificultar a regeneração natural de vegetação de qualquer fisionomia.

Delito de atentado contra plantas de ornamentação

Art. 49. Destruir, danificar, lesar ou maltratar, por qualquer modo ou meio, plantas de ornamentação de logradouros públicos ou em propriedade privada alheia:

Pena – detenção, de 3 (três) meses a 1 (um) ano, ou multa, ou ambas as penas cumulativamente.

Parágrafo único. No crime culposo, a pena é de 1 (um) a 6 (seis) meses, ou multa.

---

[23] A palavra *clímax* é empregada no sentido de identificar a "fase final de sucessão num ecossistema em que as comunidades de animais e plantas permanecem em estado relativamente autoperpetuante" (ART, Henri W. *et alli*. *Dicionário de ecologia e ciências ambientais*. 2. ed. São Paulo: UNESP/Companhia Melhoramentos, 2001, p. 103).

[24] BUGALHO, Nelson. *Delitos contra o patrimônio florestal*. Curitiba: Juruá, 2010, p. 240-141.

1. Bem jurídico e sujeitos do delito

Num país que apresenta temperaturas elevadas, é quase inexistente um planejamento urbano que contemple a questão da arborização dos espaços públicos urbanos. A construção de cidades implica a mais completa modificação da paisagem local, sobretudo quando presente um crescimento desordenado, ora fruto de pura especulação imobiliária, ora decorrente da omissão do Poder Público no sentido de impedir o surgimento de loteamentos clandestinos ou irregulares. Tais fatores, somados à crescente impermeabilização do solo e outros decorrentes de alterações climáticas planetárias, alteram profundamente o clima urbano, com sensível aumento da temperatura, gerando um desconforto térmico que tem sérias e inegáveis implicações na saúde humana e na produtividade.[25]

Áreas densamente construídas com cobertura vegetal escassa tendem a registrar temperaturas mais elevadas do que aquelas que apresentam cobertura vegetal mais acentuada, formando as primeiras verdadeiras "ilhas de calor", assim considerada a área urbana na qual a temperatura da superfície é mais elevada que as áreas circunvizinhas. Registra-se ainda que o aumento da temperatura nas cidades provoca maior concentração de poluentes, uma vez que o ar tende a se encaminhar para a parte mais quente, e com ele vão também as partículas de poluição.[26]

As áreas verdes, parques e jardins são elementos urbanísticos que não se destinam apenas à ornamentação urbana, mas sim também representam uma necessidade higiênica, de recreação e mesmo de defesa e recuperação do ambiente em face da degradação de agentes poluentes.[27] Sob essa perspectiva, justifica-se a intervenção penal objetivando proibir determinadas formas de condutas que atentam contra as plantas de ornamentação de logradouros públicos.

Nestes termos, a norma penal tutela um valor relevante da ordem social (ambiente, em particular a flora). Em razão da própria objetividade jurídica do injusto penal, a adequação do fato ao tipo penal deverá ser sempre submetida à análise de a conduta ter afetado de forma ínfima o bem jurídico. Uma lesão sem expressão não justificaria jamais a imposição de sanção penal, importando na atipicidade do comportamento.[28]

O delito do artigo 49 é comum, podendo ser praticado por qualquer pessoa; sujeito passivo é a coletividade quando a conduta recair sobre plan-

---

[25] Avalia-se que as condições climáticas de uma área urbana extensa e com densidade de construções são absolutamente distintas daquelas dos espaços abertos que a circundam, podendo haver diferenças de temperatura, de velocidade do vento, de umidade, de pureza do ar etc. Variações de até 5º C são verificadas entre cidade e campo (Cf. LOMBARDO, Magda Adelaide. *Ilha de calor nas metrópoles : o exemplo de São Paulo*. São Paulo: Hucitec, 1995, pp. 77 e 209).

[26] LOMBARDO, Magda Adelaide. *Ilha de calor nas metrópoles : o exemplo de São Paulo*. São Paulo: Hucitec, 1985, p. 24.

[27] Cf. SILVA, José Afonso da. *Direito ambiental constitucional*. 4. ed. rev. e atual. São Paulo: Malheiros, 2003, p. 190.

[28] Cf. BUGALHO, Nelson. *Delitos contra o patrimônio florestal*. Curitiba: Juruá, 2010, p. 243-244.

tas ornamentais de logradouros públicos, ou ainda o proprietário ou possuidor, em se tratando de propriedade privada.

2. Conduta e objeto material

A esse respeito, assinala-se que "as múltiplas modalidades de comportamentos, alternativamente gravados no tipo penal, são *destruir* (pôr no chão, causar a morte, eliminar, exterminar), *danificar* (estragar, prejudicar, avariar), *lesar* (ferir, lesionar) e *maltratar* (ultrajar, mutilar, machucar), por qualquer modo ou meio, plantas ornamentais. Houve certo exagero do legislador penal na seleção das condutas incriminadas, isso porque o núcleo *danificar* é suficientemente genérico para comportar uma grande variedade de formas de realização, especialmente aí se incluindo o núcleo *lesar*. Até mesmo a modalidade *maltratar,* que tem a conotação de fazer sofrer ou tratar com aspereza é conduta demasiadamente imprópria para aludir a um espécime vegetal, sobretudo pelo seu caráter um tanto subjetivo. Todas as condutas tipificadas podem ser praticadas por qualquer modo ou meio, e este aspecto foi expressamente consignado na lei (crime de forma livre)".[29]

As condutas previstas no tipo penal recaem sobre *plantas de ornamentação* de logradouros públicos ou de propriedade privada alheia. Embora qualquer ser vivo do reino vegetal seja uma planta, a lei estabeleceu que somente aquelas que sejam destinadas ao ornamento podem ser objeto da ação. Assim, plantas de ornamentação são aquelas que adornam, decoram, enfeitam, embelezam os locais mencionados: logradouros públicos e propriedade privada alheia. *Logradouros públicos* são os *espaços urbanos abertos* e os *espaços urbanos fechados* com *destinação pública*. A primeira hipótese contempla o conjunto de edificações pertencentes às pessoas jurídicas de direito público interno (federal, estadual ou municipal), abertas ou não ao público. Já os espaços urbanos abertos são os equipamentos públicos, tais como ruas, avenidas, praças, parques, áreas verdes, espaços livres em geral.[30] Ressalta-se, finalmente, que a propriedade privada deve ser *alheia*, isto é, aquela que não pertence ao sujeito ativo, nem mesmo parcialmente (elemento normativo do tipo).[31]

3. Consumação e tentativa

A consumação do delito se dá com a destruição, a danificação, a lesão ou maus-tratos infligidos às plantas ornamentais, sendo perfeitamente

---

[29] BUGALHO, Nelson. *Delitos contra o patrimônio florestal.* Curitiba: Juruá, 2010, p. 244.

[30] Os *espaços urbanos fechados* são constituídos pelas *unidades edilícias*, que compreendem todos os tipos de edificações e de áreas cobertas, cuja regulamentação urbanística inclui as mais variadas limitações (altura dos edifícios, taxa de ocupação do solo, afastamentos ou recuos de frente, de fundo, e laterais etc.). Os *equipamentos públicos*, em geral, são *espaços urbanos abertos*, com exceção das canalizações e condutos, subterrâneos ou não. É considerado *espaço urbano aberto* toda área geográfica, de terra ou de água, localizada dentro de uma concentração urbana ou nos limites do perímetro urbano, não coberta por qualquer estrutura (Cf. SILVA, José Afonso. *Direito ambiental constitucional.* 4. ed. rev. e atual. São Paulo: Malheiros, 2003, p. 220-221).

[31] Cf. BUGALHO, Nelson. *Delitos contra o patrimônio florestal.* Curitiba: Juruá, 2010, p. 244-245.

admissível a tentativa em qualquer das modalidades de comportamentos típicos.

4. Elemento subjetivo do tipo

O dolo é o elemento subjetivo do tipo, consubstanciado na vontade livre e consciente de destruir, danificar, lesar ou maltratar plantas que ornamentam logradouros públicos ou propriedade privada alheia.

5. Modalidade culposa

O delito é também previsto na forma culposa (elemento normativo do tipo). A culpa, no caso, decorre da inobservância do cuidado objetivo necessário exigido para as circunstâncias em que o agente se encontra.

Delito de atentado contra vegetação objeto de especial preservação

Art. 50. Destruir ou danificar florestas nativas ou plantadas ou vegetação fixadora de dunas, protetora de mangues, objeto de especial preservação:
Pena – detenção, de três meses a um ano, e multa.

1. Bem jurídico e sujeitos do delito

O bem jurídico tutelado "é o ambiente, particularmente a flora, com destaque para as florestas e os especiais tipos de vegetação selecionados no modelo incriminador. Nesta descrição típica o legislador enfatizou que algumas formações vegetais são objetos da proteção em razão da função que desempenham, ao referir-se à *vegetação fixadora de dunas* e à *vegetação protetora de mangues*".[32]

O delito pode ser cometido por qualquer pessoa (crime comum); sujeito passivo é a coletividade, de forma direta, e indiretamente também o proprietário ou possuidor da área colonizada pelas formações vegetais referidas no tipo.

2. Conduta e objeto material

Cuida-se de crime de conteúdo variado porque o tipo penal prevê duas modalidades de comportamento típico: *destruir* ou *danificar*. *Destruir* signifi-

---

[32] Cf. BUGALHO, Nelson. *Delitos contra o patrimônio florestal*. Curitiba: Juruá, 2010, p. 213.

ca arruinar, extinguir, fazer desaparecer; *danificar* implica causar dano, prejuízo, estrago.

No tocante ao objeto material da infração em estudo, a doutrina pesquisada aponta como objetos da ação ou omissão as florestas nativas ou plantadas e a vegetação fixadora de dunas e protetora de mangues, não fazendo menção alguma à vegetação objeto de especial preservação, de forma que a expressão "objeto de especial preservação" seria um qualificativo relativo àquelas espécies de vegetação.[33]

Nelson Bugalho enfatiza que "apesar da imprecisa redação do injusto penal, o delito do artigo 50 contempla cinco diferentes objetos materiais, a saber: 1- *florestas nativas;* 2- *florestas plantadas;* 3- *vegetação fixadora de dunas;* 4- *vegetação protetora de mangues;* e, 5- *vegetação objeto de especial preservação*".[34]

De fato, a fixação dos objetos materiais apontados não decorre de uma simples interpretação literal ou gramatical do texto legal, até porque a interpretação nada mais é do que o processo lógico que procura estabelecer a vontade contida na norma jurídica, objetivando desvendar o seu conteúdo.[35] Nessa linha de pensar, e considerando especialmente que "na seara penal, além da justiça material e da segurança jurídica, que são finalidades da lei por excelência, o bem jurídico desempenha uma função teleológica, como critério de interpretação dos tipos penais, condicionando o alcance e o sentido da norma à necessidade de proteção de bens e valores essenciais ao indivíduo e à coletividade",[36] importante ter em conta que em vários tipos de injusto da seção que contempla os delitos contra flora da Lei n. 9.605/98, sempre procurou o legislador conferir proteção a espaços territoriais e seus componentes florísticos. Tal preocupação também foi manifestada no artigo 50 que, com sua redação não muito precisa, deve ser objeto de uma interpretação lógico-sistemática ou teleológica.[37] Por este método devem ser investi-

---

[33] Nesse sentido: PRADO, Luiz Regis. *Direito penal do ambiente: meio ambiente, patrimônio cultural, ordenação do território e biossegurança (com a análise da Lei 11.105/2005)*. São Paulo: Revista dos Tribunais, 2005, p. 351-352; MILARÉ, Edis; COSTA JÚNIOR, Paulo José, op. cit., p. 136; FREITAS, Vladimir Passos de; FREITAS, Gilberto Passos de, op. cit., p. 148; LECEY, Eladio. *Crimes e contravenções florestais : o impacto da Lei 9.605/98*. Revista de Direito Ambiental, n. 16. São Paulo: Revista dos Tribunais, 1999, p. 47; SIRVINSKAS, Luís Paulo. *Tutela penal do meio ambiente : breves considerações atinentes à Lei 9.605, de 12 de fevereiro de 1998.* 2. ed. rev. atual. e ampl. São Paulo: Saraiva, 2002, p. 176; CONSTANTINO, Carlos Ernani. *Delitos ecológicos : a lei ambiental comentada : artigo por artigo : aspectos penais e processuais penais*. São Paulo: Atlas, 2001, p. 168.

[34] Cf. BUGALHO, Nelson. *Delitos contra o patrimônio florestal*. Curitiba: Juruá, 2010, p. 214.

[35] Cf. NORONHA, E. Magalhães. *Direito Penal, v. 1 : introdução e parte geral*. 30. ed. Atual. por Adalberto José Q. T. de Camargo Aranha. São Paulo: Saraiva, 1993, p. 70.

[36] PRADO, Luiz Regis. *Curso de Direito Penal Brasileiro, v. 1: parte geral, arts. 1º a 120*. 5. ed. rev. São Paulo: Revista dos Tribunais, 2005, p. 188.

[37] Bobbio considera a interpretação sistemática como "aquela forma de interpretação que tira os seus argumentos do pressuposto de que as normas de um ordenamento, ou, mais exatamente, de uma parte do ordenamento (como o Direito privado, o Direito Penal) constituam uma totalidade ordenada (mesmo que depois se deixe um pouco no vazio o que se deva entender com essa expressão), e, portanto, seja lícito esclarecer uma norma obscura ou diretamente integrar uma norma deficiente recorrendo ao chamado 'espírito do sistema', mesmo indo contra aquilo que resultaria de uma interpretação meramente literal" (BOBBIO, Norberto. *Teoria do ordenamento jurídico*. Trad. Maria Celeste C. J. Santos. 10. ed. Brasília: Editora Universidade de Brasília, 1999, p. 76).

gados os motivos determinantes da norma (*ratio legis*), o fim por ela visado (*vis legis*) e as circunstâncias em que foi ela elaborada (*occasio legis*).[38] Os fins e objetivos da lei penal são fatores condutores da interpretação:

> A lei penal deve ser interpretada em razão de seus fins e objetivos. É a interpretação teleológica em que as "exigências do bem comum" e os "fins sociais" a que se dirige a lei servirão de guia ao intérprete para a pesquisa do sentido de um texto, ou do alcance exato da regra nele incarnada.[39]

A conjugação da interpretação gramatical e da interpretação lógico-sistemática pode conferir um novo significado à norma jurídico-penal, sem perder de vista que as normas penais incriminadoras são modelos *cerrados*, não podendo, no momento de sua concreção, ter o âmbito da incriminação alargado.[40] Sob essa orientação, e considerando ainda que a lei não contém palavras inúteis, no artigo 50 o emprego puro e simples do método interpretativo literal não concretiza o escopo da lei, mas a sua submissão ao método teleológico dá os precisos contornos dos objetos materiais do delito, espelhando fidedignamente a vontade da lei.

Dessa forma:

> A redação do artigo 50 indica que as condutas de destruir ou danificar recaem sobre *florestas* (nativas ou plantadas) e também sobre *vegetação*, e neste particular aspecto a palavra "vegetação" é empregada uma única vez para referir-se às dunas, aos mangues e àquelas que são objeto de especial preservação: "[...] vegetação fixadora de dunas, protetora de mangues, objeto de especial preservação". Assim, no que diz respeito às outras formações vegetacionais que não sejam as florestas, a "leitura" do dispositivo deve ser feita da seguinte forma: *destruir ou danificar vegetação fixadora de dunas; destruir ou danificar vegetação protetora de mangues; e, destruir ou danificar vegetação objeto de especial preservação*. Não fosse esta a vontade da lei, a redação teria sido necessariamente diversa, exatamente como na primeira parte da norma: "[...] vegetação fixadora de dunas *ou* protetora de mangues, objeto de especial preservação". A inclusão da conjunção *ou* conduziria o intérprete a afirmar que a expressão "objeto de especial preservação" seria apenas um elemento qualificador da vegetação.
>
> As florestas – nativas ou plantadas –, a vegetação fixadora de dunas e a vegetação protetora de mangues são especialmente protegidas, mas elas não compreendem todas as formações vegetacionais brasileiras a que a lei extrapenal tratou de conferir proteção especial. Nem mesmo estaria sendo atendido minimamente o comando do artigo 225, § 1º, inciso III, da Carta da República, que grava expressamente como valores constitucionais os espaços territoriais e seus componentes, quando dotados de atributos naturais relevantes ou desempenhem funções ecológicas expressivas, a exemplo das Unidades de Conservação, das áreas de preservação permanente e das áreas de Reserva Legal. É especialmente na última parte do tipo de injusto do artigo 50 que estes dois últimos espaços territoriais, quando não colonizados por florestas, estão compreendidos. Isso porque as florestas situadas em áreas de preservação permanente têm proteção penal nos artigos 38 e 39 da Lei n. 9.605/98, e o mesmo ocorre com a vegetação

---

[38] Cf. COSTA JÚNIOR, Paulo José da. *Direito penal : curso completo*. 8. ed. rev. e consolidada em um único volume. São Paulo: Saraiva, 2000, p. 23.

[39] MARQUES, José Frederico. *Tratado de direito penal*, v. 1. Atual. por Antônio Cláudio Mariz de Oliveira, Guilherme de Souza Nucci e Sérgio Eduardo Mendonça de Alvarenga. Campinas: Bookseller, 1997, p. 209.

[40] Cf. REALE JÚNIOR, Miguel. *Instituições de direito penal : parte geral*, v. 1. 2. ed. Rio de Janeiro: Forense, 2004, p. 81.

que tem como função ambiental fixar dunas ou proteger mangues (artigo 50). Tais hipóteses, contudo, não retratam todas as outras formas de vegetação colonizadoras das áreas de preservação permanente, nos moldes do que dispõe os artigos 2º e 3º do Código Florestal. Nem tampouco a simples alusão às florestas na primeira parte do dispositivo confere proteção a tantas outras formas de vegetação componentes de espaços territoriais especialmente protegidos e não integrantes do SNUC, a exemplo das áreas de Reserva Legal.[41] [42]

Em sua primeira parte, o injusto penal do artigo 50 indica como objetos de tutela as *florestas nativas* ou *plantadas*, especialmente protegidas pela Lei n. 12.651/2012, e que ainda, nos termos do que dispõe o artigo 6º da citada lei, podem ser declaradas como de preservação permanente por ato do Poder Público, seja este federal, estadual ou municipal, à vista da competência material concorrente que têm tais entes da federação para a proteção do ambiente, em especial no que diz respeito à preservação das florestas, da flora e da fauna (Constituição Federal, artigo 23, incisos VI e VII). Contudo, nestes casos, isto é, de áreas de preservação permanente colonizadas por florestas, haveria a incidência ou do artigo 38 ou do artigo 39 da Lei n. 9.605/98.

As principais formações florestais do Brasil são: a *Floresta Tropical* (ou *Equatorial*) e a *Floresta Atlântica* (ou *Mata Atlântica*).

A floresta é o estado de *clímax* da vegetação de uma determinada região, é "o resultado normal da evolução vegetal".[43] É tida "como uma formação vegetal caracterizada por uma elevada densidade de árvores, em que as copas se tocam ou se sobrepõem, cobrindo entre 90% e 100% do solo".[44] Seus vários estratos abrigam um conjunto heterogêneo de espécies vegetais, cuja densidade está na dependência de clima e solo mais favoráveis. As florestas situadas nas *Zonas Paleotropical, Neotropical* e *do Cabo* abrigam uma flora muito rica, inclusive com uma alta taxa de endemismo.

As *florestas nativas* são aquelas compostas por espécies nativas; as *florestas plantadas* são as formações florestais decorrentes da intervenção antropogênica; as *dunas*, componente do complexo vegetacional da restinga, são formações de terra compostas de partículas não consolidadas (areia), transportadas pela ação dos ventos, formando montes ou colinas; os *mangues*, também pertencentes ao complexo da restinga, estendem-se pelo litoral brasileiro desde Santa Catarina até o limite com a Guiana Francesa. É colonizada por uma vegetação que "é uma espécie de floresta densa e pobre, na qual várias árvores possuem raízes adventícias irradiantes, do centro do tronco, que o firmam com aros de roda, metidas na lama".[45]

---

[41] BUGALHO, Nelson. *Delitos contra o patrimônio florestal*. Curitiba: Juruá, 2010, p. 215-216.

[42] Com o advento do "novo Código Florestal", Lei n. 12.651, de 25 de maio de 2012, o regime jurídico das áreas de preservação permanente está previsto no artigo 3º, inciso II, e artigos 4º a 9º.

[43] FRIEDEL, Henri. *Dicionário de ecologia e do meio ambiente*. Trad. Carlos Almaça. Porto: Lello & Irmão, 1987, p. 125.

[44] PASSOS, Messias Modesto dos. *Biogeografia e paisagem*. Programa de Mestrado-Doutorado em Geografia – FCT-UNESP – Campus de Presidente Prudente-SP e Programa de Mestrado em Geografia – UEM – Maringá-PR, 1988, p. 170.

[45] RIZZINI, Carlos Toledo. *Tratado de fitogeografia do Brasil – Aspectos sociológicos e florísticos*. São Paulo: Hucitec. Ed. da Universidade de São Paulo, 1979, p. 242.

Embora a Lei n. 9.605/98 faça distinção entre *floresta* e *mata*, tais termos são geralmente empregados como sinônimos pelos pesquisadores.[46] Talvez, com o emprego dessas terminologias, tenha pretendido o legislador referir-se à mata como sendo uma floresta de dimensão territorial um pouco menor, ou ainda a parte arbustiva do sub-bosque, embora neste último caso isso também constitua a própria floresta. Melhor teria sido empregar expressão equivalente a *floresta em formação* para referir-se à mata, tal como está gravado no artigo 38 da citada lei.[47]

Tutela-se também a *vegetação fixadora de dunas* e a *vegetação protetora de mangues*. A Lei n. 12.651/2012 considerou como de preservação permanente "as restingas, como fixadoras de dunas ou estabilizadoras de mangues" (artigo 4°, inciso VI) e "os manguezais, em toda a sua extensão" (artigo 4°, inciso VII). Neste caso, refere-se a lei a toda forma de vegetação natural (qualquer fisionomia) situadas nas restingas, como fixadoras de dunas ou estabilizadoras de mangues.

O último dos objetos materiais está compreendido na expressão *vegetação objeto de especial preservação*, aí se incluindo todas as demais formas de vegetação não gravadas expressamente no tipo de injusto, a exemplo das outras hipóteses de vegetação havidas como de preservação permanente pela Lei n. 12.651/2012, previstas nos artigos 4° e 6°, aquelas que colonizam áreas de Reserva Legal, áreas de uso restrito (Lei n. 12.651/2012, artigo 10), áreas verdes urbanas (Lei n. 12.651/2012, artigo 3°, inciso XX) etc.

Dessa forma, a norma penal incriminadora em tela, quando submetida a uma interpretação teleológica, revela que são seus objetos materiais as florestas nativas ou plantadas e toda vegetação sujeita a um especial regime de proteção. Assim interpretada, é possível captar sua *ratio essendi* e resguardar o bem jurídico ambiente no seu particular aspecto das formações vegetais florestais localizadas fora dos espaços territoriais especialmente protegidos, mas submetidas a uma peculiar preservação, e também das demais formas de vegetação submetidas a um regime especial proteção.[48]

Apesar da aparente imprecisão da descrição típica, todas as formas de vegetação especialmente protegidas tem assegurada a proteção da lei penal. Quanto às florestas, estão elas devidamente amparadas no dispositivo, que terá incidência subsidiária acaso situem-se as composições florestais em áreas de preservação permanente (artigos 38 ou 39) ou em Unidades de Conservação (artigo 40).[49]

Por fim, o tipo de injusto do artigo 50 personifica norma penal em branco por conta do emprego da expressão "objeto de especial preservação". O

---

[46] Ver a esse respeito: EITEN, George. *Classificação da vegetação brasileira*, p. 11, e RIZZINI, Carlos Toledo, op. cit., p. 15.

[47] A Lei n. 9.605/98, em seu artigo 38, refere-se à floresta considerada de preservação permanente, "mesmo que em formação".

[48] Cf. BUGALHO, Nelson. *Delitos contra o patrimônio florestal*. Curitiba: Juruá, 2010, p. 217.

[49] Cf. Idem, p. 218.

status de vegetação objeto de especial preservação pode ser conferido por qualquer ente federativo, nos limites de suas respectivas competências.

3. Consumação e tentativa

O crime se consuma com a realização das condutas descritas no tipo penal: destruir ou danificar. Cuidando-se de crime plurissubsistente ou de conduta fracionada, admite a forma tentada.

4. Elemento subjetivo do tipo

O elemento subjetivo do tipo é o dolo, consistente na vontade livre e consciente dirigida a destruir ou danificar floresta nativa, floresta plantada, vegetação fixadora de dunas, vegetação protetora de mangues ou qualquer vegetação objeto de especial preservação. Não há exigência de elemento subjetivo especial do injusto.

Delito de atentado contra florestas situadas em terras públicas ou devolutas

Art. 50-A. Desmatar, explorar economicamente ou degradar floresta, plantada ou nativa, em terras de domínio público ou devolutas, sem autorização do órgão competente:

Pena – reclusão, de 2 (dois) a 4 (quatro) anos e multa.

§ 1º Não é crime a conduta praticada quando necessária à subsistência imediata pessoal do agente ou de sua família.

§ 2º Se a área explorada for superior a 1.000 ha (mil hectares), a pena será aumentada de 1 (um) ano por milhar de hectare.

1. Bem jurídico e sujeitos do delito

O bem jurídico tutelado é o ambiente, particularmente a flora, com destaque para as florestas plantadas ou nativas, desde que colonizadoras de terras de domínio público ou terras devolutas.

O delito pode ser cometido por qualquer pessoa (crime comum); sujeito passivo é a coletividade, de forma direta, e indiretamente também o ente da federação (União, Estado, Distrito Federal ou Município) que detém o domínio das terras cobertas pelas florestas referidas no tipo de injusto.

2. Conduta e objeto material

Tratando-se de crime de conteúdo variado porque o tipo penal prevê três modalidades de comportamento típico: *desmatar, explorar* ou *degradar*. *Desmatar* significa desflorestar, desarborizar, fazer desaparecer a vegetação; *explorar* tem o significado de esgotar ou destruir a floresta por sua utilização num ritmo insustentável; e *degradar* implica causar dano, prejuízo, estrago.[50]

Objetos materiais do tipo penal são as florestas plantadas ou nativas que estejam colonizando terras de domínio público ou terras devolutas. As *florestas nativas* são aquelas compostas por espécies nativas, e as *florestas plantadas* são as formações florestais que se originam de atividade humana (plantio).[51]

As condutas incriminadas devem recair sobre as florestas (nativas ou plantadas) existentes em terras de domínio público ou terras devolutas. São *terras de domínio público* todos os imóveis que pertencem às pessoas jurídicas de direito público, isto é, a União, os Estados, o Distrito Federal, os Municípios e as respectivas autarquias e fundações de direito público; e por *terras devolutas* se entende aquelas que, "dada a origem pública da propriedade fundiária no Brasil, pertencem ao Estado – sem estarem aplicadas a qualquer uso público – porque nem foram trespassadas do Poder Público aos particulares, ou, se o foram, caíram em comisso, nem se integraram no domínio privado por algum título reconhecido como legítimo".[52]

O comando normativo não deixa dúvida alguma no tocante ao alcance da norma proibitiva, uma vez que todas as formações florestais – nativas ou plantadas – têm asseguradas, literalmente, a proteção da lei penal, desde que situadas em terras públicas ou devolutas. Anota-se, contudo, que o presente tipo penal terá incidência subsidiária acaso tais composições florestais estejam situadas em áreas de preservação permanente (artigos 38 ou 39) ou em Unidades de Conservação (artigo 40).[53]

3. Consumação e tentativa

O crime se consuma com a realização das condutas descritas no tipo penal: desmatar, explorar ou degradar. Cuidando-se de crime plurissubsistente ou de conduta fracionada, admite a forma tentada.

4. Elemento subjetivo do tipo

O elemento subjetivo do tipo é o dolo, consistente na vontade livre e consciente dirigida a desmatar, explorar ou degradar floresta plantada ou

---

[50] Cf. BUGALHO, Nelson. *Delitos contra o patrimônio florestal*. Curitiba: Juruá, 2010, p. 219.

[51] Cf. Ibidem.

[52] BANDEIRA DE MELLO, Celso Antônio. *Curso de Direito Administrativo*. 20. ed. rev. e atual. São Paulo: Malheiros Editores, 2006, p. 865.

[53] Cf. BUGALHO, Nelson. *Delitos contra o patrimônio florestal*. Curitiba: Juruá, 2010, p. 220.

nativa, sabendo cuidar-se de áreas pública ou devoluta. Não há exigência de elemento subjetivo especial do injusto.

5. Excludente da ilicitude

O § 1º contempla hipótese de exclusão da ilicitude no caso de a prática de qualquer das condutas descritas no tipo penal for necessária à subsistência imediata pessoal do agente ou de sua família.

Assinala-se que "referindo a lei à subsistência imediata, diz respeito necessariamente ao conjunto daquilo que é indispensável para a sobrevivência do agente e/ou de sua família. Há de se ter em conta que a reiteração habitual de qualquer dos comportamentos delitivos sob esse pretexto pode converter a excludente da antijuridicidade em verdadeira impunidade, devendo o fato ser submetido a criteriosa análise do julgador".[54]

Cuida-se, sem dúvida, de estado de necessidade, cuja previsão seria até mesmo dispensável à vista do disposto nos artigos 23, inciso I, e 24 do Código Penal.

6. Causa de aumento de pena

A pena será majorada no caso de a área explorada economicamente for superior a 1.000 hectares, na proporção de mais um ano por milhar de hectare. Empregou a lei a medida de superfície *hectare*, que corresponde a dez mil metros quadrados. A previsão atende a critério de proporcionalidade, incidindo a causa de aumento de pena porque maior o desvalor da ação e também do resultado.[55]

Delito de comércio e emprego irregular de motosserra

Art. 51. Comercializar motosserra ou utilizá-la em florestas e nas demais formas de vegetação, sem licença ou registro da autoridade competente.
Pena – detenção, de 3 (três) meses a 1 (um) ano, e multa.

1. Bem jurídico e sujeitos do delito

O ambiente é o bem jurídico protegido, conferindo-se especial proteção às formações florestais e demais formas de vegetação que estejam sujeitas ao uso de motosserra.

---

[54] Cf. BUGALHO, Nelson. *Delitos contra o patrimônio florestal*. Curitiba: Juruá, 2010, p. 220.
[55] Cf. Idem, p. 221.

2. Conduta e objeto material

As duas modalidades delitivas gravadas no tipo (crime de ação múltipla ou de conteúdo variado) são *comercializar* (tornar comerciável, pôr no fluxo do comércio, negociar) ou *utilizar* (fazer uso, usar, empregar, servir-se de) *motosserra* (serra acionada por um motor portátil) em florestas e demais formas de vegetação, sem licença ou registro da autoridade competente, no caso o Instituto Brasileiro do Meio Ambiente e dos Recursos Naturais Renováveis – IBAMA –, ou órgão ambiental estadual que expeça licença ou registro por delegação. O emprego da expressão "sem licença ou registro da autoridade competente" é elemento normativo do tipo, pertinente à ausência de uma causa de justificação. Dessa forma, uma vez autorizados o comércio ou a utilização da motosserra, a conduta será lícita.[56]

Cumpre assinalar que "o tipo penal não faz alusão ao lugar do delito, de modo que a utilização da motosserra pode se dar em qualquer formação vegetal localizada nas áreas rurais e também nas áreas urbanas".[57]

O alto poder de destruição de um instrumento como a motosserra, sobretudo quando empregado de forma indiscriminada, é indicativo de que a sua comercialização e uso devem ser controlados pelo Poder Público, como de fato é, pelo IBAMA (Portaria P n. 149, de 30 de Dezembro de 1992). O Direito Penal, no caso, reforça a tutela do Direito Administrativo, sancionando complementarmente os atos ilícitos contra a Administração, relacionados com a comercialização e utilização de motosserra, convertidos em ilícitos penais.[58]

O legislador tratou de transportar para a seara do Direito Penal ilícito administrativo de grande gravidade objetiva e que afeta direta e intensamente interesse macrossocial: a preservação da cobertura vegetal que possa ser destruída com o emprego de motosserra.

3. Consumação e tentativa

A consumação do delito se opera com a prática de qualquer ato que implique comércio da motosserra (aquisição, alienação ou permuta), sem a devida licença, ou, ainda com a utilização da serra motorizada sem o registro emitido pela autoridade competente. A tentativa é admissível (crime plurissubsistente ou de conduta fracionada).

---

[56] PRADO, Luiz Regis. *Direito penal do ambiente : meio ambiente, patrimônio cultural, ordenação do território e biossegurança (com a análise da Lei 11.105/2005)*. São Paulo: Revista dos Tribunais, 2005, p. 355.

[57] Cf. BUGALHO, Nelson. *Delitos contra o patrimônio florestal*. Curitiba: Juruá, 2010, p. 247.

[58] Cf. Ibidem.

4. Elemento subjetivo do tipo

A *face subjetiva* do tipo é representada pelo dolo, que se traduz na vontade livre e consciente dirigida à concretização dos comportamentos antiecológicos criminalizados.[59]

Delito do artigo 52

Art. 52. Penetrar em Unidades de Conservação conduzindo substâncias ou instrumentos próprios para caça ou para exploração de produtos ou subprodutos florestais, sem licença da autoridade competente:
Pena – detenção, de 6 (seis) meses a 1 (um) ano, e multa.

1. Bem Jurídico e sujeitos do crime

O bem jurídico tutelado pelo dispositivo é a integridade do patrimônio natural existente na Unidade de Conservação, particularmente os elementos bióticos do ambiente (flora e fauna). Objetivou-se proteger a manutenção dos processos ecológicos, extremamente dependentes dos componentes florísticos e faunísticos e, com isso, garantir a integridade do espaço territorial e seus recursos ambientais. Subsidiariamente são tuteladas a flora e a fauna, mas importa mesmo é manter o equilíbrio ecológico que deve estar presente numa Unidade de Conservação.[60][61]

Qualquer pessoa pode realizar a conduta típica (delito comum); sujeito passivo é a coletividade e também a União, o Estado, o Distrito Federal, o Município ou o particular, dependendo da categoria da Unidade de Conservação.

---

[59] Apenas objetivando não deixar nenhuma dúvida no que diz respeito ao elemento subjetivo do tipo penal e a coisa sobre a qual recai o segundo comportamento criminalizado, está claro que a utilização da motosserra pode se dar em qualquer forma de vegetação, ao contrário do afirmado por parte da doutrina que, ao abordar o elemento subjetivo, assinala que o dolo compreende a vontade livre e consciente de utilizar a motosserra em florestas (Cf. SIRVINSKAS, Luís Paulo. *Tutela penal do meio ambiente : breves considerações atinentes à Lei n. 9.605, de 12 de fevereiro de 1998*, op. cit., p. 179; e, MILARÉ, Édis; COSTA JÚNIOR, Paulo José da. *Direito penal ambiental : comentários à Lei 9.605/98*, op. cit., p. 139).

[60] A simbiose que se verifica entre os elementos bióticos do ambiente foi apropriadamente observa por Luciana Caetano da Silva quando aborda a destruição de *habitats*, pois "a degradação dessas áreas não afeta apenas os recursos florísticos, mas atinge também os animais que habitam nestes locais. De fato, quando um indivíduo ateia fogo em uma mata, além de destruir a vegetação, provoca a morte de vários animais e centenas de espécimes da microfauna. Os animais que sobrevivem são obrigados, freqüentemente, a se refugiarem em áreas menores e nem sempre propícias à sua manutenção, sem contar que terão que competir pelo espaço com outros seres que já dominavam aquele território. Não se pode olvidar a simbiose existente entre animais e vegetais, seja direta ou indiretamente. Vários animais auxiliam o reflorestamento natural de inúmeros vegetais que, em contrapartida, fornecem o *habitat* para esses e outros seres vivos" (Cf. SILVA, Luciana Caetano da. *Fauna terrestre no direito penal brasileiro*. Belo Horizonte: Mandamentos, 2001, p. 122-123).

[61] Cf. BUGALHO, Nelson. *Delitos contra o patrimônio florestal*. Curitiba: Juruá, 2010, p. 207-208.

Há autor que identifica como sujeito passivo direto o instituidor público da Unidade de Conservação, e somente indiretamente seria a coletividade sujeito passivo do delito, além do proprietário ou o possuidor da área.[62] Não há razão para fazer distinção entre o ente público e o particular porque ambos podem instituir uma Unidade de Conservação, embora neste último o ato de criação também esteja na dependência do Poder Público. Também não se justifica identificar a coletividade como sujeito passivo apenas num segundo plano por conta da natureza supraindividual do bem jurídico, declarado constitucionalmente como bem de uso comum do povo.[63] [64]

2. Conduta e objeto material

A conduta proibida é *penetrar* em Unidades de Conservação conduzindo substâncias ou instrumentos próprios para caça ou para exploração de produtos ou subprodutos florestais, não dispondo de licença da autoridade competente. *Penetrar* tem o significado de transpor os limites, passar para dentro, ir em direção ao interior, adentrar, embrenhar-se.

O tipo de injusto não exige que efetivamente tenha ocorrido a caça ou a exploração de produtos ou subprodutos florestais, sendo suficiente a simples realização do comportamento descrito no tipo penal: penetrar no espaço territorial especialmente protegido e que integra o SNUC. A descrição legal encerra um delito de perigo abstrato, isto é, o perigo constitui unicamente a *ratio legis*, é inerente à ação, não necessitando de comprovação a sua real ocorrência. O Direito Penal intervém tutelando o bem jurídico antes mesmo de sua lesão, e a mera realização do comportamento típico, presentes os demais requisitos, é o bastante para a caracterização do delito. Essa antecipação à ocorrência de uma efetiva lesão ao bem jurídico é forma de proteção bastante apropriada em se tratando do ambiente, sobretudo porque o dano pode revelar-se irreversível.[65]

A esse respeito, observa Nelson Bugalho:

> Apesar de apropriada a intervenção antecipada do Direito Penal na proteção do patrimônio natural, anotou Luiz Regis Prado que houve certo exagero do legislador no presente caso.[66] A crítica é em parte procedente. Deveria a norma proibitiva ter menor abrangência, contemplando

---

[62] Cf. SIRVINSKAS, Luís Paulo. *Tutela penal do meio ambiente: breves considerações atinentes à Lei n. 9.605, de 12 de fevereiro de 1998*, op. cit., p. 180.

[63] Há ainda quem identifique como sujeito passivo apenas e simplesmente a coletividade, sem sequer fazer alusão aos instituidores da Unidade de Conservação, ignorando completamente a disciplina jurídica desses espaços territoriais. Nesse sentido: SANTOS, Celeste Leite dos; SANTOS, Maria Celeste Cordeiro Leite. *Crimes contra o meio ambiente : responsabilidade e sanção penal*.3. ed., aum. e atual. São Paulo: Juarez de Oliveira, 2002, p. 158.

[64] Cf. BUGALHO, Nelson. *Delitos contra o patrimônio florestal*. Curitiba: Juruá, 2010, p. 208.

[65] Cf. Idem, p. 209.

[66] PRADO, Luiz Regis. *Direito penal do ambiente: meio ambiente, patrimônio cultural, ordenação do território e biossegurança (com a análise da Lei 11.105/2005)*. São Paulo: Revista dos Tribunais, 2005, p. 358. Nesse mesmo sentido, afirma-se que "tal figura deveria ser mantida como contravenção ou, ainda, desclassificada para ilícito administrativo, por não constituir um fato tão relevante que mereça ser punido antecipada-

apenas as Unidades de Conservação de Proteção Integral, isso porque o objetivo básico destas é a preservação da natureza, não se admitindo o uso direto de seus recursos naturais (Lei n. 9.985/00, artigo 7º, parágrafo 1º). Num espaço territorial dessa natureza não haveria razão para alguém conduzir substâncias ou instrumentos próprios para a caça ou para exploração de produtos ou subprodutos florestais, salvo se autorizado pelo órgão ambiental competente e pelo órgão gestor da Unidade de Conservação. Aliás, no injusto penal florístico poderia também ter sido considerado a condução de aparelhos, petrechos, explosivos ou substâncias destinadas à pesca.[67]

É desmedida a tipificação à medida que o tipo igualmente contemplou as Unidades de Conservação de Uso Sustentável, que têm como objetivo básico compatibilizar a conservação da natureza com o uso sustentável de parcela dos seus recursos naturais (Lei n. 9.885/00, artigo 7º, parágrafo 2º). Destas, ao menos duas delas não poderiam estar contempladas no tipo penal: a Área de Proteção Ambiental (APA) e a Reserva Extrativista. No caso da primeira categoria citada, não é incomum que dentro de seus limites existam as mais variadas formas de exploração econômica, inclusive de recursos naturais. Até mesmo vilarejos ou pequenas cidades podem encontrar-se total ou parcialmente dentro de uma APA. Pela própria natureza da outra categoria citada – Reserva Extrativista – não deveria ela também estar incluída na descrição típica. Em espaços territoriais como estes, constitui realmente um exagero criminalizar a conduta de quem conduz substâncias ou instrumentos próprios para exploração de produtos ou subprodutos florestais. No que diz respeito à caça, em razão de sua natureza essencialmente predatória e altamente danosa à comunidade animal, não haveria motivo para sua desconsideração, mesmo em se tratando de Unidades de Conservação de Uso Sustentável, não importando sua categoria.[68]

A transposição dos limites de uma Unidade de Conservação somente tipificará o delito do artigo 52 se o agente estiver conduzindo *substâncias* ou *instrumentos próprios para caça* ou *exploração de produtos* ou *subprodutos florestais*. Tais substâncias e instrumentos devem apropriados para aqueles fins (caça ou exploração), a exemplo de venenos, tranquilizantes, armas de fogo ou brancas, redes, gaiolas, explosivos etc. "Por *produto* entende-se aquilo que é produzido, gerado pela natureza; *subproduto* é o resultado de uma atividade extrativa, é tudo o que se retira secundariamente de algo. O produto é o principal, enquanto o subproduto é o acessório".[69] Nesse sentido e considerando o disposto no artigo 82 do Código Civil que declara que "principal é o bem que existe sobre si, abstrata ou concretamente", e que acessório é "aquele cuja existência supõe a do principal", tem-se como exemplos de produto em uma floresta as plantas, de qualquer estrato, e como exemplos de subprodutos podem ser citados frutos, raízes, folhas, sementes etc.

Cumpre assinalar que "a condução de substâncias ou instrumentos apropriados para aqueles fins em meio à Unidade de Conservação apenas terá relevância para o Direito Penal acaso, não tenha o autor da ação licença da autoridade competente. A expressão 'sem licença da autoridade compe-

---

mente, com presunção de perigo" (PRADO, Alessandra Rapassi Mascarenhas. *Proteção penal do meio ambiente: fundamentos*. São Paulo: Atlas, 2000, p. 121).

[67] Cf. BUGALHO, Nelson. *Delitos contra o patrimônio florestal*. Curitiba: Juruá, 2010, p. 214.

[68] Cf. Idem, p. 209-210.

[69] PRADO, Luiz Regis. *Direito penal do ambiente: meio ambiente, patrimônio cultural, ordenação do território e biossegurança (com a análise da Lei 11.105/2005)*. São Paulo: Revista dos Tribunais, 2005, p. 358.

tente' encerra um *elemento normativo*. A licença devidamente emitida pelo órgão ambiental competente (IBAMA ou órgão estadual), com a anuência do órgão responsável pela administração da Unidade de Conservação, constitui causa de exclusão da tipicidade".[70]

O comportamento vedado pela lei recai sobre as Unidades de Conservação. Assim, o objeto material é representado pelos seguintes espaços territoriais especialmente protegidos: Estações Ecológicas, Reservas Biológicas, Parques Nacionais, Monumentos Naturais, Refúgios de Vida Silvestre, Áreas de Proteção Ambiental, Áreas de Relevante Interesse Ecológico, Florestas Nacionais,[71] Reservas Extrativistas, Reservas de Fauna, Reservas de Desenvolvimento Sustentável, Reservas Particulares do Patrimônio Natural e, por fim, Reservas da Biosfera, está última pelas razões já expostas por ocasião da análise do artigo 40.

3. Consumação e tentativa

Trata-se de "delito de mera atividade ou conduta, isto é, a simples realização do comportamento é suficiente para a sua consumação. Isso implica reconhecer que o conteúdo do tipo penal estará exaurido quando alguém conduzir substâncias ou instrumentos próprios para caça ou para exploração de produtos ou subprodutos florestais, sem estar munido da necessária licença da autoridade competente".[72]

Como o simples ingresso de alguém na Unidade de Conservação conduzindo aquelas substâncias ou instrumentos, sem licença, é o que basta para a sua consumação, não há possibilidade de tentativa.[73] Ou o sujeito penetra na Unidade naquelas condições e o delito se aperfeiçoa, ou isso não acontece e não há cogitar sua caracterização.

4. Elemento subjetivo do tipo

O dolo é o elemento subjetivo do tipo, representado pela vontade livre e consciente de penetrar em Unidade de Conservação trazendo consigo substâncias ou instrumentos apropriados para caça ou para exploração de produtos ou subprodutos florestais, sem a devida licença da autoridade competente. O dolo deve abranger todos os elementos objetivos do tipo pe-

---

[70] Cf. BUGALHO, Nelson. *Delitos contra o patrimônio florestal*. Curitiba: Juruá, 2010, p. 210-211.

[71] A Floresta Nacional, quando criada pelo Estado ou Município, será denominada, respectivamente, Floresta Estadual e Floresta Municipal (Lei n. 9.985/00, artigo 17, parágrafo 6º).

[72] BUGALHO, Nelson. *Delitos contra o patrimônio florestal*. Curitiba: Juruá, 2010, p. 211.

[73] Nesse sentido: PRADO, Luiz Regis. *Direito penal do ambiente: meio ambiente, patrimônio cultural, ordenação do território e biossegurança (com a análise da Lei 11.105/2005)*, op. cit., p. 359, e SIRVINSKAS, Luís Paulo. *Tutela penal do meio ambiente: breves considerações atinentes à Lei n. 9.605, de 12 de fevereiro de 1998*, op. cit., p. 181; Contra, admitindo a tentativa: MILARÉ, Edis; COSTA JR., Paulo José da. *Direito penal ambiental: comentários à Lei 9.605/98*, op. cit., p. 142.

nal, de tal forma que a ausência de conhecimento de que a área é especialmente protegida, nos termos do que dispõe a Lei do SNUC, descaracteriza o delito.

5. Outros aspectos

Importante considerar que o tipo penal ecológico ora analisado não se confunde com a descrição típica do artigo 29 da mesma lei, uma vez que este exige para a sua caracterização a concretização da morte, perseguição, caça, apanha ou utilização de espécimes da fauna silvestre, constituindo causa especial de aumento de pena a circunstância de ser o delito praticado em Unidade de Conservação (artigo 29, § 4°, inciso VI). O artigo 52 se materializa no momento anterior à concretização do efetivo dano à Unidade de Conservação. Ocorrendo o dano com a lesão a um espécime da fauna, estará caracterizado o artigo 29, § 4°, inciso VI, da Lei n. 9.605/98. Se a lesão ocasionada pelo comportamento do sujeito ativo assumir proporções mais significativas, isto é, causando expressivo dano ecológico no espaço territorial especialmente protegido, configurado também estará o delito do artigo 40 da mesma lei, isso porque distintos são os bens jurídicos dos tipos penais aludidos.[74] [75]

Também haverá concurso de delitos (concurso material) quando o agente, além de não possuir autorização da autoridade ambiental, não possuir licença para portar arma de fogo. Neste caso, haverá violação do artigo 10 da Lei n. 9.437/97.[76]

Causas de aumento de pena nos delitos contra a flora

Art. 53. Nos crimes previstos nesta Seção, a pena é aumentada de 1/6 (um sexto) a 1/3 (um terço) se:

I – do fato resulta a diminuição de águas naturais, a erosão do solo ou a modificação do regime climático;

II – o crime é cometido:

a) no período de queda das sementes;

b) no período de formação de vegetações;

c) contra espécies raras ou ameaçadas de extinção, ainda que a ameaça ocorra somente no local da infração;

d) em época de seca ou inundação;

e) durante a noite, em domingo ou feriado.

---

[74] Cf. BUGALHO, Nelson. *Delitos contra o patrimônio florestal*. Curitiba: Juruá, 2010, p. 212.

[75] Esse é também o entendimento articulado por LECEY, Eladio. *Proteção penal das unidades de conservação*. Direito ambiental das áreas protegidas: o regime jurídico das unidades de conservação. Rio de Janeiro: Forense Universitária, 2001, p. 345 (p. 328-347).

[76] Cf. FREITAS, Vladimir Passos de; FREITAS, Gilberto Passos de. *Crimes contra a natureza*. 6. ed. São Paulo: Revista dos Tribunais, 1999, p. 154.

A lei prevê determinadas circunstâncias que, se presentes, obrigatoriamente ensejam o aumento variável (1/6 a 1/3) da pena dos delitos que atentam contra a flora. Contudo, forçoso registrar que as majorantes catalogadas no inciso I são praticamente inaplicáveis, embora nelas assuma o desvalor do resultado dimensões extremamente comprometedoras dos equilíbrios ecológicos locais ou regionais, e isso se deve ao fato de que "a precisa aferição desses efeitos altamente adversos não se procede a curto prazo – é necessário um diagnóstico cuidadoso das sequelas constatadas, bem como o cotejo destas com as condições pretéritas do ecossistema atingido".[77]

O estabelecimento da relação de causa e efeito entre a conduta criminosa engendrada contra a flora e a "diminuição de águas naturais" demanda a realização de inúmeros estudos ambientais, principalmente hidrológicos, e isso consome tempo; a formação de processos erosivos depende do grau de susceptibilidade natural dos solos à erosão e de outros fatores, a exemplo do climático. Associar a erosão à intervenção antrópica conformadora de um injusto penal florístico é perfeitamente possível, mas igualmente dependente de estudos ambientais consumidores de tempo e recursos financeiros; por fim, a mais complexa causa de aumento de pena é, sem dúvida, a "modificação do regime climático". Alterações dessa natureza, mesmo que em âmbito regional, não estão associadas a um ou outro delito florístico, mas sim a uma série de atentados contra a flora ou contra os elementos abióticos do ambiente, salvo no caso de uma intervenção no meio físico de grandes proporções. Como regra, a verificação da modificação do regime climático estará na dependência de estudos ambientais sistêmicos e complexos, devoradores de muito tempo e também de recursos financeiros. Em todos esses casos, mesmo na hipótese de comprovada qualquer dessas circunstâncias, certamente a prescrição atingiria o delito florístico, invariavelmente apenado de forma branda.[78]

O inciso I contempla as seguintes causas que determinam o aumento de pena: do fato resulta a diminuição de águas naturais; do fato resulta a erosão do solo; e, do fato resulta a modificação do regime climático.

A *diminuição de águas naturais* pode estar associada a causas naturais ou antrópicas, importando para o presente estudo somente estas, e desde que relacionadas com as condutas atentatórias contra a flora. Evidentemente que a diminuição da quantidade de água em circulação na superfície ou nos lençóis freáticos deve ser avaliada local ou regionalmente, uma vez que "a quantidade total de água na Terra, de 1.386 milhões de km^3, tem permanecido de modo aproximadamente constante durante os últimos 500 milhões de anos".[79] Dentre as possíveis causas antropogênicas destacam-se a mudança do uso do solo, a captação de água para as atividades agropastoris, a cons-

---

[77] CARVALHO, Érika Mendes de. *Tutela penal do patrimônio florestal brasileiro*. São Paulo: Revista dos Tribunais, 1999, p. 183.

[78] Cf. BUGALHO, Nelson. *Delitos contra o patrimônio florestal*. Curitiba: Juruá, 2010, p. 248-249.

[79] REBOUÇAS, Aldo da Cunha. *Água doce no mundo e no Brasli*. Águas doces no Brasil : capital ecológico, uso e conservação. Org. Aldo da Cunha Rebouças, Benedito Braga, José Galizia Tundisi. 2. ed. São Paulo: Escrituras Editora, 2002, p. 07.

trução de hidroelétricas, o desmatamento etc. Toda conduta humana que altera os fatores básicos que determinam o balanço hídrico, influi diretamente na disponibilidade dos recursos hídricos de uma bacia ou microbacia hidrográfica. Por certo, somente terá incidência a majorante naqueles injustos penais que mais gravemente afetem a flora, uma vez que o dano florístico deverá repercutir na quantidade de águas de um determinado corpo, e isso ocorre porque o uso da terra com remoção da cobertura vegetal aumenta o escorrimento superficial carregando solos que provocam o assoreamento dos rios, lagos e represas, especialmente quando a supressão da vegetação vem acompanhada de agricultura sem controle da erosão.[80]

A *erosão do solo* consiste "na perda ou remoção de material do solo por um processo de transporte".[81] Os processos erosivos se instalam principalmente nas áreas cuja cobertura vegetal foi retirada, ficando o solo exposto diretamente ao sol, aos ventos (erosão eólica) e à chuva (erosão hídrica).[82] Materiais do solo são transportados das partes mais altas para as mais baixas do relevo, onde geralmente existem corpos d'água. A perda de fertilidade do solo e o assoreamento são as consequências mais desastrosas do transporte e depósito de sedimentos. No que diz respeito ao solo, importante destacar que a importância da cobertura vegetal está relacionada com o grau de susceptibilidade natural dos solos à erosão. Da análise da interação de fatores como o clima, modelado do terreno e tipo de solo, estabeleceu-se cinco classes de susceptibilidade à erosão das terras do país: muito alta, alta, média, baixa e muito baixa.[83] Quanto maior a susceptibilidade à formação de processos erosivos, mais graves serão as consequências do atentado contra a flora.

Se do fato resultar a *modificação do regime climático* também haverá acréscimo de pena.[84] O clima é "conjunto de fenômenos do tempo que ocorrem num lugar ou numa região por um número extenso de anos".[85] O próprio conceito de clima já indica que a causa de aumento é totalmente inaplicável, uma vez que sua caracterização dependerá da análise das condições médias e extremas de temperatura, umidade, precipitação, ventos e nebulosidade por um período razoável de anos, necessária para a confirmação da alteração do regime climático de um lugar ou uma região. A supressão da cobertura florestal está diretamente conectada com a qualidade do ar atmosférico,

---

[80] Cf. SALATI, Enéas *et alli*. *Água e o desenvolvimento sustentável*. Águas doces no Brasil : capital ecológico, uso e conservação. Org. Aldo da Cunha Rebouças, Benedito Braga, José Galizia Tundisi. 2. ed. São Paulo: Escrituras Editora, 2002, p. 45.

[81] ART, Henri W. *et alli*. *Dicionário de ecologia e ciências ambientais*. 2. ed. São Paulo: UNESP/Companhia Melhoramentos, 2001, p. 196.

[82] A erosão hídrica é apontada como a principal forma de degradação dos solos no Brasil, ocorrendo em três fases: desagregação, transporte e deposição; suas principais formas de expressão são a laminar, sulcos e em voçorocas (*GEO Brasil 2002 – Perspectivas do meio ambiente no Brasil*. Org. Thereza Christina Carvalho Santos e João Batista Drummond Câmara. Brasília: Edições IBAMA, 2002, p. 62).

[83] *GEO Brasil 2002 – Perspectivas do meio ambiente no Brasil*, op. cit., p. 49.

[84] O Brasil é signatário da Convenção das Nações Unidas sobre Mudança do Clima, aprovada pelo Decreto Legislativo n. 01, de 03 de fevereiro de 1994.

[85] ART, Henri W. *et alli*. *Dicionário de ecologia e ciências ambientais*, op. cit., p. 102.

sobretudo quando o fogo é o método empregado para sua destruição. A dizimação das florestas, conjugada com outras atividades humanas, em especial as industriais, aumentam substancialmente as concentrações de gases de efeito estufa na atmosfera, resultando o aquecimento adicional da superfície e da atmosfera e, consequentemente, interferindo negativamente nos ecossistemas naturais e na qualidade de vida do homem.[86]

As causas de aumento de pena assinaladas nas alíneas *a* e *b* do inciso II, do artigo 53 da Lei n. 9.605/98, têm incidência extremamente vinculada a fatores de comprovação técnica de relatividade facilidade, porque genéricas demais, sobretudo se a conduta antiecológica recair sobre floresta, uma vez que "a mesma encerra grande complexidade, abrigando inúmeras espécies vegetais e animais em diversos estágios de desenvolvimento".[87]

Referidas causas, embora relevantes e indicadoras do maior grau de reprovabilidade do comportamento, poderiam ter sido elaboradas com mais especificidades, tomando como base estudos científicos que indicassem precisamente os períodos do ano nos quais mais se observa a queda das sementes e o crescimento das formações vegetais, ainda que tais circunstâncias ocorressem também em outros períodos, porém com menor frequência. Apesar da dinâmica das comunidades bióticas e de seu meio físico, esses delineamentos atenuariam o caráter consideravelmente genérico das causas de aumento de pena do artigo 53, inciso II, alíneas *a* e *b*, da Lei n. 9.605/98. Quanto às outras causas de aumento de pena gravadas no mencionado inciso, nenhuma dificuldade existe na sua aplicação.[88]

O delito florístico cometido no *período de queda das sementes* (artigo 53, II, *a*) exige maior rigor na aplicação da pena porque compromete o normal desenvolvimento das formações vegetais. Contudo, a rica diversidade florística brasileira, especialmente nos complexos vegetacionais de florestas e cerrados, pode acabar conduzindo a uma incidência sempre presente da causa de aumento de pena.

A acentuada heterogeneidade das espécies vegetais faz com que existam diferentes períodos de queda e disseminação de sementes,[89] não obstante seja possível estabelecer com certa precisão os períodos de dormência

---

[86] No contexto global, "o clima é produto de interações complexas da atmosfera, oceanos, calotas glaciais, seres vivos e até mesmo rochas e sedimentos. Quando os cientistas falam em 'sistema climático' referem-se a todas as categorias do ambiente natural que interagem na produção do clima. O sistema climático tem cinco componentes básicos: atmosfera, oceanos, criosfera, biosfera e geosfera" (LEGGETT, Jeremy. *A natureza da ameaça do efeito estufa*. Aquecimento global : o relatório Greenpeace. Trad. Alexandre Lissovsky *et alli*. Rio de Janeiro: Fundação Getúlio Vargas, 1992, p. 12-13).

[87] CARVALHO, Érika Mendes de, op. cit., p. 181.

[88] Cf. BUGALHO, Nelson. *Delitos contra o patrimônio florestal*. Curitiba: Juruá, 2010, p. 251.

[89] A disseminação de sementes pode ocorrer por diferentes mecanismos de dispersão. A dispersão a longa distância inclui as sementes leves que podem ser transportadas pela ação dos ventos, pela água e por meio dos animais. Nestas últimas hipóteses não só as sementes leves, e no caso dos animais, as sementes passam pelos seus intestinos para poder germinar. Esses mecanismos de disseminação são chamados de *dispersão passiva*; já a *dispersão ativa* é mecanismo em que as plantas disseminam suas sementes com força, ejetando-as quando elas estão maduras (ART, Henri W. *et alli*. *Dicionário de ecologia e ciências ambientais*, op. cit., p. 164).

das plantas, quando há redução ou suspensão da atividade fisiológica dos vegetais, geralmente para possibilitar sua sobrevivência em tempos de condições climáticas desfavoráveis (inverno e estiagem prolongada). Os espermatófitos (ou fanerógamos) são os vegetais que possuem flores e sementes e se reproduzem sexuadamente. São divididos em dois grupos: *ginospermas* e *angiospermas*. Compostos majoritariamente por espécies de porte arbóreo, os *ginospermas* apresentam sementes descobertas, não estando elas encerradas num ovário. Já nas *angiospermas* as sementes ficam acondicionadas numa camada protetora (frutos).

A causa de aumento de pena relativa ao fato de o delito contra a flora ter sido cometido no *período de formação de vegetações* (artigo 53, II, *b*) quase sempre se fará presente na maioria dos complexos vegetacionais brasileiros, mormente nas formações florestais, de incomparável diversidade biológica. Mesmo quando a vegetação já se encontra na fase final de sucessão (estado de *clímax*), ela continua em desenvolvimento objetivando se perpetuar. Sua evolução é contínua para propiciar a reposição dos indivíduos mortos. Observa-se ainda que a lei, ao empregar a palavra "formação", não está pretendendo aludir apenas aos estágios iniciais das formações de vegetações, mas sim àqueles períodos nos quais é possível verificar mais intensa atividade fisiológica. Sob essa perspectiva, somente nos períodos invernais ou de estiagem prolongada (seca) é que não se verificará no conjunto de espécies vegetais esse processo de formação. Assim, a expressão "formação de vegetações" se refere ao conjunto de indivíduos e à variabilidade de espécies existentes em qualquer complexo vegetacional.[90]

A pena é ainda majorada quando o delito florístico é cometido *contra espécies raras ou ameaçadas de extinção, ainda que a ameaça ocorra somente no local da infração* (artigo 53, II, *c*). As espécies raras são aquelas não encontradas em qualquer parte e em grande número, ocorrendo apenas de modo muito pouco frequente em determinados locais; já as espécies ameaçadas de extinção são aquelas cujo desaparecimento está prestes a ocorrer, pelo fato de não existir indivíduos vivos remanescentes capazes de garantir a perpetuação da espécie.[91] A ameaça de extinção de uma espécie poderá ser verificada apenas no local da infração e mesmo assim estará caracterizada a majorante.

Em *época de seca ou inundação* (artigo 53, II, *d*) é maior a reprovabilidade da conduta do atentado contra a flora. A seca ou estiagem prolongada pode resultar da redução das precipitações pluviométricas, do atraso dos períodos chuvosos ou da ausência de chuvas previstas para uma determinada temporada. Esse fenômeno é caracterizado pela redução das reservas hídricas existentes nos locais de sua ocorrência; a inundação é o transbordamento dos leitos dos rios, lagos, canais e áreas represadas, decorrente de chuvas, subida de maré etc. As inundações podem ser graduais ou bruscas. As primeiras são características das grandes bacias hidrográficas e dos rios de pla-

---

[90] Cf. BUGALHO, Nelson. *Delitos contra o patrimônio florestal*. Curitiba: Juruá, 2010, p. 252.

[91] A constatação da raridade de uma espécie é circunstância que antecede a sua extinção (Cf. MILARÉ, Edis; COSTA JÚNIOR, Paulo José da. *Direito penal ambiental : comentários à Lei 9.605/98*, op. cit., p. 144).

nície, sendo que o fenômeno evolui de forma previsível e lentamente, de montante para jusante, guardando intervalos regulares. As águas permanecem em situação de cheia por algum tempo e, depois, escoam gradualmente. As inundações bruscas, por sua vez, são ocasionadas por chuvas intensas e concentradas, em regiões de relevo acidentado, produzindo rápidas e violentas elevações dos níveis das águas.[92]

Por fim, as últimas causas de aumento de pena são pertinentes ao fato de o delito contra a flora ter sido cometido *durante a noite, em domingo ou feriado*. "A noção de noite, no caso, é mais grave do que a do repouso noturno que agrava o furto (CP, art. 155, § 1º). Este se limita ao horário de repouso segundo os hábitos locais. Na agravante ora analisada, assim como na do diploma mencionado, todo o período da noite, mesmo antes do repouso, é suficiente para a elevação da penal".[93] Justifica-se o acréscimo da pena quando a infração penal for praticada nessas ocasiões porque haverá maior possibilidade de êxito da empreitada criminosa, à vista da ausência ou dificuldade de fiscalização. Por isso, nestes casos, é maior a gravidade do injusto penal por ser mais intenso o desvalor da ação.[94]

---

[92] Vide *GEO Brasil 2002 : perspectivas do meio ambiente no Brasil*, op. cit., p. 155-156.

[93] FREITAS, Vladimir Passos de; FREITAS, Gilberto Passos de. *Crimes contra a natureza*, op. cit., p. 156-157.

[94] Cf. BUGALHO, Nelson. *Delitos contra o patrimônio florestal*. Curitiba: Juruá, 2010, p. 253.

Poluição e outros crimes ambientais
(artigo 54)

ANA MARIA MOREIRA MARCHESAN[1]

CAPÍTULO V – DOS CRIMES CONTRA O MEIO AMBIENTE
(...)
Seção III – Da Poluição e outros Crimes Ambientais
Art. 54. Causar poluição de qualquer natureza em níveis tais que resultem ou possam resultar em danos à saúde humana, ou que provoquem a mortandade de animais ou a destruição significativa da flora:
Pena – reclusão, de um a quatro anos, e multa.
§ 1º Se o crime é culposo:
Pena – detenção, de seis meses a um ano, e multa.
§ 2º Se o crime:
I – tornar uma área, urbana ou rural, imprópria para a ocupação humana;
II – causar poluição atmosférica que provoque a retirada, ainda que momentânea, dos habitantes das áreas afetadas, ou que cause danos diretos à saúde da população;
III – causar poluição hídrica que torne necessária a interrupção do abastecimento público de água de uma comunidade;
IV – dificultar ou impedir o uso público das praias;
V – ocorrer por lançamento de resíduos sólidos, líquidos ou gasosos, ou detritos, óleos ou substâncias oleosas, em desacordo com as exigências estabelecidas em leis ou regulamentos:
Pena – reclusão, de um a cinco anos.
§ 3º Incorre nas mesmas penas previstas no parágrafo anterior quem deixar de adotar, quando assim o exigir a autoridade competente, medidas de precaução em caso de risco de dano ambiental grave ou irreversível

---

[1] Promotora de Justiça no Estado do Rio Grande do Sul, com atuação na Promotoria Especializada do Meio Ambiente de Porto Alegre desde 17/09/99. Mestre em Direito Ambiental e Biodireito pela Universidade Federal de Santa Catarina. Professora dos cursos de pós-graduação em Direito Ambiental da PUC, UFRGS, FMP, IDC e UNISINOS. Coautora da obra *Direito Ambiental*, Série Concursos, Verbo Jurídico, 2004. Autora da obra *A tutela do patrimônio cultural sob o enfoque do direito ambiental*, Livraria do Advogado, 2006. Integra a Diretoria de publicações da ABRAMPA (Associação Brasileira dos Promotores de Meio Ambiente).

1. Poluição na sua forma simples

O tipo penal em questão revogou análoga definição de crime prevista no art. 15 da Lei da Política Nacional do Meio Ambiente (Lei n. 6938/81). Trata-se de clássico exemplo de *novatio legis* incriminadora, fundada na incompatibilidade entre os dispositivos.

Ao contrário do que se esperava, esse tipo penal, em relação à fauna e à flora, é bem mais restrito, porque pressupõe "mortandade de animais" ou "destruição significativa da flora", elementares essas inexistentes no texto anterior.

Assim, o tipo atual, na sua forma simples, em relação ao momento consumativo, é crime de perigo ou formal em relação à saúde humana; e, de dano ou material (não qualquer dano, mas dano que envolva mortandade de animais, no caso da fauna; e significativa destruição, no caso da flora) em relação à flora e fauna.

A grande celeuma que envolve o "caput" do artigo 54 diz respeito ao seu tratamento em relação à saúde humana como crime de perigo abstrato ou concreto. Nesse passo, concordamos com Bugalho[2] quando pontua que o tipo não exige para sua consumação a ocorrência de dano, tampouco a existência de perigo concreto, "contentando-se a lei que a conduta do sujeito ativo (poluidor) seja apta a causar danos aos bens e interesses protegidos".[3] Nesse sentido, há precedentes do Tribunal de Justiça do Rio Grande do Sul: "Comprovado o depósito irregular de pneus, capaz de favorecer a proliferação de vetores e causar danos à saúde humana, está configurado o perigo abstrato, devendo ser mantida a condenação por crime ambiental. Poluição demonstrada pelo grande número de pneus depositados vistos em fotos juntadas aos autos".[4]

No mesmo sentido: "Para a configuração do delito previsto no art. 54 da lei ambiental, basta a potencialidade de risco à saúde humana. Depósito de cromo com possibilidade de infiltração no solo e contaminação de recurso hídrico próximo a estabelecimento comercial".[5]

Em sentido contrário, posicionam-se Bello Filho[6] e Prado,[7] os quais sustentam a necessidade de perícia para comprovar o perigo em concreto. Aliás, o Superior Tribunal de Justiça, apoiando-se na doutrina de Prado, deu pro-

---

[2] Igual posicionamento é ostentado por FREITAS, Gilberto Passos de. Do crime de poluição. In: Freitas, Vladimir Passos de (org.). *Direito ambiental em evolução*. Curitiba: Juruá, 1998, p. 139.

[3] BUGALHO, Nelson. Crime de poluição, do art. 54 da Lei 9.605/98. *Revista de Direito Ambiental*. V.11, São Paulo, jul-set. 1998, p. 20. Igual posicionamento é adotado por NUCCI, Guilherme de Souza. *Leis penais e processuais penais comentadas*. 4.ed. São Paulo: Revista dos Tribunais, 2009, p. 954.

[4] RIO GRANDE DO SUL. Tribunal de Justiça. Apel. Crime n. 70020447447. Rel. Des. Gaspar Marques Batista. Acórdão de 06.set.2007. Disponível em: <http://www1.tjrs.jus.br/site> Acesso em 03 jul. 2012.

[5] RIO GRANDE DO SUL. Tribunal de Justiça. Apel. Crime n. 70043777531. Rel. Des. Gaspar Marques Batista. Acórdão de 29.set.2011. Disponível em: <http://www1.tjrs.jus.br/site> Acesso em 27 jul. 2012.

[6] BELLO FILHO, Ney de Barros. Anotações ao crime de poluição. *Revista CEJ*, Brasília, n. 22, p. 49-62, jul./set. 2003.

[7] PRADO, Luis Régis. *Crimes contra o ambiente*. São Paulo: Revista dos Tribunais, 1998, p. 149.

vimento ao recurso interposto em *Habeas Corpus* para trancar a ação penal sob o argumento, exposto no corpo da decisão, de que "Verifica-se que o perigo deve ser concreto, real e presente para que o delito possa ser configurado. Deste modo, só é punível a emissão de poluentes efetivamente perigosa ou danosa para a saúde humana, ou que provoque a matança de animais ou a destruição significativa da flora".[8]

Esse último entendimento não é o que melhor se coaduna com o princípio basilar em Direito Ambiental, o da prevenção. Assim, se a atividade puder causar danos à saúde humana, haverá crime. É importante destacar que a prova da aptidão à causação do dano (e não a prova do dano) é ônus da acusação.

O emprego dos crimes de perigo abstrato na tutela de bens coletivos em geral e do meio ambiente em especial é saudada por Bottini,[9] "a tutela do meio ambiente, da ordem tributária, da saúde pública, da ordem política é de difícil concretização por crimes de resultado lesivo, e mesmo por delitos de perigo concreto, dada a abstração dos interesses protegidos. A constatação de lesão ao meio ambiente é complexa e sua realização pode ser contestada pelas diferentes teses que acabariam por dificultar a aplicação da norma. Já o emprego de tipos penais de perigo abstrato, nestes casos, facilita a inibição de condutas, justamente por prescindirem de qualquer resultado concreto para a aferição do tipo objetivo".

Alguns atribuem à perspectiva funcionalista essa ideia de que o direito deve se pautar pela realidade social buscando a legitimação de formas mais adequadas de intervenção,[10] sem embargo de reconhecer a importância de um "sentido preventivo e intimidatório da sanção à criminalização da lesão aos novos bens jurídicos",[11] dentre os quais sobressai o meio ambiente.

A propósito disso, Ayala, com apoio em Hassamer, afirma haver uma tendência no direito penal alemão de "consideração jurídica não só de lesões (danos), mas principalmente dos riscos, que seriam expressos na forma de tipos penais de perigo abstrato, '(...) para os quais é suficiente a comprovação de uma ação (que o legislador proibiu como perigosa)'.[12] Para Hassamer a justificativa disso reside no fato de que muitos desses delitos característicos do moderno direito penal são delitos sem vítimas ou, pelo menos, com vítimas difusas. Não se lhes exige um dano. O delito nem sempre é um resultado cientificamente previsível".[13]

---

[8] BRASIL. Superior Tribunal de Justiça. RHC 17429/GO. Rel. Min. Gilson Dipp. Acórdão de 28 mai. 2005. Disponível em: <http:www.stj.gov.br> Acesso em 03 jul. 2012.

[9] BOTTINI, Pierpaolo Cruz. *Crimes de Perigo Abstrato*. 2. ed. São Paulo: Revista dos Tribunais, 2010, p. 124.

[10] AYALA, Patrick de Araújo. Direito e incerteza: a proteção jurídica das futuras gerações no estado de direito ambiental. Florianópolis, 2002. Dissertação (Mestrado em Direito) – Universidade Federal de Santa Catarina. V. também JAKOBS, Günther. *Sociedade, norma e pessoa*. Barueri, São Paulo: Manole, 2003-A.

[11] *Ibidem*.

[12] *Ibidem*.

[13] HASSAMER, Winfried. Persona, mundo y responsabilidad. Bases para una teoria de la imputación en derecho penal. Colombia: Temis, 1999, p. 25.

Tratando-se o direito penal ambiental de importante fatia do direito ambiental, esse último de cunho transversal, seus princípios também têm de estar na ordem do dia para a interpretação dos tipos penais. Assim é que, evitar o dano através da tipificação de condutas que possam colocar em perigo – ainda que abstrato – o bem jurídico protegido, é estratégia em perfeita sintonia com a concepção sociológica da sociedade de riscos, em que há uma multiplicação diuturna de tecnologias que geram benesses mas carregam em sua bagagem um passageiro desconfortável – o risco. Quando puder ser demonstrado que esse risco apresenta a característica agravada de um perigo abstrato, provadas as demais elementares do "caput" do art. 54, pode haver crime.

Outro aspecto polêmico relacionado a esse tipo penal diz com a possibilidade de se incorrer no crime da cabeça do artigo mesmo com a observância de padrões administrativos. Machado[14] sustenta que "apesar da valorização que a lei conferiu à autorização, à licença e à permissão e suas exigências, a tipificação do art. 54 não ficou condicionada ao descumprimento das normas administrativas. As normas administrativas ambientais federais e estaduais serão levadas em conta para caracterizar o comportamento poluidor. Contudo, se essas normas forem inidôneas, inadequadas ou inexistentes para caracterizar os atos poluentes, a incriminação poderá ser feita de forma independente das normas administrativas, apontando-se, através de perícia, a possibilidade de danos à saúde humana ou os resultados danosos à saúde humana, a morte dos animais e a destruição significativa da flora. O caput do art. 54 visa a resguardar o direito constitucional à sadia qualidade de vida". Bello Filho, ao comentar o inc. V do § 2º do art. 54, afirma que o legislador, ao qualificar o crime pelo fato de haver violação de norma administrativa, rendeu homenagens às resoluções, portarias e decretos estabelecendo padrões de emissão de poluentes, o que "reforça o entendimento de que é possível cometer crime de poluição ainda que adstrito a normas administrativas".[15]

2. Poluição culposa

As hipóteses mais comuns do crime de poluição são aquelas em que o autor – pessoa física em benefício próprio ou de pessoa jurídica com a qual mantém alguma relação penalmente relevante, age inobservando dever de cuidado objetivo que se lhe impunha e com previsibilidade do resultado lesivo.

Um dos pontos de debate envolvendo a modalidade culposa diz respeito à possibilidade da pessoa jurídica incorrer em crime culposo.

---

[14] MACHADO, Paulo Affonso Leme. *Direito ambiental brasileiro*. 17. ed. São Paulo: Malheiros, 2009, p. 722-723.

[15] BELLO FILHO, ob. cit., p. 61.

Esse ponto foi profundamente analisado em acórdão da lavra do Des. Fábio Bittencourt da Rosa, *in verbis*:

> 21. Quando são vários os indivíduos encarregados da administração, basta que um dirija a vontade da empresa para certa atividade, sem a previsão exigível, para que se considere consumado o crime culposo da pessoa jurídica. Tal não acontecerá, certamente, se o administrador tiver traído os objetivos contratuais, regulamentares ou regras costumeiras do empreendimento. Mas se apenas cumpriu o seu papel na direção do empreendimento, presume-se a ação em proveito da sociedade. Isso pode acontecer, por exemplo, quando se elege uma forma econômica de investimento na produção, gerando produtos defeituosos que causam danos aos consumidores. Pode, também, o descuido se revelar pela culpa *in eligendo*, ao se atribuir responsabilidade técnica a quem, evidentemente, não a possui. Pela culpa *in vigilando*, ao abandonar-se o cuidado necessário na orientação e acompanhamento dos prepostos ou empregados no exercício de suas atividades, omitindo o treinamento e atualização. O principal é estabelecer o cordão umbilical entre a ação imprudente do preposto ou empregado e a extensão do poder decisório do colegiado. Assim, se a empresa providencia todas as precauções possíveis para evitar a ação típica culposa, mas é traída pelo preposto ou empregado que deixa de atender às recomendações ou regras internas, não se pode atribuir responsabilidade penal à pessoa jurídica pelo evento delituoso. Aí, estaríamos diante de responsabilidade objetiva.[16]

Portanto, da mesma forma que a pessoa física, pode a pessoa jurídica ser responsabilizada por crime culposo, desde que presentes os requisitos para isso. É óbvio que o dever de cuidado objetivo e a previsibilidade serão analisados em relação ao coautor pessoa física que, no caso, tem de agir em proveito da pessoa moral e dentro dos limites que seus dirigentes lhe impuseram no caso específico.

3. Poluição na sua forma qualificada

As modalidades de poluição qualificada podem ser sinteticamente definidas como: inc. I – proteção da ocupação humana; inc. II – grave poluição atmosférica; inc. III – proteção da água para abastecimento público; IV – garantia do uso público das praias; V – lançamento de resíduos ou substâncias oleosas, em desacordo com as exigências estabelecidas em leis ou regulamentos e § 3º – omissão quanto à adoção de medidas de precaução em caso de risco de dano ambiental grave ou irreversível.

Em relação ao parágrafo segundo, comentaremos cada um dos seus incisos.

Inc. I – O primeiro elemento dessa qualificadora a merecer destaque diz respeito ao conceito de área. Área na acepção penal é uma fatia do território, um pedaço delimitado de solo. Esse recurso natural limitado e não renová-

---

[16] BRASIL. TRF4. MS nº 2002.04.01.013843-0/PR. Rel. Des. Fábio Bittencourt da Rosa. Acórdão de 10.dez.2002. . Disponível em: <http://jurisprudencia.trf4.jus.br/> Acesso em 10 jul. 2012.

vel (o solo)[17] é por demais relevante para as presentes e futuras gerações,[18] daí por que há entendimento assente, inclusive no Superior Tribunal de Justiça, no sentido de que a obrigação de remediar área contaminada é "propter rem",[19] ou seja, adere à coisa. Mesmo o adquirente de uma área degradada pode ser chamado a reparar o dano de molde a retornar o bem ambiental o mais próximo possível do estado anterior à contaminação.

O tipo penal não distingue entre o espaço rural ou urbano, de forma que qualquer solo existente no território brasileiro é apto a ser objeto material deste delito.

Um pouco mais complexo é o elemento "imprópria para a ocupação humana".

A Resolução 420/09 do CONAMA auxilia sobremodo na objetivação dos elementos do tipo. Define o inc. XXIV do art. 6º desta Resolução a expressão "Valor de Investigação-VI", a qual "é a concentração de determinada substância no solo ou na água subterrânea acima da qual existem riscos potenciais, diretos ou indiretos, à saúde humana, considerando um cenário de exposição padronizado".

Submetida uma área à perícia ou até mesmo a uma investigação confirmatória,[20] na hipótese de restar detectada a presença de substância de origem antrópica no solo em níveis acima dos quais existem riscos potenciais, diretos ou indiretos, à saúde humana, estar-se-á diante de uma área imprópria à ocupação humana.

Esse crime advém por vezes da nociva prática de lixões patrocinados por alguns prefeitos municipais,[21] tantas vezes combatida pelo Ministério Público.

Inc. II – Nesse inciso, preocupa-se o legislador com duas graves situações: na primeira parte, a que envolve a necessidade de desocupação, ainda que momentânea, de uma área em consequência da poluição atmosférica; na segunda, enquadra a causação de danos diretos à saúde da população.

A primeira parte desse inciso, conquanto adstrita à prova de um fato – necessidade de desocupação ainda que momentânea de uma área – retrata crime de perigo abstrato, pois basta a ocorrência de ameaça à saúde da

---

[17] Para o Conselho da Europa, "lós suelos no sólo deben ser considerados como un recurso natural limitado no renovable, sino que es un patrimonio común y su protección, de interés general, protección que debe ser llevada a cabo precisamente desde las políticas de medio ambiente y de desarrollo sostenible, y sistemáticamente tenida en cuenta en el resto de políticas, en particular, en las políticas agrícolas, silvícolas, mineras, industriales, turísticas, de transportes, de urbanismo y de ordenación del territorio" (IBÁÑES, Maria Rosario Alonso. *Suelos contaminados*: prevención y recuperación ambiental. Madrid: Civitas Ediciones, 2002, p. 20.)

[18] V. Resolução 420/09 do CONAMA, cujo art. 3º elenca uma série de funções do solo associadas à qualidade de vida.

[19] BRASIL. STJ. REsp 1251697 / PR. Rel. Min. Mauro Campbell. Acórdão de 17.abr. 2012. Disponível em: < http://www.stj.gov.br/SCON/pesquisar.jsp > Acesso em 10 jul. 2012.

[20] Prevista no inc. VIII do art. 6º da Resolução.

[21] V. acórdão do TJMG. PCO-Cr 1.0000.07.458684-3/000. Rel. Des. Pedro Vergara. J. em 26 abr. 2011. Disponível em: <http://www.tjmg.jus.br/jurisprudência> Acesso em 10 jul. 2012.

população para sua caracterização. Na segunda parte, requer-se prova dos danos diretos à saúde da população.

Esse inciso bem demonstra a conexão do bem jurídico tutelado – o meio ambiente – com a higidez ambiental.

Inc. III – Volta-se o dispositivo para a tutela do elemento água e, para além dela, para a garantia do abastecimento da população.

A situação descrita no tipo envolve lesão de imensa proporção, pelo que plenamente justificada a qualificadora.

Pode haver grave poluição hídrica sem a tipificação da modalidade agravada, pois raramente essa irá afetar o abastecimento público.

Trata-se de crime material condicionado à prova do dano conectada à necessidade de interrupção do abastecimento público.

Inc. IV – O art. 10, § 3º, da Lei Nacional de Gerenciamento Costeiro (n. 7.771/88) conceituou praia como sendo: "A área coberta ou descoberta periodicamente pelas águas acrescida da faixa subsequente de material detrítico, tal como areias, cascalhos, seixos e pedregulhos até o limite onde se inicie a vegetação natural, ou, em sua ausência, onde comece um outro ecossistema".

As praias, tanto marítimas como fluviais ou lacustres, são um ambiente complexo, cuja fruição deriva da harmonia de diversos recursos e fatores ambientais, tais como o clima, a areia, a água, dentre outros. Se a poluição vier a dificultar ou impedir o seu uso público, haverá poluição qualificada.

A qualificadora, como destaca Bello Filho,[22] preocupa-se com a proteção das praias por ser "exatamente nessa formação da natureza que o contato entre o homem e o mar se torna mais intenso", contato esse igualmente expressivo em diversas praias lacustres ou fluviais situadas no território nacional. Observa-se que outros ecossistemas contíguos ao mar, como por exemplo os manguezais e marismas, não foram objeto da qualificadora, denotando uma visão antropocêntrica por parte do legislador penal.

Não será infrequente o concurso entre os incs. IV e V, porque os derramamentos de óleo no mar costumam ser uma das principais causas de poluição das praias.

Aliás, é de importância inequívoca na compreensão desse inciso IV a leitura da Lei n. 9.966/00, que versa sobre a prevenção, o controle e a fiscalização da poluição causada por lançamento de óleo e outras substâncias nocivas ou perigosas em águas sob jurisdição nacional. No inc. X do art. 2º dessa Lei, está definida substância nociva ou perigosa como sendo "qualquer substância que, se descarregada nas águas, é capaz de gerar riscos ou causar danos à saúde humana, ao ecossistema aquático ou prejudicar o uso da água e de seu entorno". As praias geralmente consubstanciam o entorno de águas navegáveis e, por essa razão, usualmente afetadas pelos vazamentos.

---

[22] BELLO FILHO, ob. cit., p. 60.

Inc. V – Essa qualificadora expressa o caráter transdisciplinar do Direito Ambiental e sua necessidade de se valer do conhecimento de diversos ramos científicos para sua implementação.

Não por outra razão, as normas penais em branco encontram no direito penal ambiental um campo fértil de incidência, de vez que a definição de padrões de tolerância para o lançamento de substâncias nocivas no ambiente é tarefa a cargo dos órgãos ambientais administrativos, especialmente do Conselho Nacional do Meio Ambiente (CONAMA), cujo poder regulamentar está expressamente previsto no art.8°, inc. VII, da Lei n. 6.938/81.

Merece destaque o fato de a inobservância ao regulamento integrar o tipo penal, o qual apresenta o caráter de norma penal em branco. Contestadas por alguns, sob o argumento de que afrontariam os princípios da legalidade dos delitos e das penas, da taxatividade e o da separação dos Poderes,[23] as normas penais em branco são saudadas por autores que reconhecem o dinamismo na avaliação dos limites de tolerância ambientais e da constante inovação tecnológica.[24]

Para o cometimento desse crime qualificado, basta o dolo genérico de poluir e a previsibilidade de haver norma administrativa que regulamente a matéria. Segundo Bello Filho, não se faz necessário que o autor do fato "conheça e queira infringir a norma administrativa".[25] Prado vincula esse tipo de norma à "própria natureza da matéria" que justifica o seu emprego, "respeitados os infranqueáveis parâmetros constitucionais-penais".[26]

§ 3º omissão quanto à adoção de medidas de precaução em caso de risco de dano ambiental grave ou irreversível.

No embalo da Conferência das Nações Unidas sobre Meio Ambiente e Desenvolvimento (RIO/92), o legislador penal encorpou o chamado princípio da precaução ou da cautela ao tipificar a conduta daquele não age de acordo com a conduta ética sugerida por essa diretriz.

Na nossa avaliação, trata-se de crime autônomo em relação às qualificadoras do § 2°, não pressupondo sequer a ocorrência de poluição.[27]

Machado, revendo entendimento anterior, critica esse dispositivo, não lhe parecendo aceitável que haja responsabilidade criminal derivada da inobservância do princípio da precaução, enfatizando aceitá-la nas esferas administrativa e civil, onde há responsabilidade sem culpa ou objetiva.[28]

Sem embargo da respeitável posição desse mestre do Direito Ambiental brasileiro, o tipo penal não prevê somente um descumprimento genérico do

---

[23] RUDNICK, Dani; CARVALHO, Salo de. *Boletim IBCCRIM*, 53/15, abril/1997.

[24] V. MACHADO, Paulo Affonso. *Direito ambiental brasileiro*. 17ª.ed. São Paulo: Malheiros, 2009, p. 720.

[25] BELLO FILHO, ob. cit., p. 61.

[26] PRADO, Luiz Regis. *Direito penal ambiental*. São Paulo: Revista dos Tribunais, 1992, p. 48.

[27] Nesse sentido, v. BELLO FILHO, ob. cit., p. 61. Em sentido oposto, sustentando estar este parágrafo associado ao anterior e sendo dele dependente, PASSOS DE FREITAS, Gilberto; PASSOS DE FREITAS, Vladimir. *Crimes contra a natureza*. 8. ed. São Paulo: Revista dos Tribunais, 2006, p. 214.

[28] MACHADO, ob. cit., p. 726.

princípio, mas amarra a ação a um agir omissivo relacionado a uma determinação legal de uma autoridade administrativa competente para isso, em caso de dano ambiental grave ou irreversível. Portanto, são três os requisitos que devem concorrer para o implemento da tipicidade penal: a prova da exigência administrativa legal; o não atendimento e as condições que geraram o risco de dano grave ou irreversível.[29] É o caso da refinaria responsável pelo vazamento de grande quantidade de óleo em curso d'água, qualquer que seja, e que recebe determinação do órgão ambiental de cessar suas atividades até o entancar do vazamento e não o faz. Caracteriza-se, nesse caso, um agir, doloso (no mínimo há dolo eventual) quanto à ampliação da situação de poluição.

---

[29] MINAS GERAIS. Tribunal de Justiça. HC n. 1.0000.08.486029-5/000. Rel. Des. Judimar Bílber Acórdão de 13.jan. 2009. Disponível em: <tjmg.jus.br/jurisprudência> Acesso em 03 jul. 2012.

Atividades potencialmente degradadoras sem as devidas autorizações (artigo 55)

CARLOS EDUARDO FERREIRA PINTO[1]

CAPÍTULO V – DOS CRIMES CONTRA O MEIO AMBIENTE

(...)

Seção III – Da Poluição e outros Crimes Ambientais

(...)

Art. 55. Executar pesquisa, lavra ou extração de recursos minerais sem a competente autorização, permissão, concessão ou licença, ou em desacordo com a obtida:

Pena – detenção, de seis meses a um ano, e multa.

Parágrafo único. Nas mesmas penas incorre quem deixa de recuperar a área pesquisada ou explorada, nos termos da autorização, permissão, licença, concessão ou determinação do órgão competente.

1. Objeto jurídico da tutela penal

A lei de crimes ambientais, em seu art. 55, *caput*, prescreve que aquele que "executar pesquisa, lavra ou extração de recursos minerais sem a competente autorização, permissão, concessão ou licença, ou em desacordo com a obtida" ficará sujeito a pena de detenção de 6 (seis) meses a 1 (um) ano, e multa.

O tipo penal tutela a proteção ao meio ambiente e ao desenvolvimento sustentável na medida em que procura evitar que atividades potencialmente

---

[1] Promotor de Justiça em Minas Gerais. Atual Coordenador-Geral das Promotorias de Justiça por Bacias Hidrográficas. Representante do Ministério Público no Plenário, na Câmara Normativa e Recursal (CNR) e na Câmara de Instrumento de Gestão Ambiental (CIG) do Conselho Estadual de Política Ambiental – COPAM. Representante do Ministério Público do Estado de Minas Gerais no Conselho Estadual de Direitos Difusos (CEDIF). Representante do Ministério Público nas Unidades Regionais Colegiadas (Velhas e Paraopeba) do Conselho Estadual de Política Ambiental – COPAM. Representante do Ministério Público na Câmara Temática de Direito Ambiental do Conselho Nacional dos Procuradores-Gerais de Justiça (CNPG). Representante do Ministério Público no Comitê Gestor de Fiscalização Ambiental Integrada – CGFAI – da Secretaria de Estado de Meio Ambiente.

degradadoras se instalem ou operem sem as devidas autorizações e licenças ambientais, tendo a coletividade como sujeito passivo.

Já o delito do art. 2º da Lei 8.176/91: "constitui crime contra o patrimônio, na modalidade de usurpação, produzir bens ou explorar matéria-prima pertencentes à União, sem autorização legal ou em desacordo com as obrigações impostas pelo título autorizativo", atribuindo-lhe pena de detenção, de um a cinco anos e multa, tutela o patrimônio da União, em face da usurpação do bem público.

Assim, tratando-se de tipos penais que tutelam objetos jurídicos diversos, não há falar em conflito aparente de normas. Nesse sentido: (STJ, RHC 16.801/SP, 6ª T., rel. Min. Hélio Quaglia Barbosa, j. em 20-10-2005, v.u., DJU de 14-11-2005, RT 846/524-525).

2. Elementos objetivos do tipo

A atividade de mineração consiste na extração de substâncias minerais encontradas no subsolo em depósitos ou "jazidas" e de preparação destas substâncias para consumo direto ou como insumo de outros processos industriais.

O Código de Mineração (Decreto-Lei n. 227, de 28 de fevereiro de 1967) define os regimes de aproveitamento e fiscalização das atividades de mineração, dividindo as etapas de pesquisa e lavra. Define como pesquisa mineral a execução dos trabalhos necessários à definição da jazida, sua avaliação e a determinação da exequibilidade do seu aproveitamento econômico. A fase de lavra se caracteriza como o aproveitamento do jazimento mineral e sua transformação em produto e riqueza.

Dessa forma, o tipo penal tratou de forma ampla toda a cadeia produtiva das substâncias minerais desde a fase inicial de pesquisa a operação de empreendimentos de mineração.

3. Elemento subjetivo do tipo

O crime do art. 55 somente prevê a figura dolosa, sendo que a conduta delituosa carateriza-se pela simples prática da pesquisa, lavra ou extração, sem a devida autorização ou licença. Trata-se de delito formal, não havendo necessidade da produção de resultado para a sua consumação.

4. Elemento normativo do tipo

O elemento normativo do tipo penal do art. 55, *caput*, da Lei n. 9.605/98, caracteriza-se na expressão: "sem a competente autorização, permissão, concessão ou licença, ou em desacordo com a obtida".

O licenciamento como instrumento de política pública ambiental é regulado pela Lei Complementar Federal n. 140/2011, sendo definido como "o procedimento administrativo destinado a licenciar atividades ou empreendimentos utilizadores de recursos ambientais, efetiva ou potencialmente poluidores ou capazes, sob qualquer forma, de causar degradação ambiental".

A licença prévia é concedida na fase inicial do empreendimento ou atividade, definindo sua localização e concepção, atestando a viabilidade ambiental e estabelecendo os requisitos básicos e condicionantes a serem atendidos nas próximas fases de sua implementação.

A licença de instalação autoriza a implantação do empreendimento ou atividade, sendo fundamentada na proposição e aprovação de planos, programas e projetos, incluindo as medidas de controle ambiental.

A licença de operação autoriza a operação da atividade ou empreendimento, após a verificação do efetivo cumprimento das obrigações constantes nas licenças anteriores, fixando as medidas de controle ambiental e as condicionantes determinadas para a operação.

No procedimento de licenciamento é obrigatória a apresentação de anuência das Prefeituras Municipais, com a declaração de que a localização e a tipologia do empreendimento encontram-se de acordo com leis e regulamentos municipais, nos termos do art. 10, § 1º, da Resolução Conama n. 237/97.

Caso o empreendimento afete Unidades de Conservação (UC) ou sua *Zona de Amortecimento*, o empreendimento de mineração deverá apresentar a anuência prévia do respectivo órgão de administração, atestando que a atividade se encontra em conformidade com o plano de manejo da unidade, conforme determina a Lei 9.985/00 e o Decreto 4.340/02.

5. Art. 55, parágrafo único, da Lei 9.605/98

O parágrafo único do art. 55 da lei de crimes ambientais define que "nas mesmas penas incorre quem deixa de recuperar a área pesquisada ou explorada, nos termos da autorização, permissão, licença, concessão ou determinação do órgão competente".

O plano de recuperação de área degradada – PRAD – é um documento que estabelece as medidas a serem empregadas para recuperação das áreas que foram afetadas pelas atividades de mineração, incluindo a reconformação física, drenagem e revegetação, nos termos da norma ABNT n. 13.030.

As atividades de recuperação devem ser planejadas a fim de proporcionar a área afetada pela mineração um ambiente físico, biológico e socialmente estável, sem riscos à saúde e segurança, garantindo a possibilidade de uso futuro sustentável.

O Plano de Fechamento de Mina, incluindo o plano de recuperação de área degradada, deve ser apresentado de forma conceitual na etapa da licença prévia e de forma detalhada, na etapa da licença de instalação, como parte do plano de controle ambiental.

6. Competência

O licenciamento ambiental poderá ser realizado pela União, Estado e Municípios, conforme a delimitação dos impactos gerados pela atividade, nos termos da Lei Complementar n. 140/11.

A definição da competência para julgamento do crime previsto no art. 55 da Lei n. 9.605/98 está vinculada ao órgão ambiental com atribuição para a concessão dos atos autorizativos. No caso de empreendimento submetido ao licenciamento e autorizações perante o órgão ambiental estadual ou municipal caberá a Justiça Estadual o julgamento do delito. Por outro lado, haverá o deslocamento para a Justiça Federal nos casos em que o ato autorizativo não obtido ou descumprido seja de competência de órgãos federais, como por exemplo, o IBAMA (*v.g.*, licenciamento de empreendimentos em mais de uma Unidade da Federação) e o ICMBIO (*v.g.* anuência para exploração mineral em zonas de amortecimento de unidades de conservação federais), porque nesse caso teríamos violação a interesses das referidas autarquias federais.

7. Pessoa jurídica

As pessoas jurídicas poderão ser responsabilizadas pelos crimes previstos no art. 55 e parágrafo único, quando o ato ilícito for praticado por decisão de seu representante legal ou contratual, ou de seu órgão colegiado, no interesse ou benefício da sua entidade, nos termos do art. 3º da Lei n. 9.605/98.

Substâncias tóxicas nocivas ao meio ambiente (artigos 56 a 58)

LUCIANO BADINI[1]

CAPÍTULO V – DOS CRIMES CONTRA O MEIO AMBIENTE

(...)

Seção III – Da Poluição e outros Crimes Ambientais

(...)

Art. 56. Produzir, processar, embalar, importar, exportar, comercializar, fornecer, transportar, armazenar, guardar, ter em depósito ou usar produto ou substância tóxica, perigosa ou nociva à saúde humana ou ao meio ambiente, em desacordo com as exigências estabelecidas em leis ou nos seus regulamentos.

Pena – reclusão, de 1 (um) a 4 (quatro) anos, e multa.

§ 1º Nas mesmas penas incorre quem abandona os produtos ou substâncias referidos no caput, ou os utiliza em desacordo com as normas de segurança.

§ 2º Se o produto ou a substância for nuclear ou radioativa, a pena é aumentada de um sexto a um terço.

§ 3º Se o crime é culposo:

Penas – detenção, de 6 (seis) meses a 1 (um) ano, e multa.

O presente tipo penal incrimina a conduta de "produzir" (originar, criar, gerar), "processar" (manufaturar, industrializar), "embalar" (acondi-

---

[1] Promotor de Justiça da Comarca de Belo Horizonte. Diretor do Centro de Estudos e Aperfeiçoamento Funcional do Ministério Público do Estado de Minas Gerais. Vice-Presidente do Fundo Estadual de Direitos Difusos (FUNDIF). Vencedor do Prêmio "Innovare"/2010, categoria "Ministério Público" – concedido pelo Instituto "Innovare", com o apoio das Organizações Globo e parcerias com o Ministério da Justiça, Secretaria da Reforma de Judiciário, CONAMP, AMB, AJUFE, ANPR, OAB, ANADEP –, em razão de projeto de reorganização do Ministério Público do Estado de Minas Gerais para atuação por bacia hidrográfica e proteção do meio ambiente natural, cultural e urbano. Coordenador-Executivo do Convênio entre o Ministério Público do Estado de Minas Gerais e o Banco Mundial. Coordenador do Centro de Apoio Operacional das Promotorias de Justiça de Defesa do Meio Ambiente, Patrimônio Histórico e Cultural, Habitação e Urbanismo do Ministério Público do Estado de Minas Gerais (2009/2012). Representante do Ministério Público Estadual no Conselho Estadual de Política Ambiental (2009/2012). Coordenador Interestadual das Promotorias de Justiça de Defesa do Rio São Francisco (2009/2012).

cionar em embalagem), "importar" (introduzir no território nacional algo proveniente do exterior), "exportar" (remeter para o exterior alguma coisa proveniente do território nacional), "comercializar" (praticar ato de comércio, vender, alienar), "fornecer" (ceder, abastecer), "transportar" (conduzir, levar), "armazenar" (acondicionar em armazém ou em local próprio, destinado a tal fim), "guardar" (preservar, ter a posse ou vigilância), "ter em depósito" (reter, conservar, guardar a coisa para si, com ou sem finalidade mercantil), ou "usar" (utilizar, usufruir, servir-se de) qualquer produto ou substância, natural ou artificial, tóxica, perigosa ou nociva à saúde humana ou ao meio ambiente.

Trata-se de crime comum, comissivo, formal, de ação múltipla e tipo alternativo, admitindo-se as formas dolosa – e, neste caso, a tentativa –, e culposa (§ 3º).

O elemento subjetivo é o dolo (genérico), sendo certo, *e.g.*, que pratica o crime em comento o agente que, de forma voluntária e consciente, guardou ou armazenou produto ou substância notoriamente tóxica, perigosa ou nociva à saúde humana ou ao ambiente, havendo a necessidade, contudo, de demonstração da materialidade delitiva, mediante produção de prova pericial (CPP, art. 158), ainda que indireta, que demonstre a nocividade do referido produto ou substância.

O art. 56, *caput*, da Lei nº 9.605/98 (LCA), ao exigir que a conduta do agente esteja em "desacordo com as exigências estabelecidas em leis ou nos seus regulamentos", apresenta-se como uma norma penal em branco que, como tal, demanda complementação por outro dispositivo legal ou regulamentar para a configuração das circunstâncias elementares.

Em síntese, na hipótese, há o mister de se indentificar quais os produtos considerados tóxicos, perigosos ou nocivos, bem como o regramento imposto para seu adequado manuseio, reconhecendo-se como válidas para a complementação da norma, as contribuições doutrinárias e, inclusive, precedentes jurisprudenciais.

Sem embargo, o delito em tela insere-se dentre os de perigo abstrato, é dizer, para a sua consumação, prescinde-se da efetiva constatação de dano, conquanto a mera prática da conduta típica evidencia o risco manifesto ao bem jurídico tutelado, quais sejam, o meio ambiente e a saúde humana.

Assim, exemplifique-se, o tipo penal não incrimina a poluição (art. 54, Lei 9.605/98), mas a mera inobservância de preceitos administrativos exigíveis para a utilização de substância tóxica, perigosa ou nociva ao ambiente ou saúde humana.

Ademais, considerando-se que o bem jurídico tutelado é o meio ambiente ou a saúde humana, tem-se por inaplicável o princípio da insignificância com base no valor dos produtos e substâncias apreendidas.

A Justiça Estadual é, em regra, competente para processo e julgamento de ações penais relativas este crime ambiental, somente deslocando-se a competência para a Justiça Federal quando restar manifesta a existência de lesão a bens, serviços ou interesses da União (STJ, Rel. Min. Og Fernandes, AgRg no CC 115.159-SP, julgado em 13/6/2012). Neste contexto, se houver a importação agrotóxicos ou combustíveis (gasolina), a Justiça Federal será competente para o processamento e julgamento da ação penal mas, em atenção ao princípio da especialidade, o agente sujeitar-se-á às penas do art. 56 da Lei nº 9.605/98, e não do art. 15 da Lei nº 7.802/89.

Nas mesmas penas do art. 56, *caput*, da LCA incorre quem "abandona" (deixa, larga, descarta), os produtos ou substâncias, ou "os utiliza em desacordo com as normas de segurança".

Destarte, sanciona-se, através do art. 56, § 1º, Lei de Crimes Ambientais, o mero descarte de rejeitos, substâncias ou produtos nocivos, perigosos ou tóxicos, ainda que, do abandono, não decorra poluição de qualquer natureza, ou se esta for constatada em níveis tais que *não* resultem ou possam resultar danos à saúde humana, ou que *não* provoquem a mortandade de animais ou a destruição significativa da flora; do contrário, configurado o crime de poluição, *ex vi* do art. 54, LCA.

Se o produto ou substância for nuclear ou radioativa, a pena é aumentada de um sexto a um terço (LCA, art. 56, § 2º).

A opção legislativa de incluir os materiais radioativos ou nucleares como singela causa de aumento de pena merece, naturalmente, severa censura em razão da minimização temática, ainda que involuntária, da questão nuclear.

Nada obstante, a Lei nº 6.453/77, ainda em plena vigência, consagra, notadamente em seus aspectos criminais, um sistema mais consentâneo com a cautela, a prudência e o rigor exigidos para a produção nuclear ou radioativa, de sorte que, para fins de compatibilização dos diplomas legais, as condutas não previstas expressamente na Lei 9.605/98, continuam a ser sancionadas pelos artigos 19 a 27 da Lei nº 6.453/77.

Acrescente-se que, a rigor, houve má técnica, na retirada das condutas de "abandonar" e "utilizar em desacordo com as normas de segurança" do *caput* do art. 56, e inclusão em parágrafo autônomo (§ 1º) eis que incontroverso que ambas poderiam complementar, sem prejuízo à escorreita redação legislativa, o tipo alternativo em destaque na "cabeça" do dispositivo, procedimento que evitaria qualquer discussão – hoje, superada – sobre o alcance da causa de aumento inserta no § 2º que, como cediço, aplica-se a todas as condutas contempladas na norma penal em análise (art. 56, *caput, e* seu § 1º).

Como corolário, tem-se que a pena é aumentada de um sexto a um terço se o autor do delito ambiental produzir, processar, embalar, importar, exportar, comercializar, fornecer, transportar, armazenar, guardar, ter em depósito, usar, abandonar ou utilizar em desacordo com as normas de segurança produto (ou substância) nuclear ou radioativa.

O §3º do art. 56, prevê a modalidade culposa: se a conduta foi imprudente, imperita ou negligente, a pena será sensivelmente reduzida, com previsão de detenção, de 06 (seis) meses a 1 (um) ano.

Art. 57. (vetado)

Art. 58. Nos crimes dolosos previstos nesta Seção, as penas serão aumentadas:

I – de um sexto a um terço, se resulta dano irreversível à flora ou ao meio ambiente em geral;

II – de um terço até a metade, se resulta lesão corporal de natureza grave em outrem;

III – até o dobro, se resultar a morte de outrem.

Parágrafo único. As penalidades deste artigo somente serão aplicadas se o fato não resultar crime mais grave.

O art. 58 consagra as hipóteses de aumento de pena, peculiares à conduta dolosa, que incidem inclusive sobre a qualificadora sem que haja a possibilidade de se considerar a existência de *bis in idem*, eis que a majoração da pena, no caso de crime qualificado, altera a pena em abstrato, enquanto a causa de aumento incide sobre a pena em concreto.

Desta forma, o crime de poluição qualificada (art. 54, § 1º) e o previsto no art. 56, § 2º (substância for nuclear ou radioativa), permitem a incidência das causas de aumento de pena elencadas no art. 58, ora em comento.

Na forma do inciso I do art. 58, as penas serão aumentadas de um sexto a um terço, se resulta dano irreversível à flora ou ao meio ambiente.

Inicialmente, há que se registrar que, ao se constatar um dano ambiental, a prioridade será a reparação *in natura* e *in situ* do ambiente degradado, que contempla duas espécies, quais sejam, a restauração e a recuperação.

A restauração deve ser compreendida como a "restituição de um ecossistema ou de uma população silvestre degradada o mais próximo possível de sua condição original", enquanto a recuperação pressupõe a "restituição de um ecossistema ou de uma população silvestre degradada a uma condição não degradada, que pode ser diferente de sua condição original", e, assim, "representa forma subsidiária de reparação de danos ambientais, a ser empregada na hipótese de restar demonstrada a impossibilidade técnica de obtenção da restauração ambiental".[2]

Assim, tem-se, por incontroverso, que a causa de aumento de pena do art. 58 não incide apenas na hipótese de reparação do ambiente, seja através da restauração ou da recuperação do ecossistema ou da população silvestre degradada, eis que, em ambos os casos, o pressuposto é a restituição da "flora" ou do "meio ambiente em geral" a uma condição não degradada.

---

[2] Neste sentido, relatório e glossário apresentado pelo Grupo de Trabalho do Ministério Público do Estado de São Paulo instituído pelo Ato PGJ 36/2011, divulgado no sítio <www.mp.sp.gov.br/portal/page/portal/cao_urbanismo_e_meio_ambiente>

De toda forma, registre-se, como resultado das condutas delituosas previstas nesta Seção, haverá a constatação, em regra, de danos irreversíveis à flora ou ao ambiente, fato que, comprovado pericialmente, permitirá a incidência da causa de aumento de pena inserta no inciso I do art. 58.

O inciso II contempla crime preterdoloso: os crimes ambientais, "antecedentes", são praticados *dolosamente* enquanto há *culpa* no "consequente" crime de lesão corporal de natureza grave, assim considerada a que causa incapacidade para ocupações habituais por mais de trinta dias, perigo de vida, debilidade permanente de membro, sentido ou função, aceleração do parto, incapacidade permanente para o trabalho, enfermidade incurável, perda ou inutilização de membro, sentido ou função, deformidade permanente e aborto.

Naturalmente, se o dolo, ainda que eventual, macular a conduta do agente que pratica lesão de natureza grave, estar-se-á, em princípio, diante de um concurso formal entre o delito ambiental (sem causa de aumento) e o art. 129, §§ 1º e 2º, do Código Penal.

Por seu turno, o inciso III do art. 58, prevê aumento de pena até o dobro, se resultar morte "de outrem" (*sic*), ou seja, tem-se causa de aumento de pena similar a do inciso anterior, ou seja, o evento "morte" necessariamente terá que ocorrer fora da esfera de cogitação e previsibilidade do agente, do contrário estar-se-á diante da prática de crime de homicídio como dolo eventual.

Em se tratando de homicídio culposo, necessária a seguinte distinção: se a pena deste for superior à prevista para o crime ambiental (*e.g.*, arts. 55 e 60, Lei nº 9.605/98), aplica-se a norma do Código Penal; do contrário, prevalecerá o crime ambiental (*e.g.*, arts. 54, 56, 61, LCA) com o aumento previsto no art. 58, III.

Por fim, as majorantes do art. 58 têm natureza subsidiária, ou seja, somente serão aplicadas se do fato não resultar crime mais grave.

Controle de atividades impactantes ao ambiente
(artigo 60)

ALEXANDRE SIKINOWSKI SALTZ[1]

CAPÍTULO V – DOS CRIMES CONTRA O MEIO AMBIENTE
(...)
Seção III – Da Poluição e outros Crimes Ambientais
(...)
Art. 59 (vetado)
Art. 60. Construir, reformar, ampliar, instalar ou fazer funcionar, em qualquer parte do território nacional, estabelecimentos, obras ou serviços potencialmente poluidores, sem licença ou autorização dos órgãos ambientais competentes, ou contrariando as normas legais e regulamentares pertinentes.

O direito ambiental possui características que o fazem diferente dos demais ramos do direito. Além de tratar-se de direito difuso, é divergente dos demais ramos da ciência jurídica porque trabalha com a ideia de aceitar e controlar os riscos das atividades impactantes ao ambiente ou utilizadoras de recursos naturais, mas sem permitir que se transformem em dano. Essa a razão pela qual o Direito Ambiental é conhecido como sendo o direito do risco.[2]

Essa "prevenção da danosidade", associada à ideia da quase absoluta impossibilidade da reconstituição do ambiente degradado, elevou a prevenção e a precaução[3] ao *status* de macroprincípios constitucionais.

---

[1] Promotor de Justiça no Estado do Rio Grande do Sul, com atuação na Promotoria Especializada do Meio Ambiente de POA. Diretor da ABRAMPA (Associação Brasileira dos Promotores de Meio Ambiente). Professor da Escola da Fundação do Ministério Público do Estado do Rio Grande do Sul. Ex-Coordenador do Centro de Apoio Operacional das Promotorias de Meio Ambiente do Ministério Público do Estado do Rio Grande do Sul.

[2] "Não imaginemos, contudo, que as alterações sofridas pelo Direito, como decorrência da crise ambiental que assola este final de milênio, sejam apenas cosméticas. A transformação é muito mais profunda. Modifica-se a própria percepção do papel e objetivos do Direito que, gradativamente, deixa de ser um instrumento de reparação e repressão do dano, para se transformar em ferramenta de prevenção de danosidade. (...) São indagações que o Direito tradicional – o 'Direito do dano' – não tem condições de responder. Só um novo modelo jurídico – o 'Direito do risco' – pode solucionar a ameaça coletiva do dano ambiental: preveni-lo". FELDMAN, Fábio. Apresentação. *In* BENJAMIN, Antônio Herman (org.). *Dano Ambiental: Prevenção, Reparação e Repressão*. São Paulo: Revista dos Tribunais, 1993, p. 03.

[3] "Enquanto a prevenção relaciona-se com a adoção de medidas que corrijam ou evitem danos previsíveis, a precaução também age prevenindo, mas antes disso, evita-se o próprio risco ainda imprevisto".

Como tivemos a oportunidade de destacar nos comentários ao artigo 20 da Lei nº 9.605/98, a proteção constitucional do meio ambiente tem por principal desafio conciliar a progressiva realização dos direitos sociais, econômicos e culturais com o compromisso de manter-se, para as presentes e futuras gerações, um ambiente equilibrado, reforçando a necessidade de condutas antecipatórias. A chamada "Constituição Ambiental"[4] deve trazer respostas para os problemas derivados da "sociedade de risco",[5] posicionando-se sobre as ameaças e danos.

Chris Wold, analisando a constitucionalização do direito ambiental, pontua que:

> A Constituição como um pacto intergeracional é a Constituição da co-responsabilidade dos destinos, que tem sua grande expressão na manutenção dos processos vitais e no uso sustentável dos recursos naturais. É também a Constituição da pedagogia e do aprendizado da vida pacífica – nem por isso passiva – entre nós, nossos antepassados e nossos irmãos do futuro. O Direito Constitucional da humanidade é, por conseguinte, também a Constituição do meio ambiente e o Direito Constitucional Ambiental seu grande e talvez principal alicerce.
>
> Não será por excesso constituinte que os novos textos constitucionais, originários ou reformados, se tingiram de verde e passaram a incorporar, tanto os princípios de direito ambiental quanto deram corpo a um direito fundamental ao meio ambiente ecologicamente equilibrado (...)[6]

Esse "dever de proteção ambiental"[7] trazido pela Constituição e ratificado pelo preceito da equidade intergeracional[8] é cogente e impositivo e encontra na precaução e na prevenção ferramentas para a sua concretização. Aliás, destacam Leite e Ayala que prevenção e precaução estão "posiciona-

---

RODRIGUES, Marcelo Abelha. *Elementos de Direito Ambiental – parte geral*. 2ª ed. São Paulo: Revista dos Tribunais. 2005, p. 207. Mas, por oportuno, releva destacar que "(...) a precaução não se aplica apenas a ações sob condições de incerteza, mas tem implicação inclusive quando a autoridade que irá decidir não se encontra diante de uma considerável dúvida.' Se os tomadores de decisão estiverem *certos* de sérios ou irreversíveis riscos de dano à saúde humana ou ao ambiente, implicações antecipatórias e preventivas do princípio [da precaução] parecem corretas'. É que a complexidade dos ecossistemas sempre introduz algum grau de incerteza, inclusive sobre danos supostamente conhecidos e previsíveis. A prevenção, assim, é elemento de concretização do princípio da precaução". SAMPAIO, José Adercio Leite; WOLD, Chris; NARDY, Afrânio. *Princípios de Direito Ambiental na Dimensão Internacional e Comparada*. Belo Horizonte: Del Rey, 2003, p. 72.

[4] CANOTILHO, José Joaquim Gomes. Direito Constitucional Ambiental Português e da União Europeia. In: CANOTILHO, José Joaquim Gomes; MORATO LEITE, José Rubens (orgs). *Direito Constitucional Ambiental Brasileiro*. São Paulo: Saraiva, p. 05.

[5] Expressão cunhada por BECK, Ulrich. *La Sociedad Del Riesgo: hacia uma nueva modernidad*. Barcelona: Paidós, 2001. Entre nós o tema tratado por LEITE, José Rubens Morato; AYALA, Patryck de Araújo. *Direito Ambiental na Sociedade de Risco*. Rio de Janeiro: Forense Universitária, 2002, p. 11 e ss.

[6] SAMPAIO, José Adercio Leite, WOLD, Chris; NARDY, Afrânio. *Princípios de Direito Ambiental na Dimensão Internacional e Comparada*. Belo Horizonte: Del Rey, 2003, p. 41-42.

[7] A expressão foi cunhada pelo Prof. Antonio Enrique Peres Luño. *Los Derechos Fundamentales*. 8ª ed. Madri: Tecnos, 2005, p. 214.

[8] "As presentes gerações não podem deixar para as gerações futuras uma herança de déficits ambientais ou do estoque de recursos e benefícios inferiores aos que receberam das gerações passadas. Esse é um princípio de justiça ou equidade que nos obriga a simular um diálogo como nossos filhos e netos na hora de tomar uma decisão que lhes possa prejudicar seriamente (...)". SAMPAIO, José Adercio Leite, WOLD, Chris e NARDY, Afrânio. Ob. citada, p. 53.

dos agora na qualidade de elementos de estruturação e informação de todo o sistema constitucional de proteção do ambiente".[9]

Licença e autorização, atos autorizativos expedidos pelo poder público, são exteriorização dessa gestão ambiental antecipatória dos danos. O conceito de licença é consagrado pelo direito ambiental;[10] autorização, a seu turno, é ato administrativo discricionário. Não bastasse parte da doutrina e da jurisprudência reconhecer que o licenciamento ambiental possui natureza jurídica de autorização administrativa,[11] por vezes a prática do ato depende de "autorização" propriamente dita, como no caso de remoção florestal. Assim, "licença" e "autorização" são documentos que integram o procedimento de licenciamento ambiental.[12]

Antes mesmo da constitucionalização da proteção do meio ambiente: e dos princípios[13] a ela relacionados, para a defesa e a preservação do bem ambiental, vinham da Lei da Política Nacional do Meio Ambiente os instrumentos. Aliás, por relevante, cumpre recordar que em várias passagens previu ações de proteção e prevenção de danos ambientais. Um deles, elevado ao status de instrumento daquela política, foi o licenciamento ambiental (art. 9º, IV, Lei nº 6.938/81).[14]

E, nos termos do artigo 10 da Lei da Política Nacional do Meio Ambiente, "A construção, instalação, ampliação e funcionamento de estabelecimentos e atividades utilizadores de recursos ambientais, efetiva ou potencialmente poluidores ou capazes, sob qualquer forma, de causar degradação ambiental dependerão de prévio licenciamento ambiental".

Licenciamento ambiental, nos termos do artigo 2º, I, Lei Complementar 140/2011, é "o procedimento administrativo destinado a licenciar atividades

---

[9] Ob. citada, p. 153-154.

[10] Art. 1º, II, Resolução CONAMA 237/97 – "Licença Ambiental: ato administrativo pelo qual o órgão ambiental competente, estabelece as condições, restrições e medidas de controle ambiental que deverão ser obedecidas pelo empreendedor, pessoa física ou jurídica, para localizar, instalar, ampliar e operar empreendimentos ou atividades utilizadoras dos recursos ambientais consideradas efetiva ou potencialmente poluidoras ou aquelas que, sob qualquer forma, possam causar degradação ambiental".

[11] Paulo Affonso Leme Machado e Toshio Mukai na doutrina e, no campo dos tribunais, para ilustrar, decisão do TRF4, 3ª Turma, AC 00021211120084047101, Rel. Desa. Federal MARIA LÚCIA LUZ LEIRIA, D.E. 02/06/2010.

[12] Note-se que a Lei 9.605/98 utiliza os termos *licença* e *autorização* com descuidada imprecisão, muitas vezes confundindo os conceitos de características bem distintas. Rapidamente: *licença* é o "ato *vinculado*, unilateral, pelo qual a Administração faculta a alguém o exercício de uma atividade, uma vez demonstrado pelo interessado o preenchimento dos requisitos legais exigidos"; enquanto *autorização* "é o ato unilateral pelo qual a Administração, *discricionariamente*, faculta o exercício de atividade material, tendo como regra, caráter precário". Cf. Celso Antônio Bandeira de Mello. *Curso de Direito Administrativo*, 5. ed., rev., atual. e ampl. São Paulo: Malheiros Editores, 1994, p. 210.

[13] "Por seu turno, os princípios, uma vez constitucionalizados, ganham rigidez formal e, em consequência, orientam, de forma irradiadora, a interpretação das demais normas constitucionais, a produção e aplicação dos dispositivos de norma de hierarquia inferior, além de exigirem um procedimento complicado para sua alteração e, pelo menos, sérias e procedentes dúvidas quanto à supressão ou mesmo retrocesso garantista. Em uma frase: ingressam no polêmico mundo das normas fundamentais do ordenamento jurídico.". SAMPAIO, WOLD e NARDY, ob. citada, p. 85.

[14] "Art. 9º São Instrumentos da Política Nacional do Meio Ambiente: (...) IV – o licenciamento e a revisão de atividades efetiva ou potencialmente poluidoras;"

ou empreendimentos utilizadores de recursos ambientais, efetiva ou potencialmente poluidores ou capazes, sob qualquer forma, de causar degradação ambiental".

O conceito, contudo, não é novo. A Resolução CONAMA 237/97, em seu artigo 1º, I, já dizia ser o "procedimento administrativo pelo qual o órgão ambiental competente licencia a localização, instalação, ampliação e a operação de empreendimentos e atividades utilizadoras de recursos ambientais, consideradas efetiva ou potencialmente poluidoras ou daquelas que, sob qualquer forma, possam causar degradação ambiental, considerando as disposições legais e regulamentares e as normas técnicas aplicáveis ao caso".

Doutrinariamente, é reconhecido como "(...) um procedimento colocado à disposição dos interessados, por meio do qual o Poder Público, mediante controles prévios – licenças –, verifica a regularidade técnica e jurídica de determinadas atividades efetiva ou potencialmente causadoras de significativo impacto ambiental, de forma a compatibilizar o desenvolvimento econômico com a proteção de recursos naturais. A finalidade do licenciamento ambiental é, grosso modo e em resumo, compatibilizar proteção de recursos naturais com o atendimento às necessidades da sociedade, potencializadas pelo surgimento da chamada sociedade de consumo".[15]

O procedimento de cunho nitidamente preventivo tem a finalidade de verificar a adequação do empreendimento/atividade aos padrões ambientais estabelecidos, garantindo a gestão do risco, culminando com a expedição da licença ambiental específica. Tamanha a importância desse controle prévio, corolário do princípio da prevenção, o qual igualmente "impregna a tutela penal ambiental",[16] que a ausência da licença se constitui em delito autônomo.

E não se trata de "expansionismo penal" com a "criminalização da mera desobediência administrativa", como advoga Miguel Reale Junior,[17] mas do reconhecimento de que a tutela penal ambiental deve atuar como "instrumento de proteção do ambiente perante os danos ambientais".[18] A norma

---

[15] FINK, Daniel Roberto; ALONSO JR., Hamilton; DAWALIBI, Marcelo. *Aspectos Jurídicos do Licenciamento Ambiental*. Rio de Janeiro: Forense Universitária. 2000, p. 66.

[16] DINO NETO, Nicolao; BELLO FILHO, Ney e DINO, Flávio. *Crimes e Infrações Administrativas Ambientais*. 3ª ed. Belo Horizonte: Del Rey, 2011, p. 357.

[17] Artigo publicado no Jornal Folha de São Paulo do dia 06/04/1998, conforme destaque feito por GOMES, Luiz Flávio e MACIEL, Silvio. *Crimes Ambientais, Comentários à Lei 9.605/98*. São Paulo: Revista dos Tribunais. 2011, p. 19-20. No mesmo sentido, PRADO, Luiz Régis. **Crimes Contra o Ambiente**. 1ª ed., 2ª tiragem, São Paulo: Revista dos Tribunais, 1998, p. 16-17, ao referir que a lei possui "caráter altamente criminalizador, visto que erige à categoria de delito uma grande quantidade de comportamentos que, a rigor, não deveriam passar de meras infrações administrativas (...) em total dissonância com os princípios penais da intervenção mínima e da insignificância. (...) A orientação político-criminal mais acertada é a de que a intervenção penal na proteção do meio ambiente seja feita de forma limitada e cuidadosa. Não se pode olvidar jamais que se trata de matéria penal, ainda que peculiaríssima, submetida de modo inarredável, portanto, aos ditames rígidos dos princípios constitucionais penais – legalidade dos delitos e das penas, intervenção mínima e fragmentariedade, entre outros –, pilares que são do Estado de Direito democrático. A sanção penal é a ultima ratio do ordenamento jurídico, devendo ser utilizada tão-somente para as hipóteses de atentados graves ao bem jurídico ambiente".

[18] DINO NETO, Nicolao, *et al*, Idem, p. 357.

estabelece presunção absoluta de perigo, punindo a conduta antes mesmo da ocorrência do dano.

O Ministro Antônio Herman Benjamin, com o peculiar acerto, lembra que, na linha preconizada pela Organização das Nações Unidas, "o direito penal é imprescindível à adequada proteção do meio ambiente" e que a Lei dos Crimes Ambientais teve por objetivo não apenas sistematizar o regime sancionatório penal e tipificar novas condutas degradadoras, mas também, e aqui nos parece o mais relevante, adequar os instrumentos punitivos aos objetivos próprios do direito ambiental.[19] Um desses objetivos, estampado sob o rótulo de princípio, é a prevenção, cujo malferimento é o pano de fundo para o crime em comento.

Independente das críticas o fato é que, por vontade expressa e indiscutível do constituinte (art. 225, § 3º), "as condutas e atividades consideradas lesivas ao meio ambiente sujeitarão os infratores, pessoas físicas ou jurídicas, a sanções penais (...)". Todas as condutas e atividades. Criminalizá-las não pode ser visto e entendido como exagero desmedido, mas como mais um instrumento de proteção do ambiente adequado à dicção constitucional.

O crime do artigo 60 é crime formal, também reconhecido como sendo de mera conduta, de simples atividade ou de consumação antecipada, onde agir ou omitir implica executá-lo e consumá-lo, sem a necessidade de qualquer resultado externo. Por isso, malgrado a existência de posições contrárias,[20] não admite tentativa.

Também é crime de perigo abstrato, que prescinde de qualquer comprovação pericial da potencialidade poluidora do empreendimento/atividade.[21]

Roxin já afirmava que os crimes de perigo abstrato são aqueles onde se castiga uma conduta tipicamente perigosa, sem que, no caso concreto, se tenha produzido um resultado de colocação em perigo.[22] Vale dizer, é o risco associado à ação que determina a incidência do direito penal. Impende relembrar que o tipo em questão é exteriorização do princípio da prevenção e, por isso, o simples fato de exigir-se a licença ou autorização para determinada atividade decorre do fato de ser esta presumidamente, *jure et jure*, perigosa.

---

[19] Prefaciando a 1ª edição da obra DINO NETO, Nicolao et. al, já referida, p. XV. No mesmo rumo, destacando que somente a sanção penal, inclusive de modo preventivo, é capaz de refrear agressões ao meio ambiente, FREITAS, Vladimir Passos de; FREITAS, Gilberto Passos de. *Crimes Contra a Natureza*. São Paulo: Revista dos Tribunais, 2005, p. 80.

[20] DINO NETO, Nicolao et al, ob. citada, p. 359 admitem a possibilidade da tentativa, sob o argumento de que a conduta pode ser fracionada. Ocorre que o pode ser fracionado é o licenciamento, em três etapas (LP, LI e LO), mas a ausência de cada uma delas, por si só, caracteriza o crime.

[21] A moderna doutrina penal espanhola, notabilizada pelo Prof. Nicolás Garcia Rivas, Catedrático da Universidad de Castilla-La Mancha, sugere nova classificação para os crimes de perigo, rotulando-o como "delito de mera ação perigosa" ou de "perigosidade", onde o perigo não se predica da ação, senão da classe de ações a que pertence a realizada pelo autor.

[22] ROXIN, Claus. *Derecho Penal – Parte General. Fundamentos. La Estructura de la Teoría del Delito*. Madrid: Civitas. 1997, p. 404.

E se o crime é de perigo abstrato, como antecipado noutra passagem, não há necessidade de perícia que comprove a periculosidade da conduta ou da atividade, exatamente porque tal avaliação já se deu quando, por opção do legislador, passou-se a exigir o licenciamento ou autorização para a situação de fato.

Na linha do afirmado sublinhamos decisão da Turma Recursal do Tribunal de Justiça do Rio Grande do Sul, assim ementada:

> CRIME AMBIENTAL. ARTIGO 60, CAPUT, LEI 9605/98. PRELIMINAR AFASTADA. SENTENÇA CONDENATÓRIA MANTIDA. PRELIMINAR: Existe relação de complementaridade entre as Leis e a Resolução abordadas, legitimando-se a exigência de licença municipal quando a atividade desenvolvida é potencialmente poluidora. MÉRITO: 1) O fato de não possuir licença para fazer funcionar estabelecimento poluidor contraria as normas legais e regulamentares pertinentes, incidindo em crime ambiental previsto no artigo 60 da Lei 9.605/98. 2) *Trata-se de crime de mera conduta que independe de resultado naturalístico, e de perigo abstrato, sendo desnecessária a realização de perícia.* 3) Configuradas as hipóteses de responsabilização penal, conforme os preceitos dos artigos 5º, inc. XLV, da CF, e art. 13 do Código Penal. 4) O arquivamento do inquérito Civil não pode servir de fundamento para a absolvição na esfera penal, uma vez que a responsabilização do agente poluidor pode se dar nas esferas administrativa, cível e penal, que não se excluem entre si. 5) Restando comprovadas a materialidade e a autoria delitiva, impõe-se a manutenção da sentença condenatória. NEGARAM PROVIMENTO, POR MAIORIA. (destacamos)[23]

No voto, destacou a relatora que tal posicionamento encontra respaldo na doutrina e em precedentes recursais das Turmas Recursais do Tribunal de Justiça do Rio Grande do Sul. Disse:

> Perigo abstrato:
>
> Com relação à natureza do delito imputado aos réus, entendo que se trata de delito de perigo abstrato, segundo leciona Guilherme de Souza Nucci, na obra *Leis Penais e Processuais Comentadas*, 3ª ed. RT, p. 922: "Potencialmente poluidor: ressaltemos que a lei fez questão de deixar clara a situação de perigo abstrato, pois não se está construindo, reformando, ampliando, instalando ou fazendo funcionar estabelecimento, obra ou serviço efetivamente poluidor, isto é, que gera sujeira, maculando o meio ambiente. E ainda que assim fosse, continuaríamos diante de um delito de perigo, embora de perigo concreto".
>
> (...)
>
> É esse o entendimento desta Turma Recursal:
>
> EMENTA: RECURSO CRIME. DELITO AMBIENTAL. ARTIGO 60 DA LEI 9.605/98. SENTENÇA CONDENATÓRIA MANTIDA. 1-Tratando-se de crime de mera conduta, que independe de resultado naturalístico, e de perigo abstrato, desnecessária a realização de perícia. 2 – Prova oral que confirma o relatório ambiental, poluição pelo lançamento de resíduos sólidos – reciclagem – ao solo, sem licença ou autorização dos órgãos ambientais competentes, tendo havido exposição da incolumidade humana a perigo concreto de dano, gerando poluição visual e atmosférica. RECURSO DESPROVIDO. (Recurso Crime Nº 71002479350, Turma Recursal Criminal, Turmas Recursais, Relator: Angela Maria Silveira, Julgado em 29/03/2010).
>
> EMENTA: RECURSO CRIME. DELITO AMBIENTAL. ARTIGO 60 DA LEI 9.605/98. ESTABELECIMENTO DE ATIVIDADE POTENCIALMENTE POLUIDORA. LAUDO PERICIAL. DESNE-

---

[23] Tribunal de Justiça do Rio Grande do Sul, 3ª Turma Recursal Criminal, Recurso Crime nº 71002552354, Rel. Juíza Laís Ethel Corrêa.

CESSIDADE. SUFICIÊNCIA PROBATÓRIA. CONDENAÇÃO MANTIDA. 1-Trata-se de crime de mera conduta que independe de resultado naturalístico, e de perigo abstrato, sendo desnecessária a realização de perícia. 2- Denunciados que, sem licença ambiental, fizeram funcionar estabelecimento potencialmente poluidor praticam o crime ambiental previsto no art. 60 da Lei 9.605/98. 3- Prova suficiente para a manutenção do decreto condenatório e pena corretamente aplicada. RECURSO DESPROVIDO. (Recurso Crime nº 71002279032, Turma Recursal Criminal, Turmas Recursais, Relator: Cristina Pereira Gonzales, Julgado em 09/11/2009).

Constituem núcleos do tipo, de forma alternativa, as condutas *construir* (edificar, erigir), *reformar* (corrigir, consertar, alterar, mudar), *ampliar* (aumentar, expandir), *instalar* (estabelecer, dispor para funcionar) e *fazer funcionar* (inaugurar, dar início ao funcionamento, ao trabalho, à execução), que serão incriminadas acaso recaiam sobre os objetos materiais *estabelecimentos, obras* ou *serviços potencialmente poluidores*, desde que não presentes as causas de justificação consubstanciadas em ter *licença* ou *autorização* e[24] em agir de acordo com as *normas legais e regulamentares pertinentes*.

Em outras palavras, a norma só permite que se construa, reforme, amplie, instale ou faça funcionar estabelecimentos, obras ou serviços potencialmente poluidores quando o agente estiver amparado por licença ou autorização do órgão ambiental competente, e desde que aja de acordo com as normas legais e regulamentares pertinentes.

Embora a positivação das expressões *"potencialmente poluidores"*, *"licença ou autorização dos órgãos ambientais competentes"* e *"normas legais e regulamentares pertinentes"* suscitem, doutrinariamente, breves discussões acerca das suas consequências jurídicas,[25] prevalece o entendimento que de que trata de norma penal em branco.[26]

E assim o é porque a individualização da conduta punível encontra-se em outra lei, formal ou material. Haja vista as múltiplas fontes integradoras estamos diante de norma penal em branco heterogênea ou em sentido estrito.

Essa peculiaridade traz à discussão a possibilidade da utilização de leis, decretos, portarias estaduais e municipais, por exemplo, para perfectibilizar a conduta punível sem ferir a competência privativa da União para legislar sobre direito penal.

---

[24] A conjunção "e" deve ser lida como cumulação obrigatória, uma vez que a obtenção de licença ambiental não desobriga à observação das normas legais e regulamentares pertinentes.

[25] GOMES, Luis Flávio, afirma que a expressão "sem licença ou autorização dos órgãos competentes" se trata de elemento normativo. PRADO, Luiz Rogério (*Crimes contra o ambiente: anotações à Lei 9.605, de 12 de fevereiro de 1998*, 2 t. São Paulo: Revista dos Tribunais, 1998, p. 158.), diz que "licença" e "autorização" é que são elementos normativos. Defendendo que a expressão *potencialmente poluidores* seria norma penal em branco, considerando temeroso à segurança jurídica deixar-se a definição de atividade potencialmente a cargo do hermeneuta, conferir DINO *et al*, obra citada, p. 298. A solução final dos autores, contudo, não diverge em muito da nossa, porquanto afirmam que "todas as atividades para as quais a lei ou as normas administrativas exigem licença ou autorização são potencialmente poluidoras. Trata-se de uma presunção que acompanha a exigência de prévia permissão, concessão, autorização ou licença administrativa".

[26] Na construção dos tipos penais ambientais, considerando a dinamicidade que é própria do tema e que se contrapõe ao regime estático do processo legislativo formal, aparecem, frequentemente, tipos penais em branco, tipos penais abertos e elementos normativos do tipo.

Zaffaroni e Pierangeli advertem que:

> Essas leis em branco não criam maior problema quando a fonte normativa a que remetem é outra lei formal, isto é, também emanada do Congresso Nacional. Mas o problema se torna mais complicado quando a norma não surge de outra lei em sentido formal, e sim de uma lei em sentido material, mas que emana de uma Assembleia Legislativa estadual ou da Administração (Poder Executivo, inclusive o municipal). Nestes casos, pode-se correr o risco de estarmos diante de uma delegação de atribuição legislativa em matéria penal – que compete ao Congresso da Nação – e que estaria vedada pela Constituição Federal.
>
> Este problema deve ser resolvido dentro do próprio sistema constitucional: a lei penal em branco não é inconstitucional porque sua estrutura vem imposta pela divisão de poderes do Estado.
>
> O Congresso Nacional não pode legislar em matérias próprias do Executivo ou das legislaturas estaduais e municipais. Em tais hipóteses, o Congresso Nacional não rompe a divisão dos poderes que a Constituição estabelece, mas, ao contrário, deixa em branco a lei penal para respeitar a divisão dos poderes.[27]

O Desembargador Ladislau Fernando Röhnelt, de saudosa memória, já ensinava que:

> A norma em branco é, porém, heterogênea, ou em sentido estrito, quando a integradora, ou completiva, provém de ato administrativo ou de outra fonte legislativa inferior, da mesma categoria. A norma em branco que se completa com decretos, portarias, regulamentos ou outro ato de autoridade administrativa é heterogênea. A norma em branco que se serve de lei estadual ou municipal também é heterogênea, uma vez que a lei estadual, assim como a lei municipal, têm menor hierarquia em relação às normas penais, que são sempre federais. É possível mesmo que uma norma de direito estrangeiro sirva de integradora da norma penal brasileira (...)
>
> Por conseguinte, a norma em branco é heterogênea, ou em sentido estrito, quando sua integradora, ou completiva, vem de outra norma de categoria inferior ou se origine, então, de ato administrativo baixado, por exemplo, pelo Presidente da República, ministro de Estado, prefeito, secretário municipal, etc. A diferença de hierarquia está em que a norma penal procede do Congresso Nacional, que é o legislador do direito penal, e a norma integradora provém da Assembleia Legislativa, se for estadual, ou da Câmara de Vereadores, se municipal.
>
> (...)
>
> É sabido, pela Constituição, que somente a lei federal tem competência para dispor sobre direito penal. Em outras palavras, só a lei federal pode criar ou alterar tipos penais e cominar as correspondentes sanções. Quando a Constituição (art. 5º, inc. XXXIX) e o Código Penal (art. 1º) declaram que não haverá crime sem lei anterior que o defina, a lei aí referida não é nem pode ser a estadual, muito menos a municipal.
>
> Nem por isso, no entanto, a lei estadual e a lei municipal estão impedidas de desempenhar alguma função na esfera do direito penal. Algumas figuras de crimes, constantes de lei federal, não conseguem existir ou ser compreendidas sem o concurso dessas leis de mesma hierarquia.
>
> (...)
>
> Em conclusão: se é verdade que a lei estadual ou municipal não pode definir crime, pois que isso constitui monopólio da lei federal, é verdade, de outro lado, que essas leis, quando referidas ou pressupostas no tipo federal, podem impedir, com sua falta, que se complete a figura

---

[27] ZAFFARONI, Eugenio Raúl; PIERANGELI, José Henrique. *Manual de Direito Penal Brasileiro*: Parte Geral. 3ª ed. São Paulo: Revista dos Tribunais, 2001, p. 449-450.

típica do crime ou da contravenção, excluindo, em consequência, a incidência da norma federal no fato.[28]

Mais. Se for correto sustentar que a fonte de produção do direito penal brasileiro é a União, haja vista a competência privativa desenhada pelo artigo 22, I, da Carta Política, modo de impedir o exercício arbitrário da legitimação democrática, também não se pode ignorar que a Constituição Federal previu a possibilidade de complementação através dos demais entes federativos, exatamente porque é competência comum de todos, dentre várias, "proteger o meio ambiente e combater a poluição em qualquer de suas formas" e "preservar as florestas, a fauna e a flora"; e porque é da União, Estados e Distrito Federal a competência concorrente para legislar sobre "(...) florestas, caça, pesca, fauna, conservação da natureza, defesa do solo e dos recursos naturais, proteção ao meio ambiente e controle da poluição". (art. 24, VI, Constituição Federal).

Essa partilha de competências igualmente reforça a possibilidade de complemento da norma penal incriminadora via prescrições legais e normativas estaduais e municipais. Não há inovação na conduta punível. Normas estaduais, distritais e municipais apenas complementam as normas penais estatuídas pela União.

Assim, as atividades criminalizáveis pelo artigo 60 estão circunscritas, na prática, àquelas previstas como de licenciamento e autorização obrigatórios ou que tenham especial *modus operandi* regulamentado por lei ou ato normativo de qualquer dos entes federativos, haja vista o contexto de norma penal em branco heterogênea. Há de existir, igualmente, pertinência dessa exigência com a construção, reforma, ampliação, instalação ou funcionamento de estabelecimentos, obras ou serviços potencialmente poluidores. Qualquer atividade que fuja a estas previsões, ainda que potencialmente poluidora, será atípica.

Questão que igualmente merece apreciação diz com os efeitos penais da licença ambiental concedida *a posteriori*.

Entendemos que nesses casos o delito subsiste. E não apenas pelo argumento de que seria medida de política criminal para desestimular o início de empreendimentos irregulares,[29] mas especialmente pela natureza da infração. Como já mencionado em tópico anterior trata-se de crime de mera conduta ou de simples atividade, e se a exigência do ato autorizativo é requisito para o empreendimento ou atividade, dado o seu caráter preventivo, eventual concessão tardia da licença não exime a responsabilidade penal do empreendedor.

Ademais, se o objetivo da legislação é reforçar, por mandamento de natureza criminal, as normas administrativas que não permitam a realização

---

[28] VARGAS, Zuleika Pinto Costa (Org.). *Apontamentos de Direito Penal* – Desembargador Ladislau Fernando Röhnelt. Porto Alegre: Tribunal de Justiça do Estado do Rio Grande do Sul, Departamento de Artes Gráficas, 2011, p. 204-205.

[29] Esse é o entendimento de FREITAS, Vladimir Passos de; FREITAS, Gilberto Passos de. *Crimes Contra a Natureza*. São Paulo: Revista dos Tribunais, 2006, p. 230

de obra, fixação de estabelecimento e prestação de serviço sem a respectiva licença,[30] esse controle há de ser prévio, sob pena de contrapor-se à sua finalidade preventiva. A situação de risco e de presuntivo perigo de dano justifica a punição da mera conduta.

E que não se invoque o argumento da demora na expedição da licença ou autorização para justificar o início da obra ou atividade. Acaso o órgão ambiental competente extrapolar, imotivadamente, o prazo assinado para analisar o processo de licenciamento o caminho a ser trilhado pelo empreendedor é o de bater às portas de outro órgão integrante do SISNAMA, para fins de atuação supletiva.[31]

Por relevante, vale destacar que o pedido de renovação da licença de operação deve ocorrer em até 120 (cento e vinte) dias antes do seu vencimento, nos termos do artigo 18, § 4°, da Resolução CONAMA 237/97. Se o prazo para a renovação não for observado tem-se, faticamente, hipótese de ausência da licença, incorrendo o empreendedor no crime em questão.[32]

Se licença há, mas se foi concedida em desconformidade com as normas legais ou regulamentares, não haverá o crime do artigo 60 imputável ao empreendedor. Se não comprovado que o laudo ou o relatório ambiental apresentados no processo de licenciamento são total ou parcialmente falsos ou enganosos, inclusive por omissão (art. 69-A, Lei n° 9.605/98), há de prevalecer a boa fé de quem obteve o documento, até pela presunção de legitimidade dos atos administrativos.[33] Contudo, impositiva, no caso, a apuração de cometimento dos crimes dos artigos 67 e 68 da Lei n° 9.605/98.

Para as atividades que causam significativa degradação ambiental e que demandam, para o licenciamento, a elaboração de prévio estudo de impacto ambiental, a ausência do estudo também integraliza a conduta típica. Há, no caso, contrariedade às normas regulamentares, seja do artigo 225, § 1°, IV, Constituição Federal, seja da Lei da Política Nacional do Meio Ambiente (art. 9, III), ou até mesmo da Resolução CONAMA 001/86.

Contrariando alguns pontos de vista,[34] entendemos que a celebração de termo de ajustamento de conduta não elide a responsabilidade penal do

---

[30] DINO NETO, Nicolao, et al., ob. citada, p. 358.

[31] Artigo 13, § 3°, Lei Complementar n° 140/2011 e artigo 16, Resolução CONAMA 237/97.

[32] Nessa linha, decidiu o STJ no julgamento do AgRg no RESP 1.284.558-PB, rel. Min. HUMBERTO MARTINS e o Tribunal de Justiça do Rio Grande do Sul, em 4ª Câmara Criminal, no julgamento da Apelação Crime n° 70046736856, Rel. Des. Gaspar Marques Batista, j. em 01/03/2012 e, também pela 4ª Câmara Criminal, no julgamento da Apelação Crime n° 70039925888, rel. Des. Aristides Pedroso Albuquerque, j. em 31/03/2011.

[33] No mesmo sentido SALVADOR NETTO, Alamiro Velludo; SOUZA, Luciano Anderson de (coord). *Comentários à Lei de Crimes Ambientais* – Lei n° 9.605/1998. São Paulo: Quartier Latin, 2009, p. 267.

[34] GOMES, Luiz Flávio, ob. citada, p. 254; DELMANTO, Roberto et al. *Leis Penais Especiais Comentadas*. Rio de Janeiro: Renovar, 2006, p. 519 e, relativizando a tese e remetendo a resolução à análise do caso concreto, NUCCI, Guilherme de Souza. *Leis Penais e Processuais Comentadas*. 5ª ed. São Paulo: Revista dos Tribunais, 2010, p.

empreendedor. Aliás, essa é a posição majoritariamente aceita pelo Supremo Tribunal Federal[35] e pelo Superior Tribunal de Justiça.[36]

O motivo reside na independência e separação das instâncias de responsabilização do poluidor.

Não bastasse, a leitura do artigo 79-A, § 1º, da Lei nº 9.605/98 deixa claro que o termo de compromisso é mero veículo para possibilitar que as pessoas físicas e jurídicas responsáveis pela construção, instalação, ampliação e funcionamento de estabelecimentos e atividades utilizadores de recursos ambientais, consideradas efetiva ou potencialmente poluidoras, façam as correções necessárias que permitam o licenciamento futuro. O ajuste não substitui a licença e tinha[37] como único efeito a suspensão da aplicação de sanções administrativas.

---

[35] "(...) Dessa forma, o fato de o paciente haver firmado "Termo de Compromisso de Recuperação Ambiental" e noticiado processo administrativo em curso consubstanciam circunstâncias insuficientes para, de plano, excluir a tipicidade da conduta imputada ao réu". (HC 86.361/SP, 1ª Turma, Rel. Min. MENEZES DIREITO, j. em 16/10/2007).

[36] No sentido, dentre outras, "A assinatura do termo de ajustamento de conduta não obsta a instauração da ação penal, pois esse procedimento ocorre na esfera cível, que é independente da penal" (RHC 24.499/SP, 6ª Turma, Rel. Min. MARIA THEREZA DE ASSIS MOURA, DJe de 03/10/2011); "A assinatura de termo de ajustamento de conduta, com a reparação do dano ambiental são circunstâncias que possuem relevo para a seara penal, a serem consideradas na hipótese de eventual condenação, não se prestando para elidir a tipicidade penal". (HC 187.043/RS, 6ª Turma, Rel. Min. MARIA THEREZA DE ASSIS MOURA, DJe de 11/04/2011); "A assinatura do termo de ajustamento de conduta não obsta a instauração da ação penal, pois esse procedimento ocorre na esfera administrativa, que é independente da penal". (HC 82.911/MG, 5ª Turma, Rel. Min. ARNALDO ESTEVES LIMA, DJe de 25/06/2009).

[37] Tinha porque tal efeito dependia que o requerimento de firmatura do ajuste ocorresse até o dia 31 de dezembro de 1998.

Crime de difusão de doença ou praga
(artigo 61)

JULIANA SANTILLI[1]

CAPÍTULO V – DOS CRIMES CONTRA O MEIO AMBIENTE
(...)
Seção III – Da Poluição e outros Crimes Ambientais
(...)
Art. 61. Disseminar doença ou praga ou espécies que possam causar dano à agricultura, à pecuária, à fauna, à flora ou aos ecossistemas:
Pena – reclusão, de um a quatro anos, e multa.

O art. 61 inova em relação ao tipo penal previsto no art. 259 do Código Penal, que define o crime de "difusão de doença ou praga". A conduta típica incriminada pelo art. 259 se limita à difusão de *doença ou praga* que possa causar dano a floresta, plantação ou animais *de utilidade econômica*. Ou seja, o tipo penal descrito no art. 259 exige que o recurso ambiental potencialmente danificado (floresta, plantação ou animais) tenha *utilidade econômica*. Isto não só restringe o leque de condutas lesivas ao meio ambiente passíveis de serem incriminadas, como é revelador de que, à época da redação do Código Penal, ainda não se compreendia que o bem ambiental deveria ser penalmente tutelado enquanto tal, ou seja, não apenas por seu valor econômico e utilitário, como também por seu valor ambiental e intrínseco. Se, no art. 259, o bem jurídico tutelado é a incolumidade pública, no art. 61, é a conservação da diversidade de espécies, variedades e ecossistemas, tanto silvestres como cultivados. O art. 61 suprimiu a exigência de comprovação da utilidade econômica, em consonância com a Constituição Federal, que obriga o Poder Público a preservar e restaurar os processos ecológicos essenciais, prover o manejo ecológico das espécies e ecossistemas e proteger a flora e a fauna, vedadas as práticas que coloquem em risco a sua função ecológica (art. 225, § 1º, I e VII)

---

[1] Promotora de Justiça, do Ministério Público do DF, doutora em Direito Socioambiental pela PUC-PR e autora dos livros *Socioambientalismo e novos direitos: proteção jurídica à diversidade biológica e cultural* (São Paulo, Peirópolis, 2005) e *Agrobiodiversidade e direitos dos agricultores* (São Paulo, Peirópolis, 2009)

Outro avanço importante do art. 61 foi o acréscimo do termo *espécies* na conduta típica incriminada: tornou-se crime disseminar não apenas doença ou praga como também *espécies* que possam causar danos ao meio ambiente. Trata-se de uma inovação bastante positiva, pois a introdução e/ou disseminação de espécies exóticas invasoras já é considerada a segunda causa de perda de biodiversidade em todo o mundo. A Convenção da Diversidade Biológica (CDB), assinada e ratificada pelo Brasil, prevê, em seu art. 8º, *h*, a obrigação de que os países impeçam a introdução, controlem ou erradiquem *espécies exóticas que ameacem os ecossistemas, habitats ou espécies*. Espécies *exóticas* ou *introduzidas* são aquelas originárias de outros ambientes ou regiões geográficas, ou seja, que estão fora de seu território de origem. Nem todas as espécies *exóticas* se tornam *invasoras*: as espécies exóticas são consideradas invasoras quando a sua introdução ou disseminação ameaça os ecossistemas e espécies nativos e desequilibra processos e ciclos ecológicos naturais. Segundo o Programa Global de Espécies Invasoras, da CDB, as espécies exóticas invasoras ocorrem em todos os principais grupos taxonômicos, incluindo vírus, fungos, algas, musgos, samambaias, plantas superiores, invertebrados, peixes, anfíbios, répteis, pássaros e mamíferos. Alguns exemplos de espécies invasoras introduzidas na América do Sul são: – invasores aquáticos como o mexilhão-dourado (molusco de água doce nativo da China e do sudeste asiático, que se tornou invasor em toda a bacia do Rio Paraná, que liga Argentina, Uruguai, Paraguai, Brasil e Bolívia), – pragas de insetos como a cochonilha dos cítricos (nativa da Austrália mas amplamente disseminada pela América do Sul), – espécies de gramíneas originárias da África, introduzidas em diversas partes do mundo para fornecer de pastagem para gado, que se alastraram e invadiram ambientes naturais, inclusive no Brasil –; animais, como o coelho europeu, que é uma espécie exótica invasora no Chile e na Argentina, e devasta ecossistemas naturais. (CDB, Programa Global de Espécies Invasoras).

Importante destacar que a movimentação de espécies dentro de um país pode constituir um problema tão sério quando a importação de espécies originárias de outros países. Assim, o tucunaré, trasladado da bacia Amazônica para o rio Paraná, no sul do Brasil, transformou-se em uma espécie invasora no novo hábitat, mesmo não tendo jamais transposto a fronteira nacional. Processo semelhante ocorreu com o sansão-do-campo ou sabiá, planta nativa da Caatinga, árido ecossistema do nordeste brasileiro. Usada para construção de cercas em outros ecossistemas, transformou-se em invasora, principalmente na Floresta Atlântica (CDB, Programa Global de Espécies Invasoras)

A Prefeitura de Curitiba publicou, em 2008, a Lista Oficial de Espécies Florestais Exóticas Invasoras (Decreto 473/2008), e a Prefeitura de Bauru (SP) fez o mesmo através do Decreto 10.987/2009. Já o Decreto 33.814/2011 estabeleceu o Programa de Controle de Espécies Exóticas Invasoras do Município do RJ.

O art. 61 não prevê a modalidade culposa, mas o tipo penal culposo ainda é previsto no art. 259 do CP, parágrafo único, que se limita, entretanto, a descrever a conduta típica de quem difunde *doença ou praga,* e não *espécie* causadora de dano ambiental. Assim, quem *culposamente* difunde doença ou praga que possa causar dano, deverá ser enquadrado no art. 259 do CP, parágrafo único.

Lamentável, entretanto, que o art. 61, que passou a incriminar também a conduta de quem dissemina *espécies* que possam causar dano ambiental, não tenho previsto também a modalidade culposa. Frequentemente, a introdução de espécies exóticas que se tornam invasoras é realizada por imprudência ou negligência, e a gravidade dos danos ambientais provocados por tal conduta justifica a sua criminalização também na modalidade culposa.

A consumação do crime previsto no art. 61 (assim como o do art. 259 do CP) ocorre com a simples disseminação de doença, praga ou espécies que possam causar dano à agricultura, à pecuária, à fauna, à flora ou aos ecossistemas. Não é necessária a efetiva ocorrência do dano ambiental, bastando a potencialidade lesiva da conduta, ou seja, basta que o agente tenha disseminado doença, praga ou espécies que sejam potencialmente capazes de provocar dano ambiental.

Crimes contra o ordenamento urbano e o patrimônio cultural (artigos 62 e 63)

SANDRA CUREAU[1]

CAPÍTULO V – DOS CRIMES CONTRA O MEIO AMBIENTE

(...)

Seção IV – Dos Crimes contra o Ordenamento Urbano e o Patrimônio Cultural

Art. 62. Destruir, inutilizar ou deteriorar:

I – bem especialmente protegido por lei, ato administrativo ou decisão judicial;

II – arquivo, registro, museu, biblioteca, pinacoteca, instalação científica ou similar protegido por lei, ato administrativo ou decisão judicial:

Pena – reclusão, de um a três anos, e multa.

Parágrafo único. Se o crime for culposo, a pena é de seis meses a um ano de detenção, sem prejuízo da multa.

O *caput* do artigo 216 da Constituição Federal dispõe que "constituem patrimônio cultural brasileiro os bens de natureza material e imaterial, tomados individualmente ou em conjunto, portadores de referência à identidade, à ação, à memória dos diferentes grupos formadores da sociedade brasileira".

Dessa forma, o patrimônio cultural engloba desde obras, objetos, documentos, edificações e outros espaços destinados a manifestações artístico-culturais, até bens de natureza imaterial, desde que sejam portadores de referência à identidade, à ação e à memória do nosso povo, incluindo os sítios urbanos e de valor histórico e os bens integrantes do patrimônio paisagístico, arqueológico, paleontológico, ecológico, tecnológico, artístico e científico.

---

[1] Subprocuradora-Geral da República, Vice-Procuradora-Geral Eleitoral, Diretora-Geral da Escola Nacional de Direito Ambiental da Associação Brasileira do Ministério Público de Meio Ambiente, Diretora Cultural do Instituto "O Direito por um Planeta Verde", doutoranda em Direito Civil na Universidade de Buenos Aires.

Por sua vez, o § 1º do mesmo artigo determina que "o Poder Público, com a colaboração da comunidade, promoverá e protegerá o patrimônio cultural brasileiro, por meio de inventários, registros, vigilância, tombamento e desapropriação, e de outras formas de acautelamento e preservação". O elenco, como se vê, é meramente exemplificativo, não excluindo outras formas de proteção.

Conforme Luiz Regis Prado,[2] do ponto de vista penal, a noção de patrimônio cultural deve ser vista, no sentido técnico, *"como 'o conjunto de bens que têm em comum possuir um valor cultural objetivo'"*. Isso faz com que a sociedade tenha direito à sua conservação e ao seu desfrute. Por sua vez, Vladimir e Gilberto Passos de Freitas entendem que a limitação ao direito de propriedade justifica-se pelo valor artístico das coisas protegidas, como uma escultura ou um quadro notável, o que torna o bem de interesse de toda a coletividade.[3] Não podemos concordar com essa assertiva, uma vez que, nos moldes do *caput* do art. 216 da Constituição Federal de 1988, o que torna um bem digno da proteção legal não é a sua beleza incomum ou a sua originalidade, mas o seu vínculo com a memória e a identidade dos grupos formadores da sociedade brasileira.

Embora haja referências a tentativas de preservar os monumentos históricos já em meados do século XVIII, foi a partir da edição do Decreto 15.596, de 2 de agosto de 1922, que criou o Museu Histórico Nacional, com o objetivo de recolher, classificar e expor objetos de importância histórica, que surgiu a primeira medida de preservação do patrimônio cultural pátrio.

A Constituição Federal de 1934 atribuiu à União e aos Estados a competência concorrente para proteção das belezas naturais e dos monumentos de valor histórico ou artístico. Em 1936, foi criado o Serviço de Patrimônio Histórico e Artístico Nacional. A Constituição Federal de 1946 incluiu no campo de proteção também os documentos históricos.

O entendimento de Mário de Andrade, desde a elaboração, em 1936, do anteprojeto da lei de criação do atual IPHAN (então SPHAN), era de que o patrimônio cultural "está relacionado à ideia de arte, como fruto do engenho humano".[4] Conforme já foi expressado em artigo por nós publicado,[5] embora a noção de patrimônio seja dinâmica e vasta, englobando desde obras de arte, até bens de natureza imaterial, é necessário que tais bens tenham relação com a identidade, a ação e a memória dos grupos formadores da sociedade brasileira e, para tanto, não é possível prescindir da intervenção humana.

---

[2] PRADO, Luiz Regis. *Direito Penal do Ambiente*. 3ª ed. São Paulo: Revista dos Tribunais, 2011, p. 304.

[3] FREITAS, Vladimir Passos de e FREITAS, Gilberto Passos de. Crimes contra a natureza. 8ª ed. São Paulo: Revista dos Tribunais, 2006, p.235.

[4] RIBEIRO, Rafael Winter. *Paisagem cultural e patrimônio*. Rio de Janeiro: IPHAN, 2007, p. 69/70.

[5] CUREAU, Sandra. Patrimônio, uma noção complexa, identitária e cultural. *In Desafios do Direito Ambiental no século XXI – estudos em homenagem a Paulo Affonso Leme Machado*. São Paulo: Malheiros, 2005, p. 749.

Como observa José Eduardo Ramos Rodrigues,[6] o Decreto-Lei nº 3.866, de 29 de novembro de 1941, que permitiu ao Presidente da República, atendendo a motivos de interesse público, determinar, de ofício ou em grau de recurso, o cancelamento do tombamento de bens, realizado pelo Serviço do Patrimônio Histórico e Artístico Nacional –, hoje IPHAN – Instituto do Patrimônio Histórico e Artístico Nacional, fossem eles pertencentes à União, aos Estados, aos municípios ou a pessoas naturais ou jurídicas de direito privado, surgiu no mundo jurídico especialmente para facilitar a construção da Avenida Presidente Vargas, no Rio de Janeiro. Pode-se, assim, dizer que, através de sua edição, criou-se o primeiro dos muitos conflitos entre patrimônio cultural e desenvolvimento.

Nos dias atuais, seria possível, a partir do disposto no inciso III do § 1º do art. 225 da Constituição Federal, discutir a constitucionalidade da alteração do DL 25/37, através de diploma legislativo da mesma hierarquia, que não constitui lei em sentido formal. Ao criar-se situação menos favorável à preservação do patrimônio cultural, surge a retrogradação ambiental, cuja proibição, contida no § 1º, III, do art. 225 da Lei Maior, já foi objeto de estudo de diversos doutrinadores[7] e, ainda no ano de 2012, durante a realização da Rio + 20, foi reafirmado pelos juristas presentes como um dos princípios norteadores da proteção ambiental.[8] Leve-se em conta que os bens culturais integram o conceito de meio ambiente.

Tendo sido o tombamento criado apenas em 1937, através do Decreto-Lei 25, o desenvolvimento urbano já havia sido responsável, no início do século, pelo desaparecimento de grande número de valiosos prédios, sem que houvesse qualquer medida judicial para evitá-lo.

Na década de 1980, a proteção dos monumentos isolados começou a ceder lugar aos espaços de convívio e à recuperação dos modos de vida das diferentes comunidades. É dessa época o tombamento do Terreiro da Casa Branca do Engenho Velho ou Ilé Axê Iya Nassô Oká, situado em Salvador, Bahia.

Portanto, pouco a pouco, começou-se a buscar a preservação de uma ambiência, conjugando a vitalidade urbana com o meio ambiente e a conservação dos bens culturais.

Até o advento da Lei nº 7.347, de 24 de julho de 1985, o único instrumento jurídico para coibir a destruição ou a deterioração dos bens culturais era a ação penal. O art. 165 do Código Penal assim descrevia a figura típica do crime de dano em coisa de valor artístico, arqueológico ou histórico:

---

[6] RODRIGUES, José Eduardo Ramos. *O canhão "El Cristiano" e o gentil estado brasileiro*. Poiésis – Literatura, Pensamento & Arte, nº 170. Saquarema (RJ): maio de 2010, p. 8.

[7] Entre eles, MOLINARO, Carlos Alberto. *Direito Ambiental. Proibição de retrocesso*. Porto Alegre: Livraria do Advogado, 2007

[8] Rio + 20 – Conferência das Nações Unidas sobre Desenvolvimento Sustentável, Encontro Mundial de Juristas de Meio Ambiente, realizado no período de 15 a 17 de junho de 2012, no Espaço Tom Jobim do Instituto de Pesquisas Jardim Botânico do Rio de Janeiro.

Art. 165 – Destruir, inutilizar ou deteriorar coisa tombada pela autoridade competente em virtude de valor artístico, arqueológico ou histórico:
Pena – detenção, de seis meses a dois anos, e multa.

Na prática, este dispositivo legal não surgia efeito sequer pedagógico, uma vez que cabia ao Ministério Público demonstrar, ao longo da instrução criminal, que o réu havia agido dolosamente, já que o crime não admitia a figura culposa. Igualmente, era necessário demonstrar que o denunciado tinha conhecimento de que se tratava de bem tombado, uma vez que o desconhecimento desta circunstância configurava erro de tipo. As condenações eram raríssimas.

Ainda assim, é possível citar algumas decisões isoladas, com a abaixo transcrita, oriunda do Tribunal Regional Federal da 3ª Região:[9]

PENAL – PATRIMÔNIO DE VALOR CULTURAL E HISTÓRICO – PROTEÇÃO GARANTIDA PELA CF – DEMOLIÇÃO DE IMÓVEL TOMBADO – ALTERAÇÃO DO LOCAL ESPECIALMENTE PROTEGIDO SEM AUTORIZAÇÃO COMPETENTE – ARTS. 165 E 166 DO CÓDIGO PENAL – AUTORIA E MATERIALIDADE COMPROVADAS – CONCURSO MATERIAL – FIXAÇÃO DA PENALIDADE PARA CADA UM DOS DELITOS – PRESCRIÇÃO -RECONHECIMENTO – EXTINÇÃO DA PUNIBILIDADE EM RELAÇÃO AO DELITO DO ART. 166 DO CÓDIGO PENAL – REFORMA PARCIAL DA SENTENÇA.
1 – A proteção a bem de valor histórico e cultural tem sede constitucional, nos termos do art. 216 e parágrafos da CF. 2 – Conjunto probatório apto à demonstração da vontade livre e consciente do acusado no sentido de destruir bem imóvel tombado por seu valor histórico e pertencente ao patrimônio cultural da humanidade. Aplicação do art. 165 do CP. 3 – A alteração do aspecto visual de imóvel que integra local tombado como patrimônio histórico e cultural caracteriza a infração do art. 166 do CP. 4 – Uma vez reconhecido o concurso material, é de ser fixado o "quantum" da reprimenda para cada um dos delitos, observados os parâmetros estabelecidos pelo r. decisum. 5 – A pena de 6 meses de detenção enseja o prazo prescricional de 2 anos, lapso temporal transcorrido a permitir o reconhecimento da prescrição da pretensão punitiva estatal. 6 – Improvimento do recurso. Sentença, de ofício, parcialmente reformada.

O art. 62 da Lei dos Crimes Ambientais revogou, tacitamente, o artigo 165 do Código Penal, que descrevia o crime de dano em coisa de valor artístico, arqueológico ou histórico. Eladio Lecey (2007) aponta, acertadamente, que "o novo delito está mais bem delineado e proporciona maior tutela ao bem jurídico, não mais sendo exigido à configuração do crime o tombamento do bem, bastando a especial proteção por lei, ato administrativo ou decisão judicial". Ademais, conforme Luiz Régis Prado,[10] "o objeto material foi ampliado. O art. 62, passa a prever 'bem' ao invés de 'coisa', não está limitado nas espécies do patrimônio, bem como prevê outras esferas de proteção".

Sabe-se que "bens" têm sentido mais abrangente do que coisas, pois englobam não só as coisas materiais, como também as imateriais.[11]

---

[9] ACR 20882/SP – 97.03.020882-7; Relatora Juíza SYLVIA STEINER; julgamento em 07/11/2000; DJU – 16/11/2000, p. 386

[10] PRADO, Luiz Régis. Crimes contra o patrimônio cultural. In: Ciências Penais, vol. 4, p. 165, Jan. 2006, DTR, 2006, 734.

[11] Veja-se, entre outros, VENOSA, Sílvio de Salvo. Direito Civil. 10ª ed. Volume I. Parte Geral. São Paulo: Atlas, 2010, p. 285.

Isso permite concluir, igualmente, que outras formas de proteção através de ato administrativo, como o inventário e o registro – uma vez que a enumeração do art. 216, § 1º, da Constituição Federal é meramente exemplificativa –, possibilitam o ajuizamento de ação penal em caso de destruição, inutilização ou deterioração do bem. Nesta parte, não podemos concordar com Luiz Flávio Gomes e Silvio Maciel,[12] que entendem que *"o ato administrativo (a que se refere o art. 62) é o tombamento"*. A nosso sentir, mais acertada é a posição de Vladimir e Gilberto Passos de Freitas, quando afirmam que o significado de bem tombado *"é o de bem arrolado, relacionado, inventariado ou registrado"*.[13]

Os núcleos do tipo penal são destruir, inutilizar ou deteriorar. Não há muita discussão acerca dessas condutas. Destruir é arruinar, demolir, assolar[14] ou, ainda, para outros autores, demolir, arruinar, aniquilar.[15] Inutilizar é tornar inútil ou imprestável. E, finalmente, deteriorar é estragar, corromper, desfigurar, danificar.

O inciso I do art. 62 exige que o bem seja especialmente protegido por lei, ato administrativo ou decisão judicial.

Quanto ao bem protegido por lei, duas observações devem ser feitas: a primeira diz respeito à possibilidade de tombamento por via legislativa e a segunda à esfera – federal, estadual ou municipal – competente para editar a lei protetiva.

Sonia Rabello de Castro, José dos Santos Carvalho Filho, Hely Lopes Meirelles, Adílson de Abreu Dallari, Sérgio de Andréa Ferreira, José Cretella Júnior, Maria Sylvia Zanella Di Pietro, dentre outros, entendem que o tombamento é ato exclusivamente administrativo. A nosso ver, entretanto, ele pode ser instituído por lei e por ato do Poder Executivo, atingindo bem pertencente à pessoa pública ou privada, física ou jurídica. Defendem essa tese: Pontes de Miranda, Antonio A. Queiroz Telles, Paulo Affonso Leme Machado e Jair Eduardo Santana.

Jair Eduardo Santana[16] sustenta ser o ato legislativo, que efetua o tombamento, ato administrativo, ainda que não emanado do agir da Administração, por tratar-se de ato de efeito concreto, que apenas reconhece o valor de um determinado bem: "Não é a lei ou tampouco será o ato administrativo que irá atribuir valor a um bem, a ponto de torná-lo sujeito à proteção estatal pela via do tombamento. A ação do Poder Público apenas reconhece tal circunstância. E, por ser assim, tanto faz partir esse reconhecimento de ato normativo ou de ato administrativo propriamente dito". Aliás, a própria Constituição Federal de 1988, no § 5º do artigo 216, expressamente, tombou

---

[12] GOMES, Luiz Flávio; MACIEL, Silvio. *Crimes Ambientais. Comentários à Lei 9.605/98 (arts. 1º a 69-A e 77 a 82)*. São Paulo: Revista dos Tribunais, 2011, p. 259.

[13] FREITAS, Vladimir Passos de; FREITAS, Gilberto Passos de. *Crimes contra a natureza*. 8ª ed. São Paulo: Revista dos Tribunais, 2006, p. 235.

[14] PRADO, *op. cit.*

[15] FREITAS e FREITAS, op. cit.

[16] SANTANA, Jair Eduardo. *Competências legislativas municipais*. 2ª ed. Belo Horizonte: Del Rey, 1998.

os documentos e sítios detentores de reminiscências históricas dos antigos quilombos.[17]

A proteção legal, por sua vez, pode advir de lei federal, estadual, distrital ou municipal, uma vez que os arts. 24, VII e VIII, e 30, IX, da Constituição Federal dispõem ser concorrente a competência para legislar sobre a proteção do patrimônio cultural, bem como sobre a responsabilidade por dano a bens de valor artístico, estético, histórico, turístico e paisagístico.

Quanto ao ato administrativo de que trata o inciso I do art. 62, entendemos que não é apenas o tombamento.

Tombar é inscrever, no Livro Tombo respectivo, bens, móveis ou imóveis, de valor cultural. É a forma mais conhecida de proteção do patrimônio cultural, ainda que não seja a única. O tombamento instituto de Direito Administrativo e, como tal, disciplinado por normas de Direito Público. Foi introduzido na legislação brasileira pelo Decreto-Lei nº 25/37.

São sujeitos ao tombamento não apenas os bens culturais, ou seja, aqueles que sejam produto da atividade humana, ou que revelem a combinação da ação do ser humano com a natureza, como também os bens naturais, pois paisagens, parques, espaços verdes, que não revelem, de alguma forma a combinação da ação do ser humano com a natureza, são bens naturais, que, como tais, podem ser protegidos, mas não são bens culturais.[18] Conforme previsto no § 2º do art. 1º do Decreto-Lei 25/37, tais bens são equiparados, para fins de tombamento, aos culturais, em razão da feição notável com que foram dotados pela natureza.

O registro está previsto no Decreto 3.551, de 4 de agosto de 2000, e é o instrumento de proteção dos bens culturais de natureza imaterial, assim entendidos as práticas, representações, expressões, conhecimentos e técnicas, que constituem patrimônio cultural brasileiro, e, também, os instrumentos, objetos, artefatos e lugares que lhes são associados.

A tramitação do processo de registro não difere, substancialmente, daquela do processo de tombamento. Entretanto, o patrimônio imaterial não requer proteção e conservação iguais às dos bens móveis e imóveis e, sendo assim, o registro corresponde à identificação e à produção de conhecimento sobre o bem cultural que se busca preservar. Conforme consta do § 2º do art. 1º do Decreto 3.551/2000, "a inscrição num dos livros de registro terá sempre como referência a continuidade histórica do bem e sua relevância nacional para a memória, a identidade e a formação da sociedade brasileira".

Tombamento e registro não são excludentes. Um bem tombado, como, por exemplo, uma feira ou um mercado, pode ser também objeto de registro, desde que abrigue manifestações culturais protegidas por este instituto.

---

[17] LEUZINGER, Márcia Dieguez e CUREAU, Sandra. *Direito Ambiental*. Rio de Janeiro: Elsevier, 2008, p. 128/129.

[18] CUREAU, Sandra. *Patrimônio, uma noção complexa, identitária e cultural*. In: KISHI, Sandra *et alli* (orgs.). Desafios do direito ambiental no século XXI – estudos em homenagem a Paulo Affonso Leme Machado. Malheiros: São Paulo, 2005.

De outro lado, o tombamento por um ente federativo não impede que outro também o faça. Quando maior a proteção de um bem cultural, melhor será. Exemplo disso é o Forte de Copacabana, na cidade do Rio de Janeiro, tombado pelo INEPAC – Instituto Estadual do Patrimônio Cultural –, em 1989, que foi tombado também pelo IPHAN em 2004.

A notificação do proprietário do bem para anuir ao tombamento, dentro do prazo de quinze dias, ou para oferecer, dentro do mesmo prazo, as razões de sua impugnação impede que proceda à destruição, inutilização ou deterioração do bem, porque o início do processo de tombamento já implica em uma proteção provisória.

O inventário consiste no levantamento sistemático, atualizado e exaustivo dos bens existentes, visando a respectiva identificação. As primeiras catalogações do patrimônio cultural brasileiro datam do período colonial. Na década de 1920, as lideranças intelectuais, na luta pela proteção do nosso patrimônio, ameaçado pelas reformas urbanas e pelas ideias de modernização, reivindicavam, entre outras coisas, a identificação e o registro das manifestações culturais para a história e a conservação dos exemplares mais significativos para as gerações futuras. Entretanto, com a criação do Serviço de Patrimônio Histórico e Artístico Nacional, em 1936, o recenseamento dos bens culturais "seria confundido com o tombamento, aplicado apenas aos bens de valor excepcional, o que reduziria o inventário a uma atividade limitada e dependente".[19]

Não obstante, algumas iniciativas isoladas tiveram efeito no Brasil, como é o caso do Inventário de Proteção do Acervo Cultural da Bahia, iniciado em 1973, pela Secretaria de Indústria, Comércio e Turismo. O IPHAN atestou, em seu Relatório de Atividades 2003/2004 (último publicado, segundo consta em seu *site*), o prosseguimento do Inventário Nacional dos Bens Móveis e Elementos Artísticos Integrados, com o registro de mais de quinze mil peças em monumentos tombados.

Por fim, o bem pode estar protegido por decisão judicial. O inciso I do art. 62 da Lei 9.605/98 não faz menção a uma ação judicial específica, razão pela qual entendemos que tanto a liminar em ação cautelar como a decisão definitiva, a tutela antecipada ou a sentença de mérito em ação civil pública poderão, em caso de destruição, inutilização ou deterioração do bem objeto da providência judicial, servir para configurar o tipo penal.

É certo que a denúncia deve mencionar, obrigatoriamente, o ato administrativo que protege o bem, sob pena de inépcia da inicial. Do mesmo modo ocorre em relação às decisões judiciais e aos diplomas legais protetivos, que devem ser expressamente mencionados na denúncia.

Além disso, o inciso II do mesmo artigo pune, ainda, quem destrói, inutiliza ou deteriora arquivo, registro, museu, biblioteca, pinacoteca, instalação científica ou similar.

---

[19] AZEVEDO, Paulo Ormindo de. *Por um inventário do patrimônio cultural brasileiro*. Revista do Patrimônio Histórico e Artístico Nacional., N° 22, 1987.

Arquivo é o lugar destinado à guarda de acervos documentais; registro é o livro no qual se anotam ocorrências públicas ou particulares; museus são instituições destinadas à preservação do patrimônio cultural móvel, tombado ou não. Como já escrevemos anteriormente, são centros de recuperação do patrimônio, destinados à investigação, conservação, comunicação e exibição dos bens expostos e acessíveis à pesquisa e visitação.[20] As bibliotecas abrigam coleções de livros e as pinacotecas, coleções de quadros de pintura. Instalações científicas, como o nome diz, são locais destinados à realização de projetos e pesquisas científicas. Ao aludir a locais similares, o legislador optou por conferir proteção não só aos locais expressamente indicados, mas, genericamente, a todos os demais que, embora não elencados, a eles se assemelham. Também nas hipóteses do inciso II deve haver prévia proteção por lei, ato administrativo ou decisão judicial.

Outra inovação importante, em relação ao art. 165 do Código Penal, diz respeito ao elemento subjetivo do tipo, eis que o art. 62 da Lei 9.605/98 admite tanto o dolo como a culpa.

Alguns doutrinadores entendem que, em relação a esta última, dificilmente, se poderá imaginar uma hipótese concreta, razão pela qual o dispositivo não terá efetividade.[21] Já outros, a nosso ver acertamente, conseguem vislumbrar a hipótese de alguém, em alta velocidade, colidir e danificar um imóvel tombado.[22] Hipótese semelhante, aliás, ocorreu em Ouro Preto, quando um caminhão perdeu os freios numa ladeira, colidindo e danificando gravemente um chafariz do Século XVIII.[23]

Finalmente, em relação à jurisprudência, o número de condenações pelo crime do art. 62 da Lei 9.605/98 é bastante mais significativo do que aquelas pelo revogado art. 165 do Código Penal. Veja-se:

I. Bens protegidos por lei:

SÍTIO ARQUEOLÓGICO. MATERIALIDADE E AUTORIA DEFINIDAS. ERRO DE TIPO NÃO COMPROVADO. DOLO EVENTUAL. I. A realização de obra sobre importante sítio arqueológico na região de Imbituba/SC constitui crime ambiental de sérias proporções, principalmente pelo fato de que o réu é morador da área e, por força de sua função, na qualidade de "Diretor Técnico" da empresa de engenharia, não tomou o devido cuidado ao escavar área com fragmentos arqueológicos facilmente identificáveis. II. Descabida a tese defensiva de ocorrência de erro de tipo porquanto o réu, no mínimo, agiu com dolo eventual, não apresentando prova concreta em favor de seus argumentos. III. Apelação não provida. (TRF 4ª REGIÃO – ACR – Processo: 200304010431331 UF: SC – Rel. JUIZ LUIZ FERNANDO WOWK – Data da decisão: 22/09/2004)

II. Bens protegidos por ato administrativo:

INQUÉRITO POLICIAL. Justa causa. Crime contra o patrimônio público caracterizado em tese. Dano em coisa de valor histórico e alteração de local especialmente protegido. Demolição pelo

---

[20] LEUZINGER e CUREAU, op. cit., p. 142.

[21] É o caso de FREITAS e FREITAS, op. cit., p. 237..

[22] GOMES e MACIEL, op. cit., p. 260.

[23] http://www.fragatasurprise.com/2012_05_01_archive.html Acesso em 30.07.2012.

proprietário de prédio situado em área de proteção ambiental de sítio tombado. Processo de tombamento do referido bem também já iniciado, devidamente comunicados o proprietário, a Prefeitura Municipal e a autoridade policial. Retardamento na ultimação. Ofício por aquele dirigido ao Condephaat impondo o prazo de 15 dias para solução. Não atendimento. Alvará de demolição concedido pelo prefeito. Legalidade da imposição ao Conselho e da autorização da Municipalidade dependentes do exame do mérito, inadmissível em *habeas corpus*. Impossibilidade de trancamento. Prosseguimento determinado para apuração da ocorrência dos delitos e eventual responsabilização dos notificados. Declaração de voto (TACrimSP, RT 620/318)

APELAÇÃO CRIMINAL. Art. 62, i, da lei nº 9.605/98. Preliminar. Responsabilidade penal da pessoa jurídica. inadequação entre natureza jurídica e sanção privativa de liberdade. inexistência de regras específicas compatíveis com o ente coletivo. inviabilidade de sancionamento. exclusão da acusada do pólo passivo da relação processual – Preliminares – poder de investigação do Ministério Público. possibilidade decorrente da titularidade da ação penal pública. precedentes. Inépcia da denúncia. inocorrência. fatos narrados a contento na exordial acusatória. Nulidade do interrogatório. inexistência do vício alegado. ausência de prejuízo. Suspensão condicional do processo ofertada e recusada pelo acusado. Rejeição das preliminares. Mérito – autoria e materialidade satisfatoriamente comprovadas nos autos. Acusado que deliberou para a destruição de casas especialmente protegidas por atos administrativos – registro documental e inventário que possuem autonomia protetiva – inteligência do art. 216, § 1º, da Constituição Federal. Incredibilidade da alegação de desconhecimento da proteção que recaía sobre os imóveis demolidos. Dolo genérico comprovado nos autos. Inocorrência de descriminantes putativas ou de erro de tipo. Condenação que se impõe. Recurso conhecido, com a anulação parcial *ab initio* da ação penal, rejeição das preliminares suscitadas e, no mérito, apelo parcialmente provido. (Apelação Criminal 1.0024.05.817111-7/001, TJ/MG, Rel. Des. Márcia Milanez, 04/11/2008).

III. Bens protegidos por decisão judicial:

Crime ambiental. Artigo 62, inciso I, da Lei n° 9.605/98. Destruição de imóvel especialmente protegido por decisão judicial. Acusada que, após receber ordem judicial – expedida nos autos de ação civil pública movida pelo Ministério Público com vistas a preservar imóvel de interesse histórico e arquitetônico, de sua propriedade – impedindo a alteração das características do imóvel, cuida de providenciar imediatamente a demolição do prédio, durante o feriado de Natal, sob o argumento de existência de risco para terceiros. Imóvel não habitado. Estado de necessidade não demonstrado sequer por indícios. Admissão dos fatos pela acusada. Dolo evidente Alegação defensiva de atipicidade, em razão de o bem não possuir valor histórico ou arquitetônico – eis que não havia ainda decisão judicial nesse sentido – e também porque a ordem judicial que protegia o bem não era definitiva. Teses afastadas. A proteção estabelecida pela Lei n.° 9.605/98 tem por objetivo resguardar o bem objeto de interesse enquanto a questão não é solucionada definitivamente, daí porque o descumprimento de qualquer decisão judicial, mesmo aquela de natureza cautelar, basta para caracterizar o tipo previsto no artigo 62, inciso I, da Lei n.° 9.605/98. Desnecessidade, bem por isso, de perquirição, na ação penal, acerca do valor histórico ou arquitetônico do imóvel. Inexistência de vício na sentença. Autoria e materialidade amplamente demonstradas Condenação de rigor Penas estabelecidas no mínimo. Substituição que atende à finalidade da lei penal e é socialmente recomendável. Regime aberto, para o caso de descumprimento, igualmente adequado. Apelo improvido, afastada a matéria preliminar. (APELAÇÃO CRIMINAL 990.08.078392-0. RELATOR: PINHEIRO FRANCO – 5ª CÂMARA DE DIREITO CRIMINAL. j .12/02/2009).

Art. 63. Alterar o aspecto ou estrutura de edificação ou local especialmente protegido por lei, ato administrativo ou decisão judicial, em razão de seu valor paisagístico, ecológico, turístico, artístico, histórico, cultural, religioso, arqueológico, etnográfico ou monumental, sem autorização da autoridade competente ou em desacordo com a concedida:

Pena – reclusão, de um a três anos, e multa.

O art. 63 da Lei 9.605/98 revogou, tacitamente, o art. 166 do Código Penal, sendo sua redação, igualmente, mais completa e incluindo, além da proteção por lei, aquelas decorrentes de ato administrativo ou decisão judicial. O crime, aqui, é de alterar o aspecto ou estrutura de edificação ou local especialmente protegido.

Alterar significa mudar, transformar, total ou parcialmente. Por aspecto entende-se a aparência. A estrutura é a disposição e a ordem das partes que compõem o objeto da modificação.[24] Edificação é todo e qualquer edifício, prédio, obra, construção, urbana ou rural, enquanto local é o sítio, o lugar.

Os objetos materiais deste crime são protegidos em razão de seu valor paisagístico (abrangendo paisagens naturais e artificiais), ecológico (ambiental), turístico (significando locais abertos à visitação pública e de interesse da coletividade), artístico (obra humana, dotada de criatividade e originalidade), histórico (bens ligados a acontecimentos que fazem parte da história do país, do estado ou do município), cultural (termo genérico, relativo a manifestações culturais de povos, grupos ou comunidades), religioso (ligado a determinada religião ou seita religiosa), arqueológico (relativo à cultura dos povos antigos, incluindo o paleontológico, o espeleológico e o geológico), etnográfico (raças e povos, vida dos grupos sociais, em especial os primitivos) ou monumental.

Em relação ao valor monumental do bem protegido, alguns autores entendem que está ligado aos monumentos naturais,[25] enquanto para outros é necessário que se trate de obra ou construção grandiosa, do ponto de vista arquitetônico ou escultural.[26] Preferimos adotar o conceito contido no art. 1º da Convenção para a Proteção do Patrimônio Mundial Cultural e Natural da UNESCO – Organização das Nações Unidas para a Educação, Ciência e Cultura, de 1972 (Convenção de Paris), que é o seguinte:

> Obras arquitectónicas, de escultura ou de pintura monumentais, elementos de estruturas de caráter arqueológico, inscrições, grutas e grupos de elementos com valor universal excepcional do ponto de vista da história, da arte ou da ciência.

Assim sendo, como salienta Luiz Regis Prado, esses locais especialmente protegidos podem ser imóveis tombados, de acordo com o Decreto-Lei 25/37; sítios arqueológicos ou pré-históricos, que são considerados

---

[24] LEUZINGER, Márcia Dieguez; CUREAU, Sandra, op. cit., p. 156.

[25] É o caso de GOMES; MACIEL, op. cit., p. 262.

[26] É o caso de PRADO, Luiz Regis, op. cit., p. 309.

monumentos pela Lei 3.924/61 e, inclusive, os recursos florestais. Inscrições rupestres e outros vestígios de atividades paleoameríndias; cemitérios, sepulturas, locais de pouso prolongado ou aldeamento; cerâmicas que tenham vestígios humanos de interesse paleoetnográfico ou arqueológico; jazidas e grutas que sejam testemunhos da cultura dos paleoameríndios no Brasil são monumentos arqueológicos e pré-históricos, nos termos da Lei 3.924/61 e, como tal, incluem-se no art. 63 da Lei dos Crimes Ambientais.[27]

Tal como ocorre em relação ao art. 62, é necessário que o aspecto ou a estrutura da edificação ou do local seja protegido por lei, ato administrativo ou decisão judicial, valendo, quanto a estes, as observações já feitas quando do exame do antigo anterior.

Havendo autorização da autoridade competente, ou atuando o agente dentro dos limites da autorização concedida, o fato é atípico. Fora desta hipótese, apenas uma alteração totalmente imperceptível ou insignificante poderá excluir a configuração do tipo penal.

O crime descrito no art. 63 da Lei 9.605/98 exige a presença do dolo, mesmo que eventual, inexistindo a forma culposa.

Jurisprudência:

PENAL E PROCESSO PENAL. CRIME CONTRA O MEIO AMBIENTE. ARTIGO 63 DA LEI Nº 9.605/98. MATERIALIDADE COMPROVADA. DOLO. DOSIMETRIA DA PENA. CULPABILIDADE. CONSEQÜÊNCIAS DO CRIME. 1. A conduta de modificar irregularmente imóvel tombado, sem a prévia autorização do IPHAN, configura o crime capitulado no artigo 63 da Lei nº 9.605/98. 2. Encontra-se preenchido o elemento subjetivo do tipo se demonstrado que a ré alterou o aspecto da edificação tombada de forma voluntária e consciente. 3. A persistência da acusada, dando continuidade as obras do seu imóvel apesar do embargo administrativo imposto pelo IPHAN, configura uma especial resistência à norma incriminadora do artigo 63 da Lei nº 9.605/98, suficiente para justificar uma exasperação diferenciada a título de culpabilidade. 4. A extrema dificuldade de reparação dos danos causados ao patrimônio histórico-cultural pelas obras empreendidas no edifício tombado, atestada pela opinião técnica do parecer do IPHAN, autoriza um juízo desfavorável no tocante à vetorial das conseqüências do delito. (TRF 4ª R.; ACr 2003.72.07.001177-8; SC; Oitava Turma; Rel. Des. Fed. Luiz Fernando Wowk Pentado; Julg. 26/03/2008; DEJF 02/04/2008; p. 549)

PROCESSUAL PENAL. CRIME CONTRA O PATRIMÔNIO CULTURAL. ART. 63 DA LEI Nº 9.605/98. AUSÊNCIA DE TOMBAMENTO DO BEM. DESNECESSIDADE. BEM INVENTARIADO PELO IPHAN. FORMA DE PROTEÇÃO DO PATRIMÔNIO CULTURAL BRASILEIRO RECONHECIDA PELA CONSTITUIÇÃO FEDERAL. ART. 216, §1º, DA CF/88. COMPETÊNCIA DA JUSTIÇA FEDERAL. I – O art. 63 da Lei nº 9.605/98 optou pela proteção do patrimônio cultural de forma genérica. Por Lei, por ato administrativo ou por decisão judicial. Sem mencionar expressamente o tombamento ou o inventário, que, indiscutivelmente, encontram-se compreendidos nas formas ali previstas, à luz do art. 216, §1º, da CF/88. ii. Com efeito, por ser o inventário forma de proteção do patrimônio cultural brasileiro, prevista no art. 216, § 1º, da CF/88, desnecessário é o tombamento prévio, para que o bem seja considerado protegido pela União. III. Inventariada a edificação pelo Instituto do Patrimônio Histórico e Artístico Nacional. Iphan, com fins de preservação, a competência para processar e julgar ação penal, para apuração do crime previsto no art. 63 da Lei nº 9.605/98, é da Justiça Federal. iv. Recurso provido.

---

[27] Veja-se, a respeito, PRADO, op. cit., p. 309/310.

(TRF 1ª R.; RecCr 2006.39.00.008274-1; PA; Terceira Turma; Rel Des Fed. Assusete Dumont Reis Magalhães; Julg. 29/09/2008; DJF1 31/10/2008; p. 76).

A noção de conjunto paisagístico, por óbvio, deve ser compreendida de maneira abrangente com as características da suficiente coesão, unidade e integração e, assim, não é possível considerar que não houve mudança pelo simples fato de apenas parte do todo ter sido alterada. A se admitir correto o raciocínio desenvolvido pelo magistrado, paulatinamente será possível a realização de várias obras "de pequeno porte" no parque do flamengo (mesmo sem alteração do iphan) e, ao final, sequer existirá algum remanescente do conjunto arquitetônico e paisagístico lá implantado e existente à época do tombamento devido às sucessivas e paulatinas "pequenas" alterações. (TRF 2ª R. – AC 2000.51.01.000571-5 – 8ª T. – Rel. Juiz Fed. Conv. Guilherme Calmon Nogueira da Gama – DJU 22.08.2006 – p. 246).

PENAL E PROCESSUAL PENAL – CRIME CONTRA O ORDENAMENTO URBANO E O PATRIMÔNIO CULTURAL – CONFISSÃO – NOTIFICAÇÃO EXTRAJUDICIAL – Confissão, depoimento testemunhal, fotografias e notificação extrajudicial do IPHAN que atestam que o acusado iniciou obras em Imóvel Tombado, sem autorização prévia. – Inteligência do art. 17, do Decreto-Lei 25/37 e art. 63, da Lei 9.605/98. – Apelação improvida. (TRF 5ª R. – ACR 2001.83.00.019632-4 – (3511) – PE – 4ª T. – Rel. Des. Fed. Marcelo Navarro Ribeiro Dantas – DJU 14.09.2005 – p. 1121).

PENAL – CRIME AMBIENTAL – ART. 63 DA LEI Nº 9.605/98 – REFORMA EM IMÓVEL SITUADO EM ÁREA TOMBADA PELO PATRIMÔNIO HISTÓRICO E ARTÍSTICO NACIONAL – NOTIFICAÇÃO PELO IPHAN – ALTERAÇÃO NÃO AUTORIZADA – DESCABIMENTO DA TESE DEFENDIDA DE EXISTÊNCIA DE PRESCRIÇÃO E DE AFASTAMENTO DO DOLO – A prova documental trazida aos autos demonstra que a conduta ilícita do agente perdurou no tempo, tendo ocorrido alterações no imóvel mesmo depois da vistoria do IPHAN em 2000, não sendo, portanto, cabível a alegação de prescrição da pretensão punitiva. – Descabida, igualmente, a tese de que a apelante desconheceria a restrição administrativa à restauração arquitetônica de seu imóvel, uma vez que, mesmo após a primeira vistoria do IPHAN, onde foi constatada a irregularidade das obras, continuou realizando-as ilicitamente. – Apelação improvida. (TRF 5ª R. – ACR 2001.83.00.019349-9 – 1ª T. – PE – Rel. Des. Fed. Francisco Wildo Lacerda Dantas – DJU 15.12.2005 – p. 615).

EMBARGOS INFRINGENTES E DE NULIDADE. ARTIGO 63 DA LEI Nº 9.605/98. TIPICIDADE. ALTERAÇÃO PAISAGÍSTICA SUBSTANCIAL CONFIGURADA. ATENUANTE DO ART. 14, II, DO MESMO DIPLOMA LEGAL. INCIDÊNCIA. PRESTAÇÃO PECUNIÁRIA. REDUÇÃO. 1. Pratica o crime previsto no artigo 63 da Lei nº 9.605/98 quem, em área de preservação permanente, explode pedras existentes à beira-mar, causando irreversível dano paisagístico. 2. Atenuante do artigo 14, II, da Lei nº 9.605/98 reconhecida. Prestação pecuniária reduzida para um salário mínimo mensal, a ser recolhida durante o prazo da condenação. 3. Embargos infringentes improvidos. (TRF da 4ª Região – Embargos Infringentes e de Nulidade na ACR nº 164/SC (200204010343358), 4ª Seção, Rel. Juiz José Luiz B. Germano da Silva. j. 15.04.2004, maioria, DJU 19.05.2004).

PROCESSUAL PENAL E PENAL. PRELIMINAR DE INTEMPESTIVIDADE DA APELAÇÃO. REJEIÇÃO. CRIME CONTRA O ORDENAMENTO URBANO E O PATRIMÔNIO CULTURAL (ART. 63 DA LEI No 9.605, DE 1998). EXAME DE CORPO DE DELITO. DISPENSABILIDADE. COMPROVAÇÃO DA MATERIALIDADE DO DELITO POR OUTROS MEIOS DE PROVA. 1. Conforme entendimento do STF, havendo dúvida quanto à tempestividade do recurso apresentado pela defesa, deve-se decidir a favor de sua admissibilidade, tendo em vista o princípio da pluralidade dos graus de jurisdição.2. A ausência de exame de corpo de delito, ainda que o crime tenha deixado vestígios, não torna nula a sentença condenatória, se esta teve como fundamento outras provas, como depoimentos de testemunhas, documentação fotográfica e confissão do réu, que foram suficientes para demonstrar a materialidade do delito. Precedente do STJ: Quinta Turma, RHC no 15.403/MG, rel. Min. Laurita Vaz, j. 28 abr. 2004, unânime, publicado no Diário da Justiça de 7 jun. 2004, p. 241.3. O fato de o imóvel encontrar-se em ruína, como asseverou o réu, não justifica a sua conduta de reformá-lo sem autorização da autoridade competente, uma vez que as modificações realizadas não se restringiram à manutenção da estrutura da casa, mas se destinaram também a sua ampliação. Além disso, nada impedia o réu de requerer a autorização do IPHAN antes de iniciar a obra. 4. Apelação improvida. (TRF 5ª Região – ACR 3088 – Processo: 200183000193487 UF: PE – Órgão Julgador: Segunda Turma – Rel. Desembargador Federal Francisco Cavalcanti. Data da decisão: 31/08/2004)

RECURSO CRIMINAL EM SENTIDO ESTRITO. ART. 63 DA LEI Nº 9.605/98. REJEIÇÃO DA DENÚNCIA. TIPICIDADE CONFIGURADA. 1. De acordo com o art. 63 da Lei nº 9.605/98, constitui crime alterar, sem autorização da autoridade competente, o aspecto de edificação ou local especialmente protegido em razão de seu valor histórico. Protege o legislador a inviolabilidade do patrimônio histórico, no que diz respeito aos sítios e paisagens que mereçam especial proteção. 2. O tipo previsto no art. 63 da Lei nº 9.605/98 requer a ocorrência de impacto no aspecto local da área protegida, o qual, no presente caso, é inegável. 3. Para que exista o delito é necessário, também, que o sujeito pratique o fato sem licença da autoridade competente, fato que se verifica *in casu*. 4. Recurso criminal em sentido estrito provido. (TRF da 4ª Região – Recurso em Sentido Estrito nº 3413/SC (200172070023887), 7ª Turma, Rel. Juiz Fábio Rosa. j. 25.03.2003, unânime, DJU 30.04.2003, p. 908).

HABEAS CORPUS – ALTERAÇÃO DE ASPECTO DE LOCAL ESPECIALMENTE PROTEGIDO POR LEI POR SEU VALOR CULTURAL – SERRA DO CURRAL – ORDEM DENEGADA – Edificações ou terraplanagens realizadas em lote localizado em área da Serra do Curral devem ser previamente autorizadas pelo Conselho Deliberativo do Patrimônio Histórico e Cultural de Belo Horizonte – Aprovação posterior de projeto de edificação em lote onde se realizou desaterro irregular não extingue a punibilidade do fato. (TJMG – HC 1.0000.00.325638-5/000(1). Rel. Des. MERCÊDO MOREIRA. j. 13/05/2003)

APELAÇÃO CRIMINAL – CRIME CONTRA O ORDENAMENTO URBANO E O PATRIMÔNIO CULTURAL – LEI Nº 9.605/98 – ART. 63 – BEM PROTEGIDO – COLOCAÇÃO DE PLACAS COMERCIAIS – ALTERAÇÃO DO ASPECTO DA EDIFICAÇÃO – TIPIFICAÇÃO – 1. A colocação de placas comerciais em prédio tombado pelo patrimônio histórico, desobedecendo a regulamentação do instituto do patrimônio histórico e artístico nacional – Iphan, altera o seu aspecto, pois lhe retira as características da época, modificando sua aparência. Incidência do art. 63 da Lei nº 9.605/98. 2. Comprova-se o dolo do réu pelo conhecimento das restrições legais, comprovado nos autos pela notificação extrajudicial e pela prova testemunhal, tendo o acusado mantido sua conduta de fixar placa comercial em imóvel tombado pelo patrimônio histórico, desrespeitando a regulamentação do iphan. 3. Apelação provida. (TRF 4ª R. – ACr 2002.04.01.033162-9 – SC – 7ª T. – Rel. Des. Fed. José Luiz B. Germano da Silva – DJU 16.07.2003 – p. 369)

RECURSO ESPECIAL. PENAL. CRIME CONTRA O MEIO AMBIENTE. ART. 63 DA LEI Nº 9.605/98. REEXAME DO CONJUNTO FÁTICO-PROBATÓRIO. VERBETE SUMULAR Nº 07 DO STJ. FALTA DE PREQUESTIONAMENTO. 1. Torna-se inviável, nesta via recursal, rever o posicionamento adotado pelo Tribunal de origem, que entendeu tratar-se o local do crime como área rural, em razão do comando contido no verbete sumular n.º 07 desta Corte Superior de Justiça. 2. A tese recursal relativa ao crime contra o patrimônio cultural não foi debatida na

Instância *a quo*, incidindo as Súmulas n⁰ˢ 282 e 356 do STF. *3. Recurso não conhecido.* (STJ – REsp 779951 / DF – 5ª Turma, Rel. Min. Laurita Vaz, DJ 12/03/2007 p. 315).

PENAL -CRIME AMBIENTAL -ART. 63 DA LEI Nº 9.605/98 -CRIME CONTRA O ORDENAMENTO URBANO E O PATRIMÔNIO CULTURAL -APLICAÇÃO DA ATENUANTE DA CONFISSÃO ESPONTÂNEA. 1. A alegação de inépcia da denúncia não procede, visto que a peça em questão preenche todos os requisitos elencados no art. 41 do CPP, sendo a sua narrativa plenamente condizente com o fato criminoso e a qualificação jurídico-penal. 2. O laudo, na verdade é peça de informação, irrelevantes discussões sobre a sua validade, a sentença foi baseada não só em provas produzidas na fase inquisitorial, mas também em depoimentos e outros. Todas as teses apresentadas pela defesa foram devidamente analisadas, de acordo com a relevância das mesmas para o magistrado. 3. A autoria e a materialidade do delito encontram-se devidamente comprovadas. O próprio réu admite as alterações produzidas na fachada do imóvel em sua confissão em sede de interrogatório, sendo suficiente para a configuração do delito "a alteração da edificação sem autorização da autoridade competente", além da vistoria que traz as fotos das alterações feitas, a notificação do IPHAN, determinando a paralisação das obras e o laudo pericial que comprovou as irregularidades. 4. Na dosimetria da pena, foram respeitadas todas as circunstâncias constantes do art. 54 do CP para a fixação da pena-base. Súmula nº 444 do STJ, veda a utilização de inquéritos policiais e ações penais em curso para agravar a pena-base. A aplicação do art. 15, II "a" da Lei nº 9.605/98 é condizente com o objetivo do réu no cometimento do delito. 5. Aplicável a atenuante da confissão espontânea de acordo com o art. 65, III "d" do CP, tendo em vista a confissão do réu em sede de interrogatório com relação à realização da obra. 6. Apelo do Ministério Público Federal improvido e apelo do réu parcialmente provido, apenas no que diz respeito a aplicação da atenuante da confissão espontânea. (TRF da 2ª Região – ACR 200251020056443 RJ 2002.51.02.005644-3 – Relator Desembargador Federal MESSOD AZULAY NETO – Segunda Turma Especializada – E-DJF2R – Data: 07/06/2010 – p. 114/115).

Ordenação do uso e ocupação do solo urbano ou rural
(artigos 64 e 65)

MARCOS PAULO DE SOUZA MIRANDA[1]

CAPÍTULO V – DOS CRIMES CONTRA O MEIO AMBIENTE
(...)
Seção IV – Dos Crimes contra o Ordenamento Urbano e o Patrimônio Cultural
(...)
Art. 64. Promover construção em solo não edificável, ou no seu entorno, assim considerado em razão de seu valor paisagístico, ecológico, artístico, turístico, histórico, cultural, religioso, arqueológico, etnográfico ou monumental, sem autorização da autoridade competente ou em desacordo com a concedida:
Pena - detenção, de seis meses a um ano, e multa.

1. Artigo 64

1.1. Sujeitos

O sujeito ativo pode ser qualquer pessoa, física ou jurídica. Mesmo o proprietário do suporte físico do bem cultural protegido pode figurar como autor, uma vez que a proteção se dá por interesse da coletividade.

O sujeito passivo primário é a coletividade, titular do direito difuso atinente ao meio ambiente cultural (em razão de valores nas dimensões paisagística, ecológica, artística, turística, histórica, cultural, religiosa, arqueológica, etnográfica ou monumental) e ao ordenamento do uso e ocupação do solo. O sujeito passivo secundário é o detentor do domínio do solo não edificável.

---

[1] Promotor de Justiça em Minas Gerais. Coordenador da Promotoria Estadual de Defesa do Patrimônio Cultural e Turístico de Minas Gerais.Especialista em Direito Ambiental.Secretário da ABRAMPA

1.2. Objeto jurídico

É a preservação da higidez do patrimônio cultural brasileiro mediante respeito à ordenação do uso e ocupação do solo, seja urbano ou rural, posto que da Seção IV da Lei 9.605/98, apenas o art. 65 restringe-se à área urbana.

Em razão da natureza difusa do objeto jurídico entendemos não ser cabível a aplicação do princípio da insignificância.

Jurisprudência pertinente:

> Para a incidência do princípio da insignificância devem ser considerados aspectos objetivos referentes à infração praticada, assim a mínima ofensividade da conduta do agente, a ausência de periculosidade social da ação, o reduzido grau de reprovabilidade do comportamento, bem como a inexpressividade da lesão jurídica causada (HC 84.412/SP, Rel. Min. Celso de Mello, DJ de 19/11/2004), que não restou demonstrado in casu. A Constituição Federal de 1988, consolidando uma tendência mundial de atribuir maior atenção aos interesses difusos, conferiu especial relevo à questão ambiental, ao elevar o meio-ambiente à categoria de bem jurídico tutelado autonomamente, destinando um capítulo inteiro à sua proteção. Interesse estatal na repreensão da conduta, em se tratando de delito contra o meio-ambiente, dada a sua relevância penal. Ordem denegada. (STJ; HC 192.696; Proc. 2010/0226460-0; SC; Quinta Turma; Rel. Min. Gilson Langaro Dipp; Julg. 17/03/2011; DJE 04/04/2011.

> APELAÇÃO. CRIME AMBIENTAL. ART. 65 DA LEI Nº 9.605/98. PRINCÍPIO DA INSIGNIFICÂNCIA. TESE AFASTADA. Inaplicável o princípio da insignificância, aos crimes ambientais, pois o dano ao meio ambiente é cumulativo e perceptível somente a longo prazo. (TJRS; ACr 242616-16.2011.8.21.7000; Garibaldi; Quarta Câmara Criminal; Rel. Des. Gaspar Marques Batista; Julg. 11/08/2011; DJERS 29/09/2011)

> PENAL E PROCESSUAL PENAL. COMPETÊNCIA. JUSTIÇA FEDERAL. CRIMES CONTRA A FLORA E CONTRA O ORDENAMENTO URBANO E O PATRIMÔNIO CULTURAL. REJEIÇÃO DA DENÚNCIA. PRINCÍPIO DA INSIGNIFICÂNCIA. CRIMES AMBIENTAIS. INAPLICABILIDADE. I – O processo e julgamento dos feitos relativos ao crime de parcelamento irregular de solo urbano praticado na Colônia Agrícola Vicente Pires – Taguatinga/DF – é da Justiça Federal, por caracterizar ofensa a bens da União. Precedentes do STJ. II – Não se deve aplicar o princípio da insignificância quando se trata de crimes ambientais, haja vista que os danos causados ao meio ambiente podem ser irreparáveis. Precedentes. III – Recurso do Ministério Público provido. (TRF 1ª R. – RCCR 34000132970 – DF – 3ª T. – Rel. Des. Fed. Cândido Ribeiro – DJU 19.12.2003 – p. 116)

1.3. Objeto material

É o solo não edificável em razão de seu valor paisagístico, ecológico, turístico, artístico, histórico, cultural, religioso, arqueológico, etnográfico ou monumental. Verifica-se que o objeto material será sempre um imóvel.

Construção, além de designar o levantamento de uma edificação (podendo ser uma ponte, um muro, um prédio etc.), compreende ainda os trabalhos tendentes a ampliar ou modificar a obra já construída ou edificada, tais como terraplenagens e aterros.

Apesar do dispositivo ser omisso quanto às formas de determinação do valor que justifique a área como *non aedificandi* (solo não suscetível de receber construções a fim de se preservar determinada finalidade social relevante), por simetria com os arts. 62 e 63 entendemos que a imposição pode surgir de lei, ato administrativo ou decisão judicial.

São exemplos de atos que podem veicular a proibição de construção: Plano Diretor que institui zona de proteção cultural; Lei de Parcelamento do Solo que estabelece área de interesse turístico; Decreto que cria área de proteção paisagística ou de mananciais; Resolução que estabelece zoneamento ecológico; Decisão judicial proferida em ação civil pública restringindo construções em área de ocorrência de cavidades naturais subterrâneas e suas áreas de influência.

1.4. Elemento subjetivo

O crime sob análise é punido apenas a título de dolo, isto é, a vontade livre e consciente do agente promover a construção, sem estar autorizado ou em desacordo com a permissão concedida.

Não há previsão de modalidade culposa.

Jurisprudência pertinente:

O elemento subjetivo do tipo descrito no artigo 64 da Lei nº 9.605/98, cumpre referir que se trata de dolo genérico, pois a norma não descreve nenhum especial fim de agir. Na condenação por crime ambiental, pode ser imposta pelo Juízo penal a obrigação de reparação específica de demolição da obra.. (TRF 4ª R.; ACr 0000022-61.2005.404.7008; PR; Oitava Turma; Rel. Juiz Fed. Guilherme Beltrami; Julg. 28/09/2011; DEJF 05/10/2011; p. 377).

1.5. Elemento objetivo

A ação delituosa consiste em promover (realizar, executar, viabilizar) qualquer construção em solo *non aedificandi*, ou no entorno, em razão de um dos valores apontados, sem a autorização da autoridade competente ou em desacordo com a concedida.

O tipo penal diz respeito tanto a áreas absolutamente *non aedificandi* (quando existe vedação absoluta de construções, neste caso não podendo haver autorização válida do órgão competente) quanto àquelas relativamente *non aedificandi* (quando a construção é permitida em situações excepcionais, condicionadas à autorização do órgão competente). Nesta última hipótese pune-se tanto a construção desautorizada quanto aquela realizada em desconformidade com a autorização obtida.

Conforme ensina Hely Lopes Meirelles, o exercício do direito de propriedade e, particularmente, do direito de construir, só é legítimo e defensável quando normal em sua destinação, extensão, intensidade e oportunidade.[2]

---

[2] MEIRELLES, Hely Lopes. *Direito de construir*. São Paulo: Malheiros, 2005. p. 34.

Segundo José Afonso da Silva, a licença para edificar constitui mais que simples remoção de obstáculos; constitui técnica de intervenção nas faculdades de edificar, reconhecida pelas normas edilícias e urbanísticas, com o objetivo de controlar e condicionar o exercício daquelas faculdades ao cumprimento das determinações de ordem pública.[3]

A construção em área de preservação permanente (que tem por objetivos a preservação ecológica e paisagística, dentre outros), sem autorização da autoridade competente, pode caracterizar tal tipo, sem prejuízo da ocorrência de concurso delitivo.

O fato de alguém já ter construído anteriormente no mesmo local não é causa excludente de ilicitude, de tipicidade, nem de culpabilidade.

Jurisprudência pertinente:

RECURSO CRIME. DELITOS AMBIENTAIS. ART 64 DA LEI Nº 9.605/98. PROMOVER CONSTRUÇÃO EM SOLO NÃO EDIFICÁVEL. INEXISTÊNCIA DE LICENCIAMENTO AMBIENTAL. DESOBEDIÊNCIA. ART 330 DO CP. SUFICIÊNCIA PROBATÓRIA. SENTENÇA CONDENATÓRIA MANTIDA. 1 – Réu que promove construção de residência em área de preservação permanente (app) sem possuir licença ambiental pratica o crime previsto no art. 64 da Lei nº 9.605/98. 2 – Comprovada também a ciência da suspensão da obra, a sua inobservância configura o crime de desobediência. 3 – Teses defensivas afastadas. Recurso desprovido. (TJRS; Proc. 4160-92.2011.8.21. 9000; Osório; Turma Recursal Criminal; Relª Desª Cristina Pereira Gonzales; Julg. 18/04/2011; DJERS 26/04/2011)

As provas coligidas na instrução demonstram que houve o erguimento de posto de venda de combustíveis em área de proteção ambiental, mais precisamente a área de proteção ambiental da Coroa Vermelha, em Santa Cruz de Cabrália-BA, sem autorização do Instituto do Patrimônio Artístico e Histórico Nacional – Iphan, órgão detentor da prerrogativa. . O delito de desobediência está caracterizado pela transgressão aos embargos extrajudiciais à obra feitos pelo Iphan e não cumpridos pelo réu sócio-gerente do empreendimento, tendo, inclusive, se recusado a assiná-los. A aplicação da pena à pessoa jurídica em crimes ambientais deve seguir os mesmos critérios estabelecidos para fixação da pena para a pessoa física. 5. Apelação parcialmente provida. (TRF 1ª R.; ACr 2008.33.10.000283-4; BA; Terceira Turma; Rel. Juiz Fed. Conv. Roberto Carvalho Veloso; Julg. 20/07/2010; DJF1 30/07/2010; Pág. 27)

CRIME AMBIENTAL. ART. 64 DA LEI Nº 9.605/98. AGENTE QUE, COM OBJETIVO DE EXPLORAÇÃO COMERCIAL E SEM AUTORIZAÇÃO OU LICENÇADO INSTITUTO FLORESTAL, EDIFICA BARRACÃO DE MADEIRA DENTRO DE ESTAÇÃO ECOLÓGICA, CAUSANDO DANO PAISAGÍSTICO, ECOLÓGICO, TURÍSTICO, HISTÓRICO E CULTURAL. CARACTERIZAÇÃO. Caracteriza o crime previsto no art. 64 da Lei nº 9.605/98 a conduta do agente que, com objetivo de exploração comercial e sem autorização ou licença do instituto florestal, edifica barracão de madeira dentro de estação ecológica – Criada e destinada à conservação da natureza, pesquisas e educação ambiental –, causando dano paisagístico, ecológico, turístico, histórico e cultural. (TACRIMSP; APL 1267273/7; Oitava Câmara; Rel. Juiz Francisco Menin; Julg. 28/06/2001).

APELAÇÃO CRIMINAL. CRIME AMBIENTAL. CONSTRUÇÃO EM SOLO NÃO EDIFICÁVEL (ART. 64 DA LEI N. 9.605/1998). SENTENÇA ABSOLUTÓRIA. INSURGÊNCIA MINISTERIAL. PLEITO CONDENATÓRIO. Arguição de que ficou demonstrada a construção, sem autorização,

---

[3] SILVA, José Afonso da. *Direito urbanístico brasileiro*. 4. ed. São Paulo: Malheiros, 2006, p. 443.

em região de relevante valor ecológico. Cabimento. Área de preservação permanente. Condenação que se impõe dosimetria. (TJSC; ACr 2011.060348-4; Joaçaba; Terceira Câmara Criminal; Rel. Des. Leopoldo Augusto Brüggemann; Julg. 27/10/2011; DJSC 21/11/2011; p. 373)

Frente às condutas de construir em área não edificável, prevista no artigo 64 da Lei nº 9.605/98, e a de impedir a regeneração natural de tal vegetação, prevista no artigo 48 da mesma Lei, pode haver condutas autônomas, a configurar crimes diferentes, atraindo a incidência da regra do concurso material (artigo 69 do Código Penal). (TRF 4ª R.; ACr 0001883-46.2005.404.7214; SC; Oitava Turma; Rel. Juiz Fed. Guilherme Beltrami; Julg. 28/09/2011; DEJF 05/10/2011; p. 376)

PENAL. AMBIENTAL. ARTIGOS 38 – A E 64 DA LEI N.º 9.605/98. CONSUNÇÃO. NÃO OCORRÊNCIA. O ato de destruir ou danificar vegetação primária ou secundária do Bioma Mata Atlântica, em médio ou avançado estágio de regeneração, apresenta-se, em princípio, como desígnio autônomo em relação à ação de promover construção em solo não edificável. (TRF 4ª R.; RecCrSE 2009.72.00.008030-3; SC; Oitava Turma; Rel. Des. Fed. Paulo Afonso Brum Vaz; Julg. 05/05/2010; DEJF 14/05/2010; p. 264)

1.6. Tentativa e consumação

O crime estará consumado com a efetiva construção em solo não edificável ou no seu entorno.

Admite-se a tentativa.

1.7. Prova pericial

Tratando-se de crime que deixa vestígios, a prova pericial é exigível para demonstração da materialidade (art. 158 do CPP). Não sendo possível o exame de corpo de delito, por haverem desaparecido os vestígios, a prova testemunhal poderá suprir-lhe a falta (art. 167 do CPP).

A perícia produzida no inquérito civil ou no juízo cível poderá ser aproveitada no processo penal, instaurando-se o contraditório (art. 19, parágrafo único, Lei 9.605/98)

1.8. Norma penal em branco

Trata-se de norma penal em branco, pois a determinação da área como sendo *non aedificandi* (ou do respectivo entorno) depende de complemento que poderá estar em lei, ato administrativo ou decisão judicial. A complementação pode se dar por ato de natureza municipal, estadual, distrital ou federal, posto que todos os entes federativos podem expedir atos válidos a respeito do tema.

1.9. Pena

Detenção de seis meses a um ano e multa.

1.10. Ação penal e procedimento

A ação penal é pública e incondicionada, conforme o art. 26 da Lei 9.605/98.

Aplica-se o procedimento do Juizado Especial Criminal, eis que se trata de infração penal de menor potencial ofensivo, por força do art. 61 da Lei 9.099/95. Neste caso, a proposta de aplicação imediata de pena restritiva de direitos ou multa, prevista no artigo 76 da Lei nº 9.099, de 26 de setembro de 1995, somente poderá ser formulada desde que tenha havido a prévia composição do dano ambiental, de que trata o artigo 74 da mesma lei, salvo em caso de comprovada impossibilidade (art. 27 da Lei 9.605/98).

Jurisprudência Pertinente:

CRIME CONTRA O MEIO AMBIENTE – CONSTRUÇÃO EM SOLO NÃO EDIFICÁVEL – DELITO DE MENOR POTENCIAL OFENSIVO *HABEAS CORPUS* – CRIME AMBIENTAL – Construção em solo não edificável (Lei nº 9.605/98, art. 64) – Pena máxima de um (01) ano de detenção e multa – Delito de menor potencial ofensivo (art. 61 da Lei nº 9.099/95) – Incompetência do Tribunal de Justiça para julgamento – não-conhecimento e remessa à Turma de Recursos – (TJSC – HC 2004.015894-7 – C.Fér. – Rel. Des. Jaime Ramos – DJSC 29.07.2004 – p. 28)

Art. 65. Pichar ou por outro meio conspurcar edificação ou monumento urbano:

Pena – detenção, de 3 (três) meses a 1 (um) ano, e multa.

§ 1º Se o ato for realizado em monumento ou coisa tombada em virtude do seu valor artístico, arqueológico ou histórico, a pena é de 6 (seis) meses a 1 (um) ano de detenção e multa.

§ 2º Não constitui crime a prática de grafite realizada com o objetivo de valorizar o patrimônio público ou privado mediante manifestação artística, desde que consentida pelo proprietário e, quando couber, pelo locatário ou arrendatário do bem privado e, no caso de bem público, com a autorização do órgão competente e a observância das posturas municipais e das normas editadas pelos órgãos governamentais responsáveis pela preservação e conservação do patrimônio histórico e artístico nacional.

2. Artigo 65

2.1. Sujeitos

O sujeito ativo pode ser qualquer pessoa, física ou jurídica.

O proprietário que pichar ou conspurcar edificação ou monumento urbano também pode se enquadrar como sujeito ativo.

O sujeito passivo primário é a coletividade, titular do direito difuso atinente ao meio ambiente cultural e à estética urbana. O sujeito passivo secundário é o proprietário da edificação ou do monumento urbano.

2.2. Objeto jurídico

É a preservação da paisagem urbana, sob a perspectiva de sua função estética, e da higidez do patrimônio cultural brasileiro. O legislador teve a intenção de proteger a integridade de todas as edificações e monumentos urbanos.

A pichação de monumentos ou edificações rurais não encontra tipicidade nesse dispositivo, podendo, entretanto configurar o crime de dano ou mesmo o crime do art. 63 desta Lei, quando se tratar de bem especialmente protegido por lei, ato administrativo ou decisão judicial.

2.3. Objeto material

São as edificações e os monumentos urbanos, tais como casas, edifícios, muros, pontes, cercas, túneis, viadutos, pontos de ônibus, estações de metrô, áreas pavimentadas, obeliscos, estátuas etc. que são comumente alvos da ação desfiguradora de gangues de vândalos denominados pichadores.

Segundo José Eduardo Ramos Rodrigues, edificação é edifício, construção, casa, prédio. Monumento é obra ou construção que se destina a transmitir à posteridade a memória de fato ou pessoa notável. Urbano é aquilo que se situa na cidade, e não na zona rural.[4]

Todos os monumentos e edificações foram objeto da proteção penal, independentemente de qualquer ato reconhecendo o valor de tais bens. Somente o parágrafo primeiro do dispositivo, que prevê uma circunstância agravante, exige o tombamento da coisa afetada.

Bens móveis, tais como vagões de trens, metrôs e bondes em circulação não constituem bem material deste delito, que abrange apenas edificações e monumentos. A pichação de bens móveis encontrará tipicidade no art. 163 do CPB ou no art. 63 desta lei, neste último caso quando houver especial proteção incidindo sobre o bem.

Quanto à pichação de bens integrantes do patrimônio da União, Estado, Município, empresa concessionária de serviços públicos ou sociedade de economia mista, a jurisprudência ainda não é pacífica, havendo posicionamentos pela configuração do delito deste artigo ou do art. 163, parágrafo único, III, do Código Penal.

Parece-nos, mormente após a inserção do § 2º neste dispositivo pela Lei 12.408/2011, tratando especificamente de bens públicos, que o objeto mate-

---

[4] RODRIGUES, José Eduardo Ramos. Crimes contra o patrimônio cultural e o ordenamento urbano. In: RODRIGUES, José Eduardo Ramos; MIRANDA, Marcos Paulo de Souza. *Estudos de direito do patrimônio cultural*. Belo Horizonte: Fórum, 2012, p. 160.

rial do crime previsto no art. 65 da Lei 9.605/98 pode abranger tanto bens privados, quanto públicos. Assim, pelo princípio da especialidade, restaria a aplicação do tipo penal ora em comento.

Jurisprudência pertinente:

APELAÇÃO-CRIME. PICHAÇÃO DE VIADUTO. DELITO AMBIENTAL. DANO QUALIFICADO. INOCORRÊNCIA. PRINCÍPIO DA ESPECIALIDADE. Comprovado que o réu pichou edificação urbana, à noite, resta caracterizado o crime ambiental previsto no art. 65 da Lei nº 9.605/98, com a incidência da agravante do art. 15, inciso II, alínea *i*, como reconhecido na sentença. Decisão mantida. Apelos improvidos. Unânime. (Apelação Crime nº 70046782066, Quarta Câmara Criminal, Tribunal de Justiça do RS, Relator: Aristides Pedroso de Albuquerque Neto, Julgado em 12/04/2012)

CRIME AMBIENTAL. PICHAÇÃO DE BANHEIRO PÚBLICO. ART. 65, C/C ART. 2º DA LEI Nº 9.605/98. PRELIMINAR DE NULIDADE AFASTADA. SUFICIÊNCIA PROBATÓRIA. SENTENÇA CONDENATÓRIA MANTIDA. READEQUAÇÃO DA PENA APLICADA. 1- Correta a decretação da revelia, a teor do art. 367 do CPP, uma vez que os acusados foram devidamente citados e intimados para o ato processual. 2- Comprovadas a ocorrência e a autoria do fato delituoso, a condenação é conseqüência lógica. 3- Procedida a readequação da pena, ante o afastamento da agravante da reincidência e o reconhecimento da confissão espontânea manifestada em sede policial. Possível a substituição da pena detentiva por restritiva de direitos, observados os princípios orientadores dos juizados especiais criminais. RECURSO PARCIALMENTE PROVIDO. (TJRS; RCr 71002193316; Viamão; Turma Recursal Criminal; Rel. Desa. Cristina Pereira Gonzales; Julg. 10/08/2009; DOERS 14/08/2009; p. 134)

DANO QUALIFICADO – Agente que, mediante "pichação", deteriora a pintura de prédio municipal – Configura o crime previsto no artigo 163, parágrafo único, III, do CP, a conduta do agente que, mediante "pichação", deteriora pintura de prédio municipal. (TACrimSP – Ap. nº 1.199.469/1 – Pacaembu – 12ª Câmara – Rel. Amador Pedroso – J. 5.5.2000 – v.u).

APELAÇÃO DANO QUALIFICADO (ART. 163, PARÁGRAFO ÚNICO, INCISO III, DO CÓDIGO PENAL) CONDENAÇÃO RECURSOS DEFENSIVOS. Absolvição pretendida Impossibilidade Autoria e materialidade comprovadas Prova oral e pericial seguras Adequação do fato ao tipo penal Inutilização parcial de bem público pela pichação Danos causados à Administração Pública Alegação de ausência de dolo Intenção de prejudicar compreendida na própria ação criminosa Condenação de rigor Pena e regime bem fixados Recursos improvidos. (TJSP; APL 0019405-52.2008.8.26.0451; Ac. 4917795; Piracicaba; Quarta Câmara de Direito Criminal; Rel. Des. Salles Abreu; Julg. 01/02/2011; DJESP 22/02/2011)

2.4. Elemento subjetivo

O crime sob análise é punido apenas a título de dolo, isto é, a vontade livre e consciente do agente pichar ou conspurcar a edificação ou o monumento.

Não há previsão de modalidade culposa.

2.5. Elemento objetivo

Pichar é o ato de escrever ou desenhar em muros, paredes, pavimentos, monumentos etc., inclusive dizeres políticos e frases cifradas, podendo ser com tinta convencional, spray, pincel atômico, incisões etc.

O fato de alguém já ter realizado pichações anteriormente no mesmo local não é causa excludente de ilicitude, de tipicidade, nem de culpabilidade.[5]

Quanto às inscrições político-eleitorais, estas estão também incluídas na infração do art. 65, tendo em vista a revogação do art. 328 do Código Eleitoral pela Lei 9.504/97.

2.6. Tentativa e consumação

O crime estará consumado com a prática do ato de pichar ou conspurcar por outros meios os bens que se pretende proteger.

Admite-se a tentativa.

2.7. Prova pericial

Tratando-se de crime que deixa vestígios, a prova pericial é exigível para demonstração da materialidade (art. 158 do CPP). Não sendo possível o exame de corpo de delito, por haverem desaparecido os vestígios, a prova testemunhal poderá suprir-lhe a falta (art. 167 do CPP).

A perícia produzida no inquérito civil ou no juízo cível poderá ser aproveitada no processo penal, instaurando-se o contraditório (art. 19, parágrafo único, Lei 9.605/98)

Jurisprudência pertinente:

ESTATUTO DA CRIANÇA E DO ADOLESCENTE – ATO INFRACIONAL ANÁLOGO AO DELITO PREVISTO NO ART. 65 DA LEI 9.605/98 – (PICHAÇÃO) – AUSÊNCIA DE JUÍZO DE RETRATAÇÃO – IRRELEVÂNCIA – ABSOLVIÇÃO – IMPOSSIBILIDADE – AUTORIA E MATERIALIDADE COMPROVADAS PELA PROVA TESTEMUNHAL E CONFISSÃO DO ADOLESCENTE – VALIDADE. Em atos infracionais em que não foi feito o exame de corpo de delito, não mais podendo ser realizado, poderá este ser suprido pela prova testemunhal, notadamente pela própria confissão do menor, (inteligência do art. 167 do CPP). Preliminar rejeitada. A pichação de muros ou paredes, especialmente de estabelecimentos escolares, constitui ato infracional que deve ser considerado para a própria formação do menor. Em se tratando de adolescente, a punição, ainda que branda, de seus erros, evita seu amadurecimento deformado, a sensação de impunidade, e, quiçá, punições futuras por atos de maior gravidade. Recurso desprovido. (TJMG – Apelação Criminal nº 1.0499.03.900001-7/001, 1ª Câmara Criminal – Rel. Des. Gudesteu Biber. j. 17.02.2004, unânime, Publ. 20.02.2004).

PENAL. CRIME AMBIENTAL. PICHAÇÃO. PROVA. CONDENAÇÃO. Preso o agente logo após a ocorrência de pichação com tinta ainda fresca enquanto empreendia fuga do local, encontrado com as mãos sujas da mesma tinta e material utilizado também para a pichação, robusta e suficiente a prova para a condenação. (TJDF; Rec 2006.07.1.025945-2; Ac. 336.480; Segunda Turma Recursal dos Juizados Especiais Cíveis e Criminais; Rel. Juiz Carlos Pires Soares Neto; DJDFTE 18/12/2008; p. 136)

---

[5] TJRS – nº 71002260446 – j. 28/09/2009 – Rela. Desa. Laís Ethel Corrêa Pias.

2.8. Parágrafo primeiro

Há no delito do art. 65 a previsão de uma circunstância agravante em seu § 1º, de forma que se o crime for praticado em monumento ou coisa tombada em virtude de seu valor artístico, arqueológico ou histórico, a pena é de seis meses a um ano de detenção e multa.

Sobre essa infeliz disposição, José Eduardo Ramos Rodrigues pondera com toda razão:

> Andou mal o legislador ao redigir este parágrafo único. Retrocedeu aos tempos anteriores à carta constitucional vigente. A agravante só menciona "coisa tombada," enquanto os arts. 62 e 63, dentro do espírito do art. 216 da CF, já analisado detalhadamente acima, utilizou a expressão "protegido por lei, ato administrativo ou decisão judicial". Portanto, apenas os bens tombados é que são tutelados por esse parágrafo, e ainda apenas aqueles em virtude de valor artístico, arqueológico ou histórico. Cumpre ressaltar mais uma vez, que o tombamento não é o meio adequado para preservar sítios arqueológicos, o que não foi levado em conta pelo legislador.
>
> Sendo assim, se a pichação atingir um monumento protegido por lei de uso do solo municipal ou decisão judicial, porém não inscrito em livro de tombo, a punição será a prevista para o caput e incs. do art. 65. Este equívoco ainda apresenta maior relevância quando observamos que a esmagadora maioria de monumentos situados em logradouros públicos não é tombada, nem jamais o será.
>
> Além do mais, parece-nos que o monumento, neste caso, tem muito pouco a ganhar com o tombamento. O delito prescrito neste parágrafo único confunde-se com o do caput, do art. 65, eis que o ato de pichar implica em deteriorar e o monumento ou coisa tombada inclui-se entre os bens especialmente protegidos por ato administrativo, de que trata o inc. I do mesmo artigo. Só que as penas do delito doloso do art. 62 são maiores e mais graves (reclusão de um a três anos e muita) do que as do art. 65, par. ún. (detenção de seis meses a um ano, e multa).
>
> Conclui-se então que, equivocadamente, o legislador premiou o pichador de coisa tombada com pena inferior ao do agente que cause deterioração do mesmo bem, por outra forma. De outro lado, pichar coisa protegida por lei, ato administrativo diverso de tombamento ou decisão judicial, acabou por tornar-se crime mais grave do que pichar coisa tombada, o que se constitui numa grande incoerência.[6]

2.9. Parágrafo segundo

Segundo esse parágrafo, não constitui crime a prática de grafite realizada com o objetivo de valorizar o patrimônio público ou privado mediante manifestação artística desde que consentida pelo proprietário e, quando couber, pelo locatário ou arrendatário do bem privado e, no caso do bem público, com autorização do órgão competente e a observância das posturas municipais e das normas editadas pelos órgãos governamentais responsáveis pela preservação e conservação do patrimônio histórico e artístico nacional.

---

[6] RODRIGUES, José Eduardo Ramos. Meio Ambiente Cultural: Tombamento – Ação civil pública e aspectos criminais. In: *Ação Civil Pública – Lei 7.347/1985 – 15 anos*. Coordenador Edis Milaré. São Paulo. Revista dos Tribunais, 2001, p. 353-354.

Para José Eduardo Ramos Rodrigues, se não forem preenchidos todos os requisitos do § 2º, simultaneamente, a grafite ficará equiparada à pichação e outras formas de conspurcação. Desse modo a edificação ou o monumento urbano terá sido em verdade conspurcado, maculado, e tal conduta deve ser punida nos termos do artigo 65, caput, ou do seu parágrafo primeiro, em sendo tombado o bem atingido.[7]

2.10. Pena

A pena prevista no *caput* é de detenção três meses a um ano, e multa.

No § 1º está cominada a pena de detenção de seis meses a um ano, e multa.

2.11. Ação penal e procedimento

A ação penal é pública e incondicionada, conforme o art. 26 da Lei 9.605/98, posto que o bem jurídico tutelado, de natureza difusa, é a higidez urbana.

Aplica-se o procedimento do Juizado Especial Criminal, eis que se trata de infração penal de menor potencial ofensivo, por força do art. 61 da Lei 9.099/95. Neste caso, a proposta de aplicação imediata de pena restritiva de direitos ou multa, prevista no artigo 76 da Lei nº 9.099, de 26 de setembro de 1995, somente poderá ser formulada desde que tenha havido a prévia composição do dano ambiental, de que trata o artigo 74 da mesma lei, salvo em caso de comprovada impossibilidade (art. 27 da Lei 9.605/98).

A composição civil deve abranger a limpeza da pichação, bem como a indenização pelos danos cometidos contra a estética urbana.

Jurisprudência pertinente:

REPARAÇÃO DE DANOS. PICHAÇÃO DE IMÓVEL PÚBLICO. Prova confirma que os filhos dos réus foram os autores do vandalismo. Dano demonstrado nos autos. Ressarcimento devido. Recurso não provido. (TJSP; APL-Rev 768.693.5/0; Ac. 2630004; São José dos Campos; Décima Segunda Câmara de Direito Público; Rel. Des. Edson Ferreira da Silva; Julg. 21/05/2008; DJESP 18/06/2008).

---

[7] RODRIGUES, José Eduardo Ramos. Crimes contra o patrimônio cultural e o ordenamento urbano. In: RODRIGUES, José Eduardo Ramos; MIRANDA, Marcos Paulo de Souza. *Estudos de direito do patrimônio cultural*. Belo Horizonte, Fórum, 2012, p. 164.

Crimes contra a administração ambiental
(artigo 66 e 67)

LUCIANO LOUBET[1]

CAPÍTULO V – DOS CRIMES CONTRA O MEIO AMBIENTE

(...)

Seção V – Dos Crimes contra a Administração Ambiental

Art. 66. Fazer o funcionário público afirmação falsa ou enganosa, omitir a verdade, sonegar informações ou dados técnico-científicos em procedimentos de autorização ou de licenciamento ambiental:

Pena – reclusão, de um a três anos, e multa.

Para a análise do presente artigo é importante buscarmos a definição de algumas terminologias nele utilizadas para sua melhor compreensão.

A primeira questão a ser abordada é que o crime em tela é um crime próprio, ou seja, somente pode ser cometido pelo funcionário público no exercício da sua função. Portanto, o primeiro conceito a ser analisado é o de funcionário público para fins da legislação penal.

A Lei de Crimes Ambientais não traz em seu bojo a conceituação de funcionário público, e nem necessitaria, já que esta conceituação é feita pelo Código Penal (aplicado subsidiariamente por força do artigo 79 do diploma legal comentado nesta obra) com a seguinte redação:

> Art. 327. Considera-se funcionário público, para os efeitos penais, quem, embora transitoriamente ou sem remuneração, exerce cargo, emprego ou função pública.
>
> § 1º Equipara-se a funcionário público quem exerce cargo, emprego ou função em entidade paraestatal, e quem trabalha para empresa prestadora de serviço contratada ou conveniada para a execução de atividade típica da Administração Pública.

Percebe-se de forma clara que a legislação penal adotou um conceito amplo de funcionário público, que vem abarcar inúmeras situações, inclusive aquelas em que a função pública é exercida sem remuneração.

---
[1] Promotor de Justiça em Bonito – Mato Grosso do Sul – Especialista em Direito Ambiental pela UNIDERP – Universidade para o Desenvolvimento do Estado do Pantanal – Especialista em Direito Tributário pelo IBET – Instituto Brasileiro de Estudos Tributários – Mestrando em Direito Ambiental e do Desenvolvimento pela Universidade de Alicante, Espanha.

Há vários casos que poderão ser abarcados por este tipo penal, desde os funcionários de órgãos ambientais propriamente ditos, que emitem parecer, realizam vistorias, coletam e compilam dados científicos durante o licenciamento ou autorização ambiental, até aqueles conselheiros voluntários de conselhos que participam durante este processo, desde que a votação dos mesmos seja parte do procedimento que leve à emissão da licença ou autorização.

Em artigo de nossa autoria tratando sobre o tema de responsabilização civil e criminal de agentes públicos e consultores privados no licenciamento ambiental, citou-se a hipótese da Instrução Normativa n. 100, de 05 de junho de 2006, que cria o Conselho Especializado em Mergulho em Cavernas – CEMEC, que possui integrantes privados e auxilia o IBAMA (hoje no ICMBIO), através do seu órgão interno CECAV (Centro nacional de Estudos e Proteção e Manejo de Cavernas) na emissão de autorizações e licenças para mergulho em cavernas. Estes participantes, ainda que privados, podem ser considerados agentes públicos para fins penais.[2]

Desta forma, serão considerados funcionários públicos para fins penais as pessoas que mesmo prestando serviços para pessoas jurídicas de Direito Privado ou ainda que indicados por elas e atuando de forma não remunerada, exerçam atividade fim típica da administração pública.

Questão interessante a ser tratada é a possibilidade de coautoria ou participação neste crime.

Ao tratar sobre o tema, a Lei Federal n. 9.605/98, em seu artigo 2º estabelece a responsabilidade penal geral:

Art. 2º Quem, de qualquer forma, concorre para a prática dos crimes previstos nesta Lei, incide nas penas a estes cominadas, na medida da sua culpabilidade, bem como o diretor, o administrador, o membro de conselho e de órgão técnico, o auditor, o gerente, o preposto ou mandatário de pessoa jurídica, que, sabendo da conduta criminosa de outrem, deixar de impedir a sua prática, quando podia agir para evitá-la.

Este artigo, seguindo a linha do Direito Penal geral prevê ser punível a prática não só do autor do crime, mas também do coautor e partícipe, quando dispõe que, quem concorrer para a prática dos delitos "de qualquer forma", incide nas penas a eles cominadas.

Há que se fazer neste caso a diferenciação entre crime próprio e de mão própria. O primeiro (crime próprio), conforme ensina Julio Fabbrini Mirabete, é aquele que exige do agente portador uma capacidade especial, sendo que o tipo penal limita o círculo do autor, que deve encontrar-se em uma posição jurídica específica, como o caso em estudo do funcionário público, ou do médico (art. 269), mãe da vítima (art. 123) etc.

Já o segundo tipo (crime de mão própria), segundo o mestre, embora passível de ser cometido por qualquer pessoa, somente pode ser executado

---

[2] LOUBET, Luciano Furtado. *Direito Ambiental*. Alexandre Lima Raslan (org.). UFMS, 2010, p. 259.

pessoalmente, e não por intermédio de outrem, como é possível nos crimes próprios. Exemplo deste caso é o crime de falso testemunho.[3]

Esclarecida esta diferença, percebe-se que o crime em estudo é *crime próprio*, uma vez que deve ser cometido por funcionários públicos (no conceito amplo já estudado), mas é possível a coautoria e participação, uma vez que tal circunstância é elementar do tipo, conforme o artigo 30 do Código Penal:

> Art. 30. Não se comunicam as circunstâncias e as condições de caráter pessoal, salvo quando elementares do crime.

Neste caso não é diferente, isto é, pode haver hipóteses em que há participação de terceiros na coleta de dados ou na elaboração de documentos, sem participarem formalmente do procedimento, como no caso de pesquisador científico de universidade particular que colete/compile fauna ou flora de determinada região para dar embasamento ao laudo técnico a ser elaborado por funcionário público e, dolosamente e com comunhão de vontades, venha a alterá-los, falseá-los ou omiti-los para embasar a decisão fraudulenta.

Contudo, é de se reconhecer que a situação de coautoria ou participação era mais comum antes do artigo 69-A, que trouxe tipo específico para os casos de terceiros que participam do licenciamento ambiental.

Várias condutas são elencadas neste tipo penal: "fazer ... afirmação falsa ou enganosa, omitir a verdade, sonegar informações ou dados técnico-científicos", sendo que inúmeras são as situações em que podem ocorrer tais condutas, sendo irrelevante para a consumação do delito que a licença tenha ou não sido expedida.

Note-se que não "exigiu o legislador uma finalidade específica: basta fazer afirmação falsa ou enganosa, ou seja, negar a verdade ou modificá-la, para o agente incidir nas penas deste artigo, ou omitir a verdade, sonegar informações ou dados técnico-científicos sem que haja um propósito financeiro ou sentimento pessoal por detrás. Não é necessário que seja concedida a licença, basta que tenha ocorrido a afirmação falsa ou enganosa, a omissão da verdade, a sonegação de informações ou dados técnico-científicos, em procedimentos administrativos".[4]

No nosso artigo já citado anteriormente, foram mencionados os seguintes exemplos:

> (...) omissão de vegetação ou fauna endêmica na área do projeto (por exemplo, em casos de inundação de lagos de hidrelétricas), ou informação falsa sobre a tipologia de vegetação em locais a serem desmatados (afirma-se falsamente tratar-se de cerrado, quando em verdade trata-se de mata atlântica – que tem seu corte vedado).

É extremamente comum, também, quando de pedidos de desmatamentos, omitir-se ou afirmar-se falsamente que na área a ser desmatada não há

---

[3] MIRABETE, Júlio Fabbrini. *Manual de Direito Penal*. v. 1. São Paulo: Atlas, 1995, p. 133.

[4] SIRVINSKAS, Luís Paulo. *Tutela Penal do Meio Ambiente*. São Paulo: Editora Saraiva, 2002, p. 215-216.

áreas de preservação permanente (art. 2º do Código Florestal), geralmente decorrente de nascentes e pequenos cursos d´água".⁵

Por fim, dentro da análise do presente tipo penal, é importante registrar que o mesmo é de perigo abstrato, ou seja, não necessita que haja a ocorrência de dano ambiental para que venha a se consumar, sendo que, consumando-se o dano, poderá haver concurso com outro tipo penal, tais como os artigos 38 (destruição de APP), 40 (dano a UCs), 54 (poluição) etc.

Questão interessante é de estabelecer o momento em que este delito é cometido, uma vez que é condição do tipo ser ele perpetrado "em procedimentos de autorização ou licenciamento ambiental".

Para tanto, é importante termos em conta o conceito de licenciamento ambiental, que é "procedimento administrativo pelo qual o órgão ambiental competente licencia a localização, instalação, ampliação e a operação de empreendimentos e atividades utilizadores de recursos ambientais, consideradas efetiva ou potencialmente poluidoras ou daquelas que, sob qualquer forma, possam causar degradação ambiental, consideradas as disposições legais e regulamentares e as normas técnicas aplicáveis ao caso;" (Resolução Conama 237/97, art. 1º, I).

Desta forma, não há dúvidas de que a partir do momento do protocolo com pedido de licenciamento feito pelo interessado, até o momento da concessão da licença, quaisquer afirmações falsas ou enganosas, omissões da verdade, sonegação de informações ou dados técnico-científicos configurarão o presente crime.

Mas, e nos casos em que ainda não houve o início formal do licenciamento ambiental ou em que já tenha sido emitida a licença? Esta não é uma questão exclusivamente teórica, uma vez que há atos preparatórios para o licenciamento ambiental e atos posteriores à emissão da licença que envolvem a participação de funcionários públicos.

Como ato preparatório do licenciamento, pode-se citar a emissão de certidão de conformidade com a legislação municipal exigida pelo artigo 5º, parágrafo único, da Resolução CONAMA 237/97, que muitas vezes – conforme a regulamentação em cada Município – é emitida após um procedimento perante o Conselho Municipal de Meio Ambiente.

Já o ato posterior à licença, pode ser a fiscalização das condicionantes da mesma, como no caso de número de pessoas em que um estabelecimento turístico pode receber ou os parâmetros ambientais dos resíduos líquidos de determinada indústria.

É de se reconhecer que em ambos os casos se está "em procedimentos de autorização ou licenciamento ambiental", uma vez que a certidão é parte integrante e essencial do licenciamento, sendo que a fiscalização após a emissão da licença também o é, já que estes dados poderão servir de base para sua cassação ou alteração (art. 19 da Resolução 237/97), motivo pelo

---

⁵ Op. cit., p. 266.

qual as eventuais fraudes cometidas por funcionários públicos nestes momentos também configuram o tipo penal em análise.

> **Art. 67.** Conceder o funcionário público licença, autorização ou permissão em desacordo com as normas ambientais, para as atividades, obras ou serviços cuja realização depende de ato autorizativo do Poder Público:
>
> Pena – detenção, de um a três anos, e multa.

A exemplo do que acontece com o crime do artigo 66, este tipo penal também é delito próprio, cometido por funcionário público, sendo que todos os comentários sobre a conceituação deste termo feitas no dispositivo anterior aqui também são aplicáveis.

O delito em questão consuma-se com a concessão, por funcionário público, de licença, autorização ou permissão em desacordo com as normas ambientais, para atividades, obras ou serviços cuja realização dependa de ato autorizativo do Poder Público.

É importante registrar uma diferença crucial entre o presente crime e aquele analisado no artigo 66: enquanto naquele crime o ato deve ser cometido no curso do procedimento de autorização ou licenciamento ambiental, neste dispositivo esta situação não é elementar do tipo.

Portanto, quaisquer concessões de licença, autorização ou permissão em desacordo com as normas ambientais – ainda que fora de procedimento de licenciamento ambiental – configuram o crime. Exemplos são muitos, tais como alvarás de construção em áreas não edificáveis (tais como Preservação Permanente – art. 2º do Código Florestal), emissão de autorização para corte de árvores protegidas etc.

Em um caso em que o Secretário Estadual de Educação determinou a ampliação de uma obra em área de preservação permanente e o Prefeito Municipal autorizou a mesma, entendeu o Superior Tribunal de Justiça que o "funcionário público (art. 327 do Código Penal) que autoriza a construção de obra em desacordo com as normas ambientais responde, em tese, pelo delito previsto no art. 67 da Lei 9.605/98. Atipicidade afastada".[6]

Outra questão importante diz respeito ao que pode ser entendido por "desacordo com as normas ambientais". Ora, é entendimento cediço de que o conceito de meio ambiente não se restringe somente ao meio ambiente natural, devendo ser compreendido também o meio ambiente urbano, cultural, do trabalho, dentre outros.

Desse modo, quaisquer concessões de licença, autorização ou permissão para obras, atividades ou serviços que desrespeitem as regras de urbanismo, de patrimônio cultural ou de meio ambiente do trabalho, podem sim configurar o delito em questão.

Interessante registrar ser possível a coautoria neste delito dos técnicos que participam do procedimento em que levou à concessão do ato adminis-

---

[6] STJ – 5ª Turma, Relator Min. Arnaldo Esteve Lima, Habeas Corpus n. 58.381 – PB, DJ 04/08/2008.

trativo (seja ele licença, autorização ou permissão), uma vez que estes atos administrativos são atos complexos (ou compostos, conforme a definição), tendo como definição "aqueles cuja vontade final da Administração exige a intervenção de agentes ou órgão diversos, havendo certa autonomia, ou conteúdo próprio, em cada uma das manifestações".[7]

Portanto, aquele técnico que proferir um parecer favorável à emissão do ato administrativo – caso não tenha cometido o crime previsto no artigo 66 – poderá ser corresponsabilizado com o agente público que emitiu este ato, uma vez que se trata de ato administrativo complexo que levou à emissão da licença ao final.

Assim também o consultor particular que venha a apresentar estudo que leve à concessão do ato administrativo contrário à legislação ambiental poderá responder por coautoria ou participação, conforme o caso, na hipótese de sua conduta não ser enquadrada especificamente no disposto do artigo 69-A.

Questão relevante a ser tratada neste tipo penal diz respeito à dispensa indevida do Estudo Prévio de Impacto Ambiental, especialmente naqueles casos em que a Resolução CONAMA 01/86 estabelece como obrigatórios (artigo 2º).

Ocorre que, nestes casos, a exigência do EIA-RIMA é ato vinculado, conforme ensina Álvaro Luiz Valery Mirra,[8] ao citar vários autores:

> A Resolução 1/86 do CONAMA, na realidade, estabeleceu um mínimo obrigatório, que pode ser ampliado, mas jamais reduzido. Há, como dizem Antônio Herman Benjamim, Paulo Affonso Leme Machado e Sílvia Capelli, verdadeira presunção absoluta de que as atividades previstas na referida resolução são potencialmente causadoras de significativa degradação do meio ambiente.

Portanto, havendo dispensa do EIA-RIMA nos casos expressos ali previstos e emitida a licença ou autorização, há ocorrência do crime aqui em estudo.

Note-se que o tipo penal em questão também admite a figura culposa, sendo certo que o funcionário relapso, que por negligência venha a conceder licença ilegal, também comete o delito.

Por fim, além do concurso com os crimes previstos na Lei de Crimes Ambientais já mencionados na análise do artigo anterior, também é possível, tanto para aquele, quanto para este, o concurso com crimes comuns, sendo variadas as possibilidades.

Logo, conforme ensina Marcelo Dawalibi, "se o funcionário público solicita ou recebe vantagem indevida para fazer afirmação falsa, omitir a verdade ou sonegar dados, responderá por corrupção passiva (art. 317 do Código Penal) em concurso material. Entendemos que não se aplica a consunção,

---

[7] CARVALHO FILHO, José dos Santos. *Manual de Direito Administrativo*. Rio de Janeiro: Lumen Juris, 2006, p. 114.

[8] MIRRA, Álvaro Luiz Valery. *Ação Civil Pública e a Reparação do Dano ao Meio Ambiente*. São Paulo: Juarez de Oliveira, 2002, p. 49.

tendo em vista que a corrupção passiva consuma-se com a solicitação ou recebimento da vantagem indevida, não sendo normal meio de execução para o crime do art. 66 da LCA".[9]

De outro norte, se há associação de mais de três pessoas para que haja a falsidade no licenciamento ambiental ou a emissão de licença ou autorização indevida, não só ocorrem os crimes aqui estudados, mas também o de quadrilha ou bando, previsto no artigo 288 do Código Penal (desde que cumpridos os demais requisitos do tipo penal, tais como vínculo associativo, duradouro e com estabilidade).

---

[9] FINK. Daniel Roberto; ALONSO JR. Hamilton; DAWALIBI Marcelo. *Aspectos Jurídicos do Licenciamento Ambiental*. Rio de Janeiro: Forense Universitária, 2002, p. 121-122.

Descumprir obrigação de interesse ambiental
(artigo 68)

LUIS FERNANDO CABRAL BARRETO JUNIOR[1]

CAPÍTULO V – DOS CRIMES CONTRA O MEIO AMBIENTE

(...)

Seção V – Dos Crimes contra a Administração Ambiental

(...)

Art. 68. Deixar, aquele que tiver o dever legal ou contratual de fazê-lo, de cumprir obrigação de relevante interesse ambiental:

Pena – detenção, de um a três anos, e multa.

Parágrafo único. Se o crime é culposo, a pena é de três meses a um ano, sem prejuízo da multa.

O tipo penal previsto no art.68 da Lei nº 9.605/1998 encontra norma precedente no art. 15, § 2º, da Lei nº 6.938/1981, do qual se distingue por ser mais aberto, de forma livre e comum.

Ao contrário do que sustenta parte da doutrina, não se trata de crime próprio pois não se exige do sujeito ativo condição ou qualidade pessoal, preexistente, a não ser o compromisso com obrigação, legal ou contratual previamente assumido. Mesmo os que defendem se tratar de crime próprio[2] reconhecem que o sujeito ativo pode ser o funcionário público ou o particular, assim como o cidadão comum.

O Superior Tribunal de Justiça analisou esse tema específico por duas vezes. Em julgamento do HC nº 84.498/MT, Dj de 30-6-2008 a 5ª Turma citou tratar-se de crime próprio mas admitiu que "a posição do sujeito ativo não é exclusiva do funcionário público". Em mais recente julgado, de 28 de fevereiro de 2012, a mesma turma reconheceu se tratar de crime comum, quando julgou o Recurso Especial nº 1.032.651 – SC, e consignou "Com relação ao

---

[1] Promotor de Justiça de Meio Ambiente, urbanismo e patrimônio cultural de São Luís e Coordenador do Centro de Apoio Operacional de Meio Ambiente, Urbanismo e Patrimônio Cultural do Ministério Público do Estado do Maranhão.

[2] MARCÃO, Renato. *Crimes Ambientais*. São Paulo. RT. 2011, p.576.

sujeito ativo, verifica-se que a melhor exegese conduz no sentido de que o crime pode ser praticado por qualquer pessoa incumbida desse dever legal ou contratual, não sendo exigido, como fizeram as instâncias ordinárias, tratar-se de funcionário público.[3]

Em verdade, a norma não possui o que se chama de elementos típicos de autor e por isso não se aproxima dos chamados delitos funcionais próprios ou impróprios.

Plenamente possíveis a coautoria e a participação.

Como sujeito passivo imediato se apresenta a administração ambiental, se a obrigação decorre de ato por ela emitido ou de legislação cujo cumprimento lhe está afeto, do que se exemplificam as condicionantes de licenças e autorizações ambientais. Por administração ambiental há de se entender um abrangente conceito que não se limita à competência dos órgãos do SISNAMA, incluindo os órgãos de defesa do patrimônio cultural e da ordem urbanística, sem desconhecer que a administração ambiental se caracteriza pelo atendimento conjunto dos princípios gerais da administração pública e do direito ambiental, e a prática frequente de atos administrativos por particulares.

Sujeito passivo mediato é a sociedade em geral pois, do descumprimento da relevante obrigação ambiental exsurgirá risco, ou dano, para o bem jurídico penalmente tutelado que se materializa nos bens ambientais sob proteção da legislação ou do ato em que consignada a obrigação. Como a indisponibilidade é característica inerente aos bens ambientais, forçoso reconhecer que a sociedade é o sujeito passivo mediato do delito, ainda que ele decorra do descumprimento de obrigação contratual.

A conduta pode ser praticada por dolo genérico ou culpa. Em caso de culpa trata-se de infração penal de menor potencial ofensivo.

Entendeu o Tribunal de Justiça do Mato Grosso do Sul, possível tipificar nesse crime a conduta de então presidente de órgão ambiental que deixou de realizar uma vistoria em campo e parecer técnico, após mais de um ano da primeira requisição.[4]

Trata-se de crime omissivo próprio e também impróprio, como reconheceu o Superior Tribunal de Justiça no citado Recurso Especial nº 1.032.651 – SC. Parte da doutrina que cita o delito como de omissão própria assim o faz pela similitude da redação com o art. 135 do Código Penal que também se inicia com a expressão *"Deixar de..."*. Contudo, o tipo do art. 68 está a alcançar em primeiro momento aquele que se obrigou a cumprir dever de relevante interesse ambiental e que, com sua conduta, alçou-se à posição de garantidor como prevê o art. 13, § 2º, do Código Penal, sem desconsiderar

---

[3] No mesmo sentido, v. <http://www.jusbrasil.com.br/jurisprudencia/8272634/recurso-criminal-rc-200614-sc-2009020061-4-tjsc>. Acesso em 9 jan. 2013.

[4] Disponível em: <http://www.jusbrasil.com.br/jurisprudencia/6054547/habeas-corpus-hc-29549-ms-2007029549-7-tjms> Acesso em 9 jan. 2013.

que a norma também se refere a quem tenha o simples dever de atuar. Também por isso a coautoria e a participação são sempre possíveis.

Crime formal, e que por isso não exige a efetiva ocorrência de dano a qualquer bem ambiental tutelado. Por essa razão não se trata de norma de reserva e pode ser praticado em concurso com outros delitos ambientais ou comuns, especialmente o art. 54 da Lei n° 9.605/1998.

Também não se investiga se a conduta omissiva deu causa a perigo concreto ou abstrato pois muitas das obrigações de relevante interesse ambiental não trazem consigo a hipótese de risco pelo seu descumprimento.

Conforme a natureza da obrigação assumida pode se tratar de crime instantâneo, se havia prazo para o cumprimento da obrigação[5] ou de crime permanente nos casos em que a permanência dessa omissão pode ser interrompida pela conduta do sujeito ativo, *v.g.* no armazenamento de substância perigosa ou nociva.

Muitas críticas recebeu a norma por se tratar de tipo penal aberto, especialmente quanto ao elemento normativo do tipo inserido na expressão *"relevante interesse ambiental"* crítica essa infundada posto que ser inerente aos delitos ambientais a sua tipificação aberta, indeterminada, pela sua própria natureza pluriofensiva. Tal crítica já foi rejeitada pelo Superior Tribunal de Justiça no Habeas Corpus n° 54.211-MT, julgado em 11 de dezembro de 2007.

Com o advento da Lei n° 12.305/2010, notadamente o que prevê seu art. 52, arrefeceram-se as críticas doutrinárias quanto à expressa referência a obrigações de relevante interesse ambiental, embora tal expressão já viesse em pleno uso de resoluções do CONAMA. O Tribunal de Justiça de São Paulo reconheceu no julgamento da Apelação Criminal n° 01144844.3/5.0000-000, julgada em 12 de fevereiro de 2008 que o descumprimento de obrigações estabelecidas em compromisso de ajustamento de conduta pode caracterizar o delito do art. 68 da Lei n° 9.605/1998. O Tribunal de Justiça do Rio Grande do Sul também admite essa hipótese, com a ressalva de que essa materialização exigiria a inexistência de previsão de multa no TAC. O entendimento é equivocado pois a multa não é elemento obrigatório do compromisso de ajustamento de conduta, como se vê do art. 461, § 6°, do Código de Processo Civil a multa disposta em título executivo pode ser reduzida ou até substituída por outra medida de apoio.

Além disso, o art. 68 nada tem de comum com o crime de desobediência do qual deriva essa ideia de *bis in idem*. A denúncia deve descrever qual a obrigação foi descumprida e em que lei, outro ato normativo ou contrato ela consta, e nelas se inserem as condicionantes fixadas em licenças e autorizações ambientais.

---

[5] GOMES, Luiz Flávio. *Crimes Ambientais*. São Paulo: Revista dos Tribunais, 2011, p.68

Dificultar ação fiscalizadora
(artigo 69)

ALEXANDRE SIKINOWSKI SALTZ[1]

CAPÍTULO V – DOS CRIMES CONTRA O MEIO AMBIENTE
(...)
Seção V – Dos Crimes contra a Administração Ambiental
(...)
Art. 69. Obstar ou dificultar a ação fiscalizadora do Poder Público no trato de questões ambientais:

A Constituição Federal de 1988 deu especial tratamento e proteção ao meio ambiente, elevando-o ao status de um nítido direito fundamental de terceira geração, sobre o que já tratamos nos comentários aos artigos 20 e 60.

A tutela do chamado "bem ambiental", bem de interesse público e que inclui os públicos e os privados, subordina-se a um regime de polícia de intervenção particular e de tutela pública, notadamente porque, na dicção da Carta Política, o Poder Público é o principal guardião do ambiente. Como a indisponibilidade é uma das notas características da tutela estatal pode-se a ela associar a impossibilidade de transigir com qualquer espécie de ofensa ao ambiente e aos recursos naturais,[2] bem como afirmar o "pressuposto objetivo de não degradação ambiental".[3] Por tudo isso é que a fiscalização ambiental assume papel de destaque na gestão pública, gerando, inclusive, responsabilização pelo não agir ou pela atuação insuficiente.[4]

---

[1] Promotor de Justiça no Estado do Rio Grande do Sul, com atuação na Promotoria Especializada do Meio Ambiente de POA. Diretor da ABRAMPA (Associação Brasileira dos Promotores de Meio Ambiente). Professor da Escola da Fundação do Ministério Público do Estado do Rio Grande do Sul. Ex-Coordenador do Centro de Apoio Operacional das Promotorias de Meio Ambiente do Ministério Público do Estado do Rio Grande do Sul.

[2] Nesse sentido, destaca-se decisão do TRF1, 3ª Turma, RSE 200734000427155, Rel. Des. Federal ASSUSETE MAGALHÃES.

[3] TRF4, 3ª Turma, AG 2009044000092992, Rel. Des. Federal ROGER RAUPP RIOS, D.E. 19/08/2009.

[4] Indispensável, sobre o tema, a leitura do acórdão do REsp nº 1.071.741-SP, julgado pela Segunda Turma do STJ, tendo por relator o Min. HERMAN BENJAMIN.

Se a administração está obrigada a exercer o seu poder de polícia ambiental a ninguém é dado obstaculizar ou criar embaraços a tal ação, seja o órgão federal, estadual ou municipal. E a ação fiscal protegida pela norma incriminadora compreende as quatro acepções de ambiente, alcançando não apenas o ambiente natural, senão o artificial, o cultural e o do trabalho também.[5]

O crime em comento é classificado como comum, onde o sujeito ativo pode ser qualquer pessoa, incluindo até mesmo o próprio servidor público.[6] As vítimas são o Estado e a coletividade.[7]

O delito é formal – também reconhecido como sendo de mera conduta, de simples atividade ou de consumação antecipada, onde agir ou omitir implica executá-lo e consumá-lo, sem a necessidade de o resultado externo pretendido – *in casu*, a não fiscalização – aconteça. Por isso, malgrado a existência de posições contrárias,[8] não admite tentativa.

A conduta punível poderá ser omissiva ou comissiva porque, segundo magistério de Vladimir Passos de Freitas e de Gilberto Passos de Freitas, "a inércia poderá ser também uma forma de impedimento".[9]

É crime de ação múltipla que se integraliza com as condutas de obstar e de dificultar. Aquela seria, na lição de Luiz Régis Prado, "impedir, causar embaraço ou impedimento", esta "tornar difícil ou custoso".[10] A ação fiscalizadora compreende o trato de qualquer questão ambiental, seja simples inspeção de local ou em objeto até mesmo monitoramentos, avaliações de danos etc.

Cabe aqui, a propósito, destacar a ressalva feita por Nicolao Dino Neto, Ney Bello Filho e Flávio Dino no sentido de que "Incide aqui o princípio da alternatividade, segundo o qual 'a norma penal que prevê vários fatos alternativamente, como modalidades de um mesmo crime, só é aplicável uma vez, ainda quando os ditos fatos são praticados, pelo mesmo sujeito, sucessivamente".[11]

---

[5] Trata-se do conceito de "ambiente conglobante" cunhado por Carlos Frederico Marés e de "ambiente globalizante" do Prof. José Afonso da Silva, chancelado pelo Supremo Tribunal Federal no julgamento da ADI-MC nº 3540/DF, Rel. Min. Celso de Mello, DJU de 03/02/2006.

[6] Hipótese em que o servidor obsta ou dificulta a fiscalização para impedir o conhecimento ou dificultar a apuração de fato por ele praticado, conforme já decidido pelo TRF5, no julgamento da Apelação Criminal nº 2003.84.00.005315-9, Rel. Des. Federal MARGARIDA CANTARELLI.

[7] "A administração ambiental é aquela que cuida da gestão do meio ambiente como interesse ou direito difuso, que, repita-se, é de titularidade de toda a coletividade, e, assim, qualquer crime praticado contra a administração ambiental terá como sujeito passivo, também, toda a coletividade" (COPOLA, Gina. A Lei dos Crimes Ambientais Comentada Artigo por Artigo. Belo Horizonte: Fórum, 2008. p. 187.

[8] COPOLA, Gina, ob. citada, p. 193 admite a possibilidade da tentativa na hipótese comissiva do crime.

[9] FREITAS, Vladimir Passos de *et al*. Crimes Contra a Natureza. São Paulo: Revista dos Tribunais, 2006. 8ª edição, p. 259. Afirmando que "A tentativa é possível, embora de difícil ocorrência prática", GOMES, Luiz Flávio e MACIEL, Silvio. Crimes Ambientais, Comentários à Lei 9.605/98. São Paulo: Revista dos Tribunais. 2011, p. 279.

[10] PRADO, Luiz Régis. Crimes Contra o Ambiente. São Paulo: Revista dos Tribunais, 1998, p. 213.

[11] DINO NETO, Nicolao *et al*. Crimes e Infrações Administrativas Ambientais. 3ª edição. Belo Horizonte: Del Rey, p. 392

É possível que ocorra o conflito aparente entre o delito aqui anotado e outros, tais como o de fraude processual (art. 347, Código Penal)[12] e o de resistência (art. 329, Código Penal). A solução vem com a invocação do princípio da especialidade, fazendo com que o delito ambiental prepondere em relação aos descritos no Código Penal.[13] Mas, se o ato de obstar ou de dificultar a ação da fiscalização ambiental vier acompanhado de emprego de violência ou de grave ameaça ao fiscal, haverá concurso entre os eventuais crimes praticados e o aqui analisado.

Questão interessante vem com a necessidade de delimitação do alcance do princípio da não autoincriminação em face do crime aqui abordado.

Como bem lembrado por Davi de Paiva Costa Tangerino

(...) não se pode obrigar o acusado a agir positivamente com vistas a obstar que terceiro, no exercício do regular dever de fiscalização, produza provas contra si. O direito de abster-se não se confunde com o direito de impedir a ação do agente imbuído de seu dever, cujo revés é a obrigação de realização de determinados ditames administrativos, incluso franquear o acesso da fiscalização.[14]

A jurisprudência vem entendendo que há justa causa para a ação penal quando o comandante de um navio impede a atuação da fiscalização do IBAMA sob o argumento, equivocado, de que a diligência caberia à Capitania dos Portos. A Turma considerou os atributos do ato administrativo e o dever legal e constitucional que o Poder Público possui de fiscalizar para concluir que o particular deve obediência ao ato administrativo emanado da autoridade até que seja eventualmente declarado nulo e que, em princípio, não pode haver recusa ao ato amparado em suposição de que a atribuição seria de outro órgão, sob pena que tal comportamento constitua-se em álibi para a não incriminação.[15]

Também se teve por caracterizado o crime quando o proprietário de um circo instigou seus funcionários a agirem contra a fiscalização que apurava maus tratos contra animais, criando tumulto no local onde se realizava a diligência.[16]

Igualmente teve-se por caracterizado o crime quando há a falsificação de anilhas de identificação fornecidas pelo IBAMA e quando há utilização

---

[12] GOMES, Luiz Flávio e MACIEL, Silvio, ob. citada, p. 279 apontam, como exemplo, a hipótese de que, no curso de processo administrativo, a parte inova para embaraçar a perícia e eventual fiscalização.

[13] Entendimento diverso é sustentado por SIRVINSKAS, Luís Paulo Sirvinskas. *Tutela Penal do Meio Ambiente*. 3ª ed. São Paulo: Saraiva, 2004, p. 230/231, para quem ocorre, nesse caso, concurso formal, conforme segue: "No entanto, poderão ocorrer os crimes de resistência, desacato ou desobediência previstos no Código Penal contra funcionário público, além deste delito, em concurso formal".

[14] SALVADOR NETTO, Alamiro Velludo; SOUZA, Luciano Anderson de (coord). *Comentários à Lei de Crimes Ambientais* – Lei nº 9.605/1998. São Paulo: Quartier Latin, 2009, p. 319.

[15] STJ. Sexta Turma. HC 189885/RS. Rel. Min. OG FERNANDES. DJe 26/03/2012.

[16] TJDF. 7ª Vara da Fazenda Pública. Processo nº 2008.01.1.111989-0

do registro de Criador de Passeriformes Silvestres Nativos (SISPASS) de outra pessoa com o propósito de dificultar a atuação da fiscalização.[17]

Da mesma forma, como decidiu o Tribunal de Justiça do Estado do Pará, "A inserção de dados falsos nas ATPF's empreendida pelo responsável pela empresa com a finalidade exclusiva de obstar/dificultar a fiscalização do órgão ambiental competente, e com isso, conseguir transportar e vender madeira em quantidade superior ao projeto de manejo, auferindo lucro por meio da venda ilegal de produto florestal, configura a prática do crime previsto no artigo 69, da Lei 9.605/98". (TJPA, Apelação Criminal nº 2003.39.00.014359-0, Rel. Des. Mário César Ribeiro).

---

[17] TRF4. Oitava Turma. RSE 37085 RS 2007.71.00.037085-9. Rel. Des. Fed. ÉLCIO PINHEIRO DE CASTRO. D.E. de 02/07/2008.

Crime de falsidade em procedimento administrativo (artigo 69-A)

ANA MARIA MOREIRA MARCHESAN[1]

CAPÍTULO V – DOS CRIMES CONTRA O MEIO AMBIENTE

(...)

Seção V – Dos Crimes contra a Administração Ambiental

(...)

Art. 69-A. Elaborar ou apresentar, no licenciamento, concessão florestal ou qualquer outro procedimento administrativo, estudo, laudo ou relatório ambiental total ou parcialmente falso ou enganoso, inclusive por omissão:

Pena – reclusão, de 3 (três) a 6 (seis) anos, e multa.

§ 1º Se o crime é culposo:

Pena – detenção, de 1 (um) a 3 (três) anos.

§ 2º A pena é aumentada de 1/3 (um terço) a 2/3 (dois terços), se há dano significativo ao meio ambiente, em decorrência do uso da informação falsa, incompleta ou enganosa.

O dispositivo em questão foi introduzido na Lei dos Crimes e Infrações Administrativas Ambientais por meio do art. 82 da Lei n° 11.284/06, que dispõe sobre a gestão das florestas públicas para a produção sustentável. Pode ser definido como um crime de falsidade em procedimento administrativo.

Na verdade, trata-se de mais um ato normativo gerado por um fato midiático, com grande repercussão no país, que consistiu na emissão de um Relatório de Impacto Ambiental fraudado, que omitiu a existência de rema-

---

[1] Promotora de Justiça no Estado do Rio Grande do Sul, com atuação na Promotoria Especializada do Meio Ambiente de POA desde 17/09/99. Mestre em Direito Ambiental e Biodireito pela Universidade Federal de Santa Catarina. Professora dos cursos de pós-graduação em Direito Ambiental da PUC, UFRGS, FMP, IDC e UNISINOS. Coautora da obra *Direito Ambiental*, Série Concursos, Verbo Jurídico, 2004. Autora da obra *A tutela do patrimônio cultural sob o enfoque do direito ambiental*, Livraria do Advogado, 2006. Integra a Diretoria de publicações da ABRAMPA (Associação Brasileira dos Promotores de Meio Ambiente).

nescentes primários da floresta com araucárias na área onde se pretendia – e de fato construiu – construir a usina dos hidrelétrica de Barra Grande,[2] situada no município de Anita Garibaldi/SC, na divisa dos estados de Santa Catarina e Rio Grande do Sul.

Como no corpo original da Lei n° 9.605/98 não havia um tipo penal específico para esse tipo de conduta, agregou-se o art. 69- A por meio de uma lei que pouco tem a ver com o assunto.

Trata-se de um crime que tem como bem jurídico imediato a Administração Ambiental, ou seja, preocupa-se com a lisura dos licenciamentos, autorizações, concessões e demais procedimentos administrativos que envolvam impactos ambientais.

Como nos demais crimes previstos Seção V do Capítulo V da Lei n° 9605/98, preocupou-se o legislador em assegurar o desempenho eficiente da Administração Pública na tutela do meio ambiente. A propósito, Rosseto define a Administração Ambiental "como uma parcela da Administração Pública cuja competência seria a efetivação da legislação ambiental e da aplicação das diretrizes definidas pela política governamental relativa ao meio ambiente".[3] A Administração Pública desempenha decisivo papel na esfera ambiental, sobretudo na concretização dos princípios basilares da prevenção e da precaução vocacionados a evitarem danos e até mesmo riscos ambientais.

De forma mediata, como todo o crime tipificado na Lei em comento, o tipo penal protege o meio ambiente e a qualidade ambiental.

Considerando a fundamentalidade do meio ambiente sadio e ecologicamente equilibrado, bem essencial à sadia qualidade de vida, preocupou-se o legislador com o mero advento do risco causado pela indução em erro da Administração Pública ambiental. Corolário dessa orientação é a constatação de que todos os tipos contra a Administração Ambiental previstos na Lei n° 9.605/98 são formais. Para que ocorra sua consumação: "basta a ação do agente e a vontade de concretiza-lo, configuradoras do dano potencial, isto é, do *eventus periculii* (...) Afirma-se que no crime formal o legislador antecipa a consumação, satisfazendo-se com a simples ação do agente".[4]

Visualiza-se nessa formatação, como bem detecta Tangerino, "uma estratégia da tutela penal, na medida em as condutas aqui incriminadas poderão redundar, em última análise, em dano ao meio ambiente. À míngua da possibilidade de efetiva lesão, adota-se modelo normativo que prescinda de resultado para sua consumação, a saber, o de crime formal".[5]

---

[2] Para maiores informações, vide a obra "Barra Grande: a hidrelétrica que não viu a floresta", organizada por Miriam Prochnow, Rio do Sul-SC: APREMAVI, 2005.

[3] ROSSETTO, Patrícia Carraro. A tutela jurídico-penal da administração ambiental na ordem jurídica brasileira. *Revista de Ciências Jurídicas – UEM*, V. 4, n. 2, jul./dez. 2006, p. 183.

[4] BITENCOURT, Cezar Roberto. *Curso de direito penal brasileiro*. 4. ed. São Paulo: RT, 2007, p. 213.

[5] TANGERINO, Davi de Paiva Costa. In: *Comentários à lei de crimes ambientais*. NETTO, Alamiro Velludo; SOUZA, Luciano Anderson de (coords.). São Paulo: Quartier Latin, 2009, p. 302.

Esse tipo penal guarda inequívoca semelhança, como já anotado por Lecey,[6] com os crimes do art. 66 da LCA e com o de falsa perícia previsto no art. 342 do Código Penal.

Ocorre que o art. 66 envolve falsidade ideológica ambiental ou prevaricação praticada por funcionário público. Já o crime do art. 69-A é comum, pois pode ser praticado tanto por um técnico, encarregado da elaboração de um estudo, laudo ou relatório ambiental, como por qualquer interessado que venha a apresentá-lo à Administração Pública ambiental.

Em relação ao crime do art. 342 do CP, pode-se asseverar tratar-se de crime bem mais restrito, porquanto aquele envolve a prática de falsidades, omissões, sonegações por testemunha, perito, intérprete ou tradutor, enquanto esse, na modalidade elaborar, se restringe ao universo dos técnicos, auditores, peritos na área ambiental e afins.

Interessante salientar que o crime do art. 342 do CP é apenado, na sua modalidade simples, com pena de um a três anos de reclusão e multa, enquanto que o art. 69-A parte de três a seis anos de reclusão e multa, podendo ter pena majorada de 1/3 (um terço) a 2/3 (dois terços), se há dano significativo ao meio ambiente em decorrência da do uso da informação falsa, incompleta ou enganosa.

Há ainda a modalidade culposa com pena de detenção de um a três anos, o que não é previsto para o crime de falsa perícia.

Na hipótese de conflito aparente de normas, a decisão há de se pautar pelo princípio da especialidade, já que *lex specialis derrogat generali*, ou seja, a lei de índole específica será aplicada em prejuízo daquela que foi editada para reger condutas de ordem geral. Como ensina Tangerino, "a especialidade sempre atende à necessidade de conferir-se nova calibração de desvalor, implicando, consequentemente, alteração de pena".[7]

O tipo é recheado de conceitos metajurídicos, tratando-se de clássica norma penal em branco dessas extremamente comuns ao direito penal ambiental.

A informação falsa, omissa ou enganosa pode estar embutida em três tipos de peças técnicas: estudo, laudo ou relatório ambiental.

A expressão *estudo* parece estar se referindo, com primazia, ao estudo de impacto ambiental (EIA) que costuma embasar os licenciamentos ambientais de atividades potencialmente causadoras de significativo impacto ambiental, listadas, exemplificativamente, pelo art. 2º da Resolução 01/86 do CONAMA. Assim, na sua formatação clássica, o EIA pode ser definido como um "profundo diagnóstico do empreendimento que está em vias de ser licenciado pelo órgão ambiental, confrontando-o com as prováveis mo-

---

[6] LECEY, Eládio. Crimes contra a administração ambiental na Lei nº 9.605/98. Disponível em: <http://www.magisteronline.com.br/mgstrri/1pext.dll>. Acesso em 28 dez. 2012.

[7] TANGERINO, op. cit., p. 307.

dificações das diversas características socioeconômicas e biofísicas do meio ambiente".[8]

Como não há uma vinculação direta no tipo com o EIA, outros estudos técnicos que venham a ser formulados no contexto de licenciamento, concessão florestal ou outro procedimento administrativo de cunho ambiental também podem ser invocados para perfectibilizar a objetividade jurídica do tipo.

Laudo pode ser definido como um relato do técnico ou especialista designado para avaliar determinada situação que estava dentro da área por ele conhecida. Via de regra, o laudo há de ser produzido por um *expert*, algum profissional com amplo domínio em relação ao assunto por ele abordado. Traduz as impressões recolhidas pelo especialista, em torno daquele objeto. No caso do tipo em questão, o laudo deverá ter sido produzido para instruir procedimento administrativo de cunho ambiental, concessão florestal ou licenciamento.

Relatório igualmente ostenta uma referência direta ao documento técnico produzido no bojo do licenciamento ambiental de atividades potencialmente causadoras de significativo impacto ambiental. De acordo com o art. 9º da Resolução 1/86 do CONAMA, o Relatório de Impacto Ambiental, conhecido como RIMA, "refletirá as conclusões do estudo de impacto ambiental" .

Outros tipos de relatório também poderão ensejar a integração da objetividade jurídica do crime, como por exemplo o RIA (Relatório de Impacto Ambiental) previsto na Legislação do Município de Porto Alegre (Lei 8267/98) para instruir licenciamento ambiental de atividade de menor impacto em relação àquelas sujeitas à EIA/RIMA.

Igualmente se encaixa nessa expressão o Relatório Ambiental Simplificado (RAS) previsto na Resolução nº 279/2001 do CONAMA para instruir o licenciamento ambiental simplificado de empreendimentos elétricos com pequeno potencial de impacto ambiental assim como o Relatório de Detalhamento dos Programas Ambientais que apresenta, detalhadamente, todas as medidas mitigatórias e compensatórias e os programas ambientais propostos no RAS (art. 2º, inc. II, da referida Resolução).

Outros documentos técnicos que venham a ser produzidos para instruir qualquer tipo de procedimento administrativo ambiental e que não se amoldem aos conceitos de laudo, estudo ou relatório, em função do caráter fragmentário do direito penal não irão se ajustar a esse tipo penal, podendo se encaixar em outros tipos como por exemplo no art. 68 da Lei n. 9605/98 ou até mesmo nos crimes de falsidade documental ou ideológica previstos nos arts.297 a 299 do CP, e até mesmo no crime de uso de documento falso (art. 304 do CP) .

---

[8] CAPPELLI, Sílvia; MARCHESAN, Ana Maria; STEIGLEDER, Annelise. *Direito Ambiental*. Série Concursos. Porto Alegre: Verbo Jurídico, 2010, p. 130.

O crime é de ação múltipla podendo ser consumado com a confecção do estudo, laudo ou relatório, bem como a apresentação na repartição ambiental encarregada da respectiva análise daquele documento técnico.

O tipo penal admite a forma omissiva. Embora o crime denote condutas comissivas (elaborar, apresentar), "a falsidade ou enganosidade poderá decorrer de omissão, entenda-se omissão da verdade ou do real sentido",[9] havendo expressa previsão no tipo. Assim, enquadra-se no artigo a conduta daquele que omite, de forma proposital, ou não inclui algum dado ou aspecto que acarretaria repercussão nos resultados do estudo, laudo ou relatório.

O tipo é impregnado de elementos normativos: estudo, laudo, relatório, licenciamento, concessão florestal, procedimento administrativo.

Entende-se por licenciamento ambiental o "procedimento administrativo destinado a licenciar atividades ou empreendimentos utilizadores de recursos ambientais, efetiva ou potencialmente poluidores ou capazes, sob qualquer forma, de causar degradação ambiental" (art. 2º, I, da Lei Complementar nº 140/11). A Resolução nº 237/97 do CONAMA igualmente regra, com os posteriores ajustes introduzidos pela LC 140/11, o procedimento administrativo de licenciamento ambiental.

O licenciamento e a concessão florestal, a seu turno, estão regrados pela Lei nº 11.284/06. O inc. VII do art. 3º dessa Lei define a concessão florestal como sendo a "delegação onerosa, feita pelo poder concedente, do direito de praticar manejo florestal sustentável para exploração de produtos e serviços numa unidade de manejo, mediante licitação, à pessoa jurídica, em consórcio ou não, que atenda às exigências do respectivo edital de licitação e demonstre capacidade para seu desempenho, por sua conta e risco e por prazo determinado".

Além dessas situações, o tipo penal compreende uma cláusula relativamente aberta que o estende também para "qualquer outro tipo de procedimento administrativo", ou seja, para qualquer outro procedimento licenciatório ou autorizatório de cunho ambiental, pois não se pode perder de vista que o tipo se insere dentre os crimes contra a Administração Ambiental.

É importante aclarar que, havendo ilegalidade na concessão da licença, embora instruída com documentos desprovidos de omissões, enganos ou falsidades, o crime será o do art. 67 da LCA.

Por sua vez, se a conduta perpetrada se ajusta ao tipo do art. 69-A, mas é anterior à vigência da Lei nº 11.284/06, o enquadramento teria de ser feito quem sabe em algum dispositivo do Código Penal, como por ex. no tipo do art. 342 (falsa perícia), ou ter-se-ia de rejeitar a denúncia como o fez o e. Tribunal Regional Federal da 4ª Região:

> Penal. Apelação criminal. Crime contra a Administração Ambiental. Concessão de licença, autorização ou permissão em desacordo com as normas ambientais. Art. 67 da Lei 9.605/98 norma penal em branco. Complementaridade em regramentos extrapenais. Interpretação res-

---

[9] LECEY, op. cit., p. 13.

tritiva. Princípio da legalidade (taxatividade). Concessão irregular de laudos de vistoria. Art. 69-A, da LCA. Conduta atípica há época dos fatos. Princípio da anterioridade da Lei Penal.

1. A norma incriminadora disposta no artigo 67, da Lei 9.605/98, contempla a conduta do funcionário público que concede ilegalmente licença, autorização ou permissão para obras e serviços. Trata-se de norma penal em branco, sendo, por isso, relativamente dependente de normativas de cunho administrativo. Em tal integração, inviável que conceitos extrapenais com terminação jurídica própria sejam interpretados ampliativamente em prejuízo ao acusado, sob pena de violação da garantia da legalidade. Da mesma forma, a limitação imposta pelo princípio da taxatividade da lei penal, em específico, impede o uso da analogia e dos costumes da Administração para fins de alteração do preceito incriminador in malam partem. Por conta desse raciocínio, os laudos de vistoria – cujo conteúdo diz com a viabilidade técnica para a implementação de obras e serviços – não se inserem no conceito de licença, permissão ou autorização disposto no tipo, pois não se revestem do poder concessivo ínsito a esses atos administrativos. 2. A narrativa exposta na denúncia indica que a pretensão acusatória busca a condenação do autor do fato não pela concessão da autorização propriamente dita, mas pela concessão irregular dos laudos de vistoria, conduta subsumida no artigo 69-A, da Lei 9.605/98. Dita criminalização, porém, somente ocorreu com o advento da Lei nº 11.284, de 02 de março de 2006. De sorte que, datando os fatos de período anterior, o princípio da anterioridade da lei penal (art. 1º do CP) impede que a norma incriminadora posterior incida sobre os fatos sob exame, pois que praticados antes de sua vigência.[10]

Modalidade culposa: Além do tipo fundamental, há também a previsão de modalidade culposa.

Aquele que elabora ou apresenta, por negligência, imprudência ou imperícia, laudo, estudo ou relatório total ou parcialmente falso ou enganoso, incorre na modalidade culposa, cuja pena é significativamente mais branda, admitindo a figura despenalizadora da suspensão condicional do processo.

Forma agravada: o § 2º do dispositivo prevê uma circunstância especial de aumento da pena (majorante) em função do dano significativo ao meio ambiente em decorrência do uso da informação falsa, incompleta ou enganosa. Como destaca Lecey,[11] não havendo no sistema brasileiro a responsabilidade penal objetiva, o resultado em questão deve, no mínimo, ter ocorrido a título de culpa, caracterizando uma situação de preterdolo: dolo no antecedente e culpa no consequente. Se o resultado descrito no § 2º do dispositivo vier a ocorrer dolosamente, poder-se-á estar diante de concurso de crimes (ex. 69-A e poluição).

O resultado mais grave precisa resultar do risco por criado pelo agente ou, seja, ser consequência provável de sua ação, não bastando que a imprudência esteja contida na ação dolosa antecedente.[12]

---

[10] BRASIL. Tribunal Regional Federal da 4ª Região. Apelação Criminal nº 2004.72.02.003591-3/SC, 7ª Turma, Rel. Des. Federal Tadaaqui Hirose, DEJ nº 215, 30.09.2010.

[11] LECEY, op. cit., p. 12.

[12] TANGERINO, Davi de Paiva Costa. Observações aos delitos contra a administração ambiental. *Revista brasileira de ciências criminais*, vol. 91, julho/2011, p. 348.

Competência: Em relação à competência, é remansosa a jurisprudência no sentido de que o juízo competente é o do foro onde foi apresentado o documento falso, enganoso ou omisso.[13]

---

[13] BRASIL. Tribunal Regional Federal da 4ª Região. Conflito de Jurisdição n. 5000462-77.2011.404.7002/PR. Relator: Des. Federal Paulo Afonso Brum Vaz. Acórdão de 15 set. 2011. Disponível em:<http://www.trf4.gov.br> Acesso em: 03 jan. 2012.

Impressão:
Evangraf
Rua Waldomiro Schapke, 77 - POA/RS
Fone: (51) 3336.2466 - (51) 3336.0422
E-mail: evangraf.adm@terra.com.br